Ordre public Vorbehalt und Beitreibungshilfe in Steuersachen innerhalb der Europäischen Union

Bochumer Schriften zum Steuerrecht

Herausgegeben von Roman Seer

Band 45

PETER LANG

Sascha Kargitta

Ordre public Vorbehalt und Beitreibungshilfe in Steuersachen innerhalb der Europäischen Union

PETER LANG

Bibliografische Information der Deutschen Nationalbibliothek
Die Deutsche Nationalbibliothek verzeichnet diese Publikation in der Deutschen Nationalbibliografie; detaillierte bibliografische Daten sind im Internet über http://dnb.d-nb.de abrufbar.

Zugl.: Bochum, Univ., Diss., 2022

D 294
ISSN 1613-933X
ISBN 978-3-631-89127-8 (Print)
E-ISBN 978-3-631-89237-4 (E-PDF)
E-ISBN 978-3-631-89238-1 (EPUB)
DOI 10.3726/b20328

Peter Lang – Berlin · Bern · Bruxelles · New York ·
Oxford · Warszawa · Wien

Diese Publikation wurde begutachtet.

www.peterlang.com

Vorwort

Die vorliegende Arbeit wurde im Wintersemester 2021/2022 von der rechtswissenschaftlichen Fakultät der Ruhr-Universität Bochum als Dissertation angenommen. Der Text ist auf dem Stand von Januar 2022.

Besonderer Dank gilt an erster Stelle meinem Doktorvater, Herrn Professor Dr. Roman Seer. An seinem Lehrstuhl für Steuerrecht war ich lange Jahre tätig, zunächst als Studentische Hilfskraft und zuletzt als Akademischer Rat a.Z. Er hat mich auf meinem akademischen Weg stets begleitet und gefördert. Das wissenschaftliche Handwerkszeug, ohne das diese Arbeit nicht möglich gewesen wäre, habe ich von ihm. Ich danke ihm für die jahrelange Unterstützung, stets offene Türen und Ohren und fachliche Inspiration.

Weiterhin danke ich Herrn Professor Dr. Sebastian Unger für die zügige Erstellung des Zweitgutachtens, sowie den Herren Professoren Dres. Ennuschat und Kaltenborn für ihr Mitwirken an der Prüfungskommission.

Von ganzem Herzen danke ich meinen Eltern. Sie haben mir auch unter widrigen Umständen das Studieren ermöglicht, haben mir immer Halt gegeben und alle Freiräume gelassen. Sie waren mir in allen Belangen die größten Vorbilder. Meinem allzu früh verstorbenen Vater ist diese Arbeit gewidmet.

Nicht zuletzt gilt aller Welten Dank meiner Ehefrau Jennifer. Sie stand mir jederzeit mit Herz und Verstand zur Seite, hat mich selbstlos durch schwere Zeiten getragen und mit ihren Anregungen und ihrer Kritik einen unermesslichen Beitrag zum Gelingen dieser Arbeit geleistet.

Inhaltsverzeichnis

Vorwort 5

Abkürzungsverzeichnis 17

Einleitung 23

A. Problemstellung und Ziel der Untersuchung 23

B. Gang der Untersuchung 25

Erster Teil: Grundlagen der Beitreibungshilfe nach der EU-Beitreibungsrichtlinie (EUBeitrRL) 27

A. Gründe und Ziele internationaler Beitreibungshilfe 27

I. Gründe: Materielle Universalität und formelle Territorialität 27

1. Amtshilfe im Spannungsfeld zwischen Rechtsgeltung und Rechtsdurchsetzung 27

2. Begriffliches 28

3. Materielle Territorialität 31

a) Rechtstheoretische Begründungsansätze 31

(1) Rechtstheoretische Geltungsbegriffe 31

(2) Die Reine Rechtslehre Hans Kelsens 34

(3) Naturrechtslehren und Vertragstheorien 35

(4) Zusammenfassung 38

b) Völkerrechtliche Begründungsansätze 38

c) Verfassungsrechtliche Begründungsansätze 40

(1) Freiheitsrechtliche Dimension 40

(a) Rechtfertigung der Besteuerung am Maßstab der Verhältnismäßigkeit 40

(b) Einkommensteuer 45

(c) Verbrauch- und Aufwandsteuern 46

(d) Erbschaft- und Schenkungsteuer 46

(e) Zwischenergebnis ... 48

(2) Gleichheitsrechtliche Dimension ... 49

(a) Internationale Doppelbesteuerung als gleichheitsrechtliches Problem ... 49

(b) Verfassungsrechtliches Gebot eines Welteinkommensprinzips zur Herstellung gleichheitsgerechter Besteuerung? ... 50

(aa) Ansätze einer verfassungsrechtlichen Begründung des Welteinkommensprinzips in der Literatur ... 50

(bb) Der verfassungsrechtliche Maßstab des allgemeinen Gleichheitssatzes nach dem Bundesverfassungsgericht ... 52

(cc) Anwendung der Grundsätze des Bundesverfassungsgerichts auf das geltende Welteinkommensprinzip ... 55

(dd) Verfassungsrechtliche Pflicht zur Besteuerung des Welteinkommens nach den Grundsätzen des Bundesverfassungsgerichts ... 57

d) Zusammenfassung ... 60

4. Formelle Territorialität ... 61

II. Ziele ... 62

1. Die Inanspruchnahme internationaler Beitreibungshilfe als Notwendigkeit eines gleichmäßigen Steuervollzugs ... 62

a) Der verfassungsrechtliche Auftrag eines gleichmäßigen Steuervollzugs ... 62

b) Die gegenseitige Beitreibungshilfe als Teil des gleichmäßigen Steuervollzugs ... 72

2. Die Gewährung von Beitreibungshilfe als Teil des Steuervollzugs ... 73

a) Nationale Sicht ... 73

(1) Beitreibung ausländischer Steuerforderungen als Teil des deutschen Steuervollzugs? ... 73

(2) Gleichheitsrechtliches Gebot des Vollzugs ausländischer Forderungen ... 76
(3) Das Prinzip der Gegenseitigkeit als Motiv gewährender Vollstreckungshilfe ... 76
(4) Zusammenfassung ... 77
b) Europäische Sicht ... 77
(1) Unionstreue als Teil der Europäischen Integration ... 77
(2) Grundmotive Europäischer Integration ... 78
(a) Die Europäische Union als Wirtschafts- und Friedensunion ... 78
(b) Die Europäische Union im Spannungsfeld zwischen Harmonisierung und einzelstaatlicher Souveränität ... 80
(c) Das Autoritätsdefizit der Europäischen Union – Unionstreue als „Geschäftsgrundlage" der Integration ... 82
(d) Die Unionstreue aus Sicht der Mitgliedstaaten ... 84
(3) Bedürfnis eines EU-weiten Steuervollzugs ... 84
(a) Gebot eines unionalen Steuervollzugs wegen des EU-Gleichheitssatzes? ... 84
(b) Binnenmarktnützlichkeit eines unionsweiten Steuervollzugs ... 85
(c) Behördliche Kooperation als Ausdruck einer Europäischen Gemeinschaft ... 87
III. Zusammenfassung ... 87
B. System der Vollstreckungsamtshilfe in Steuersachen in Europa ... 88
I. Vollstreckungsamtshilfe im steuerrechtlichen Amtshilfesystem ... 88
1. Allgemeine Funktion gegenseitiger Amtshilfe ... 88
2. Kategorisierung von Amtshilfe in Steuersachen nach Verfahrensstufe ... 88
3. Kategorisierung der Amtshilfe in Steuersachen nach Art des Triggers ... 89

4. Amtshilfe als ein Hybrid aus aktivem und passivem Verwaltungshandeln 92
II. Rechtsquellen der Vollstreckungsamtshilfe in Europa 94
1. Geschichtlicher Überblick 94
a) Anfänge bilateraler Abkommen in Steuersachen 94
b) Frühe bilaterale Abkommen deutscher Staaten 95
(1) Die Rechts- und Amtshilfeabkommen zwischen dem Deutschen Reich und der Tschechoslowakischen Republik sowie der Republik Österreich von 1921 und 1922 95
(2) Weitere Abkommen des deutschen Staates vor und nach 1945 97
c) Musterkonvention des Völkerbundes zur gegenseitigen Vollstreckungshilfe von 1925 98
2. Bilaterale Vorschriften zur Vollstreckungshilfe (Art. 27 OECD-MA) 99
3. Multilaterale Instrumente der Beitreibungshilfe 100
4. Die Beitreibungshilfe innerhalb der Europäischen Union 101
a) EG-Beitreibungsrichtlinie 76/308/EWG (2008/55/EG) und EG-Beitreibungsgesetz (EG-BeitrG) 101
b) Die EU-Beitreibungsrichtlinie 2010/24/EU (EUBeitrRL) 105
(1) Wesentlicher Inhalt der Richtlinie 105
(2) Kompetenzgrundlage 107
c) Das EU-Beitreibungsgesetz (EUBeitrG) 108
d) Durchführungsverordnung und Merkblatt des Bundesfinanzministeriums 109
III. Wesentliche Verfahrensschritte der Beitreibungshilfe nach EU-Beitreibungsrichtlinie und EU-Beitreibungsgesetz 110
1. Beschränkung auf Vollstreckungshilfeersuchen 110
2. Zuständigkeit 110
a) Verwaltungsverfahren 110
b) Rechtsbehelfsverfahren 111
3. Voraussetzungen für ein Beitreibungshilfeersuchen 112

4. Ersuchen und einheitlicher Vollstreckungstitel 112
a) Kommunikation zwischen den Behörden – Form und Inhalt von Ersuchen 112
b) Einheitlicher Vollstreckungstitel 113
5. Vollstreckungsverfahren im ersuchten Staat 114
a) Verfahren und Kommunikation 114
b) Zahlungsaufforderung vor Einleitung der Vollstreckung 116
6. Beitreibungshilfeersuchen durch deutsche Behörden (Ausgehende Ersuchen) 119
a) Rolle des Bundeszentralamts für Steuern bei ausgehenden Ersuchen 119
b) Das ausgehende Beitreibungshilfeersuchen als Verwaltungsakt 120
c) Das ausgehende Beitreibungshilfeersuchen als sonstiger Grundrechtseingriff 124

Zweiter Teil: Der ordre public Vorbehalt im Rahmen der Beitreibungshilfe in Europa 127
A. Ausgangspunkt: Fehlender ausdrücklicher ordre public Vorbehalt in EU-Beitreibungsrichtlinie und EU-Beitreibungsgesetz 127
B. Ordre public Vorbehalt im Rahmen von EU-Beitreibungsrichtlinie und EU-Beitreibungsgesetz in der Rechtsprechung 127
I. Die Rechtsprechung des Europäischen Gerichtshofs 127
1. Rechtssache Kyrian 127
a) Inhalt der Entscheidung 127
b) Kritische Würdigung 129
2. Rechtssache Donnellan 130
a) Inhalt der Entscheidung 130
b) Kritische Würdigung 133

II. Deutsche finanz- und verfassungsgerichtliche Rechtsprechung 134
1. Urteil des Bundesfinanzhofs vom 03.11.2010 134
a) Inhalt der Entscheidung 134
b) Kritische Würdigung 135
2. Urteile des Finanzgerichts Köln vom 30.09.2015 und des Bundesfinanzhofs vom 28.11.2017 137
a) Vorbemerkung 137
b) Tatbestand 138
c) Entscheidung des Finanzgerichts Köln 140
d) Revisionsentscheidung des Bundesfinanzhofs vom 28.11.2017 141
e) Kritische Würdigung 142
3. Nichtannahmebeschluss des Bundesverfassungsgerichts vom 23.05.2019 143
a) Inhalt der Entscheidung 143
b) Kritische Würdigung 145
4. Beschluss des Bundesfinanzhofs vom 30.07.2020 147
III. Zwischenfazit: Keine argumentative Grundlage für einen ordre public Vorbehalt 148

C. Grundzüge eines ordre public Prinzips 149
I. Allgemeingültige Charakteristik eines ordre public Prinzips? 149
II. Positive und negative Funktionsweise des ordre public Prinzips 150
III. Anerkennungs- und kollisionsrechtlicher ordre public 151
IV. Ordre public interne und ordre public international 156
V. Weitere (terminologische) Erscheinungsformen des ordre public 157
VI. Kein einheitliches Verständnis von „ordre public“ 158

D. Anknüpfungspunkte eines ordre public Vorbehalts im Rahmen der gegenseitigen Vollstreckungshilfe 160
I. Ungeschriebener Grundsatz 160
1. Nationaler ungeschriebener Grundsatz 160

2. Internationales Gewohnheitsrecht 162
II. Billigkeit als Anknüpfungspunkt für einen ordre public Vorbehalt 166
1. Unbilligkeit als Ablehnungsgrund nach § 14 Abs. 1 Nr. 1 EUBeitrG 166
2. Rechtsnatur und wesentlicher Inhalt des Billigkeitskriteriums 168
3. Ableitung eines ordre public Vorbehalts aus dem Billigkeitskriterium 171
a) Unterschiedliche Funktionen von Billigkeit und ordre public 171
b) Gleichlaufender Mangel an Abstraktionsfähigkeit von Billigkeit und ordre public 172
4. Zusammenfassung 172
III. Analoge Anwendung von ordre public Vorbehalten aus anderen sekundärrechtlichen Bestimmungen 172
IV. Ableitung eines europäischen ordre public Vorbehaltes aus europäischem Primärrecht 175
V. Das Grundgesetz – insbesondere die Grundrechte – als Quelle eines ordre public Vorbehaltes 179
1. Die Kollisionsfrage zwischen EU-Recht und Grundgesetz 179
2. Der absolute Vorrang des Unionsrechts nach dem Europäischen Gerichtshof 180
3. Das grundgesetzliche Verständnis des Bundesverfassungsgerichts 183
a) Art. 79 Abs. 3 GG als absolute Schranke der Hoheitsübertragung (ultra vires und Identitätskontrolle) 183
b) Die grundrechtliche Überprüfung von Unionsrecht (Solange I und II) 188
c) Übertragung der verfassungsrechtlichen Dogmatik auf Exekutive und Judikative 191
(1) Grundrechtsbindung bei der Anwendung von Unionsrecht 191
(2) Die Entscheidung „Europäischer Haftbefehl II“ des Bundesverfassungsgerichts 192

d) Prüfung der Durchführung von Unionsrecht durch das Bundesverfassungsgericht am Maßstab der Europäischen Grundrechte-Charta („Recht auf Vergessen II“) 195

(1) Die Grundrechte der Europäischen Grundrechte-Charta (GRCh) als Teil des verfassungsrechtlichen Grundrechtsschutzes 195

(2) Die Europäische Beitreibungshilfe als „voll vereinheitlichter“ Rechtsbereich 197

4. Zusammenfassung 199

E. Normative Verortung des ordre public Vorbehaltes innerhalb des Rechtsregimes der Beitreibungshilfe 199

I. Auswahlermessen nach Art. 13 Abs. 1 EUBeitrRL als normative Grundlage des ordre public Vorbehaltes 199

II. Rechtsdogmatische Verschränkung von Übermaßverbot und ordre public Vorbehalt 202

F. Rechtstechnische Umsetzung: Inhalt und Ausgestaltung des ordre public Vorbehaltes bei der Beitreibungshilfe 205

I. Prüfungsgegenstand 205

1. Ausgangspunkt: Die Verhältnismäßigkeit der Vollstreckungsmaßnahme 205

2. Rechtsverletzungen im ersuchenden Staat als zu berücksichtigende Umstände innerhalb der Verhältnismäßigkeit der Vollstreckungsmaßnahme 206

II. Prüfungsrahmen: Abstrakte Vorgaben für die Verhältnismäßigkeitsprüfung 206

1. Der Verhältnismäßigkeitsgrundsatz im Rahmen der Europäischen Grundrechte-Charta 206

2. Gewichtung der widerstreitenden Rechtsgüter im Rahmen der Angemessenheitsprüfung 208

3. Effizienz von Beitreibungshandlungen (Grad der Zweckerreichung) 208

4. Eingriffsintensität von Beitreibungshandlungen 210

5. Gesamtwürdigung – Prüfungsdichte 212

III. Prüfungsmaßstab – Auswahl besonders gefährdeter Rechtsgüter 213
1. Begrenzte Vorhersehbarkeit von Rechtsverstößen 213
2. Unmittelbare Grundrechtseingriffe als Auslöser eines ordre public Vorbehalts 213
a) Kein Verstoß gegen den Identitätsvorbehalt *durch* die Vollstreckungsmaßnahme 213
b) Allgemeine Handlungsfreiheit 214
c) Eigentumsfreiheit – Art. 17 GRCh und Art. 1 EMRK-ZP 214
3. Mögliche Rechtsverstöße im Ausland als Grund für die Ablehnung der Amtshilfe 215
a) Identitätsvorbehalt (Art. 79 Abs. 3 GG) 215
b) Justizgrundrechte – Art. 47 GRCh, Art. 6 und 13 EMRK 216
(1) Europäischer Mindeststandard als Grenze der Angemessenheit 216
(2) Insbesondere: Das Recht auf wirksame Verfahrensbeteiligung 217
c) Materielle Grundrechtsverstöße im ersuchenden Staat 218
IV. Tatbestandliche Grundlagen der ordre public Kontrolle – Die Pflicht zur Sachaufklärung 220
1. Der Grundsatz gegenseitigen Vertrauens als Ausgangssituation 220
2. Ermittlungs- und Feststellungspflichten der Vollstreckungsbehörde auf Initiative des Betroffenen 220
3. Gerichtliche Geltendmachung eines ordre public Verstoßes 223
a) Statthafte Rechtsbehelfe 223
b) Die richterliche Kontrolle des Beitreibungsersuchens 224
c) Europarechtskonformität der gerichtlichen Überprüfung des ausländischen Verfahrens 226

Dritter Teil: Zusammenfassung der Ergebnisse 229

Literaturverzeichnis 237

Abkürzungsverzeichnis

a.A.	andere Ansicht
a.a.O.	am angegebenen Ort
a.F.	alte Fassung
Abl.	Amtsblatt der EU
Abs.	Absatz
AdV	Aussetzung der Vollziehung
AEUV	Vertrag über die Arbeitsweise der Europäischen Union
AO	Abgabenordnung
Art.	Artikel
ATAD	Anti Tax Avoidance Directive
Aufl.	Auflage
Az.	Aktenzeichen
Bd.	Band
BeckOK	Beck'scher Online-Kommentar
BFH	Bundesfinanzhof
BGB	Bürgerliches Gesetzbuch
BGBl.	Bundesgesetzblatt
BGH	Bundesgerichtshof
BIT	Bulletin for International Taxation
BMF	Bundefinanzministerium
BR-Drucks.	Bundesratsdrucksache
bspw.	beispielsweise
BStBl.	Bundessteuerblatt
BT-Drucks.	Bundestagsdrucksache
BVerfG	Bundesverfassungsgericht
BVerfGE	Entscheidungssammlung des Bundesverfassungsgerichts
BVerfGG	Bundesverfassungsgerichtsgesetz
BZSt	Bundeszentralamt für Steuern
bzw.	beziehungsweise
CPS	Comparative Political Studies
DAC	Directive on Administrative Cooperation in Tax Matters
DB	Der Betrieb
DBA	Doppelbesteuerungsabkommen

DDR	Deutsche Demokratische Republik
Ders.	Derselbe
Diss.	Dissertation
DÖV	Die öffentliche Verwaltung
DStJG	Deutsche Steuerjuristische Gesellschaft e.V.
DStZ	Deutsche Steuerzeitung
DStZ/A	Deutsche Steuerzeitung Ausgabe A
DuD	Datenschutz und Datensicherheit
DVBl.	Deutsches Verwaltungsblatt
DVO	Durchführungsverordnung
ebd.	Ebenda
ECLI	European Case Law Identifier
EFG	Entscheidungen der Finanzgerichte
EG	Europäische Gemeinschaft
EG-BeitrG	EG-Beitreibungsgesetz
EG-BeitrRL	EG-Beitreibungsrichtlinie
EGBGB	Einführungsgesetz zum Bürgerlichen Gesetzbuch
EGMR	Europäischer Gerichtshof für Menschenrechte
EGV	Vertrag zur Gründung der Europäischen Gemeinschaft
EMRK	Europäische Menschenrechtskonvention
EMRK-ZP	Zusatzprotokoll zu Europäischen Menschenrechtskonvention
ErbStG	Erbschaft- und Schenkungsteuergesetz
EStG	Einkommensteuergesetz
EU & Int. Tax Col. News	EU and International Tax Collection News
EU	Europäische Union
EUAHiG	EU-Amtshilfegesetz
EUBeitrG	EU-Beitreibungsgesetz
EUBeitrRL	EU-Beitreibungsrichtlinie
EuG	Europäisches Gericht erster Instanz
EuGH	Gerichtshof der Europäischen Union
EUR	Europarecht
EUV	Vertrag über die Europäischen Union
EuZW	Europäische Zeitschrift für Wirtschaftsrecht
EWG	Europäische Wirtschaftsgemeinschaft
EWS	Europäisches Wirtschafts- und Steuerrecht

f.	folgende/r
ff.	folgende
FG	Finanzgericht
FGO	Finanzgerichtsordnung
FinArch	Finanz-Archiv
FKAustG	Finanzkonten-Informationsaustauschgesetz
Fn.	Fußnote
FR	Finanzrundschau
Frankfurt a.M.	Frankfurt am Main
FS	Festschrift
G.	Gesetz
GG	Grundgesetz
gl. A.	gleiche Ansicht
GRCh	Charta der Grundrechte der Europäischen Union
GrS	Großer Senat
Grundl	Grundlagen
h.M.	herrschende Meinung
Habil.	Habilitation
HFSt	Heidelberger Beiträge zum Finanz- und Steuerrecht
Hrsg.	Herausgeber
hrsgg. v.	herausgegeben von
Hs.	Halbsatz
HStR	Handbuch des Staatsrechts
i.d.F.	in der Fassung
i.e.S.	im engeren Sinne
i.S.d.	im Sinne der/des
i.V.m.	in Verbindung mit
ICJ	International Court of Justice
IPR	Internationales Privatrecht
IPrax	Praxis des Internationalen Privat- und Verfahrensrechts
ISR	Internationale Steuer-Rundschau
IStR	Internationales Steuerrecht
IWB	Internationales Steuer- und Wirtschaftsrecht
JÖR	Jahrbuch des öffentlichen Rechts der Gegenwart
JURA	Juristische Ausbildung
JZ	Juristenzeitung
KOM	Europäische Kommission

KStG	Körperschaftsteuergesetz
Lfg.	Ergänzungslieferung
lit.	litera
m.w.N.	mit weiteren Nachweisen
MüKo	Münchener Kommentar
n.F.	neue Fassung
NJW	Neue Juristische Wochenschrift
Nr.	Nummer
NStZ	Neue Zeitschrift für Strafrecht
NVwZ	Neue Zeitschrift für Verwaltungsrecht
OECD	Organization for Economic Co-Operation and Development
OECD-MA	Musterabkommen der OECD
OFD	Oberste Finanzdirektion
Oxf. J. Leg. Stud.	Oxford Journal of Legal Studies
PKH	Prozesskostenhilfe
RGBl.	Reichsgesetzblatt
RIW	Recht der internationalen Wirtschaft
RL	Richtlinie
Rs.	Rechtssache
RStBl.	Reichssteuerblatt
Rz.	Randziffer
S.	Satz / Seite
s.	siehe
Slg.	Sammlung
sog.	sogenannte/r
StBp	Die steuerliche Betriebsprüfung
StuW	Steuer und Wirtschaft
Tz.	Textziffer
u.a.	und andere / unter anderem
UN	United Nations
USA	United States of America
v.	von/vom
VfZ	Vierteljahreshefte für Zeitgeschichte
vgl.	vergleiche
VJSchrStFR	Vierteljahresschrift für Steuer- und Finanzrecht
VO	Verordnung

VVDStRL	Veröffentlichung der Vereinigung der Deutschen Staatsrechtslehrer
VwGO	Verwaltungsgerichtsordnung
VwVfG	Verwaltungsverfahrensgesetz
VwVG	Verwaltungsvollstreckungsgesetz
VwZG	Verwaltungszustellungsgesetz
WVK	Wiener Vertragsrechtskonvention
z.B.	zum Beispiel
ZaöRV	Zeitschrift für ausländisches öffentliches Recht und Völkerrecht
ZfZ	Zeitschrift für Zölle und Verbrauchsteuer
zit.	zitiert
ZPO	Zivilprozessordnung
ZRP	Zeitschrift für Rechtspolitik
zugl.	zugleich
ZVglRWiss	Zeitschrift für Vergleichende Rechtswissenschaft

Einleitung

A. Problemstellung und Ziel der Untersuchung

Internationale Beitreibungshilfe in Steuersachen bedeutet im Kern Folgendes: Staat A hat eine Steuerforderung gegen einen Schuldner, der sich entweder selbst dauerhaft im Staat B aufhält oder jedenfalls ausschließlich im Staat B über vollstreckbares Vermögen verfügt. In diesem Fall kann Staat A seinen Steueranspruch nicht ohne Weiteres verwirklichen, weil seine Behörden im Staat B über keine Hoheitsbefugnisse verfügen. Häufig spricht die steuerrechtliche Literatur in diesem Zusammenhang davon, dass Steueransprüche auf der einen Seite insoweit materiell universell sind, als dass sie unabhängig davon bestehen, wo der steuerbegründende Tatbestand erfüllt wird oder sich der Steuerschuldner aufhält. Demgegenüber wird die Unfähigkeit von staatlichen Behörden, außerhalb ihres Staatgebietes tätig zu werden, als formelle Territorialität bezeichnet.[1] Die so bestehende Lücke zwischen Rechtsgeltung und Rechtsdurchsetzung soll durch Beitreibungshilfe geschlossen werden. Staat A bittet in diesem Sinne die Behörden des Staates B, die entsprechende Forderung für ihn zu vollstrecken. Kommt Staat B dieser Bitte nach, vollstreckt er auf seinem Staatsgebiet eine fremde Forderung. Diese Form gegenseitiger Amtshilfe ist seit Langem bekannt und wird im Bereich des Steuerrechts etwa durch entsprechende Amtshilfeklauseln in Doppelbesteuerungsabkommen realisiert. Innerhalb der Europäischen Union besteht demgegenüber ein harmonisiertes Instrument in Form der Europäischen Beitreibungsrichtlinie[2] (EUBeitrRL), wonach sich alle Mitgliedsstaaten gegenseitig Beitreibungshilfe im dort geregelten Umfang leisten. Eine Besonderheit dieser Richtlinie besteht dabei darin, dass sie bis auf wenig bedeutsame Ausnahmen keine Ablehnung der erbetenen Vollstreckungshilfe vorsieht. Das bedeutet, dass die ersuchten Behörden grundsätzlich verpflichtet sind, eingehenden Amtshilfeersuchen abzuhelfen. Dies kann aber dann zu Problemen führen, wenn die beizutreibende Forderung rechtsstaatliche Mängel aufweist. Das kann etwa der Fall sein, wenn die ersuchende Behörde bei der Entstehung

---

1 Statt vieler nur *Seer*, in Tipke/Kruse, AO/FGO, § 250 AO Rz. 21 (156. Lfg. April 2019); *Hendricks*, in Gosch, AO/FGO, § 117 AO Rz. 5 (114. Lfg. Februar 2015); *Czakert*, in Schönfeld/Ditz, DBA, Art. 27 Rz. 2; *Schaumburg*, in Schaumburg/Englisch, Europäisches Steuerrecht, Rz. 25.2; *Klüger*, in Koenig, AO, § 250 Rz. 9.

2 Richtlinie 2010/24/EU des Rates v. 16.03.2010, Abl. 2010 L 84, S. 1.

der Steuerforderung die Verfahrensrechte des Steuerschuldners verletzt hat und dieser nunmehr im Ursprungsstaat keine Möglichkeit mehr hat, diese Verletzungen gerichtlich geltend zu machen. Es stellt sich dann die Frage, ob die ersuchte Behörde die Beitreibungshilfe ablehnen kann, weil sie ihrem Inhalt oder ihrer Entstehung nach wesentlichen Rechtsprinzipien des ersuchten Staates widerspricht. Mit anderen Worten ist fraglich, ob ein ordre public Vorbehalt in diesem Sinne existiert. Auf den ersten Blick erscheint dies selbstverständlich. Auch der Europäische Gerichtshof geht in mehreren Entscheidungen ohne weitere Begründung von einem entsprechenden Vorbehalt aus.[3] Gleichwohl enthält die Richtlinie einen solchen Vorbehalt explizit nicht. Hieraus hat insbesondere das Finanzgericht Köln[4] geschlossen, dass keinerlei Überprüfung der beizutreibenden Forderung im ersuchten Staat stattfinden dürfe. Es sei zwingend zu vollstrecken. Sämtliche Einwendungen des Betroffenen, gleichviel wie gewichtig sie sein mögen, seien unbeachtlich. Demgegenüber haben sich der Bundesfinanzhof und wohl auch das Bundesverfassungsgericht mittlerweile deutlich auf der Seite des Europäischen Gerichtshofs positioniert[5], wodurch die Frage nach der Existenz eines (ungeschriebenen) ordre public Vorbehalts in der Gerichtspraxis geklärt sein dürfte. Allerdings begründet keines der genannten Gerichte seine Ansicht rechtsdogmatisch. Für diesen Befund bezeichnend hat der Europäische Gerichtshof in seiner Kernentscheidung *Kyrian* formuliert, es sei „kaum denkbar", dass ein Staat eine Forderung vollstrecke, die seinen wesentlichen Rechtsvorstellungen zuwiderlaufe.[6] Die deutschen höchsten Gerichte haben diese Entscheidung, soweit ersichtlich, dankbar angenommen und folgen ihr ohne weitere Reflexion.

Der ordre public Vorbehalt ist damit bislang im Bereich der Europäischen Beitreibungshilfe ein Axiom des Europäischen Gerichtshofs, das sich nicht in den Gesetzesgrundlagen findet und sich – bei näherer Betrachtung – auch keineswegs selbstverständlich aus dem europäischen Recht oder dem deutschen Verfassungsrecht als Ganzem ergibt. Entsprechend ist der Umgang mit dem vermeintlichen Vorbehalt durch deutsche Gerichte chaotisch. Es werden keine griffigen Definitionen eines „ordre public" angeboten, keine einheitlichen

3 EuGH, Urteil v. 14.01.2010 – C-233/08, ECLI:EU:C:2010:11 – Kyrian (dazu Teil 2 B.I.1); v. 26.04.2018 – Rs. C-34/17, ECLI:EU:C:2018:282 – Donnellan (dazu Teil 2 B. I. 2).

4 FG Köln, Urteil v. 30.09.2015 – 14 K 2097/13, EFG 2016, 494 (dazu Teil 2 B.II.2.).

5 BFH, Urteil v. 03.11.2010 – VII R 21/10, BStBl. II 2011, 401 (dazu Teil 2 B.II.2.); Beschluss v. 30.07.2020 – VII B 73/20 (AdV), BStBl. II 2021, 127 (dazu Teil 2 B.II.4.); BVerfG, Beschluss v. 23.05.2019 – 1 BvR 1724/18, IStR 2019, 666 (dazu Teil 2 B.II.3.).

6 EuGH, Urteil v. 14.01.2010 – C-233/08, ECLI:EU:C:2010:11 – Kyrian, Rz. 43.

Prüfungsmaßstäbe und keine klar umzusetzenden Rechtsfolgen benannt. Stattdessen wird zum Teil zivilgerichtliche Rechtsprechung aus sehr speziellen Bereichen, die mit dem Steuervollzug nichts zu tun haben, unreflektiert übernommen.[7] Mit der Wendung „wesentliche Rechtsgrundsätze" wird bisweilen scheinbar beliebig hantiert. Vom Finanzgericht Köln wird die Existenz eines ordre public Vorbehaltes offenbar weiterhin bezweifelt.[8]

Die vorliegende Arbeit soll die rechtsdogmatische Lücke schließen. Sie wird untersuchen, ob und wenn ja, wie sich ein ordre public Vorbehalt aus den einschlägigen Rechtsquellen ableiten lässt. Sie soll sodann aufzeigen, welche Funktion einem solchen Vorbehalt im Gefüge der internationalen Beitreibungshilfe zukommt, welcher Inhalt und Stellenwert ihm zukommt. Schließlich sollen konkrete, rechtlich fundierte Vorgaben für den Umgang eines solchen Vorbehaltes durch Behörden und Gerichte anhand klar umschriebener Bewertungs- und Beweismaßstäbe entwickelt werden.

B. Gang der Untersuchung

In einem ersten Teil sollen die Grundlagen der Beitreibungshilfe nach der EU-Beitreibungsrichtlinie (EUBeitrRL) untersucht werden. Dabei werden zunächst in einem breiteren Fokus die Gründe internationaler Beitreibungshilfe analysiert. Namentlich wird hinterfragt, ob die Grundsätze formeller Territorialität und materieller Universalität so unumwunden gelten, wie gemeinhin angenommen wird und welche Bedeutung ihnen für den Steuervollzug im Allgemeinen sowie der Beitreibungshilfe im Besonderen zukommt. Hieran anknüpfend soll die Beitreibungshilfe rechtlich eingeordnet werden. Da es sich bei der Beitreibung einer fremden Forderung unstreitig um einen Grundrechtseingriff beim Vollstreckungsschuldner handelt, soll analysiert werden, welche rechtliche Notwendigkeit ihr zukommt, ob sie europa- oder verfassungsrechtlich zwingend oder jedenfalls indiziert ist.

Nach dieser Grundlagenanalyse soll das System der Europäischen Beitreibungshilfe dargestellt werden. Hierzu wird ein kurzer historischer Überblick über die Entwicklung der internationalen Beitreibungshilfe in Steuersachen gegeben, bei dem die entsprechenden verschiedenen Rechtsquellen jeweils kurz erörtert werden. Ausführlich wird in diesem Kontext die EU-Beitreibungsrichtlinie

7 So geschehen bei BFH, Beschluss v. 30.07.2020 – VII B 73/20 (AdV), BStBl. II 2021, 127 (dazu Teil 2 B.II.4.).

8 FG Köln, Beschluss v. 24.05.2018 – 12 V 827/18, juris Rz. 16.

(EUBeitrRL) behandelt. Es werden ihre wesentlichen Instrumente und der Verfahrensablauf im Einzelnen dargestellt.

Aufbauend auf den Erkenntnissen des ersten Teils soll im zweiten Teil die Eingangsfrage analytisch beantwortet werden. Dazu soll zunächst die bereits erwähnte Rechtsprechung durch den Europäischen Gerichtshof, das Bundesverfassungsgericht und die Finanzgerichte genauer begutachtet werden, um die dogmatischen Schwächen und die Notwendigkeit aufzuzeigen, einen ordre public Vorbehalt dogmatisch nachvollziehbar auf konkrete Rechtsgrundlagen zu stützen. Zu diesem Zweck wird die Rechtsfigur des ordre public zunächst historisch und mit Blick auf andere Rechtsgebiete mit dem Ziel beleuchtet, hieraus konkrete Inhalte oder Anknüpfungspunkte für einen Vorbehalt auch im System des Steuervollzugs zu finden.

Dabei wird gezeigt werden können, dass ein internationales allgemeingültiges Rechtsprinzip „ordre public" nicht existiert, welches sich ohne weiteres auf die Beitreibungshilfe anwenden ließe.

Gestützt auf diese Erkenntnis wird im zweiten Teil (D.) nach rechtlichen Anknüpfungspunkten für einen entsprechenden Vorbehalt gesucht, aus dem sich zugleich handhabbare Inhalte ableiten lassen. Dabei wird dem Verhältnis von deutschem Verfassungsrecht zum Europäischen Recht besondere Bedeutung zukommen, weil ein ordre public Vorbehalt, wie er offenbar von den Gerichten bislang vorausgesetzt wird, vermeintlich deutsche Rechtsgrundsätze gegen die Anwendung von Unionsrecht in Form der vermeintlich zwingenden EU-Beitreibungsrichtlinie (EUBeitRL) in Stellung bringt. Die so geartete Analyse wird zeigen können, dass Grundlage des ordre public Vorbehalts letztlich das Verhältnismäßigkeitsprinzip im Rahmen des Grundrechtsschutzsystems ist und hierbei sowohl deutsche, vor allem aber europäische Grundrechte als Rechtsquellen und Prüfungsmaßstab heranzuziehen sind. Hierbei wird auch gezeigt werden, dass ein derartiges Verständnis letztlich keinen Widerstreit zwischen nationalem und unionalem Recht begründet, sondern dass beide Rechtsregime in ihrem jeweils intendierten Maße geachtet werden.

Durch die Fundierung des ordre public Vorbehaltes im Verhältnismäßigkeitsgrundsatz kann dessen Kerngehalt abstrakt entwickelt und operabel gemacht werden. Dies geschieht durch die Entwicklung klarer Prüfvorgaben und Maßstäbe. Diese abstrakt entwickelten Vorgaben werden in einem letzten Schritt im Kontext behördlicher und gerichtlicher Verfahren eingeordnet, woraus sich ihre praktische Umsetzbarkeit in nachvollziehbarer Weise erschließt.

Erster Teil: Grundlagen der Beitreibungshilfe nach der EU-Beitreibungsrichtlinie (EUBeitrRL)

A. Gründe und Ziele internationaler Beitreibungshilfe

I. Gründe: Materielle Universalität und formelle Territorialität

1. Amtshilfe im Spannungsfeld zwischen Rechtsgeltung und Rechtsdurchsetzung

Dass sich Behörden verschiedener souveräner Staaten gegenseitig bei der Beitreibung von Steuerforderungen unterstützen, beruht auf zwei heutzutage unbestrittenen Erwägungen: Auf der einen Seite besteht eine einmal entstandene Steuerschuld gegenüber einem Staat unabhängig davon, wo sich der Steuerschuldner physisch aufhält. Weiterhin ordnen nationale Gesetze die massenhafte Entstehung von Steuerschulden für Sachverhalte an, die außerhalb der territorialen Grenzen des sie erlassenden Staates verwirklicht werden.[9] In Zeiten, in denen viele Staaten das Welteinkommensprinzip anwenden, erscheint diese von Staatsgrenzen unabhängige Rechtsgeltung ebenso selbstverständlich wie das weltweite Fortbestehen eines einmal entstandenen Fiskalanspruches. Gleichwohl handelt es sich bei einer so verstandenen *materiellen Universalität* historisch betrachtet um ein jüngeres Prinzip,[10] das der Rechtfertigung bedarf.

Auf der anderen Seite wird die tatsächliche Bedeutung materieller Universalität begrenzt durch das völkerrechtliche Prinzip der formellen Territorialität. Danach ist die Staatsgewalt eines Staates auf sein Hoheitsgebiet begrenzt. Amtliche Handlungen auf dem Gebiet eines fremden Staates stellen eine Souveränitätsverletzung jenes Staates und mithin eine Völkerrechtsverletzung dar.[11]

---

9 Vgl. *Staringer,* DStJG 31, 135 ff.

10 *Siebing,* ISR 2021, 104 (105 ff.); *Burmester,* JZ 1993, 698 (702 f.).

11 *Stein/v. Buttlar/Kotzur,* Völkerrecht, Rz. 601; *Seer,* in Tipke/Kruse, AO/FGO, §250 AO Rz. 21 (156. Lfg. April 2019); *Hendricks,* in Gosch, AO/FGO, § 117 AO Rz. 5 (114. Lfg. Februar 2015); *Czakert,* in Schönfeld/Ditz, DBA, Art. 27 Rz. 2; *Schaumburg,* in Schaumburg/Englisch, Europäisches Steuerrecht, Rz. 25.2; *Klüger,* in Koenig, AO, § 250 Rz. 9; *Bal,* BIT 2011, 598 (600); *De Troyer,* Bulletin for International Taxation 2017, 424; *Vandenberghe,* EU & Int. Tax Coll. News 2020, 28.

Die Amtshilfe vermittelt zwischen diesen Prinzipien und verdeutlicht dabei zugleich deren multilaterale Geltung. Der helfende Staat erkennt jedenfalls konkludent die universelle Wirkung des Rechts des um Hilfe ersuchenden Staates an. Der ersuchende Staat wiederum bringt durch die Bitte um Amtshilfe zum Ausdruck, dass er die Souveränität des helfenden Staates achtet und sein Recht nur durch hoheitliches Handeln der helfenden Behörden durchzusetzen vermag.

Im Folgenden sollen diese mithin elementaren Prinzipien einer genaueren Untersuchung unterzogen werden.

2. *Begriffliches*

Die hier verwendeten Begriffe „formelle Territorialität" und „materielle Universalität" (oder fehlende materielle Territorialität) bereiten Schwierigkeiten. Der Begriff der Territorialität ist durch das Staats- und Völkerrecht besetzt. Er bezeichnet zum einen positiv im Sinne territorialer Souveränität das Recht eines Staates, die Herrschaft über sein Staatsgebiet auszuüben. Hierzu gehört neben der Verfügungsgewalt über den Raum selbst die sog. Gebietshoheit als Herrschaft über die sich im Staatsgebiet befindlichen Personen und Güter.[12] Das Territorialitätsprinzip legitimiert damit die Hoheitsgewalt eines Staates in Anknüpfung an sein Staatsgebiet in Abgrenzung zum an das Staatsvolk anknüpfenden Personalitätsprinzip.[13] Daneben gilt die Territorialität – insbesondere in der angelsächsischen Terminologie – als sogenannter „genuine link" im Rahmen der Zulässigkeit von gesetzgeberischer Anknüpfung an ausländische Sachverhalte.[14]

Nicht ohne gewisse Überschneidungen zum letztgenannten Verständnis wird der Ausdruck „Territorialitätsprinzip" im Steuerrecht bereichsspezifisch verwen-det.[15] Er steht synonym zum Quellenprinzip für die Anknüpfung der Besteuerung an die Herkunft der steuerpflichtigen Einkünfte aus dem Inland, wobei das hierzu in Abgrenzung stehende und im deutschen Steuerrecht vorgreifliche Welteinkommensprinzip Einkünfte unabhängig davon besteuert, wo ihre „Quelle" belegen ist.[16]

12 *Dahm/Delbrück/Wolfrum*, Völkerrecht, I/1, S. 318

13 *Dahm/Delbrück/Wolfrum*, Völkerrecht I/1, S. 319; *Graf Vitzthum*, in Isensee/Kirchhof, HStR, Bd. II, § 18 Rz. 4 ff.

14 *Epping*, in ders. Völkerrecht, § 5 Rz. 69 ff.

15 Vgl. *Lehner*, in Vogel/Lehner, Grundl. Rz. 11.

16 *Lehner*, in Vogel/Lehner, DBA, Grundl. Rz. 7; *Schaumburg*, in ders., Internationales Steuerrecht, Rz. 6.57.

Darüber hinaus haben sich im steuerrechtlichen Schrifttum – offenbar exklusiv – die Begriffe der „formellen" und der „materiellen" Territorialität herausgebildet.[17] Diese Unterscheidung ist im Bereich des Steuerrechts bereits 1932 von *Edgar Herzfeld* mit den folgenden Worten vorgenommen worden:

„Soweit es sich um die unmittelbare Anwendung der Steuergesetze handelt, also um die Durchsetzung der Steueransprüche im Auslande, kann hier von einem formellen Territorialitätsprinzip im Gegensatz zum materiellen gesprochen werden, das die Steuertatbestände räumlichen Beschränkungen unterwirft [...]."[18]

Mit der formellen Territorialität ist also das Verbot der Verletzung fremder Gebietshoheit gemeint. Zu den danach verbotenen hoheitlichen Handlungen soll sogar die formlose Übermittlung von Steuerbescheiden ins Ausland gehören.[19]

Materielle Territorialität würde, soweit sie existiert, einem Staat dagegen zweierlei verbieten: Zum einen die legislative Rechtsfolgenanordnung für Sachverhalte, die sich außerhalb des eigenen Staatsgebietes abspielen. Hierunter fällt etwa das im Einkommensteuerrecht geltende Welteinkommensprinzip, wonach unbeschränkt Steuerpflichtige mit allen Einkünften der Besteuerung unterliegen, gleich, wo diese erwirtschaftet worden sind.[20] Zum anderen müsste die materielle Territorialität konsequent auch für den Rechtsanwender gelten. Er dürfte also Gesetze, deren Tatbestände explizit nicht zwischen in- und ausländischer Verwirklichung unterscheiden, auf ausländische Sachverhalte nicht anwenden.

Dass die Begriffe „formelle" und „materielle Territorialität" vornehmlich in der steuerrechtlichen Literatur zu Popularität gefunden haben, dürfte auf *K.*

---

17 S. etwa *Drüen*, ISR 2014, 265 (269); *Lehner*, in FS Wassermeyer, S. 241 (243 f.); *Pohl*, in Mössner, Steuerrecht international tätiger Unternehmen, Rz. 13.14; *Seer*, in Tipke/Kruse, AO/FGO, § 117 AO Rz. 4 (150. Lfg. Oktober 2017); *ders.*, in Tipke/Lang, Steuerrecht, Rz. 1.84; *ders.*, in FS Schaumburg, S. 151; *ders./Gabert*, StuW 2010, 3 (4); *Wanke*, Die Besteuerung deutsch-luxemburgischer Erb- und Schenkungsfälle, S. 84; *Seer*, in Tipke/Kruse, AO/FGO, § 250 AO Rz. 21 (156. Lfg. April 2019); *Hendricks*, in Gosch, AO/FGO, § 117 AO Rz. 5 (114. Lfg. Februar 2015); *Czakert*, in Schönfeld/Ditz, DBA, Art. 27 Rz. 2; *Schaumburg*, in Schaumburg/Englisch, Europäisches Steuerrecht, Rz. 25.2; *Klüger*, in Koenig, AO, § 250 Rz. 9.

18 *Herzfeld*, VJSchrStFR 1932, 422 (428).

19 BVerfG, Beschluss v. 22.03.1983 – 2 BvR 475/78, BVerfGE 63, 343 (372 f.); *Schaumburg*, in ders., Internationales Steuerrecht, Rz. 25.3; a.A. *Seer*, in Tipke/Kruse, AO/FGO, § 122 AO Rz. 62 (148. Lfg. 2017); *Söhn*, in Hübschmann/Hepp/Spitaler, AO/FGO, § 117 AO Rz. 3 (225. Lfg. 2013).

20 *Gosch*, in Kirchhof/Seer, EStG, § 1 Rz. 1.

Vogel zurückzuführen sein, der sie in seiner Habilitation nicht nur geprägt, sondern in beispielloser Weise einer analytischen Untersuchung unterzogen hat.[21]

In der allgemeinen völker- und staatsrechtlichen Literatur konnten die Begriffe sich dagegen, wohl wegen der gesetzten Bedeutung der Territorialität (die insoweit materieller Art ist) nicht durchsetzen. Stattdessen lehnen die Autoren sich dort stark an den US-amerikanischen Begriffen „jurisdiction to prescribe" (materiell) und „jurisdiction to enforce" (formell) an und unterscheiden zwischen „sachlichem Anwendungsbereich" (materiell) und „räumlichem Geltungsbereich" (formell).[22] Die Begriffe sind nicht trennscharf. So ist etwa die „Geltung" eines Gesetzes auch ohne dessen Durchsetzung möglich. „Anwendungsbereich" hingegen kommt sprachlich der formellen Durchsetzung von Gesetzen näher und bringt daher nicht klar zum Ausdruck, dass es bei materieller Territorialität/Universalität um rein tatbestandliche Anknüpfungspunkte geht. Die von *Stein, v.Buttlar und Kotzur* vorgeschlagene Formulierung „extraterritoriale Wirkung"[23] ist zur Abgrenzung ebenso ungeeignet. Gesetze mit Auslandsbezug entfalten extraterritorial ja gerade keine Wirkung. Vielmehr wirken im Ausland verwirklichte Sachverhalte durch sie *in die inländische Rechtsordnung hinein.*

Schließlich schlagen *Delbrück* und *Wolfrum* in engerer Anlehnung an die amerikanische Terminologie die Unterscheidung von Rechtsetzungs- und

---

21 *Vogel,* Der räumliche Anwendungsbereich der Verwaltungsrechtsnorm, passim. Dort (S. 1 ff.) differenziert Vogel sprachlich nicht intuitiv verständlich, weiter zwischen „transitiver" und „intransitiver" Territorialität. Als transitive Territorialität bezeichnet er die Begrenzung der Sachverhalte, auf welche die betreffenden Normen Anwendung finden. Die intransitive Territorialität nach Vogel bezieht sich dagegen vornehmlich auf den Kollisionsfall, richtet sich also unmittelbar an Behörden und Gerichte bei der Wahl des anzuwendenden Rechts, an den Gesetzgeber dagegen mittelbar im Rahmen der Schaffung gesetzlicher Rechtsanwendungsbefehle (Vogel bezeichnet dies als Frage nach der Anwendung eines Gesetzes „schlechthin"). Das dieser Arbeit zugrundeliegende Verständnis der materiellen Territorialität entspricht dem der „transitiven" nach Klaus Vogel. Die „intransitive" Territorialität ist für die vorliegende Arbeit ohne weitere Bedeutung.

22 *Epping,* in Ipsen, Völkerrecht, § 7 Rz. 70; *Stein/v. Buttlar/Kotzur,* Völkerrecht, Rz. 601; *Kment,* Grenzüberschreitendes Verwaltungshandeln, S. 59 ff.; Für den „räumlichen Geltungsbereich des Grundgesetzes" siehe m.w.N. BVerfG v. 31.07.73 – 2 BvF 1/73, BVerfGE 36, 1 (16).

23 *Stein/v. Buttlar/Kotzur,* Völkerrecht, Rz. 601; der Begriff der „Wirkung" in diesem Zusammenhang geht zurück auf *Guggenheim,* Lehrbuch des Völkerrechts, Bd. I, S. 369 f.

Vollzugsgewalt vor. Wenngleich der Begriff der Rechtsetzung Judikative und Exekutive ausschließt, sind diese Bezeichnungen noch am eindeutigsten.

Was dagegen keiner der obigen Begriffe ausdrückt, ist Umfang oder Wirkrichtung der jeweiligen Prinzipien. Formelle und materielle Territorialität bringen dagegen unmittelbar zum Ausdruck, dass es sich insoweit um *räumliche* Beschränkungen handelt. Mit formeller und materieller *Universalität* lässt sich darüber hinaus leicht das Gegenteil beschreiben.

Es erscheint somit ohne Weiteres vorzugswürdig, an die von *Herzfeld* und *K. Vogel* geprägte Terminologie anzuknüpfen und im Folgenden von formeller und materieller Territorialität zu sprechen. Beide Prinzipien sollen nachfolgend rechtlich eingeordnet werden.

3. Materielle Territorialität

a) Rechtstheoretische Begründungsansätze

(1) Rechtstheoretische Geltungsbegriffe

In diesem Abschnitt soll das Wesen der materiellen Universalität genauer untersucht und hinterfragt werden. Da der Grundsatz der materiellen Universalität davon ausgeht, dass inländische Gesetze überall „gelten", dass also etwa die Verwirklichung eines Steuertatbestandes außerhalb des deutschen Staatsgebiets gleichwohl einen Anspruch des deutschen Fiskus als Rechtsfolge nach sich zieht, soll die hier gestellte Ausgangsfrage lauten, ob eine Rechtsnorm überhaupt in dieser universellen Weise *Geltung* entfalten kann und wenn ja, wie diese Geltung begründbar ist. Dazu soll zunächst in rechtstheoretischer Hinsicht erörtert werden, was unter der Geltung einer Rechtsnorm überhaupt zu verstehen ist und ob ein solches Verständnis möglicherweise schon per se für oder gegen eine universelle Geltung von Rechtsnormen spricht.

Dazu ist zunächst der Begriff der Geltung selbst einzugrenzen. Wonach hier gefragt werden soll, ist die *juristische Geltung* einer Rechtsnorm. Der Begriff der *juristischen Geltung* ist aus sich heraus nicht unmittelbar verständlich kann aber in Abgrenzung zur faktischen und zur ethischen Geltung erfasst werden.[24] Bei der faktischen Geltung geht es um die soziologische Frage, welche Normen von den beobachteten Individuen befolgt werden und warum.[25] Die ethische Geltung ist der Rechtsphilosophie zuzuordnen, wenn sie fragt, welche Gesetze

---

24 S. hierzu *Rüthers/Fischer/Birk*, Rechtstheorie, S. 210 f.; *Röhl/Röhl*, Allgemeine Rechtslehre, S. 311 f.

25 Näher *Zippelius*, Rechtsphilosophie, S. 22 ff.

gelten *sollten,* weil sie – im reinsten philosophischen Sinne – sinnvoll wären.[26] Die soziologische Untersuchung hat als ihren Gegenstand also menschliches Verhalten, das sie beobachtet und interpretiert und aus ihm auf die faktische Geltung gewisser Gesetze (besser: Gesetzmäßigkeiten) schließt. Der Gegenstand der Philosophie ist demgegenüber im weitestmöglichen Verständnis der Sinn menschlichen Lebens. Sie untersucht, was dieser Sinn sein könnte und wie er bestmöglich zu verwirklichen wäre. Aus ihren Erkenntnissen schöpft die Rechtsphilosophie Rechtssätze, die alsdann allgemeine „Gültigkeit" beanspruchen, weil sie der Sinnverwirklichung zuträglich sind. Rechtssoziologie und Rechtsphilosophie fragen also nach dem „Ob" der Geltung von Gesetzen. Die Rechtssoziologie fragt, *ob* wiederkehrende Verhaltensweisen so häufig und von so vielen Menschen gezeigt werden, dass man von Gesetzmäßigkeiten, oder also von faktisch geltenden Gesetzen sprechen kann. Die Rechtsphilosophie fragt, *ob* ethische oder moralische Maßstäbe existieren, an die man sich generell halten, die also gesetzmäßig gelten sollten.

Juristische Geltung meint demgegenüber etwas anderes. Die juristische Geltung ist die, mit der sich die Jurisprudenz im engeren Sinne der Rechtsdogmatik beschäftigt. Diese sucht nicht nach dem „richtigen" Recht, wie es Rechtsphilosophie und Politik tun. Sie sucht auch nicht nach dem „gelebten" Recht, wie es die Rechtssoziologie tut. Tatsächlich „sucht" die Rechtsdogmatik nach überhaupt keinem bestimmten Recht, sondern sie *untersucht* ein gegebenes Recht.[27] Ihre vornehmliche Aufgabe ist es, auf wissenschaftliche Methodik gestützt zu ermitteln, was *aufgrund einer gegebenen Gesetzeslage* gelten soll.[28] Juristische Geltung setzt also ein Bezugssystem voraus. Die Frage etwa nach der juristischen Geltung eines durch den deutschen Bundestag erlassenen Gesetzes lässt sich sinnvoll nur beantworten, wenn man ihr das Bezugssystem „Grundgesetz" anheimstellt, also genauer fragt: Gilt dieses oder jenes Gesetz nach den Maßstäben des Grundgesetzes? Die Frage setzt die Geltung des Bezugssystems denknotwendig voraus und macht damit zugleich jedes weitere Fragen nach der *juristischen Geltung*

26 Vgl. *Braun,* Einführung in die Rechtsphilosophie, S. 3 ff.; *Zippelius,* Rechtsphilosophie, S. 19 ff. differenziert weiter zwischen moralischer und sozialethischer Geltung, was aber bei genauerer Betrachtung beides eher soziologische Problemkreise sind.

27 Vgl. *Hassemer/Neumann/Saliger,* Einführung in die Rechtsphilosophie und Rechtssoziologie der Gegenwart, S. 1 f.

28 Vgl. *Weber,* Wirtschaft und Gesellschaft, S. 180 f.; *Rüthers/Fischer/Birk,* Rechtstheorie, S. 34, die diese Definition aber wohl nicht als vollständig erachten, sondern als „für den hier verfolgten Zweck eines Lernbuchs [...] insoweit dahin eingegrenzt".

des Bezugssystems obsolet.[29] Ohne ein Bezugssystem gilt juristisch nichts. Im Zustand der Rechtslosigkeit, etwa unter Schiffbrüchigen auf einer unbewohnten Insel, ließe sich philosophisch oder politisch fragen, welche Regeln gelten sollen. Es könnte auch einfach faktisch der Stärkste seine Überzeugungen durchsetzen. Die Frage aber, was *juristisch* gilt, machte in einer solchen Situation keinen Sinn.

Dort, wo in rechtswissenschaftlichen Abhandlungen die nachvollziehbare Frage nach der prinzipiellen *Geltung* des Rechts aufgeworfen wird, wird die strikte Trennung einer juristischen Geltung von anderen Geltungsbegriffen oft nicht eingehalten[30], was in der Folge zu scheinbar unlösbaren Problemen führt.[31] Dabei zeigt sich, dass Abhandlungen darüber, warum Recht gilt, oft in Wahrheit um die Bedeutung des Wortes „Geltung" kreisen.[32] Die Loslösung von diesem

---

29 Vgl. *Kelsen,* Reine Rechtslehre, S. 203, zu dessen logischem Fehlschluss auf eine Grundnorm s. aber sogleich unter (2).

30 *Vesting,* Rechtstheorie, S. 218, der dem Versuch *Hans Kelsens*, Rechtsgeltung rein wissenschaftlich oder erkenntnistheoretisch zu begründen, den „schwerwiegenden Nachteil" unterstellt, die epistemologischen Grundlagen der Rechtsgeltung auszublenden. Das aber ist es gerade, was *Kelsen* mit seiner reinen Rechtslehre bezwecken wollte, nämlich jede außerhalb des geschriebenen Rechts liegende Wertung, jede Frage nach der „Richtigkeit" des Rechts – und nichts anderes kann die Einbeziehung der „epistemologischen Grundlagen" in die Untersuchung des Rechts bedeuten – streng von der Rechtswissenschaft zu trennen und sie stattdessen der Rechtspolitik zuzuschreiben, s. *Kelsen,* Was ist die Reine Rechtslehre, in FS Z. Giacometti, Zürich 1953, S. 143 - 161, hier zitiert nach *Klecatsky/Maric/Schambeck*, Die Wiener Rechtstheoretische Schule, Band 1, S. 621; *ders.* Reine Rechtslehre, S. 1; *Röhl/Röhl,* Allgemeine Rechtslehre, S. 311 ff. ordnen Macht-, Anerkennungs- und Vertragstheorien ebenso wie absolute oder utilitaristische Geltungstheorien ausdrücklich der Frage der juristischen Geltung zu, wenngleich es sich bei der von ihnen selbst dargestellten Trennung um politische, soziologische, psychologische oder philosophische Theorien handelt

31 *Dahm,* Völkerrecht, Band I, S. 10 f. kommt zu dem Schluss, dass die Reine Rechtslehre Kelsens die Frage nach der Geltung des Rechts nicht beantworten könne und thematisiert sodann die Notwendigkeit eines Rückgriffs auf Werteordnungen *jenseits des Rechts.* Er verlässt also eigentlich ausdrücklich den Bereich der Rechtswissenschaft, scheint aber weiterhin nach einem rechtswissenschaftlichen Geltungsgrund des Rechts suchen zu wollen.

32 *Ipsen,* in ders., Völkerrecht, S. 9 sucht nach dem „Grund der Geltung des Völkerrechts als verbindliches Verhaltensmuster unter den Rechtsbeteiligten", der sich weder ausschließlich aus dem positiven Völkerrecht selbst, noch primär aus dem Willen der Rechtsbeteiligten ableiten lasse. Hier wird gleich eine ganze Fülle verschiedenster Deutungsmöglichkeiten des Begriffes Geltung ins Feld geführt, etwa „sollte befolgt werden" (verbindlich), „wird befolgt" (Verhaltensmuster), „will befolgt werden" (Wille der Rechtsbeteiligten), weiterhin „ist als Regel aufgestellt worden" (positives Völkerrecht)

Begriff verdeutlicht die Notwendigkeit der isolierten Betrachtung einer juristischen Geltung für rechtsdogmatische Zwecke. So kann die Frage „warum gilt Recht?" beispielsweise auch formuliert werden als „warum halten sich Menschen an das Recht?" oder auch – mit völlig anderer Bedeutung – „warum *sollte* ich mich an das Recht halten?" Beide Fragen lassen sich ersichtlich nicht mit rechtswissenschaftlicher Methodik beantworten und gehören daher auch nicht in den Bereich der Rechtswissenschaft. Sie werden im Folgenden zugunsten eines im oben beschriebenen Sinne rein juristischen Verständnis von Rechtsgeltung ausgeblendet.

(2) Die Reine Rechtslehre Hans Kelsens

Der vehementeste Vertreter einer strikten Trennung der Rechtswissenschaft von anderen wissenschaftlichen Disziplinen und damit ein früher Vertreter des hier zugrunde gelegten Verständnisses von juristischer Geltung war Hans Kelsen. Nach dessen „Reiner Rechtslehre" beschränkt sich die Aufgabe der Rechtswissenschaft in Abgrenzung zur Rechtspolitik und Rechtsphilosophie darauf, den vorgegebenen Gesetzen logisch nachvollziehbare Bedeutungsgehalte abzugewinnen, sowie die Gesetze innerhalb eines vorgefundenen Normensystems auf ihre Vereinbarkeit mit jeweils höherrangigem Recht zu prüfen.[33] Eine darüberhinausgehende Bewertung der Rechtsnormen, etwa unter Effektivitäts- oder ethischen Gesichtspunkten sei dagegen der Politik, bzw. der Philosophie zuzuordnen. Ebenso sei die Urteilsfindung des Richters nach Kelsen in dem Falle, in dem er sich für eine von mehreren in Betracht kommenden Deutungsmöglichkeiten des Gesetzes entscheiden muss, jedenfalls der eigentliche Entscheidungsvorgang eine politische Handlung.[34]

Diese strikte Trennung der rechtswissenschaftlichen Arbeit von jeder außerhalb der behandelten Rechtsordnung liegenden Wertung führt zu einem strengen Gesetzespositivismus in dem Sinne, als dass der Inhalt des Gesetzes, solange es innerhalb der Rechtsordnung mit höherrangigem Recht vereinbar ist, rechtswissenschaftlich als geltend akzeptiert werden muss. Kein menschliches Verhalten könne nach Kelsen als solches, kraft seines Gehalts, ausgeschlossen

---

von „Regelungsberechtigten" (Rechtsbeteiligte); siehe zu den verschiedensten Bedeutungen des Begriffes „Geltung" und der Notwendigkeit deren Trennung vertiefend *Weber,* Wirtschaft und Gesellschaft, S. 180 ff.

33 Siehe für einen prägnanten Überblick über Kelsens Rechtslehre und für weitere Nachweise *Walter,* Hans Kelsens Rechtslehre, passim*; Dreier*, Hans Kelsen, S. 285 ff.

34 *Kelsen,* Reine Rechtslehre, S. 251 ff.

werden, Inhalt einer Rechtsnorm zu sein.[35] Die juristische, d.h. also rechtswissenschaftliche Geltung der höchstrangigen Norm, etwa der deutschen Verfassung, folgt damit unmittelbar aus der der Rechtswissenschaft zugewiesenen Funktion, die als *Prämisse* nicht deduktiv begründungsbedürftig ist. Diesen einfachen Umstand versteckt Kelsen leider – soweit er ihn überhaupt vertritt – in einem unnötig komplexen Theoriegengebäude, indem er als Geltungsgrund der höchstrangigen Norm eine „Grundnorm" statuieren will, die er statt als Prämisse als „transzendental-logische Voraussetzung" bezeichnet, die, ohne selbst positiv gesetzt zu sein, gleichwohl die Befolgung der positiv gesetzten Rechtsnormen anordnen soll.[36]

Von den Problemen, die mit dieser Letztgeltungstheorie Kelsens einhergehen[37], abgesehen, ermöglicht die Reine Rechtslehre eine eindeutige Definition von juristischer Geltung: Juristisch gilt alles, was Gegenstand der untersuchten Rechtsordnung ist, die juristische Geltung einer beliebigen Norm hängt mit anderen Worten allein davon ab, ob sie den Maßgaben derjenigen Rechtsordnung entspricht, der sie zuzuordnen ist.

Verbietet die Rechtsordnung selbst es also nicht ausdrücklich, dass ihr zugehörige Normen tatbestandlich an Sachverhalte außerhalb ihres eigentlichen Geltungsbereiches anknüpfen, spricht nach der Reinen Rechtslehre juristisch nichts für die Annahme materieller Territorialität. Vielmehr folgt aus Kelsens Prämisse, jedes menschliche Verhalten könnte Gegenstand einer Norm sein, dass hiervon auch jedes menschliche Verhalten an jedem beliebigen Ort und zu jeder beliebigen Zeit gehört. Entsprechend schlussfolgert Kelsen ausdrücklich, eine Norm könne juristisch „überall und immer" gelten.[38]

(3) Naturrechtslehren und Vertragstheorien

Hans Kelsen hat seine Reine Rechtslehre selbst als Gegenstück der Naturrechtslehren gesehen, denen er eine klare Absage erteilte.[39] Im Gegensatz zum Rechtspositivismus machen die Naturrechtslehren die Gültigkeit einer jeden

35 *Ebd.*, S. 201.

36 *Ebd.*, S. 204.

37 Sie hat ihm – im Rahmen seiner eigenen Argumentation zurecht, in der Sache zu Unrecht – Kritik eingebracht, siehe nur Larenz, Methodenlehre, S. 73 f.; *Zippelius*, Rechtsphilosophie, S. 12 f.

38 *Kelsen*, Reine Rechtslehre, S. 201.

39 Vgl. *Kelsen*, Was ist die Reine Rechtslehre, in Festschrift für Z. Giacometti, Zürich 1953, S. 143 – 161, hier zitiert nach *Klecatsky/Maric/Schambeck*, Die Wiener Rechtstheoretische Schule, S. 621.

Rechtsnorm von deren Vereinbarkeit mit einer höheren, einer „natürlichen“, d.h. unumstößlichen Ordnung abhängig. Diese höhere Ordnung war entweder eine göttliche oder eine Vernunftordnung, meist aber beides in dem Sinne als dass sich die göttliche Ordnung mithilfe der von Gott gegebenen Vernunft beschreiben ließe.[40]

Wie *Klaus Vogel* in seiner Habilitation ausführlich beschreibt[41], ließ sich bei Annahme einer solchen höheren Ordnung insbesondere während der Aufklärung auch ein Prinzip materieller Territorialität rechtsdogmatisch begründen. Innerhalb einer metaphysischen Ordnung ist nämlich das Staatsgebiet nicht nur – wie im Rahmen der 3-Elemente-Lehre *Jellineks* – Konstitutionsmerkmal eines Staates, sondern gleichsam Herrschafts- und Schutzraum des Souveräns, über den dieser kraft seines entweder von Gott gegebenen oder aus der Vernunft abgeleiteten Auftrags mittels seiner Rechtssetzungsgewalt zu wachen habe. Ist das Staatsgebiet mithin gleichsam Quelle staatlicher Autorität, die der Souverän unmittelbar aus ihm bezieht, so wäre ebenjene Autorität naturgemäß auch auf dieses Gebiet beschränkt, materielle Territorialität wäre einer jeden Staatsgewalt also immanent.[42] Danach hätte ein Souverän schlicht nicht das Recht, Sachverhalte außerhalb dieses Gebietes zu regeln.

Im Kontraktualismus, der Lehre also, nach der die Geltung des Rechts aus einem *Vertrag* zwischen Herrschenden und Beherrschten herrührt[43], entwickelte sich ein pragmatischeres Verständnis von Staatsgewalt, das auch die territorialen Grenzen derselben aufweichte. So beschäftigte sich etwa *Thomas Hobbes* in einem Abschnitt des Leviathans, den auch Klaus Vogel eingehend begutachtet, mit der Frage, ob ein Untertan außerhalb des Herrschaftsgebietes seines Souveräns immer noch dessen Gesetzen unterworfen sei. Hierzu schreibt er:

„If the Soveraign Banish his Subject; during the Banishment, he is not Subject. But he that is sent on a Message, or hath leave to travel, is still Subject; but it is, by Contract between Soveraigns, not by vertue of the Covenant of Subjection. For whosoever entreth into anothers dominion is Subject to all the Laws thereof; unless he have a priviledge by the amity of the Soveraigns, or by special licence.“[44]

40 Näher *Röhl/Röhl*, Rechtstheorie, S. 291 ff.; *Zippelius*, Rechtsphilosophie, S. 67 ff.

41 *Vogel*, Der räumliche Anwendungsbereich der Verwaltungsrechtsnorm, S. 28 ff.

42 *Vogel*, a.a.O., S. 69.

43 S. hierzu grundlegend *v. Gierke*, Johannes Althusius und die Entwicklung der naturrechtlichen Staatstheorien, S. 76 ff.

44 *Hobbes*, Leviathan, S. 114 (Ch. 21).

Hobbes geht also zunächst auf die Verbannung des Untertanen ein, in welchem Fall die Gesetze des verbannenden Souveräns nicht mehr für ihn gelten sollen. Sollte er aber, wie Hobbes im nächsten Satz ausführt, als Botschafter oder im Rahmen einer Reise das Herrschaftsgebiet verlassen, so sei er immer noch den Regeln des Souveräns unterworfen. Dies aber gelte nicht wegen des Unterwerfungsvertrages zwischen entsendendem Souverän und Untertan, sondern wegen gewisser Verträge zwischen den Souveränen. Denn, so Hobbes weiter, wer in das Gebiet eines anderen Souveräns eintrete, werde automatisch dessen Gesetzen unterworfen. Vogel erkennt hierin eine strenge Annahme materieller Territorialität, weil Hobbes von einer rein auf das Staatsgebiet bezogenen Geltung der inländischen Gesetze ausgehe.[45] Möglich ist aber auch eine andere Lesart: Hobbes verneint gerade die Geltung von Gesetzen „aus sich heraus", begreift das Staatsgebiet (in seinem Vokabular das Vertragsgebiet) vielmehr als faktischen Herrschaftsraum, der erst dort endet, wo ein anderer beginnt. Zwar verknüpft er in der Tat das faktische (formelle) Herrschaftsgebiet mit einer auch materiell räumlich begrenzten Rechtssetzungsgewalt. Hobbes meint aber gerade nicht, dass die Herrschaftsgewalt eines Souveräns per se auf sein Staatsgebiet beschränkt sei. Vielmehr ist es ihm eben unbenommen, durch Verabredung mit anderen Souveränen seinen materiellen Herrschaftsbereich auszudehnen. Darin kommt das positivistische Verständnis Hobbes' von Staatsgewalt[46] zum Ausdruck, das der Idee prinzipieller materieller Universalität jedenfalls nicht diametral entgegensteht.[47] Vielmehr wird die Geltung von Gesetzen schlicht davon abhängig gemacht, was als geltend vereinbart worden ist.

Naturrecht und Vertragslehre vermögen mithin klare Antworten bezüglich materieller Territorialität zu geben. Nach dem Natur(staats-)recht gilt sie absolut, nach der Vertragslehre gilt sie jedenfalls solange, bis der Souverän sie durch Vertrag mit einem anderen Souverän beschränkt.

---

45 *Vogel,* a.a.O. S. 76.

46 Die vornehmliche Aufgabe des Leviathans ist es für Hobbes, die vernünftigen Gesetze durchzusetzen und die Bürger vor dem Naturrecht – dem „Recht des Stärkeren" – zu bewahren. Konsequenterweise verliert der Leviathan seine Macht über den Einzelnen, wenn er faktisch nicht mehr in der Lage ist, diesen Schutz zu gewährleisten. Es ist dann wieder an jedem Einzelnen sich zu verteidigen, die Bindung an das geschriebene Recht endet, *Hobbes*, Leviathan, S. 114 (Ch. 21).

47 Vgl. *Burmester,* JZ 1993, 698 (699 f.).

(4) Zusammenfassung

Klassische Naturrechtslehren sind auch in der Form der Vernunftjurisprudenz heute in Literatur und Rechtsprechung weitestgehend aufgegeben. Doch auch ein reiner Gesetzespositivismus, wie ihn Hans Kelsen einforderte, hat sich nicht etabliert; Man denke nur etwa an den *Mauerschützen*-Beschluss des Bundesverfassungsgerichts[48], in dem es unter Verwendung der sog. „Radbruch'schen Formel"[49] die strafrechtliche Verurteilung sog. „Mauerschützen" damit begründete, das sie rechtfertigende Recht der DDR sei „wegen offensichtlichen, unerträglichen Verstoßes gegen elementare Gebote der Gerechtigkeit und gegen völkerrechtlich geschützte Menschenrechte unwirksam." Der Verstoß wirke so schwer, dass er die „allen Völkern gemeinsamen, auf Wert und Würde des Menschen bezogenen Rechtsüberzeugungen verletze". In einem solchen Fall müsse das positive Recht der Gerechtigkeit weichen.[50]

Fragen nach dem letzten Geltungsgrund des Rechts, ob es nämlich seiner selbst willen oder zum Zwecke der Verwirklichung einer wie auch immer definierten „Gerechtigkeit" gilt, werden allerdings unter der Geltung der – insoweit einhellig als gerecht empfundenen – deutschen Verfassung mit praktischer Bedeutung nur noch in absoluten Grenzfällen diskutiert, wie bei der Würdigung von NS- oder eben DDR-Gesetzen.[51]

Ein derartiger Grenzfall ist bei der Frage materieller Universalität nicht ersichtlich. Ethische Bedenken per se gegen die tatbestandliche Ausdehnung von Gesetzen über das eigene Staatsgebiet hinaus sind nicht ersichtlich. Entsprechend werden hiergegen auch soweit erkennbar keine rechtstheoretischen Erwägungen vorgebracht.[52]

b) Völkerrechtliche Begründungsansätze

Im Völkerrecht herrscht ein gewisser Rechtspositivismus insoweit vor, als dass wegen des Grundsatzes der staatlichen Souveränität das innerstaatliche Recht grundsätzlich von den anderen Staaten zu akzeptieren ist.[53] Die eigene Souveränität einschränken kann ein Staat rechtlich nur selbst, wobei die häufigste

---

48 BVerfG, Beschluss v. 24.10.1996 – 2 BvR 1851/94, BVerfGE 95, 96.

49 Vgl. hierzu *Radbruch,* Rechtsphilosophie, S. 339 ff.

50 BVerfG, Beschluss v. 24.10.1996 – 2 BvR 1851/94, BVerfGE 95, 96 Rz. 142.

51 Vgl. *Heckmann,* Geltungskraft und Geltungsverlust von Rechtsnormen, S. 37 ff.

52 *Vogel,* Der räumliche Anwendungsbereich der Verwaltungsrechtsnorm, S. 101.

53 *Becker,* in Isensee/Kirchhof, HStR, Bd. XI, § 230 Rz. 19; *Epping,* in Ipsen, Völkerrecht, § 7 Rz. 138.

Form der freiwilligen Souveränitätsbeschneidung der Abschluss völkerrechtlicher Verträge darstellt.[54] Die Verträge bilden, gemeinsam mit einem universell akzeptierten Gewohnheitsrecht, die Gestalt des Völkerrechts.[55]

Es verwundert daher nicht, dass das so hervorgebrachte völkerrechtliche Vertragskonvolut keine nach innen wirkende räumliche Beschränkung der staatlichen Souveränität, sprich: keine materielle Territorialität kennt. Der Ständige Internationale Gerichtshof in Den Haag formuliert bereits 1927 in der „Lotus-Entscheidung" deutlich:

„Now the first and foremost restriction imposed by international law upon a State is that – failing the existence of a permissive rule to the contrary – it may not exercise its power in any form in the territory of another State. In this sense jurisdiction is certainly territorial; it cannot be exercised by a State outside its territory except by virtue of a permissive rule derived from international custom or from a convention.

It does not, however, follow that international law prohibits a State from exercising jurisdiction in its own territory, in respect of any case which relates to acts which have taken place abroad, and in which it cannot rely on some permissive rule of international law. Such a view would only be tenable if international law contained a general prohibition to States to extend the application of their laws and the jurisdiction of their courts to persons, property and acts outside their territory, and if, as an exception to this general prohibition, it allowed States to do so in certain specific cases. But this is certainly not the case under international law as it stands at present. Far from laying down a general prohibition to the effect that States may not extend the application of their laws and the jurisdiction of their courts to persons, property and acts outside their territory, it leaves them in this respect a wide measure of discretion, which is only limited in certain cases by prohibitive rules; as regards other cases, every State remains free to adopt the principles which it regards as best and most suitable."[56]

Wenngleich die Lotus-Entscheidung einen sehr speziellen Sachverhalt und die sensible Materie des Strafrechts betraf, so ist das in ihr zum Ausdruck kommende Verständnis einer völkerrechtlich konkurrierenden, nicht exklusiven Rechtssetzungsgewalt[57] über das eigene Territorium heute weitestgehend

---

54 *Dahm/Delbrück/Wolfrum*, Völkerrecht, I/1, S. 214 ff.; *Ipsen*, in ders. Völkerrecht, § 2 Rz. 67.

55 *Ipsen*, in ders. Völkerrecht, § 1, Rz. 43 ff.

56 PCIJ Series A 10 (1927), S. 18 f.

57 *Dahm/Delbrück/Wolfrum*, Völkerrecht, I/1, S. 319.

anerkannt.[58] Gleichwohl kommt aber in der Entscheidung auch zum Ausdruck, dass die Regelung ausländischer Sachverhalte selbst dann, wenn die Regelung nur im Inland vollzogen wird, stets eine Beeinträchtigung der staatlichen Souveränität im Sinne der Gebietshoheit des anderen Staates darstellt. Das Völkerrecht verlangt daher eine „echte Verknüpfung“, einen „genuine link“ zwischen dem regelnden Staat und dem geregelten Auslandssachverhalt.[59] Solche Anknüpfungspunkte können etwa die Staatsangehörigkeit, Niederlassung, Wohnsitz oder Aufenthalt im Inland sein.[60]

Im deutschen Ertragsteuerrecht wird für die unbeschränkte Steuerpflicht an den Wohnsitz, den gewöhnlichen Aufenthalt, den Sitz, den Ort der Geschäftsleitung, mit Einschränkungen auch an die Staatsangehörigkeit angeknüpft.[61] Hier kommt also eine international übliche Anknüpfung an die personalen Beziehungen zum besteuernden Staat zum Tragen.[62] Das für die beschränkte Steuerpflicht ausschlaggebende Quellenprinzip folgt hingegen dem räumlichen Anknüpfungspunkt der Einkunftsquelle. Völkerrechtlich sind beide Prinzipien – das Wohnsitzprinzip und das Quellenprinzip – anerkannt.[63]

Damit lässt sich festhalten, dass für den Bereich der direkten Besteuerung völkerrechtlich ein Grundsatz materieller Territorialität insoweit nicht existiert, als ein sachgerechter Anknüpfungspunkt vorhanden ist. Ein solcher ist aber im deutschen Steuerrecht de lege lata stets gegeben.[64]

c) Verfassungsrechtliche Begründungsansätze

(1) Freiheitsrechtliche Dimension

(a) Rechtfertigung der Besteuerung am Maßstab der Verhältnismäßigkeit

Auch die Verfassung verweist den Gesetzgeber in materieller Hinsicht an keiner Stelle ausdrücklich auf das eigene Staatsgebiet. Im Gegenteil erstreckt sich etwa

---

58 *Stein/v. Buttlar/Kotzur,* Völkerrecht, Rz. 602 ff.; *Epping,* in Ipsen, Völkerrecht, § 7 Rz. 69 f.

59 *Epping,* in Ipsen, Völkerrecht, § 7 Rz. 71 f.

60 BVerfG, Beschluss vom 22. 03.1983 – 2 BvR 475/78, BVerfGE 63, 343.

61 *Lehner,* in Vogel/Lehner, DBA, Grundlagen Rz. 11.

62 Vgl. *Schaumburg,* in ders. Internationales Steuerrecht, Rz. 6.1.

63 *Lehner,* in Vogel/Lehner, DBA, Grundlagen Rz. 11 f.

64 Vgl. *Siebing,* ISR 2021, 104 ff. für das Wohnsitzprinzip, sowie für die beschränkte Steuerpflicht inländischer Einkünfte *Hey,* in Gassner/Lang/Lechner/Schuch/Staringer, Die beschränkte Steuerpflicht im Einkommen- und Körperschaftsteuerrecht, S. 15 ff.; Siehe außerdem *Lehner,* Staatswissenschaften und Staatspraxis 1993, S. 702 ff.

der Grundrechtsschutz sogar grenzenlos auf alle staatlichen Handlungen gegen Grundrechtsträger, unabhängig davon, wo sie stattfinden.[65] Hieraus kann aber nicht geschlossen werden, dass eine grenzenlose materielle Ausdehnung des deutschen Steuerzugriffs verfassungsrechtlich zulässig wäre. Vielmehr bedeutet eben auch jeder deutsche Steuerzugriff weltweit eine potenzielle grundrechtsrelevante Freiheitsbeschränkung und ist daher unter Beachtung des Verhältnismäßigkeitsgrundsatzes rechtfertigungsbedürftig.[66] Dabei sei nur klarstellend erwähnt, dass Rechtfertigung hier als terminus technicus der grundgesetzlichen Eingriffsdogmatik und nicht als rechtstheoretische Vorfrage im Sinne einer Steuerrechtfertigungslehre[67] verstanden werden soll.[68]

Das Bundesverfassungsgericht erachtet eine freiheitsrechtliche Verhältnismäßigkeitsprüfung der Besteuerung offenbar als weitgehend konturenlos. Das Gericht begründet dies in seiner Entscheidung zum Halbteilungsgrundsatz damit, dass Zweck der Besteuerung die Erzielung von Einnahmen zur Deckung des staatlichen Finanzbedarfs sei[69] und dass Steuern zur Erreichung dieses Zwecks immer geeignet und erforderlich sein dürften.[70] Darüber hinaus erachtet das Gericht den fiskalpolitischen Zweck der Steuererhebung als eine kaum greifbare Bezugsgröße für eine Zweck-Mittel-Abwägung im engeren Sinne, weil jede wertende Einschränkung des staatlichen Finanzierungsinteresses durch Steuern Gefahr laufe, dem Gesetzgeber mittelbar eine verfassungsgerichtliche Ausgaben- und damit eine Aufgabenbeschränkung aufzuerlegen, die das Grundgesetz nicht

65 Siehe etwa für die Reichweite des Art. 10 GG *Papier*, NJW 2017, 3025 (3029), wobei es allerdings entgegen der dortigen Darstellung nicht darauf ankommt, ob es sich um ein sog. „Jedermann-Grundrecht" handelt. Für die territoriale Reichweite eines Grundrechts ist es nicht relevant, welche Staatsangehörigkeit der Betroffene hat, sondern nur, wo der Eingriff im räumlichen Sinne stattfindet.

66 BVerfG, Urteil v. 18.01.2006 – 2 BvR 2194/99, BVerfGE 115, 97 (110 ff.).

67 Zum Begriff siehe *Seer*, in Tipke/Lang, Steuerrecht, Rz. 1.4.

68 Siehe zu dieser wichtigen Unterscheidung etwa *Rodi*, Die Rechtfertigung von Steuern als Verfassungsproblem, S. 12 ff.; Für einen Überblick über die Steuerrechtfertigungslehre siehe auch *Klein*, Steuermoral und Steuerrecht, S. 19 ff.

69 Diese Auffassung vom Zweck der Besteuerung scheint heute unbestritten, siehe jeweils m.w.N. *Papier*, Die finanzrechtlichen Gesetzesvorbehalte und das grundgesetzliche Demokratieprinzip, S. 77, sowie *Rodi*, Die Rechtfertigung von Steuern als Verfassungsproblem, S. 28 f.

70 BVerfG, Urteil v. 18.01.2006 – 2 BvR 2194/99, BVerfGE 115, 97 (115) mit Verweis auf *Birk*, Das Leistungsfähigkeitsprinzip als Maßstab der Steuernormen, S. 189 und *Papier*, DVBl. 1980, 787 (793).

ausdrücklich vorsehe.[71] Das Bundesverfassungsgericht hält den Verhältnismäßigkeitsgrundsatz daher allenfalls bei einer als ultima ratio zu ziehenden Grenze der Steuererhöhe für praktikabel. Mit gleicher Begründung erachtet *Johanna Hey* das Übermaßverbot als wirkungslos im Bereich der Fiskalzwecksteuern[72], *Hans-Jürgen Papier* spricht gar vom „Versagen" des Übermaßverbotes.[73]

Dieser Schluss ist verfassungsrechtlich fragwürdig. Wenn ein Gesetzeszweck für die verfassungsrechtlich vorgegebene Verhältnismäßigkeitsprüfung offenbar nicht taugt, dann sollte dies Anlass geben, den Zweck und nicht das Verfassungsprinzip oder dessen „Wirkung" in Frage zu stellen.[74] Hinterfragt man also den angeblichen Zweck der Besteuerung, so wird deutlich, dass es sich beim vermeintlichen Zweck der „Einnahmeerzielung" um eine methodische Floskel handelt. Die Erkenntnis, dass Steuern erhoben werden, um staatliche Einnahmen zu erzielen, ist ebenso trivial wie die, dass Ordnungsgesetze erlassen werden, um für Ordnung zu sorgen. Dass der Staat Geld benötigt, ist der Grund dafür, dass die Verfassung dem Gesetzgeber die Kompetenz zur Steuererhebung einräumt. Als Rechtfertigungsgrund für konkrete, freiheitsbeschränkende Steuergesetze kann dieser Umstand aber nicht genügen. Die Notwendigkeit der Einnahmenerzielung entbindet den Staat nicht von seiner verfassungsrechtlichen Pflicht, den Steuerzugriff einer rational nachvollziehbaren Logik zu unterwerfen. Dabei mag zwar das Gebot gleichheitsgerechter Besteuerung den Gesetzgeber weitestgehend ohnehin auf diesen Weg verweisen.[75] Gleichwohl werden die Freiheitsrechte im Bereich des Steuerrechts durch die Gleichheitsrechte nicht obsolet. Die untersuchte Frage nach materieller Territorialität bietet gerade dafür ein anschauliches Beispiel. So ist die Besteuerung ausländischer Geldflüsse per se kein gleichheitsrechtliches Problem. Dass es aber etwa verfassungsrechtlich zulässig sein sollte, dass der deutsche Staat – von Vollzugsfragen abgesehen – die Einkünfte aller US-Amerikaner der deutschen Steuerpflicht unterwirft, erscheint abwegig. Soll also der ernsthafte Versuch unternommen werden, der Besteuerung auch dem Grunde nach einen verfassungsrechtlichen Rahmen zu

---

71 BVerfG, Urteil v. 18.01.2006 – 2 BvR 2194/99, BVerfGE 115, 97 (115).

72 *Hey*, in Tipke/Lang, Steuerrecht, Rz. 3.182.

73 *Papier*, Die finanzrechtlichen Gesetzesvorbehalte und das grundgesetzliche Demokratieprinzip, S. 76 ff.; Ebenso *Heun*, in Dreier, GG, Art. 3 Rz 75: „versagt [...] aus strukturellen Gründen."; vgl. auch *Rodi*, Die Rechtfertigung von Steuern als Verfassungsproblem, S. 51.

74 Ähnlich *Rodi*, Die Rechtfertigung von Steuern als Verfassungsproblem, S. 55.

75 *Birk*, Das Leistungsfähigkeitsprinzip am Maßstab der Steuernorm, S. 193.

geben, so bedarf es zunächst der Identifikation eines nachvollziehbaren Grundes, einer inneren Logik der Besteuerung.

Hierzu hat das Bundesverfassungsgericht in einem anderen Zusammenhang Überlegungen angestellt, die in seinem Halbteilungsurteil nicht erkennbar sind. So hat es nämlich in seinem Urteil vom 17.07.1984[76] ausgeführt:

„Das - auch strafrechtlich sanktionierte - Verlangen des Staates nach steuerlichen Angaben begründet sich aus dem Umstand, daß der Betroffene am staatlichen Leben teilnimmt, ihm insbesondere Schutz, Ordnung und Leistungen der staatlichen Gemeinschaft zugute kommen. Deshalb darf ihm ein Anteil an den finanziellen Lasten zur Aufrechterhaltung des staatlichen Lebens auferlegt werden."[77]

Die so formulierte Rechtfertigung des Steuerzugriffs leuchtet nicht nur unmittelbar ein. Sie offenbart auch die Schwäche des zu pauschalen Rechtfertigungsgrundes der Einnahmeerzielung. Der Verweis auf die Einnahmeerzielung ist zu kurz gedacht. Für die Rechtfertigung einer Steuerlast kommt es nicht darauf an, *dass* der Staat Geld benötigt, sondern *warum* er Geld benötigt. Die Besteuerung findet ihre Legitimierung im Staatsgedanken selbst. Die staatlich verfasste Gesellschaft bildet eine Gemeinschaft, in der durch politischen Diskurs festgesetzte, im besten Wortsinne öffentliche Aufgaben gemeinschaftlich, d.h. durch den Staat übernommen und eben auch durch den Staat finanziert werden. Dabei bedeutet „durch den Staat" nichts anderes als paritätisch durch alle Mitglieder der staatlichen Gemeinschaft. Mit anderen Worten ist der Staat nicht „Steuerstaat", weil er Geld braucht, sondern er hat Geld, weil er als Steuerstaat konzipiert ist, weil seine Angehörigen sich entschieden haben, ihn mit Finanzmitteln zur Erfüllung hoheitlicher Aufgaben auszustatten.[78]

---

76 BVerfG, Urteil v. 17.07.1984 – 2 BvE 11/83, BVerfGE 67, 100.

77 BVerfG, a.a.O. S. 143.

78 Das hier dargelegte Verständnis weist Parallelen zur finanzwissenschaftlichen Opfertheorie auf, die – im steuerjuristischen Kontext missverständlich – auch unter dem Begriff des Leistungsfähigkeitsprinzips behandelt wird, s. *Haller,* Die Steuern, S. 14 ff. Danach stellt die Steuer ein allgemeines wirtschaftliches Opfer in dem Sinne dar, dass der Opfernde hierfür keine konkrete Gegenleistung erwarten darf – anders als beim entgegenstehenden Äquivalenzprinzip, s. *Haller,* a.a.O., S. 13 f. Die Opfertheorie scheint dem geltenden Steuerrecht mit seinem Fokus auf die – nunmehr im juristischen Sinne verstandene – Leistungsfähigkeit zugrunde zu liegen. Sie durchzieht auch das allgemeine Steuerrechtfertigungsverständnis von *Tipke,* der – aufbauend auf eine jahrhundertelange Tradition – die Legitimation der Besteuerung aus der Legitimation des Staates selbst ableitet, s. *Tipke,* Die Steuerrechtsordnung, Bd. 1, S. 228 ff. m.w.N. Aus diesen allgemeinen, vorgesetzlichen

Inwieweit der so verstandene Zweck der Besteuerung für die Verhältnismäßigkeitsprüfung von Steuernormen einen allgemeinen praktischen Mehrwert aufweist, kann in dieser Arbeit dahingestellt bleiben. Jedenfalls die hier behandelte Frage nach materieller Territorialität wird mit seiner Hilfe auch in freiheitsrechtlicher Hinsicht greifbar. Wenn es nämlich die vornehmliche Aufgabe des Steuerzugriffs sein soll, die staatlich verfasste Gemeinschaft an den gemeinschaftlichen Aufgaben zu beteiligen, so ist hierzu nur die Abgabenerhebung von Zugehörigen dieser Gemeinschaft überhaupt geeignet.[79] Die Abgabenerhebung etwa von Ausländern, die zum deutschen Staat weder einen persönlichen noch einen sachlichen Bezug aufweisen, würde diesen Zweck in keiner Weise fördern.

Für die Zugehörigkeit zur staatlich verfassten Gemeinschaft, die einen Steuerzugriff rechtfertigt, ist jedenfalls die formelle Staatsangehörigkeit nicht zwingend erforderlich. Im Folgenden wird daher in Abgrenzung hierzu – gleichsam, um einen handhabbaren Begriff zu verwenden – von Staatszugehörigkeit gesprochen.[80]

Erwägungen zieht Tipke allerdings nicht den hier entwickelten Schluss auf einen besonderen Zweck der Besteuerung im Sinne der grundrechtlichen Eingriffsdogmatik. Stattdessen verweist er erneut auf den Allgemeinplatz der bloßen „Mittelbeschaffung" als rechtfertigenden Steuerzweck, *Tipke*, a.a.O., S. 232. Es ist in der Steuerrechtslehre entsprechend üblich, den Fiskalzwecknormen vornehmlich eine „Ertragsfunktion", daneben - aber nur teilweise und zusätzlich - eine „Lastenausgleichsfunktion" beizumessen, s. *Rodi*, Die Rechtfertigung von Steuern als Verfassungsproblem, S. 51; *Hey*, in Tipke/Lang, Steuerrecht, 3.20. *K. Vogel*, DStZ/A 1977, S. 5 (8f.) spricht der Lastenausgleichsfunktion sogar von vornherein die Eigenschaft eines „Zweckes" im Sinne der grundrechtlichen Eingriffsdogmatik ab. Nach dem hier entwickelten Verständnis kommt dagegen der „Ertragsfunktion" für die verfassungsrechtliche Rechtfertigung einer Steuernorm allenfalls noch eine Rolle im Rahmen der Abwägung zu. Eigentlicher Zweck der Besteuerung müsste aber nach meiner Auffassung allein der Lastenausgleich sein, wobei sich diese Funktion dabei aber nicht auf die unter dem Begriff meist ausschließlich behandelte Herstellung gleichheitsgerechter Besteuerung beschränkt.

79 Ähnlich *Debatin*, FR 1969, 277 (278 f.), der von einer Bindung zwischen Staat und Steuerpflichtigem spricht, die sich darin äußere, dass der Steuerpflichtige im betreffenden Staat den Mittelpunkt seiner Lebensentfaltung hat.

80 Bereits *v.Schanz* führte 1892 zur Rechtfertigung der Besteuerung den Begriff der „wirtschaftlichen Zugehörigkeit", s. *v.Schanz*, FinArch 9 (1892), 365 (368 ff.); *Lehner*, in Isensee/Kirchhof, HStR, Bd. XI, § 251 Rz. 23 weist auf die Abgrenzungsschwierigkeiten einer derartigen Anknüpfung hin, was aber kein ausreichendes Argument gegen die hier dargestellte Problematik einer am Verhältnismäßigkeitsgrundsatz orientierten Besteuerung darstellt.

Welche Anforderungen an diese Eigenschaft der Staatszugehörigkeit zu stellen sind und ob die hier entwickelte Dogmatik überhaupt geeignet ist, substanzielle Aussagen über die Verhältnismäßigkeit einzelner Steuergesetze zu treffen, kann am besten durch eine Gegenprobe anhand einzelner Steuerarten ermittelt werden, was im Folgenden geschehen soll.

(b) Einkommensteuer

Materielle Universalität besteht im Einkommensteuerrecht zunächst in Form der unbeschränkten Steuerpflicht nach dem Welteinkommensprinzip. Hierfür erforderlich ist ein Wohnsitz oder ständiger Aufenthalt in Deutschland. Die Steuer auf das Welteinkommen wird also nur von solchen Personen erhoben, die als mehr oder weniger fester Teil der deutschen Gesellschaft anzusehen sind, insoweit also zwar nicht zwingend Staatsangehörige aber doch Staatzugehörige im oben beschriebenen Sinne sind. Durch Abstellen auf die Eigenschaft der Staatzugehörigkeit lässt sich die unbeschränkte Steuerpflicht ohne Rückgriff auf die umstrittenen Ideen der Markteinkommenstheorie rechtfertigen.[81] Denn wer Teil der staatlich verfassten Gesellschaft ist, der kann auch im Rahmen seiner finanziellen Möglichkeiten zur Erfüllung der staatlichen Aufgaben beitragen.

Problematischer erscheint dagegen die beschränkte Steuerpflicht Nicht-Ansässiger mit ihren inländischen Einkünften im Sinne des § 49 EStG. Hier lässt sich in loser Anknüpfung an die Markteinkommenstheorie argumentieren, dass die beschränkt Steuerpflichtigen jedenfalls insoweit an der Gesellschaft teilnehmen, als sie den inländischen Markt zur Erzielung von Erwerbseinkünften nutzen. Insoweit stimmt die beschränkte Steuerpflicht der Nicht-Ansässigen mit ihrer Stellung als partielle Staatszugehörige überein. Gegenüber der Markteinkommenstheorie weist die Anknüpfung an die bloße Staatszugehörigkeit den Vorteil auf, dass das schwer handhabbare Äquivalenzprinzip hierbei keine Rolle spielt. Es geht nämlich nicht um eine Teilhabe des Staates am wirtschaftlichen Erfolg der Marktteilnehmer, der sich aus ihrer Nutzung der staatlichen Infrastruktur ergeben müsste. Vielmehr geht es auf einer höheren Abstraktionsebene lediglich darum, ob die beschränkt Steuerpflichtigen durch ihre inländischen Einkünfte in typisierter Weise als Mitglieder der staatlich verfassten Gemeinschaft in Erscheinung treten und daher die Abgabenerhebung bei ihnen geeignet ist, das Ziel der gemeinschaftlichen Finanzierung der Staatsaufgaben zu

81 Zu den vielschichtigen juristischen Problemen, die diese äquivalenzorientierte Theorie in Bezug auf das Welteinkommensprinzip mit sich bringt siehe nur *Lampert*, Doppelbesteuerungsrecht und Lastengleichheit, S. 246 ff.

verwirklichen. Insoweit wäre es für die Besteuerung auch nicht zwingend, (nur) die inländischen Einkünfte zur Besteuerungsgrundlage zu machen. Unbesehen der faktischen Vollstreckungshindernisse wäre auch die Anwendung des Welteinkommensprinzips denkbar, wobei aber unter dem Gesichtspunkt der Verhältnismäßigkeit und Gleichmäßigkeit der Besteuerung gleichwohl über eine quantitative Beschränkung der Steuerpflicht entsprechend dem Grad der Staatszugehörigkeit nachzudenken wäre.

(c) Verbrauch- und Aufwandsteuern

Als indirekte Steuer bestehen bei der Erhebung der Umsatzsteuer bei den Steuerschuldnern zweifellos genügend Berührungspunkte mit der deutschen Gesellschaft für eine Inanspruchnahme. Die intendierte Belastungswirkung tritt allerdings beim Verbraucher ein. Dabei dürfte es massenhaft, etwa bei Touristen, zur Belastung von Ausländern kommen, die nicht in Deutschland ansässig sind. Im Sinne der hier entwickelten Theorie von der Rechtfertigung der Besteuerung durch Staatszugehörigkeit ließe sich unter Umständen bereits argumentieren, dass Besucher jedenfalls kurzzeitig zu Gesellschaftsteilnehmern werden. Damit wäre aber die in der Praxis wohl nicht zu beantwortende Frage aufgeworfen, ob und vor allem ab welcher Dauer ein vorübergehender Aufenthalt den Steuerzugriff in welcher Höhe rechtfertigen könnte. Letztlich kann diese Frage aber vernachlässigt werden. Denn mit der Umsatzsteuer wie auch mit den besonderen und den örtlichen Verbrauch- und Aufwandsteuern werden, anders als mit der Einkommensteuer auf inländische Einkünfte nicht explizit Steuerausländer belastet. Vielmehr tritt die Belastungswirkung unterschiedslos bei allen Verbrauchern und damit nur „bei Gelegenheit" auch bei Steuerausländern ein. Eine Differenzierung nach den persönlichen Merkmalen des einzelnen Verbrauchers wäre für eine indirekte Steuer auch schlicht nicht praktikabel. Die Belastung von Steuerausländern mit deutschen Verbrauch- und Aufwandsteuern lässt sich daher mit einem Vereinfachungszweck im Sinne der Verfahrensökonomie und der Rentabilität der Besteuerung rechtfertigen.

(d) Erbschaft- und Schenkungsteuer

Materielle Universalität existiert darüber hinaus auch im deutschen Erbschaftsteuerrecht. So ist gemäß § 2 I Nr. 3 ErbStG jeder erbschaft- oder schenkungsweise Erwerb von Inlandsvermögen steuerpflichtig (§ 121 BewG) und zwar unabhängig von der Staatsangehörigkeit, des Wohnsitzes oder des Aufenthaltes der beteiligten Personen. Dabei entsprechen die in § 121 BewG aufgeführten Fälle des Inlandsvermögens – insbesondere inländische Grundstücke und Anteile inländischer Unternehmen – der hier entwickelten Rechtfertigungsdogmatik. Die Eigenschaft der Erwerber als Grundbesitzer oder Unternehmenseigentümer begründet insoweit deren Staatszugehörigkeit, weshalb die Steuererhebung bei ihnen zweckmäßig ist.

Jedoch ist der Vermögenserwerb durch ausländische, nicht im Inland ansässige Erwerber nicht in jedem Fall auf Inlandsvermögen beschränkt. Ist der Erblasser oder Schenker im Zeitpunkt des Vermögensübergangs Inländer, so sind die ausländischen Erwerber nach § 2 I Nr. 1 ErbStG mit dem gesamten erworbenen Vermögen steuerpflichtig.[82] Dabei ist es insbesondere unerheblich, wo das ererbte Vermögen belegen ist (Weltvermögensprinzip).[83] So kann etwa ein in Frankreich lebender Franzose für den Erwerb eines in Frankreich belegenen Grundstücks erbschaftsteuerpflichtig werden, wenn nur der Erblasser zur Zeit des Erbfalls seinen Wohnsitz in Deutschland hatte.[84] Diese ausufernde Besteuerung wird als systemwidrig kritisiert, weil die Erbschaftsteuer als Erbanfallsteuer und nicht als Nachlasssteuer konzipiert ist.[85] Das trifft aber nur zu, soweit der Schenker nach § 20 Abs. 1 S. 1 ErbStG Steuerschuldner ist, was insoweit jedoch keine Besonderheit des internationalen Steuerrechts darstellt. Soweit nur der Erwerber Steuerschuldner ist – was für den Erben der Regel entspricht –, ist die bloße tatbestandliche Anknüpfung an die persönlichen Verhältnisse des Erblassers nicht systemfremd. Sie knüpft die Steuerpflicht lediglich an die *Herkunft* des ererbten Vermögens.[86] Diese Anknüpfung stellt den völkerrechtlich nötigen und insoweit auch ausreichenden genuine link der Besteuerung von nicht-ansässigen Ausländern dar.[87]

Dass diese Form der unbeschränkten Steuerpflicht gleichwohl auf Unbehagen stößt, als systemfremd oder jedenfalls nicht einleuchtend[88] charakterisiert

---

82 Vgl. *Eisele,* in Kapp/Ebeling, ErbStG, § 2 Rz. 2 (84. Lfg. Juni 2020).

83 *Seer,* in Tipke/Lang, Steuerrecht, Rz. 15.41

84 *Birnbaum,* Leistungsfähigkeitsprinzip und ErbStG, S. 84; vgl. auch das Beispiel bei *Meincke,* DStJG 22, S. 39 (57).

85 *Schaumburg,* Internationales Steuerrecht, Rz. 8.30; *Meincke,* ErbStG (16. Aufl.), § 2 Rz. 8; *Seer,* in Tipke/Lang, Steuerrecht, Rz. 15.42; *Höninger,* Internationale Doppelbesteuerung im Erbschaft- und Schenkungsteuerrecht, S. 111 ff.; *Meincke,* DStJG 22, 39 (57).

86 Ähnlich *Höninger,* Internationale Doppelbesteuerung im Erbschaft- und Schenkungsteuerrecht, S. 118, der damit allerdings die System-, sondern die Verfassungswidrigkeit der Erbschaftsteuer verneinen will.

87 Vgl. *Schaumburg,* Internationales Steuerrecht, Rz. 8.30.

88 *Meincke,* DStJG 22, 39 (57).

wird, kann bei genauer Betrachtung dem Umstand zugeschrieben werden, dass sie keine innere Rechtfertigung aufweist. Die internationale Erbschaftsbesteuerung ist ein anschauliches Beispiel dafür, dass der reine Fiskalzweck als Maßstab für eine Verhältnismäßigkeitsprüfung ungeeignet ist. Legt man stattdessen den hier postulierten Besteuerungszweck der gemeinschaftlichen Finanzierung zugrunde, stellt sich heraus, dass die Besteuerung von nicht-ansässigen Ausländern auch dann zur Erreichung dieses Zweckes ungeeignet ist, wenn sie Vermögen von Inländern erwerben. Wollte man mit der Erbschaftsteuer den Erblasser im Sinne einer letztmaligen Vermögensteuer belasten, wobei die Steuerpflicht lediglich mit der Erbschaft auf den Erben übergeht, so wäre eine innere Verknüpfung gegeben. Soll aber originär der Erbe im Sinne einer Erbanfallsteuer belastet werden, so ist zu konstatieren, dass nicht in Deutschland Ansässige ohne deutsche Staatsangehörigkeit, soweit sie kein Inlandsvermögen erben, keinerlei Staatszugehörigkeit aufweisen.[89] Es leuchtet dann in der Tat nicht ein, sie zur Finanzierung gemeinschaftlicher Zwecke heranzuziehen. § 2 I Nr. 1 ErbStG ist damit in seiner jetzigen Form unverhältnismäßig und stellt mithin eine verfassungswidrige Verletzung der Eigentums-, jedenfalls der allgemeinen Handlungsfreiheit ausländischer, nicht in Deutschland ansässiger Steuerpflichtiger dar, soweit sie kein inländisches Vermögen erben.

(e) Zwischenergebnis

Als Zwischenergebnis lässt sich festhalten, dass der aus dem Rechtsstaatsprinzip abgeleitete Verhältnismäßigkeitsgrundsatz dem deutschen Steuerzugriff durchaus materiell territoriale Grenzen setzt. Er verlangt ein legitimes Ziel, eine Ratio, die der Besteuerung zugrunde liegt und über den reinen Finanzbedarf des Staates hinausgeht. Liegt der Besteuerung in diesem Sinne der Gedanke zugrunde, dass die im staatlichen Rechtsrahmen zusammenlebende Gesellschaft die Staatsaufgaben paritätisch finanziert, so bedarf es für den Steuerzugriff stets eines Berührungspunktes der besteuerten Person bzw. des besteuerten Sachverhaltes mit diesem Gemeinwesen. Die Anforderungen an diesen Berührungspunkt sind

---

89 Erwägenswert wäre allenfalls der Gedanke, dass der Übergang des Vermögens im Wege der Erbschaft auf dem durch den deutschen Staat garantierten und geschützten Erbrecht beruht, der Erbe also insoweit durch seine Teilnahme an diesem staatlichen Institut auch staatszugehörig ist. Mir erscheint diese Annahme aber eher fernliegend. Jedenfalls wäre die Verbindung des Erben zur deutschen Gesellschaft aber derart gering, dass eine Anwendung des *Weltvermögensprinzips* hier zu dem Zweck in einem deutlichen Missverhältnis stünde.

enger zu fassen, als der völkerrechtlich geforderte „genuine link", weil es dort um die Frage nach einer Eingriffsbefugnis in die Souveränität eines fremden Staates geht, hier demgegenüber um konkrete Freiheitsbeschränkungen der eigenen Bürger.

(2) Gleichheitsrechtliche Dimension

(a) Internationale Doppelbesteuerung als gleichheitsrechtliches Problem

Die Besteuerung des Welteinkommens führt bei Einkünften aus dem Ausland in aller Regel dazu, dass für ein und denselben Sachverhalt von derselben Person gleichartige Steuern gegenüber verschiedenen Staaten geschuldet werden, sie führt also zu internationaler Doppelbesteuerung.[90] Dasselbe gilt für die Besteuerung der beschränkt Steuerpflichtigen, soweit diese mit den aus deutscher Sicht inländischen Einkünften in ihrem Heimatland ebenfalls unbeschränkt steuerpflichtig sind. Gleichwohl führt dieser Umstand allein nicht zu einer verfassungswidrigen Ungleichbehandlung, etwa gegenüber unbeschränkt Steuerpflichtigen ohne ausländische Einkünfte. Denn der deutsche Staat behandelt beide Steuerpflichtigen gleich, indem er sie mit ihrem gesamten Einkommen unbesehen dessen Herkunft besteuert. Die ungleiche Behandlung tritt erst durch die Besteuerung durch den anderen Staat ein, der aber nicht Adressat deutscher Grundrechte ist.

Jedoch kann auch eine Gleichbehandlung gegen den allgemeinen Gleichheitssatz verstoßen, soweit die gleich behandelten Subjekte wesentlich verschieden sind.[91] Art. 3 I GG gebietet nicht nur die Gleichbehandlung von wesentlich Gleichem, sondern auch die Ungleichbehandlung von wesentlich Ungleichem. Nach dem hieraus abgeleiteten Gebot, bei der Besteuerung die individuelle Leistungsfähigkeit des Steuerpflichtigen zu berücksichtigen, handelt es sich bei der ausländischen Steuerbelastung um einen die subjektive Leistungsfähigkeit mindernden Faktor. Der unbeschränkt Steuerpflichtige kann die Belastung seiner ausländischen Einkünfte nicht verhindern und ist insoweit weniger leistungsfähig als derjenige, der lediglich mit unbelastetem inländischem Einkommen besteuert wird.[92] Diesem Umstand kann durch Anrechnung der im Ausland

90 S. zum Begriff der Doppelbesteuerung *Schaumburg*, Internationales Steuerrecht, Rz. 15.1 f.

91 Siehe zur Kritik an dieser Formulierung aber sogl. unter (b) (bb).

92 Vgl. *Schaumburg*, Internationales Steuerrecht, Rz. 17.11; *ders.*, in FS Tipke, S. 125 (144). *Schönfeld/Häck*, in *Schönfeld/Ditz*, DBA, Systematik Rz. 10.

gezahlten Steuer auf die deutsche Steuerschuld (sog. Anrechnungsmethode[93]) effektiv begegnet werden.[94]

Die internationale Doppelbesteuerung weist also eine gleichheitsrechtliche Relevanz auf, die der Gesetzgeber bei seiner Entscheidung, ausländische Sachverhalte der Besteuerung zu unterwerfen, berücksichtigen muss. Insoweit kann dem Gleichheitssatz durchaus eine territorial beschränkende Wirkung auf das Besteuerungsrecht des Staates entnommen werden: Will der Gesetzgeber ausländische Einkünfte der Besteuerung unterwerfen, so ist er gleichsam verpflichtet, Maßnahmen zur Vermeidung der Doppelbesteuerung zu ergreifen.

(b) Verfassungsrechtliches Gebot eines Welteinkommensprinzips zur Herstellung gleichheitsgerechter Besteuerung?

(aa) Ansätze einer verfassungsrechtlichen Begründung des Welteinkommensprinzips in der Literatur

Unabhängig von den speziellen gleichheitsrechtlichen Anforderungen im Zusammenhang mit internationaler Doppelbesteuerung wird in der Literatur diskutiert, ob und wie das Welteinkommensprinzip überhaupt mit dem allgemeinen Gleichheitssatz des Art. 3 Abs. 1 GG vereinbar ist. Dabei wird sowohl vertreten, dass die Besteuerung des Welteinkommens gleichheits- und damit verfassungswidrig sei, als auch im Gegenteil, dass Art. 3 Abs. 1 GG gerade zur Besteuerung des Welteinkommens zwinge. Für beide Thesen ist aber eine dogmatische Herleitung am Maßstab eines einheitlichen verfassungsrechtlichen Prüfungsprogramms nur in Ansätzen erkennbar.

So meint *K. Vogel*, eine Besteuerung nach der individuellen Leistungsfähigkeit, wie sie die Verfassung vorsähe, mache es erforderlich, zwischen „in-" und „ausländischer" Leistungsfähigkeit zu unterscheiden.[95] Die Besteuerung letzterer sei verfassungsrechtlich „nicht gerechtfertigt", weil die Erwerbsbedingungen im

---

93 Siehe *Jacobs*, Internationale Unternehmensbesteuerung, S. 11 ff.

94 Die ebenfalls denkbare Abzugsmethode, bei der die im Ausland gezahlte Steuer von der Bemessungsgrundlage abgezogen wird, führt weiterhin zu einer partiellen Doppelbesteuerung. Dies entspricht zwar dem Leistungsfähigkeitsprinzip, weil die im Ausland gezahlten Steuern wie nachträgliche Erwerbsaufwendung (obj. Nettoprinzip) oder besondere Belastungen (subj. Nettoprinzip) behandelt werden. Die Anrechnungsmethode ist gleichwohl vorzugswürdig, weil sie im Gegensatz zur Abzugsmethode zur Kapitalexportneutralität führt, s. *Schaumburg*, Internationales Steuerrecht, Rz. 17.17.

95 *Vogel*, StuW 1980, 206; *ders.*, DStJG 8, 3 (23 ff.), zustimmend *Schaumburg*, Internationales Steuerrecht, Rz. 6.58.

Ausland grundsätzlich andere seien, als die im Inland. Dagegen meint *Debatin*, die Ausrichtung an der individuellen Leistungsfähigkeit verbiete es gerade, nach der Herkunft von Einkünften zu unterscheiden. Es gebe nur eine Leistungsfähigkeit, unabhängig davon, aus welcher Quelle sie resultiere.[96] In ähnlicher Weise stellt *Lampert* fest, die einfachgesetzliche Entscheidung, das Welteinkommen zu besteuern, sei unter Leistungsfähigkeitsgesichtspunkten unproblematisch und als gesetzgeberische Grundentscheidung hinzunehmen.[97] Daraus folge aber, dass Abweichungen hiervon im Wege des Folgerichtigkeitsgebotes rechtfertigungsbedürftig seien. Im Folgenden beschäftigt auch er sich gleichwohl mit der allgemeinen „Rechtfertigung" des Welteinkommensprinzips. Hierbei bedient er sich im Wesentlichen sog. nutzentheoretischer Erwägungen, wobei es sich letztlich um Aspekte der Markteinkommenstheorie *Paul Kirchhofs*[98] handelt, die als maßgeblich bezeichnet werden.[99] Die Besteuerung ausländischer Einkünfte sei demnach in äquivalenztheoretischer Hinsicht grundsätzlich dadurch gerechtfertigt, dass die Ertragsteuern im deutschen Steuerrecht an das Subjekt des Einkommensempfängers anknüpften, der staatliche Leistungen des Ansässigkeitsstaates im Privatbereich beanspruche und dem durch die Inanspruchnahme des deutschen Rechts- und Sozialsystems eine Sozialpflichtigkeit zukomme.[100]

Bei keinem der oben beschrieben Ansätze wird eine klare Trennung zwischen dem rechtspolitischen und dem grundrechtsdogmatischen Begriff der „Rechtfertigung" hinreichend deutlich. Während ersterer nach einer „gerechten" gesetzlichen Ausgestaltung fragt, was letztlich – wenn auch diskutable – Ansichtssache ist, muss eine grundrechtsdogmatische Rechtfertigungsprüfung auf eine strikte, objektiv nachvollziehbare Methodik gestützt werden. Denn ihr Ergebnis, etwa die Feststellung der Verfassungswidrigkeit des Welteinkommensprinzips, ist keine Frage individueller Überzeugung. Sie ist ein im Wege

96 *Debatin*, FR 1969, 277 ff; Ebenso *Menck* in Engelschalk/Flick u.a., Steuern auf ausländische Einkünfte, 28 (33); Ähnlich bereits *Wagner*, Finanzwissenschaft, Zweiter Teil, S. 296 ff.; Siehe einen weiteren Überblick zum Streitstand bei *Lehner/Reimer*, IStR 2005, 542.

97 *Lampert*, Doppelbesteuerungsrecht und Lastengleichheit, S. 246 ff.

98 Dazu grundlegend *Kirchhof* in Isensee/Kirchhof, HStR, Bd. V, Rz. 232 f., sowie *ders.* in Kirchhof/Seer, EStG, Einl. Rz. 1 ff.

99 Die Markteinkommenstheorie ist allerdings keinesfalls so unumstritten sind, wie es bei *Lampert* scheint. Siehe zur berechtigten Fundamentalkritik an der Theorie nur *Tipke*, Die Steuerrechtsordnung, Bd. 2, S. 614 ff.; *Steichen*, in FS Tipke, S. 365 ff.

100 *Lampert*, Doppelbesteuerungsrecht und Lastengleichheit, S. 249.

juristischer Wissenschaft aus dem Grundgesetz abgeleitetes *Verbot,* adressiert an den immerhin demokratisch legitimierten Gesetzgeber.

Für ein solches Verbot hat das Bundesverfassungsgericht eine praktikable und bewährte Gleichheitsdogmatik entwickelt. Die strikte Anwendung dieser Dogmatik auf das Welteinkommensprinzip ermöglicht eine präzise und methodisch nachvollziehbare Antwort auf die Frage, ob aus dem Gleichheitssatz ein Ge- oder Verbot der Welteinkommensbesteuerung ableitbar ist.

(bb) Der verfassungsrechtliche Maßstab des allgemeinen Gleichheitssatzes nach dem Bundesverfassungsgericht

Das Bundesverfassungsgericht spezifiziert die allgemeine Formulierung des Art. 3 Abs. 1 GG („Alle Menschen sind vor dem Gesetz gleich") mit der Formel, der Gesetzgeber dürfe ohne rechtfertigenden Grund Gleiches nicht ungleich und Ungleiches nicht gleich behandeln.[101] Dabei handelt es sich bei der zweiten Variante (Gleichbehandlung von Ungleichem) um eine starke sprachliche Verkürzung. Die Gleichbehandlung zweier Sachverhalte kann – so ungleich sie sein mögen – für sich genommen keinen Verfassungsverstoß begründen. Vielmehr kann ein und dieselbe staatliche Behandlung bei verschiedenen Betroffenen zu unterschiedlichen tatsächlichen Ergebnissen führen, wodurch die vermeintliche Gleichbehandlung in ihrer Wirkung einer Ungleichbehandlung entspricht.[102] So kann zum Beispiel eine pauschale Kopfsteuer je nach den wirtschaftlichen Verhältnissen des Steuerpflichtigen zu völlig unterschiedlichen *Belastungswirkungen* führen. Damit würden also etwa im Ergebnis die wirtschaftlichen Erträge des einen vollständig vom Staat abgeschöpft, während der andere den staatlichen Zugriff wegen seiner verhältnismäßigen Geringfügigkeit überhaupt nicht bemerkt. Anders als es der Wortlaut der Formel des Bundesverfassungsgerichts suggeriert, kommt es regelmäßig auf eine *Ergebnisungleichheit* an, bei der die konkrete Belastung des vermeintlich Benachteiligten aufzuzeigen und ins Verhältnis zu setzen ist.[103]

---

101 BVerfG, Urteil v. 17.12.1953 – 1 BvR 147/52, BVerfGE 3, 58 (135 f.); Beschlüsse v. 24.03.1976 – 2 BvR 804/75, BVerfGE 42, 64 (72); v. 10.12.1985 – 2 BvL 18/83, BVerfGE 71, 255 (271); m.w.N. *Heun,* in Dreier, GG, Art. 3 Rz. 20 ff.; *Leibholz/Rinck*, GG, Art. 3 Rz. 21 ff. (78. Lfg. Mai 2019).

102 Vgl. BVerfG, Beschluss v. 09.08.1978 – 2 BvR 831/76, BVerfGE 49, 148 (165); Urteile v. 24.06.1958 – 2 BvF 1/57, BVerfGE 8, 51 (64); v. 03.12.1968 – 2 BvE 1/67, BVerfGE 24, 300 (358).

103 Offenbar zweifelnd *Boysen,* in v.Münch/Kunig, GG, Art. 3 Rz. 66.

Der erste Schritt im Prüfungsprogramm des Bundesverfassungsgerichts besteht also darin, eine Ungleichbehandlung festzustellen, gleichviel ob sich diese bereits in einer tatsächlichen ungleichen Behandlung durch den Staat oder erst in der tatsächlichen Wirkung für die Betroffenen zeigt.

Sodann verlangt das Bundesverfassungsgericht die verfassungsrechtliche Relevanz der Ungleichbehandlung. Diese Weichenstellung ist entscheidend, weil der Anwendungsbereich des allgemeinen Gleichheitssatzes tendenziell grenzenlos ist. Es ist schlicht unmöglich, jeden Menschen faktisch gleich zu behandeln.[104] Überdies wäre es absurd, vom Staat zu verlangen, dass er eine für einen ganz konkreten Bereich getroffene Entscheidung gleichsam auf alle Menschen anzuwenden hätte. Mit dem Erfordernis der verfassungsrechtlichen Relevanz trägt das Bundesverfassungsgericht diesem Umstand Rechnung und beschränkt die Anwendung des Allgemeinen Gleichheitssatzes auf Fälle, bei denen eine Gleichbehandlung durch den Staat jedenfalls naheliegend erscheint. Dies soll dann gegeben sein, wenn die Sachverhalte bzw. Personen, für die eine gleiche Behandlung gefordert wird, „wesentlich gleich" sind.[105] Die tendenzielle Konturenlosigkeit dieses Begriffes ist unvermeidbar. Es kommt darauf an, eine sachbezogene Vergleichbarkeit zwischen den zu betrachtenden Fällen aufzuzeigen, die die geforderte Gleichbehandlung rational begründbar macht. Damit einher gehen naturgemäß Wertungsfragen, weshalb die Anforderungen an die Vergleichbarkeit nicht zu streng formuliert werden dürfen. Es genügt ein „kleinster gemeinsamen Nenner" der Vergleichsgruppen, der einen gewissen Sachbezug zur erwünschten Behandlung aufweist.

Ist eine verfassungsrechtlich relevante Ungleichbehandlung festgestellt, wurde also wesentlich Gleiches durch denselben Rechtsträger ungleich behandelt, so ist in der Terminologie der Freiheitsgrundrechte der Schutzbereich des Allgemeinen Gleichheitssatzes eröffnet.[106] Die Prüfung eines Gleichheitssatzverstoßes erfolgt insoweit zweistufig, als dass sich unmittelbar die Frage nach der verfassungsrechtlichen Rechtfertigung der Ungleichbehandlung anschließt. Hier nimmt das Bundesverfassungsgericht grundsätzlich eine Verhältnismäßigkeitsprüfung vor.[107] Im Vergleich zur Schutzbereichsprüfung kehrt sich dabei die

---

104 Vgl. *Nußberger*, in Sachs, GG, Art. 3 Rz. 1 ff.

105 BVerfG, Beschluss v. 24.01.2012 – 1 BvR 1299/05, BVerfGE 130, 151 (175); ferner Beschluss v. 19.12.2012 – 1 BvL 18/11, BVerfGE 133, 1 (21).

106 Vgl. *Kingreen/Poscher*, Grundrechte, Rz. 518 ff.

107 Ständige Rechtsprechung, siehe m.w.N. BVerfG, Beschluss v. 26.03.2019, 1 BvR 673/17, BVerfGE 151, 101, Rz. 64; Die teilweise noch vorzufindende Unterscheidung zwischen

Blickrichtung um: Während es für die Feststellung einer relevanten Ungleichbehandlung gerade auf die Gemeinsamkeiten der Vergleichsgruppe ankommt, die für eine Gleichbehandlung streiten, stellt sich im Rahmen der Verhältnismäßigkeit nunmehr die Frage nach gleichwohl bestehenden Unterschieden, die trotz der im Übrigen bestehenden Gemeinsamkeiten eine Ungleichbehandlung rechtfertigen. Das Bundesverfassungsgericht fordert insoweit, dass „Unterschiede von solcher Art und solchem Gewicht bestehen, dass sie die ungleiche Behandlung rechtfertigen".[108] Aus der Formulierung wird deutlich, dass die Dogmatik bei den Gleichheitsgrundrechten eine graduell andere ist als bei den Freiheitsgrundrechten. Es genügt für die Rechtfertigung einer Ungleichbehandlung nicht, dass der Staat mit ihr einen legitimen Zweck verfolgt, dessen Erreichung die Beeinträchtigung verhältnismäßig erscheinen lässt. Vielmehr muss der Staat auch stets begründen, warum er gerade den einen Fall anders behandelt als den anderen. Dies lässt sich anhand der steuerlichen Pauschalierungen und Typisierungen besonders verdeutlichen[109]: So darf der Gesetzgeber aus Gründen der Verwaltungsvereinfachung etwa Abzugsbeträge pauschalieren. Hierdurch treffen Steuerpflichtige, deren Aufwendungen über den Pauschbeträgen liegen, höhere Mitwirkungspflichten während sie zugleich eine höhere Realbelastung hinnehmen müssen als Steuerpflichtige, deren Aufwendungen unter den Pauschbeträgen liegen. Der Rechtfertigungsgrund der Verwaltungsvereinfachung reicht für diese Ungleichbehandlung nicht aus. Gleichzeitig muss der Pauschbetrag, also in diesem Fall das Unterscheidungskriterium *sachgerecht* gewählt werden. Dies ist der Fall, wenn er die typischen Aufwendungen annähernd widerspiegelt. Mit dem Gebot an den Gesetzgeber, sich für Pauschalierungen stets am *typischen Fall* zu orientieren, konkretisiert das Bundesverfassungsgericht den Grundsatz, dass Ungleichbehandlungen immer an Unterschieden festzumachen sind. Dies kann auch bedeuten, dass Unterschiede erstmals ausfindig gemacht werden müssen. Im Falle der Pauschalierungen bestehen die Unterschiede beispielsweise darin, dass die benachteiligten Steuerpflichtigen höhere Aufwendungen haben als gemeinhin üblich. Demgegenüber wäre eine willkürlich gewählte

---

„Willkürformel" und „neuer Formel" ist für Zwecke dieser Untersuchung nicht weiter von Belang.

108 BVerfG, Beschluss v. 07.10.1980 – 1 BvL 50, 89/79, BVerfGE 55, 72 (88), sowie m.w.N. Beschluss v. 07.07.2009 – 1 BvR 1164/07, BVerfGE 124, 199 (219 f.).

109 Grundlegend hierzu mit entsprechenden Nachweisen aus der Bundesverfassungsgerichtsrechtsprechung auch zum Folgenden *Hey*, in Tipke/Lang, Steuerrecht, Rz. 3.147 ff.

Unterscheidung (Steuerpflichtige, deren Nachnamen mit A beginnen werden anders behandelt als solche, deren Nachnamen mit B beginnen) auch dann verfassungswidrig, wenn sie mit Blick auf den damit verfolgten Zweck verhältnismäßig erschiene (etwa, weil die Belastungsunterschiede äußerst gering, die Einsparungen für die Verwaltung aber immens wären).

Diese überzeugende Dogmatik des Bundesverfassungsgerichts lässt sich auf die Besteuerung ausländischer Einkünfte anwenden. Dabei kann die Frage der Verfassungsmäßigkeit in zwei entgegengesetzte Richtungen gestellt werden: In die eine Richtung lässt sich fragen, ob die momentane partielle Gleichbehandlung in- und ausländischer Einkünfte einen Verstoß gegen den allgemeinen Gleichheitssatz bedeutet. Das wäre dann der Fall, wenn sie – in der verkürzten Formulierung des Bundesverfassungsgerichts – wesentlich verschieden sind und darüber hinaus keine sonstigen Gemeinsamkeiten aufweisen, deren Art und Gewicht eine Gleichbehandlung rechtfertigen könnten. In die entgegengesetzte Richtung lässt sich ebenso fragen, ob die Anwendung eines Welteinkommensprinzips nicht gleichheitsrechtlich geboten ist. Das wäre dann der Fall, wenn gerade die Ungleichbehandlung in- und ausländischer Einkünfte zu einem Gleichheitssatzverstoß führen würde. Je nach Beantwortung schließen sich beide Fragen nicht zwingend gegenseitig aus.

(cc) Anwendung der Grundsätze des Bundesverfassungsgerichts auf das geltende Welteinkommensprinzip

Es erscheint zunächst naheliegender, einen möglichen Grundrechtsverstoß durch die geltende Gesetzeslage zu prüfen, als eine mögliche verfassungsrechtliche Verpflichtung zu einem Welteinkommensprinzip. Denn letzteres ließe sich nur dann bejahen, wenn eine hypothetische, abweichende Gesetzeslage – in diesem Fall eine unterschiedliche Besteuerung in- und ausländischer Einkünfte – ihrerseits einen Verfassungsverstoß begründen würde. Demgegenüber sollte die Befassung mit geltendem Recht vorrangig sein.

Da es vorliegend um die Konstellation einer möglichen „Gleichbehandlung von wesentlich Ungleichem" geht, muss zunächst – wie oben dargestellt wurde – eine Ergebnisungleichheit festgestellt werden, weil eine „Gleichbehandlung" für sich genommen keinen Verstoß gegen den Allgemeinen Gleichheitssatz darstellen kann.

Insbesondere diejenigen Autoren, die im Welteinkommensprinzip einen Gleichheitsverstoß erblicken wollen, nehmen gerade diesen entscheidenden ersten Schritt nicht vor. Das ist erstaunlich, weil sich bei der Besteuerung von Einkünften unbesehen ihrer geographischen Herkunft keineswegs unterschiedliche

Belastungswirkungen aufdrängen. Hier zeigt sich sodann auch unmittelbar die Schwäche einer wörtlichen Anwendung des bundesverfassungsgerichtlichen Primats einer unzulässigen „Gleichbehandlung von wesentlich Ungleichem". So stellt *K. Vogel* fest, dass in- und ausländische Einkünfte wesentlich ungleich seien, weil sie unter ganz unterschiedlichen Voraussetzungen erwirtschaftet würden.[110] Hieraus leitet er ein Verbot der Gleichbehandlung, also insbesondere der Besteuerung ausländischer Einkünfte ab. Das ist schon deswegen verkürzt, weil eine „gleiche" Besteuerung nicht stattfindet. Das geltende Einkommensteuerrecht erkennt an, dass jeder Steuerfall einzigartig ist und berücksichtigt auch in weiten Teilen die individuellen Gegebenheiten des Steuerpflichtigen. Insoweit ist bereits jeder Steuerpflichtige von jedem anderen ohnehin „wesentlich verschieden". Es fehlt in der Folge jede Erklärung darüber, welche besonderen Umstände bei ausländischen Einkünften im Gegensatz zu inländischen vorliegen sollten, die bei der Besteuerung unberücksichtigt blieben. Damit bleibt unklar, welche faktische Belastungsungleichheit zu einer Benachteiligung ausländischer Einkünfte führen sollte.

Dabei sind zwar gewisse Unterschiede nicht von der Hand zu weisen: Insbesondere die formelle Territorialität bedingt, dass Bezieher von Einnahmen aus dem Ausland möglicherweise bessere Möglichkeiten zur Steuerumgehung und -hinterziehung haben.[111] Das aber wäre eine relative Benachteiligung der *inländischen* Einkünfte und kann nicht zu einer gänzlichen Nichtbesteuerung ausländischer Einkünfte führen. Diese Benachteiligung wird darüber hinaus bereits teilweise durch die erhöhten Mitwirkungspflichten der Steuerpflichtigen mit ausländischen Einkünften und die internationale Kooperation in Steuersachen kompensiert.[112]

Es zeigt sich erneut, dass eine Anwendung des allgemeinen Gleichheitssatzes auf eine vermeintliche „Gleichbehandlung" immer nur dann in Betracht kommen kann, wenn sich diese im Ergebnis eben doch als eine Ungleichbehandlung erweist. Nur dadurch enthält die verfassungsrechtliche Prüfung ihre notwendige Kontur. Eine solche Ungleichbehandlung zeigt sich jedenfalls nicht *per se* bei der Besteuerung des weltweiten Vermögens und zwar bereits völlig unabhängig davon, ob in- und ausländische Einkünfte wesentlich verschieden sind oder nicht.

---

110 *Vogel,* DStJG 8, 3 (28 ff).

111 Vgl. *De Troyer,* BIT 2017, 424 (426).

112 Hierzu instruktiv *Seer,* in Tipke/Kruse, AO/FGO, § 90 AO Rz. 18 ff. (150. Lfg. Oktober 2017); *Staringer,* DStJG, 31, 135 (138 f.).

Damit fehlt es bereits an der Eröffnung des Schutzbereiches des Allgemeinen Gleichheitssatzes durch die steuerliche Erfassung des Welteinkommens. Mithin verbietet der allgemeine Gleichheitssatz auch nicht den von der Gesetzgebung gelebten Grundsatz materieller Universalität im Bereich der Besteuerung.

(dd) Verfassungsrechtliche Pflicht zur Besteuerung des Welteinkommens nach den Grundsätzen des Bundesverfassungsgerichts

Dass die Welteinkommensbesteuerung verfassungsrechtlich zulässig ist, bedeutet nicht, dass sie auch zwingend wäre. Weil unmittelbar aus dem Allgemeinen Gleichheitssatz keine Ansprüche gegenüber dem Gesetzgeber abgeleitet werden können, wäre dies nur dann der Fall, wenn das gegenteilige Vorgehen, also die Beschränkung der deutschen Steuerpflicht auf inländische Einkünfte, seinerseits einen Verfassungsverstoß darstellen würde.

Eine Ungleichbehandlung wäre in diesem Fall unzweifelhaft gegeben. Rechtlich relevant wäre diese aber nur, wenn die ungleich behandelten Sachverhalte wesentliche Gemeinsamkeiten aufweisen, die eine Gleichbehandlung nahelegen. Hier könnte abermals die Argumentation *K. Vogels* herangezogen werden, nach dem in- und ausländische Einkünfte nicht miteinander vergleichbar seien. Allerdings greift dies wiederum zu kurz. Wie oben aufgezeigt, geht es bei der Frage nach der wesentlichen Vergleichbarkeit gerade nicht um die Feststellung überhaupt irgendwelcher Unterschiede. Diese werden erst auf der Rechtfertigungsebene relevant. Auf Ebene des Schutzbereichs muss vielmehr eine ernsthafte Bemühung darum stattfinden, hinreichende Gemeinsamkeiten in der Sache zwischen den zu vergleichenden Sachverhalten zu finden. Solche sind aber bei in- und ausländischen Einkünften ebenfalls relativ eindeutig vorhanden. So handelt es sich in beiden Fällen um einen Vermögenszuwachs, der im Rahmen der Ertragsbesteuerung auf dem Einsatz von Kapital oder Arbeitskraft und im Rahmen der Erbschaft- und Schenkungsteuer auf freigiebigen oder erbrechtlich determinierten Zuwendungen beruht. In beiden Fällen sind also recht spezifische Umstände gegeben, die eine übereinstimmende Besteuerung nahelegen.

Damit wäre die Ungleichbehandlung rechtfertigungsbedürftig. Eine Rechtfertigung ist gegeben, wenn die Ungleichbehandlung auf tatsächlichen, zwischen den Vergleichspaaren bestehenden Unterschieden beruht und diese Unterschiede zum Grad der Ungleichbehandlung nicht außer Verhältnis stehen. Hierbei sind jedoch die Besonderheiten des Steuerrechts zu berücksichtigen. Entscheidet sich der Gesetzgeber, einen Sachverhalt zu besteuern, einen anderen aber nicht, so ist der Grad der Ungleichbehandlung stets absolut und entsprechend streng müssten nach den tradierten Grundsätzen der Verhältnismäßigkeit die

Anforderungen an die Rechtfertigungsgründe sein. Hierbei würde der Gesetzgeber jedoch bei der Wahl der Besteuerungsgegenstände übermäßig eingeschränkt. Durch das Steuerrecht erhält der Gesetzgeber haushalterische Spielräume und wirtschaftspolitischen Einfluss. Das Bundesverfassungsgericht bescheinigt dem Gesetzgeber daher in ständiger Rechtsprechung große Freiheiten bei der Wahl der Besteuerungsgegenstände.[113] Dabei differenziert das Gericht zwischen der Belastungsentscheidung selbst und seiner gesetzestechnischen Umsetzung. Nur bei ersterer soll ein weiter Gestaltungsspielraum bestehen. Bei der Umsetzung hingegen greifen die Anforderungen des Allgemeinen Gleichheitssatzes. Das Bundesverfassungsgericht formuliert hierzu griffig:

„Zwar hat der Gesetzgeber bei der Auswahl des Steuergegenstands und bei der Bestimmung des Steuersatzes einen weit reichenden Entscheidungsspielraum, jedoch muss er unter dem Gebot möglichst gleichmäßiger Belastung aller Steuerpflichtigen bei der Ausgestaltung des steuerrechtlichen Ausgangstatbestands die einmal getroffene Belastungsentscheidung folgerichtig im Sinne der Belastungsgleichheit umsetzen."[114]

Es kommt also für den anzulegenden Abwägungsmaßstab entscheidend darauf an, ob man die – hier hypothetisch betrachtete – Entscheidung, lediglich inländische Einkünfte zu besteuern, als eine grundsätzliche Belastungsentscheidung qualifiziert, oder, ob ebenjene Belastungsentscheidung allein materiell im Steuergegenstand „Einkünfte" zu sehen wäre, während es sich bei der geographischen Beschränkung bereits um eine Frage der Ausgestaltung handelt. Die besseren Argumente sprechen für Letzteres. Grundsatzfragen sind, so legt es die Diktion des Bundesverfassungsgerichts nahe, Sachfragen. Die Auswahl von Besteuerungsgegenständen ist letztlich die Bestimmung wirtschaftlicher Vorgänge, an die steuerliche Folgen geknüpft werden. Wo diese Vorgänge von wem und in welchem Umfang verwirklicht werden, sind Detailfragen, die die konkrete Ausgestaltung betreffen.

Hat sich also der Gesetzgeber entschieden, etwa die Erwerbseinkünfte der Steuerinländer zu besteuern, so wäre es folgerichtig, diese Einkünfte unabhängig davon zu besteuern, woher sie örtlich stammen. Will der Gesetzgeber davon abweichen, so muss er hierfür tragfähige Gründe benennen. Der Verweis auf abweichende Erwerbsbedingungen im Ausland taugt hierfür aus zwei Gründen nicht. Zum einen ist er – wie schon angesprochen – zu pauschal. Auch im Inland

113 M.w.N. *Hey*, in Tipke/Lang, Steuerrecht, Rz. 3.116 ff.

114 Ständige Rechtsprechung, siehe mit zahlreichen weiteren Nachweisen etwa BVerfG, Beschluss v. 12.10.2010 – 1 BvL 12/07, BVerfGE 127, 224 (245).

ausgeübte Erwerbstätigkeiten weichen zum Teil erheblich voneinander ab, ohne dass dies steuerliche Berücksichtigung finden müsste, die über die bestehenden Abzugsmöglichkeiten hinausgeht. Zum anderen sind Unterschiede zwischen in- und ausländischen Einkünften aber auch soweit sie bestehen graduell. Hierauf mit einer vollständigen Nichtbesteuerung ausländischer Einkünfte zu reagieren, erscheint unverhältnismäßig. Ermittlungs- und Vollstreckungsschwierigkeiten im Ausland vermögen ebenfalls die vollständige Nichtbesteuerung ausländischer Einkünfte nicht zu rechtfertigen. Mit den bestehenden erhöhten Mitwirkungspflichten und dem immer dichter werdenden Netz multilateraler Kooperation[115] hat der Gesetzgeber gezeigt, auf derartige Hürden angemessen reagieren zu können.

Schließlich bliebe noch das aus der Steuerrechtfertigungslehre entlehnte Argument, im Ausland erwirtschaftete Einkünfte hätten sich die deutsche Infrastruktur nicht zunutze gemacht und seien daher weniger „besteuerungswürdig" als inländische Einkünfte.[116] Stichhaltig wäre diese These aber überhaupt nur dann, wenn das deutsche Besteuerungssystem grundsätzlich äquivalenztheoretisch aufgebaut wäre.[117] An keiner anderen Stelle macht der Gesetzgeber die Besteuerung jedoch in irgendeiner Weise von Art oder Umfang der Infrastrukturnutzung abhängig. Selbst solche Steuern, die teilweise als „Nutzungssteuern" verstanden werden, etwa die KfZ- oder die Energiesteuer[118], sind letztlich umweltpolitische Lenkungssteuern und nicht etwa „Kompensationssteuern"[119]. Überdies fallen äquivalenztheoretische Erwägungen meist erstaunlich einseitig aus. So wird dabei gänzlich außer Acht gelassen, dass die „Nutzung" der deutschen Binnenwirtschaft keineswegs nur nachteilig ist. Inländische Wirtschaftsbetätigung sorgt für Arbeitsplätze, Investitionen und Kapitalverkehr im Inland und kann überdies auch erst die nötigen Anreize für einen Infrastrukturausbau schaffen, der die wirtschaftliche Attraktivität und die allgemeine Lebensqualität des Landes erhöht. Insoweit ließe sich also genauso gut, wenn nicht sogar besser argumentieren, dass im Ausland tätige Steuerinländer dem deutschen Staat weniger nützlich und damit gerade besonders besteuerungswürdig wären.

---

115 Siehe etwa für den Informationsaustausch *Seer/Kargitta,* Exchange of information and cooperation in direct taxation, S. 489 ff.

116 *K. Vogel,* DStJG 8, 3 (23 ff.); *Schaumburg,* Internationales Steuerrecht, Rz. 6.58 ff.

117 Zum Einfluss des Äquivalenzprinzips auf das Steuerrecht *Hey,* in Tipke/Lang, Rz. 3.44 ff.

118 *Hey,* ebd., Rz. 3.47.

119 Für die KfZ-Steuer *Rodi,* Umweltsteuern, S. 83.

Gewichtige Unterschiede zwischen in- und ausländischen Einkünften bestehen also nicht. Mit Blick darauf, dass eine komplette Nichtbesteuerung ausländischer Einkünfte eine erhebliche Ungleichbehandlung gegenüber den Beziehern inländischer Einkünfte darstellen würde, wäre sie verfassungsrechtlich nicht zu rechtfertigen. Im Ergebnis ist der Gesetzgeber also tatsächlich verpflichtet, ausländische Einkünfte jedenfalls in angemessener Weise steuerlich zu berücksichtigen.

d) Zusammenfassung

Als Ergebnis dieses Abschnittes lässt sich festhalten:
Materielle Territorialität lässt sich rechtstheoretisch nur mit überholten naturrechtlichen Argumenten begründen. Nach einem modernen, am Positivismus orientierten Verständnis von juristischer Geltung, können deutsche Gesetze weltweit rechtlich wirken.

Völkerrechtlich stellt die Anknüpfung von Rechtsfolgen auf Tatbestände in fremdem Staatsgebiet eine Beeinträchtigung der Souveränität jenes Staates dar. Sie ist aber, solange die Rechtsfolgen dort nicht faktisch verwirklicht werden sollen, gleichwohl zulässig.

Die deutsche Verfassung enthält zunächst weder ausdrücklich noch mittelbar einen Grundsatz materieller Territorialität. Gleichwohl bedingen die Grundrechte auch geographische Beschränkungen der deutschen Steuergewalt:

Die Freiheitsrechte gebieten dem Gesetzgeber, sein Handeln stets zu begründen. Die Besteuerung von im Ausland verwirklichten Sachverhalten erschließt sich dabei nicht so ohne Weiteres wie diejenige der inländischen. Erkennt man den Zweck der Besteuerung jedoch darin, eine von der Gesamtgesellschaft getragene Finanzierung des Staatswesens zu gewährleisten, so kann auch die Belastung von im Ausland erwirtschafteten Vermögen zu seiner Erreichung angemessen sein. Voraussetzung ist aber ein hinreichender Bezugspunkt zwischen der Gesellschaft auf der einen und der steuerpflichtigen Person oder dem besteuerten Gegenstand auf der anderen Seite.

Aus Gründen materieller Gleichbehandlung im Sinne des Art. 3 Abs. 1 GG muss der Gesetzgeber bei der Besteuerung ausländischer Einkünfte dem Umstand Rechnung tragen, dass diese regelmäßig bereits im Herkunftsland der Steuerpflicht unterliegen. Eine Doppelbesteuerung würde zu einer erhöhten Belastungswirkung gegenüber den Beziehern rein inländischer Einkünfte führen, die der Gesetzgeber durch angemessene Maßnahmen vermeiden muss, wenn er ausländische Einkünfte besteuern will.

Materielle Universalität, das heißt insbesondere die Besteuerung ausländischer Einkünfte, ist nicht deswegen gleichheitswidrig, weil diese von inländischen Einkünften wesentlich verschieden wären. Im Gegenteil sind die materiellen Unterschiede zwischen in- und ausländischen Einkünften so marginal, dass der Allgemeine Gleichheitssatz zu ihrer entsprechenden steuerlichen Berücksichtigung verpflichtet, insoweit also materielle Universalität gebietet.

4. *Formelle Territorialität*

Der Grundsatz der formellen Territorialität weist bei seiner rechtlichen Beurteilung weit weniger Schwierigkeiten auf als der der materiellen Territorialität. Unterscheiden lässt sich zwischen der passiven und der aktiven formellen Territorialität.

Als passive formelle Territorialität wird hier der Ausschluss fremder Hoheitsakte auf dem eigenen Staatsgebiet verstanden.[120] Wegen des Gewaltmonopols des deutschen Staates ist ein solches grundsätzlich ausgeschlossen. Direkt lässt sich dies mit dem Demokratieprinzip begründen, das unter anderem in der Wendung des Art. 20 Abs. 2 S. 1 GG zum Ausdruck kommt: „Alle Staatsgewalt geht vom Volke aus." Das bedeutet, dass jede Form staatlichen Handelns unmittelbar auf den „Volkswillen" zurückführbar sein muss.[121] In der Bundesrepublik Deutschland geschieht das durch die lückenlose Legitimationskette. Das Volk wählt die Parlamente, die die Regierungen bilden, die wiederum Exekutive und Judikative einsetzen und administrativ führen. Alle Beteiligten handeln dabei stets nur in Ausführung der durch die Parlamente erlassenen Gesetze. Ausländische Hoheitsträger sind kein Bestandteil dieses geschlossenen Systems. Soweit sie kraft der Autorität ihres Heimatstaates Handlungen auf deutschem Boden vornehmen, kommt diesen keine andere rechtliche Relevanz zu als Handlungen von Privatpersonen. Das bedeutet aber auch, dass ihnen durch die deutsche Staatsgewalt Hoheitsrechte verliehen werden können. Ebenso wie Privatpersonen durch Beleihung hoheitliche Befugnisse erlangen können, kann ausländischen Beamten etwa im Wege der internationalen Kooperation partiell das Recht eingeräumt werden, bestimmte Amtshandlungen vorzunehmen.[122]

---

120 Sog. „Gebietshoheit" siehe *Epping*, in Ipsen, Völkerrecht, § 7 Rz. 69 ff; *Becker*, in Isensee/Kirchhof, HStR Bd. XI, § 230 Rz. 13 ff.

121 Vgl. *Robbers*, in Bonner Kommentar zum GG, Art. 20 Rz. 3016 ff. (165 Lfg. Januar 2014).

122 *Epping*, in Ipsen, Völkerrecht, § 7 Rz. 62 ff.

Die passive formelle Territorialität weist je nach Betrachtungswinkel gewisse Überschneidungen mit Fragen der materiellen Universalität auf. Will etwa eine ausländische Rechtsordnung die Wirkung eines Richterspruchs auf das deutsche Staatsgebiet erstrecken, so handelt es sich aus Sicht der ausländischen Rechtsordnung um eine Frage der materiellen Universalität. Dass dieser Wirkungserstreckung gleichsam aus deutscher Sicht keine Relevanz zukommt, folgt aus dem Grundsatz der formellen Territorialität. Für diese spielt es nämliche keine Rolle, ob die nämliche Handlung – etwa der Richterspruch – auf deutschem Grund vorgenommen wird oder nicht. Sie stellt jedenfalls aus deutscher Sicht einen „Nichtakt" dar, weil sie ebenso wie Realhandlungen nicht der Legitimitätskette des deutschen Staates unterfällt.

Die aktive formelle Territorialität betrifft demgegenüber die Beurteilung solcher Handlungen, die deutsche Amtsträger im Ausland vornehmen. Nach dem im Wege der Grundrechtsdogmatik entwickelten Eingriffsbegriff handelt es sich aus deutscher Sicht weiterhin um staatliche Hoheitsakte.[123] Gleichwohl gilt für solche Handlungen im fremden Staat das gleiche wie im spiegelbildlichen Fall. Deutschen Hoheitsträgern ist die Vornahme insbesondere von Zwangsmaßnahmen im Ausland also nach dessen Recht verboten. Da sich das Grundgesetz in Art. 25 GG zu den allgemeinen Regeln des Völkerrechts bekennt, somit auch die territoriale Souveränität der anderen Staaten anerkennt, sind sie auch nach deutschem Recht rechtswidrig und zu unterlassen.[124]

II. Ziele

1. *Die Inanspruchnahme internationaler Beitreibungshilfe als Notwendigkeit eines gleichmäßigen Steuervollzugs*

a) *Der verfassungsrechtliche Auftrag eines gleichmäßigen Steuervollzugs*

Die Inanspruchnahme internationaler Beitreibungshilfe ist Teil des Steuervollzugs. Sie hilft, nationale Steuerforderungen zu verwirklichen, wo der Vollstreckungszugriff deutscher Behörden aufgrund des Prinzips der formellen

123 M.w.N. *Zuck*, Das Recht der Verfassungsbeschwerde, Rz. 516, dort in Fußnote 606.

124 BVerfG, Beschluss v. 22.03.1983 – 2 BvR 457/78, BVerfGE 63, 343 (358) mit Verweis auf *Rudolf*, Territoriale Grenzen der staatlichen Rechtsetzung, in Berichte der Deutschen Gesellschaft für Völkerrecht, Heft 11 [1973], S. 7 ff.; *Wollenschläger*, in Dreier, GG, Art. 25 Rz. 35; *Schaumburg/Peters*, Internationales Steuerstrafrecht, Rz. 8.1.; *Seer*, in Tipke/Kruse, AO/FGO, § 117 AO Rz. 2 f. (150. Lfg. Oktober 2017); *Hendricks*, in Gosch, AO/FGO, § 117 AO Rz. 5 (114. Lfg. Februar 2015).

Territorialität grundsätzlich nicht möglich ist. Das Auseinanderfallen von Verwaltungsauftrag und Verwaltungskönnen[125] ist dabei vereinzelt als strukturelles Vollzugsdefizit bezeichnet worden.[126] Dadurch ist die Frage aufgeworfen, ob die Beitreibungshilfe ein aus gleichheitsrechtlicher Sicht notwendiges Mittel zur Beseitigung oder wenigstens Minderung dieses Zustandes darstellt, mit anderen Worten: Ob sie bereits verfassungsrechtlich zwingend ist. Hierfür muss zunächst die Vollzugsgleichheit überhaupt als verfassungsrechtliches Prinzip begriffen werden, was mittlerweile ganz herrschende Auffassung sein dürfte. Die Gründe hierfür werden im Folgenden dargestellt. Im Anschluss daran werden die Bedingungen des Bundesverfassungsgerichts aufgezeigt, unter denen aus dem Verfassungsprinzip des effektiven Steuervollzugs einklagbare Individualansprüche werden. Schließlich wird unter diesen Vorzeichen untersucht, welchen Stellenwert also die internationale Beitreibungshilfe innerhalb des Steuerverfassungsrechts einnimmt.

Der Steuervollzug als der „Verwirklichungsmodus"[127] der materiellen Steuergesetze ist kein bloßes reflexives Recht. Er spielt eine entscheidende Rolle bei der Verwirklichung der steuerlichen Belastungsgleichheit. Dass die Belastungsgleichheit dabei eine grundgesetzlich vorgeschriebene Aufgabe des Gesetzgebers ist, ist maßgeblich durch *Klaus Tipke* und die von ihm begründete „Kölner Schule" ausgearbeitet und vehement vertreten worden. Ihr Verständnis von den grundgesetzlichen Anforderungen an das Steuerrecht wird dieser Arbeit zugrunde gelegt. Es lässt sich in bewusst gedrängter Form wie folgt zusammenfassen:[128]

Der Steuerzugriff bewirkt wegen seiner Ausrichtung auf Geld nicht nur eine unmittelbar spürbare Beeinträchtigung. Er ist in seiner Intensität auch leicht, nämlich in Zahlen, mess- und vergleichbar. Zugleich ist das Steuerrecht flächendeckend anzuwendendes „Massenfallrecht" und muss darüber hinaus als primäres Instrument der staatlichen Einnahmeerzielung effizient und planbar sein. Es neigt und zwingt daher zur Pauschalierung. Dadurch entsteht im Steuerrecht ein besonderes Spannungsfeld zwischen seiner Vergröberungstendenz und der hohen Empfindlichkeit steuerlicher Belastung.

---

125 *Schaumburg*, in ders., Internationales Steuerrecht, Rz. 22.55; *Seer*, in Tipke/Kruse, § 117 AO Rz. 4 (150. Lfg. Oktober 2017); *Hendricks*, in Gosch, AO/FGO, § 117 AO Rz. 6 (114. Lfg. Februar 2015).

126 *Seer*, Europäisches Finanzrecht, S. 205; *Hendricks*, in Gosch, AO/FGO, § 117 AO Rz. 6 (114. Lfg. Februar 2015).

127 *Krumm*, Steuervollzug und formelle Insolvenz, S. 17.

128 Siehe eine umfangreichere Darstellung bei *Lang*, StuW 2013, S. 53 ff.

In diesem Spannungsfeld vermitteln universelle, materiell wechselwirkende Prinzipien. Dabei muss im Ausgangspunkt der weite Gestaltungsspielraum des Gesetzgebers bei der qualitativen und quantitativen Ausgestaltung des materiellen Steuerrechts anerkannt werden.[129] Eingeschränkt wird dieser Spielraum aber durch das Gebot der Besteuerung nach der wirtschaftlichen Leistungsfähigkeit als gleichheitsgerechter, objektivierter Vergleichsmaßstab.[130] Nuanciert wird er dagegen durch eine großzügige Typisierungs- und Pauschalierungsbefugnis, die die Finanzierungsfunktion des Steuerrechts in den Blick nimmt: Das Bestreben um eine möglichst freiheitsschonende und gleichmäßige Besteuerung muss im Wege praktischer Konkordanz immer auch im größtmöglichen Einklang zum Kosten-Nutzen-Verhältnis der Steuererhebung stehen.[131]

Unter Beachtung der so umrissenen Wechselseitigkeit fällt der Gesetzgeber eine zulässige Belastungsentscheidung. Allerdings verlangt das Primat des Allgemeinen Gleichheitssatzes des Art. 3 Abs. 1 GG nicht nur in diesem Sinne ausgewogene Grundentscheidungen. Vielmehr stellt es auch erhöhte Anforderungen an das Besteuerungssystem als solches. Mit den ständigen Worten des Bundesverfassungsgerichts muss „die einmal getroffene Belastungsentscheidung folgerichtig im Sinne der *Belastungsgleichheit* umgesetzt werden."[132] Das so formulierte *Folgerichtigkeitsgebot*[133] statuiert damit – ex negativo – ein steuerspezifisches Abweichungsverbot.[134]

Die materielle Belastungsgleichheit als Zielvorgabe der Verfassung bindet den Gesetzgeber nach tradiertem Verständnis bei der *inhaltlichen* Ausgestaltung der Steuergesetze. Der Gesetzgeber hat sie zu beachten, wenn er entscheidet, *wer*,

---

129 BVerfG, Beschlüsse v. 07.05.1968 – 1 BvR 420/64, BVerfGE 23, 242 (256); v. 27.06.1991 – 2 BvR 1493/89, BVerfGE 84, 239 (271); v. 22.06.1995 – 2 BvR 552/91, BVerfGE 93, 165 (172); v. 04.12.2002 – 2 BvR 400/98, BVerfGE 107, 27 (47); v. 07.11.2006 – 1 BvL 10/02, BVerfGE 117, 1 (30); v. 15.01.2008 – 1 BvL 2/04, BVerfGE 120, 1 (29); v. 17.12.2014 – 1 BvL 21/12, BVerfGE 138, 136 (181).

130 Instruktiv *Hey*, in Tipke/Lang, Steuerrecht, Rz. 3.40 ff.

131 Vgl. *Seer*, DStJG 31, 7 (17 ff.)

132 BVerfG, Beschluss v. 14.06.2016 – 2 BvR 290/10, BStBl. II 2016, 801 (805); Urteil v. 06.03.2002 – 2 BvL 17/99, BVerfGE 105, 73 (125); Beschlüsse v. 04.12.2002 – 2 BvR 400/98, BVerfGE 107, 27 (47); v. 21.06.2006 – 2 BvL 2/99, BVerfGE 116, 164 (180); v. 07.11.2006 – 1 BvL 10/02, BVerfGE 117, 1 (30 f.); Urteil v. 09.12.2008 – 2 BvL 1/07, BVerfGE 122, 210 (230 f.).

133 Instruktiv *Tipke*, StuW 2007, 201; *P. Kirchhof*, in Isensee/Kirchhof, HStR, Bd. VIII, § 181 Rz. 209.

134 *Seer*, DStJG 31, 7 (10).

warum und *in welcher Höhe* mit Steuern belastet wird. Eine den gleichheitsrechtlichen Anforderungen genügende Steuernorm leistet ihren Beitrag zur Besteuerungsgleichheit jedoch nur dann, wenn sie auch der gleichheitskonformen Intention des Gesetzgebers entsprechend umgesetzt wird. Im Sinne des *Hegel'schen* Ausspruchs „[...] die Wahrheit der Absicht ist nur die Tat selbst“[135] wirkt das Gebot der Belastungsgleichheit auch auf das formelle Recht. Dieses muss auf die flächendeckende und gleichmäßige Umsetzung des materiellen Rechts ausgerichtet sein, indem es geeignete Instrumente vorhält und die Rechtsgrundlage einer effizient arbeitenden und hinreichend ausgestatteten Verwaltung bildet.

Die Forderung einer solchen Verzahnung von materiellem und formellem Recht hat rechtshistorisch eine lange Tradition. Schon für Adam Smith gehörte die „Effizienz der Steuererhebung“ zu den Grundprinzipien eines rationalen und gerechten Steuersystems.[136] Im deutschen Rechtskreis, namentlich im Deutschen Kaiserreich[137], wurde die Notwendigkeit eines effektiven Steuervollzugs besonders während des Ringens um eine allgemeine Einkommensteuer thematisiert. So beriefen sich ihre Gegner auf die hierfür notwendige Sachaufklärung, die sie als einen nicht hinnehmbaren Freiheitseingriff ansahen. Auch nachdem sich eine allgemeine Einkommensteuer letztlich durchgesetzt hatte, wurde die nur lückenhafte Ermittlung der Reichsfinanzbehörden[138] bemängelt. *Franz Meisel* urteilte 1911 gar: „Das Einkommensteuergesetz *gilt nicht*, weil es von vornherein nicht imstande war, sich durchzusetzen, materielle Wahrheit über das Einkommen zu erforschen“.[139]

---

135 *Hegel*, Phänomenologie des Geistes, 1807, zitiert nach *ders.*, Werke. Band 3, S. 129.

136 *Smith*, Wohlstand der Nationen, S. 703 f. Außerhalb des Steuerrechts urteilte etwa *Koselleck*, Preußen zwischen Reform und Revolution, S. 24 schon über das Allgemeine Preußische Landrecht von 1794: „Es trägt ein Janusgesicht. Im theoretischen Entwurf zielt es auf einen Rechtszustand, der der bestehenden Wirklichkeit weit vorauseilte, während in der Durchführung diese Wirklichkeit durch eine Fülle von Bestimmungen kodifiziert wurde, die dem geplanten Rechtszustand hinderlich waren, ja ihm widersprachen.“.

137 Aus dieser Zeit etwa *G. Radbruch*, Einführung in die Rechtswissenschaft, S. 12: „Ein Rechtssatz ‚gilt‘ nur dann, wenn er in der überwiegenden Mehrzahl seiner Anwendungsfälle darauf rechnen kann, auch tatsächlich befolgt zu werden.“

138 S. hierzu eindrücklich *Mackscheidt*, in Vogelgesang, Perspektiven der Finanzverwaltung, S. 69 ff. (73 ff.).

139 *Meisel*, Moral und Technik bei der Veranlagung der preußischen Einkommensteuer, S. 87 f.

Ging es hierbei noch um die praktische Frage, welche Art der Steuererhebung und damit auch welche Art einer *Steuerverwaltung* im jungen Reich gewollt war, so rückte unter Geltung der Weimarer Reichsverfassung auch das *rechtliche* Gleichbehandlungsgebot in den Fokus der Analyse des Steuerverfahrens. *Albert Hensel* kam 1927 zu der auch heute noch gültigen Erkenntnis, dass im Spannungsfeld zwischen Massenfallrecht und Einzelfallgerechtigkeit der Billigkeitserlass ein gebotenes Mittel zur Wahrung der Allgemeinheit und Gleichheit der Besteuerung sei. Gegen die willkürliche Anwendung der Erlassmöglichkeit formulierte er prägnant, ein jeder Staatsbürger dürfe verlangen, dass sein Nachbar ebenso schwer von der Steuerlast betroffen werde, wie er selbst.[140]

Eingedenk dieser historischen Entwicklungen brach *Klaus Tipke* 1968 keineswegs Bahn, als er in seiner Arbeit „Steuerliche Betriebsprüfung im Rechtsstaat" neben der materiellen auch eine formelle, eine Gleichheit *durch Verfahren* forderte.[141] Er war aber der erste, der unter Geltung des Bonner Grundgesetzes in dieser Deutlichkeit eine unmittelbare verfassungsrechtliche Pflicht des Gesetzgebers vertrat, die Verfahrensordnung so auszugestalten, dass sie der Behörde eine gleichmäßige Rechtsanwendung ermögliche. Er schrieb hierzu:

„[W]enn Steuerrechtsnormen anordnen, daß alle Steuerpflichtigen, die den Tatbestand dieser Nomen erfüllt haben, eine bestimmte Steuer, z.B. eine Steuer von 15 000 DM schulden, so verstößt es gegen den Gleichheitssatz, wenn die Steuerverwaltung bei denen, die diesen Betrag nicht freiwillig aufbringen, die Steuer nicht voll erhebt, weil das Verfahrensrecht ihr die dafür erforderlichen Befugnisse nicht zur Verfügung stellt, oder konkreter: wenn die Steuerverwaltung bei dem Steuerpflichtigen A zwar die 15 000 DM, bei dem Steuerpflichtigen B bei tatsächlich gleicher Sachlage aber nur 7 500 DM erhebt, weil das Verfahrensrecht die volle Durchsetzung bei ihm nicht erlaubt. Der Gesetzgeber würde bevorzugen und benachteiligen und dadurch gegen den Gleichheitssatz verstoßen, wenn er das Verfahren für die verschiedenen Gruppen von Steuerpflichtigen in der Weise unterschiedlich gestalten würde, daß eine Gruppe die gesetzliche Steuerschuld voll entrichten müßte, während das Verfahren gegenüber der anderen Gruppe so wenig effektiv wäre, daß sie nur einen Bruchteil der gesetzlich geschuldeten Steuer aufzubringen hätte."

Eine breite literarische Diskussion[142] um die so formulierte Rechtsanwendungsgleichheit begann erst über 20 Jahre später im Anschluss an die beiden

140 *Hensel*, VJSchrStFR 1927, 39 (60 ff.).

141 *Tipke*, Steuerliche Betriebsprüfung und Rechtsstaat, S. 16 f.

142 Hieraus etwa *Rodi*, NJW 1991, 2865; *Birk*, StuW 2004, 277; *Kraft/Bäuml*, DB 2004, 615 (620); *Hey*, DB 2004, 724; *Winterhoff*, Steuerverfahrensrecht und tatsächliche

Bundesverfassungsgerichtsentscheidungen zu den sog. *strukturellen Vollzugshindernissen,* namentlich dem *Zinsurteil* von 1991[143] und der von *Tipke* selbst veranlassten Entscheidung zur Verfassungswidrigkeit der Spekulationsgewinne aus dem Jahre 2004.[144] Ohne sich ausdrücklich auf *Tipkes* frühe Ausführungen zu beziehen, folgen die Urteile doch der von ihm aufgestellten Prämisse. Im Zinsurteil heißt es:

„Die Besteuerungsgleichheit hat [...] als ihre Komponenten die Gleichheit der normativen Steuerpflicht ebenso wie die Gleichheit bei deren Durchsetzung in der Steuererhebung. [...] Daraus folgt, daß das materielle Steuergesetz in ein normatives Umfeld eingebettet sein muß, welches die Gleichheit der Belastung auch hinsichtlich des tatsächlichen Erfolges prinzipiell gewährleistet.“[145]

Diese Erkenntnis leitet das Bundesverfassungsgericht unmittelbar aus dem *Folgerichtigkeitsgebot* her.[146] Das ist zutreffend. Wie bereits in den Zitaten *Hensels* und *Tipkes* deutlich geworden ist, wird Besteuerungsgleichheit ebenso wie an der materiellen Belastungsentscheidung am tatsächlichen Belastungserfolg gemessen. Das aus Art. 3 Abs. 1 GG abgeleitete Folgerichtigkeitsgebot bedingt also neben einem *materiellen Abweichungsverbot* von einer einmal getroffenen Belastungsentscheidung auch ein *formelles Anwendungsgebot* eben jener Entscheidung.[147] Für die Exekutive ist dieses Gebot deutlich in § 85 AO statuiert. Für den Gesetzgeber besteht darüber hinaus ein *legislatives Durchsetzungsgebot.* Dabei begreift das Bundesverfassungsgericht materielles und formelles Recht in den Diensten der tatsächlichen Besteuerungsgleichheit als zwei Seiten derselben Medaille. Auf der materiellen Seite müsse das Steuergesetz die Gewähr seiner regelmäßigen Durchsetzbarkeit so weit wie möglich in sich selbst tragen.[148] Auf der formellen Seite seien dagegen Regelungen der Steuererhebung verboten, welche die Gleichheit des Belastungserfolgs prinzipiell verfehlen.[149] Das

---

Belastungsgleichheit, 2004, *123 ff.; Waldhoff,* StuW 2013, 121; *Isensee,* in Kooperatives Verwaltungshandeln im Besteuerungsverfahren, S. 20 ff.; *Seer,* DStJG 31 2008, S. 7; *Eckhoff,* Rechtsanwendungsgleichheit im Steuerrecht, passim; *Tipke,* Die Steuerrechtsordnung, Bd. III, S. 1453 f.; *Werth,* Verfassungsrechtliche Rechtsprechung zum strukturellen Vollzugsdefizit im Lichte der jüngeren Kammerrechtsprechung, S. 411 ff.

143 BVerfG, Urteil v. 27.06.1991 – 2 BvR 1493/89, BVerfGE 84, 239.

144 BVerfG, Urteil v. 09.03.2004 – 2 BvL 17/02, BVerfGE 110, 94.

145 BVerfG, Urteil v. 27.06.1991 – 2 BvR 1493/89, BVerfGE 84, 239 (271).

146 Ebd.

147 Vgl. *Seer,* DStJG 31, 7 (10); *ders.* In Tipke/Kruse, AO/FGO, § 85 AO Rz. 15 (147. Lfg. Januar 2017).

148 BVerfG, Urteil v. 27.06.1991 – 2 BvR 1493/89, BVerfGE 84, 239 (271 f.).

149 BVerfG, ebd. S. 272.

Bundesverfassungsgericht fordert mithin die auf Effizienz gerichtete Abstimmung von materiellem und formellem Recht.

Mit diesen Erwägungen formuliert das Bundesverfassungsgericht den gleichmäßigen Steuervollzug zunächst als Teil der *Staatszielbestimmung* „Besteuerungsgleichheit“ und nicht als subjektives Recht.[150] Es besteht insoweit ein beachtlicher Unterscheid zwischen gesetzgeberischem Auftrag und Pflicht.[151] Einen *verfassungswidrigen Eingriff* in das Recht auf Gleichbehandlung erkennt das Bundesverfassungsgericht sodann auch nur unter sehr strengen Voraussetzungen an. Diese lassen sich wie folgt zusammenfassen:

Es bedarf zunächst einer erheblichen Ungleichbehandlung beim Steuervollzug. Eine solche liegt etwa vor, wenn die Nichterklärung steuerpflichtiger Einnahmen nicht geahndet wird. Im Zinsurteil berief sich das Bundesverfassungsgericht zur Feststellung einer solchen Ungleichbehandlung noch auf empirische Erhebungen zum Ausmaß nicht erklärter und unentdeckter Zinseinnahmen.[152] Im Spekulationsurteil betonte das Gericht hingegen, dass das tatsächliche Vorliegen einer Erhebungsschieflage nicht erwiesen sein müsse. Vielmehr könne eine solche Lage auch bereits vermutet werden, wenn sie aufgrund eines objektiv niedrigen Entdeckungsrisikos jedenfalls wahrscheinlich ist, weil die Behörden rechtlich nicht fähig sind, steuerpflichtige Fälle konsequent aufzudecken.[153] Hiermit stellte das Bundesverfassungsgericht auch nochmals klar, dass es für die Verfassungswidrigkeit einer bestimmten *Gesetzeslage* auf die Beschaffenheit eben jener Gesetze und nicht auf ein bestimmtes Verhalten oder Unterlassen der Behörde ankommt. Der Gesetzgeber „haftet“ für seine Gesetze[154] und nicht für Produkte der Verwaltung.[155]

---

150 BVerfG, ebd., S. 274.; in ähnlicher Richtung wohl *Bryde,* Die Effektivität von Recht als Rechtsproblem, S. 15 ff.

151 Ähnlich *G. Kirchhof,* in Herrmann/Heuer/Raupach, EStG, Einf. Rz. 172 (297. Lfg. April 2020); Nicht ganz unbedenklich ist es daher, wenn von einem *Effektivitätsgebot* im Sinne eines universellen Prinzips ausgegangen wird. In diese Richtung etwa *Krumm,* Steuervollzug und formelle Insolvenz, S. 16 ff., sowie mit historischen Bezügen *Müller-Franken,* Maßvolles Verwalten, S. 65 f.; *Tipke,* Die Steuerrechtsordnung, Bd. III, S. 1454, bezeichnet die Kernaussagen des Zinsurteils als „zur Verallgemeinerung herausfordernd“.

152 BVerfG, Urteil v. 27.06.1991 – 2 BvR 1493/89, BVerfGE 84, 239 (275 ff.).

153 BVerfG, Urteil v. 09.03.2004 – 2 BvL 17/02, BVerfGE 110, 94 (116 ff.).

154 Zur Kritik an dieser „Verschuldensprüfung“ *Birk,* StuW 2004, 277 (280 f.); Hey, DB 2004, 724 (726); *Waldhoff,* StuW 2013, 121 (131 f.).

155 So aber *Eckhoff,* Rechtsanwendungsgleichheit im Steuerrecht, S. 523, der diesen Einwand allerdings a.a.O., S. 527 ff. selbst wieder mit guten Gründen verwirft.

Entscheidend für das Vorliegen eines strukturellen Vollzugsdefizites kommt es vielmehr darauf an, ob sich das materielle Steuergesetz und die formelle Rechtslage „strukturell gegenläufig" verhalten.[156] Anders gewendet muss bei einem Vergleich von materieller und formeller Rechtslage geradezu der Eindruck entstehen, der Gesetzgeber habe materiell im Sinne einer „lex imperfecta"[157] eine Anordnung getroffen, von deren tatsächlicher Befolgung er selbst nicht ausgegangen ist oder die er sogar tatsächlich nicht gewollt hat. *Bryde* spricht in diesem Zusammenhang von „symbolischer Gesetzgebung".[158]

Liegen diese Voraussetzungen vor, so soll die mangelhafte Gesamtrechtslage auf die entsprechende materielle Steuernorm zurückwirken. Im Falle des Spekulationsurteils hat das Bundesverfassungsgericht etwa im Ergebnis den § 23 Abs. 1 Satz 1 Nr. 1 b) EStG a.F.[159] für verfassungswidrig erklärt.

Zu dieser Rechtsfolge gelangt das Bundesverfassungsgericht durch eine gebotene Gesamtbetrachtung des Normgefüges. Hierbei handelt es sich genau besehen um keinen „revolutionären Umgang" mit dem Gleichheitssatz.[160] Die materielle Norm wird auch nicht etwa durch eine eigentlich nur verfahrensrechtlich bestehende Ungleichbehandlung „infiziert".[161] Vielmehr hat das Bundesverfassungsgericht gerade für die Frage eines Gleichheitsverstoßes immer wieder auf die Möglichkeit einer verfassungswidrigen Gesamtrechtslage abgestellt, die sich erst aus dem Zusammenwirken mehrerer Einzelregelungen ergibt.[162] In diesen Fällen sind also einzelne Vorschriften isoliert betrachtet nicht zu beanstanden.

Die Sachverhaltskonstellationen bei den strukturellen Vollzugsdefiziten liefern hierfür anschauliche Beispiele. Im Falle der Spekulationsgewinne etwa begegnete § 23 Abs. 1 Nr. 1 b) EStG a.F. selbst keinen Bedenken. Auch die Erhebungsregelungen, die die Ermittlungsmöglichkeiten der Finanzbehörden bei Kreditinstituten erheblich einschränkten, allen voran § 30a AO a.F., begründeten für sich genommen keinen Gleichheitsverstoß. Denn diese Regelungen betrafen alle Steuerpflichtigen gleichermaßen und führten daher bei den übrigen

156 BVerfG, Urteil v. 09.03.2004 – 2 BvL 17/02, BVerfGE 110, 94 (112 f.).

157 BVerfG, Urteil v. 27.06.1991 – 2 BvR 1493/89, BVerfGE 84, 239 (274).

158 *Bryde,* Die Effektivität von Recht als Rechtsproblem, S. 15 ff.

159 In der Fassung vom 16.04.1997 (BGBl. I 1997, 821).

160 So aber *Bryde,* Die Effektivität von Recht als Rechtsproblem, S. 7.

161 So aber *Eckhoff,* Rechtsanwendungsgleichheit im Steuerrecht, S. 522; ähnlich auch *Meyer,* DÖV 2005, 551 (554).

162 BVerfG, Urteil v. 21.02.1961 – 1 BvL 29/57, BVerfGE 12, 151 (164 ff.); Beschlüsse v. 29.05.1990 – 1 BvL 26/84, BVerfGE 82, 60 (84 ff.); v. 24.05.2000 – 1 BvK 1/98, BVerfGE 102, 127 (140 ff.).

Einkunftsarten zu keinen Differenzen. Eine relevante Ungleichbehandlung ergab sich erst aus dem Umstand, dass die eigentlichen Besteuerungsgrundlagen im Falle der steuerpflichtigen Wertpapiergeschäfte nur mit äußersten Schwierigkeiten ermittelt werden konnten, während solche Schwierigkeiten für andere Einkunftsarten, etwa solchen aus Vermietung und Verpachtung oder dem Handel mit Immobilien nicht gegeben waren. Damit lag gleich in zweifacher Richtung eine Ungleichbehandlung vor. Zum einen wurden Wertpapierhandelnde untereinander unterschiedlich behandelt, je nachdem ob sie ihre Einkünfte aus Wertpapiergeschäften ordnungsgemäß erklärten oder nicht. Das Bundesverfassungsgericht stellte insoweit darauf ab, de facto würden nicht mehr die Einkünfte selbst, sondern würde viel mehr die Erklärungsbereitschaft des Einzelnen der Besteuerung unterworfen.[163] Zum anderen wurde aber auch die Gruppe der Wertpapierhandelnden insgesamt gegenüber solchen Steuerpflichtigen bevorteilt, die ihre Einkünfte aus anderen Quellen, etwa Immobilien oder Arbeitsleistung bezogen.[164]

In beiden Fällen lagen für Art. 3 Abs. 1 GG relevante Ungleichbehandlungen vor. Dass man im ersten Falle der Binnen-Differenzierung ex-ante nicht bestimmen kann, wer zur Ausgangs- und wer zur Bezugsgruppe gehört, weil die Zuordnung erst durch das Verhalten der Steuerpflichtigen erfolgt, ist entgegen *Meyer*[165] nicht ungewöhnlich. Eine grundrechtsrelevante Ungleichbehandlung liegt nicht nur dann vor, wenn sie an abgeschlossene Sachverhalte oder den nicht mehr zu verhindernden Eintritt bestimmter Zustände anknüpft. Viele Begünstigungen setzen gerade voraus, dass der Einzelne zunächst eigenverantwortlich bestimmte Bedingungen für ihren Eintritt erfüllen muss. Eine vorherige *tatsächliche* Zuordnung bestimmter Personen zu bestimmten Personengruppen ist für die gleichheitsrechtliche Bewertung einer Rechtsnorm weder möglich noch erforderlich.

Im Fall der Vollzugsdefizite ist allenfalls ungewöhnlich, dass die Begünstigung in Form der Nichtanwendung von Recht ihrerseits auf *rechtsbrüchigem* Verhalten beruht. Diese Begünstigung des Rechtsbrechers gegenüber dem Rechtstreuen kann einem Gleichheitsverstoß aber nicht im Wege stehen. Sie muss ihn im Gegenteil noch verstärken.

---

163 BVerfG, Urteil v. 27.06.1991 – 2 BvR 1493/89, BVerfGE 84, 239 (273).

164 Auf diese Wirkrichtung kam es in den Urteilen des Bundesverfassungsgerichts nicht an, denn insoweit waren die Beschwerdeführer ja gerade nicht benachteiligt.

165 *Meyer*, DÖV 2005, 551 (553 f.).

Schließlich ist auch die *Zurechnung der Ungleichbehandlung zum Staat* im Falle der Vollzugsdefizite nicht fraglich. *Meyer* zweifelt sie mit der Überlegung an, die rechtswidrige bzw. unterlassene Erklärung der Bezugsperson sei conditio sine qua non der Ungleichbehandlung.[166] Die letzte Ursache der Ungleichbehandlung setze also gerade nicht der Staat, sondern der Bürger selbst. Das ist aber nicht der Fall. Die Ungleichbehandlung *beginnt* vielmehr gedanklich erst nach dem rechtsbrüchigen Verhalten, denn sie besteht in dem *Unterlassen einer angemessenen Reaktion* hierauf. Dieses Verständnis kommt auch in den Rechtsfolgenaussprüchen der beiden Urteile des Bundesverfassungsgerichts zum Ausdruck. Im Zinsurteil hatte sich das Gericht noch mit einer Unvereinbarkeitserklärung begnügt und dem Gesetzgeber eine Frist zur Herstellung einer gleichheitskonformen Rechtslage gesetzt. Begründet wurde dies damit, dass dem Gesetzgeber bis zur Entscheidung des Bundesverfassungsgerichts die Gleichheitswidrigkeit der Gesetzeslage nicht bekannt gewesen sei.[167] In seinem Spekulationsurteil hat das Gericht hingegen die zur Prüfung gestellte Norm, § 23 Abs. 1 Satz 1 Nr. 1 b) EStG, für nichtig erklärt. Hierzu verwies es unter anderem auf das Zinsurteil, durch das dem Gesetzgeber nunmehr klar gewesen sein müsse, welchen gleichheitsrechtlichen Anforderungen der Vollzug der materiellen Steuernormen zu genügen habe.[168]

Es lässt sich damit festhalten, dass dem effektiven Steuervollzug eine mehrstufige verfassungsrechtliche Relevanz zukommt. Er ist Teil des allgemeinen Verfassungspostulats der gleichmäßigen Besteuerung, weil er darauf zielt, sie auch in formeller Hinsicht zu verwirklichen. Insoweit handelt es sich um ein verfassungsrechtlich verankertes Motiv, ein erstrebenswertes, legitimes Ziel, das der Gesetzgeber verfolgen kann aber nicht in jeder Hinsicht verwirklichen muss. Darüber hinaus besteht für den Steuerbürger ein individuell einklagbarer Anspruch auf Verwirklichung eines effektiven Steuervollzugs, wenn dieser durch ein pflichtwidriges Unterlassen oder mangelhafte gesetzliche Gestaltung des Gesetzgebers bislang unterblieben ist und es hierdurch zu einer nicht mehr zumutbaren faktischen Ungleichbehandlung kommt.

166 *Meyer*, DÖV 2005, 551 (553 f.).
167 BVerfG, Urteil v. 27.06.1991 – 2 BvR 1493/89, BVerfGE 84, 239 (275 ff.).
168 BVerfG, Urteil v. 09.03.2004 – 2 BvL 17/02, BVerfGE 110, 94 (136 ff.).

b) Die gegenseitige Beitreibungshilfe als Teil des gleichmäßigen Steuervollzugs

In diesem verfassungsrechtlichen Rahmen ist die gegenseitige Amtshilfe bei der Beitreibung von Steuerforderungen zu positionieren. Ihre *Inanspruchnahme* durch deutsche Behörden ist als Teil eines effektiven Steuervollzugs geeignet, Ungleichbehandlungen zu beseitigen bzw. zu vermeiden. Sie dient daher in Form der Besteuerungsgleichheit einem Rechtsgut von Verfassungsrang, ist also ihrerseits grundgesetzlich legitimiert.[169]

Verfassungsrechtlich *zwingend* wäre sie dagegen nur, wenn die fehlende Möglichkeit der Beitreibung von Steuerforderungen im Ausland zu einem strukturellen Vollzugsdefizit im Sinne der bundesverfassungsgerichtlichen Rechtsprechung führen würde.

In diesem Sinne ließe sich zunächst konstatieren, dass der Gesetzgeber dann, wenn er die Grundentscheidung trifft, Steuerausländer mit ihren inländischen Einkünften zu besteuern, auch zumindest alle ihm möglichen Maßnahmen ergreifen müsste, um deren tatsächliche Vollstreckung zu gewährleisten. Hierzu würde ein effizientes Amtshilfesystem zur Entdeckung und Verwirklichung von Steueransprüchen gehören. Ohne ein solches Bemühen entstünde durchaus ein gewisser Widerspruch zwischen materieller und formeller Rechtslage, wie ihn ein Vollzugsdefizit voraussetzt.

Hieraus aber sodann auch auf eine verfassungswidrige erhebliche Vollzugslücke schließen zu können, erscheint schwierig. Denn zum einen handelt es sich bei einem verfassungswidrigen Vollzugsdefizit um einen originären Verstoß gegen den Allgemeinen Gleichheitssatz (Art. 3 Abs. 1 GG), der aber stets eine *rechtlich relevante* Ungleichbehandlung voraussetzt. Insoweit ließe sich bereits argumentieren, dass Steuerin- und -ausländer nicht wesentlich miteinander vergleichbar sind, weil nur erstere der Hoheitsgewalt des deutschen Staates unterfallen, der deutsche Staat Steuerausländer aufgrund der formellen Territorialität also ohnehin nicht vollständig gleich wie Steuerinländer behandeln kann. Überdies bestünde gegenüber den Fällen des Spekulationsurteils ein gewichtiger Unterschied insoweit, als dass dort wegen fehlender Aufklärungsmöglichkeiten bereits der Steueranspruch an sich gegenüber einer Vielzahl an Steuerpflichtigen nicht ermittelt und festgesetzt wurde. Im Falle einer lediglich fehlenden Vollstreckungsmöglichkeit von Forderungen im Ausland würden die Ansprüche dagegen gleichwohl auch gegen Steuerausländer festgesetzt und könnten auch etwa

169 Vgl. *Hendricks*, in Gosch, AO/FGO, § 117 AO Rz. 7 (114. Lfg. Februar 2015).

vollstreckt werden, sobald diese das Bundesgebiet wieder betreten oder soweit sie über vollstreckbares Vermögen im Inland verfügen. Auch insoweit erschiene die Ungleichbehandlung zwischen Steuerin- und -ausländern also gering.

Schließlich verlangt das Bundesverfassungsgericht aber auch, dass die Vollzugslücke in quantitativer Weise *erheblich* sein müsse, wobei es im Spekulationsurteil auf einen Vergleich zwischen dem Regelfall des Besteuerungsverfahrens und dem Fall des Nichtvollzugs abgestellt hat.[170] Weil es dort bereits im Regelfall keine praktischen Konsequenzen für die Nichterklärung von Spekulationsgewinnen gab, konnte das Bundesverfassungsgericht auch ohne empirische quantitative Feststellungen davon ausgehen, dass ein erheblicher Teil dieser Gewinne praktisch keiner Steuer unterworfen wird. Übertragen auf die Beitreibungshilfe müsste ein Vergleich zwischen der Vollstreckung von Steuerforderungen gegenüber Steuerinländern und Steuerausländern vorgenommen werden. Legt man in einem solchen Vergleich zugrunde, dass etwa im Jahr 2019 in der gesamten Europäischen Union gerade einmal 21.308 Vollstreckungshilfeersuchen und 154 Ersuchen um Sicherungsmaßnahmen gestellt worden sind[171], drängt sich bereits auf, dass Steuerforderungen gegen Steuerausländern gegenüber solchen gegen Steuerinländern kaum ins Gewicht fallen. Ein etwaige Vollzugslücke wäre demnach schon nicht erheblich im Sinne der bundesverfassungsgerichtlichen Rechtsprechung.

Damit sprechen die besseren Gründe gegen die Annahme einer verfassungsrechtlichen Verpflichtung des Gesetzgebers zur Errichtung einer internationalen Beitreibungshilfe.

2. Die Gewährung von Beitreibungshilfe als Teil des Steuervollzugs

a) Nationale Sicht

(1) Beitreibung ausländischer Steuerforderungen als Teil des deutschen Steuervollzugs?

Die Inanspruchnahme von Vollstreckungshilfe ausländischer Behörden erscheint aus deutscher Sicht zweifelsfrei als Vollstreckungshandlung.[172] Die

170 BVerfG, Urteil v. 09.03.2004 – 2 BvL 17/02, BVerfGE 110, 94 (114 ff.).

171 siehe Europäische Kommission, Commission Staff Working Document for the evaluation of the use of mutual tax recovery assistance on the basis of Directive 2010/24/EU by the EU Member States vom 18.12.2020, SWD (2020) 340, in EU and International Tax Collection News 2021, S. 9 (10), dort auch zur Entwicklung.

172 Vgl. *Seer,* in Tipke/Kruse, AO/FGO § 250 AO Rz. 1 (156. Lfg. April 2019); *Söhn,* in Hübschmann/Hepp/Spitaler, AO/FGO, § 117 Rz. 3 (225. Lfg. November 2013).

inländische Finanzbehörde bedient sich hierbei lediglich eines ausländischen Vollstreckungsorgans zur Durchsetzung ihrer Forderung. Nicht so eindeutig stellt sich die Sachlage dagegen bei der Gewährung von Beitreibungshilfe durch deutsche Finanzämter dar. Da sie keine eigenen, sondern fremde Forderungen beitreiben, stellt sich die Frage, ob es sich bei den in diesem Rahmen vorgenommenen Amtshandlungen überhaupt um einen Teil des Steuervollzugs handelt und nicht etwa um ein aliud.

§ 9 Abs. 2 des EU-Beitreibungsgesetzes (EUBeitrG)[173] ordnet an, dass die Vollstreckung ausländischer Steuerforderungen nach den Vorschriften zu erfolgen hat, die für Forderungen aus gleichen oder, in Ermangelung gleicher, aus vergleichbaren Steuern oder Abgaben vorgesehen sind.[174] Fraglich ist, ob hierdurch eine bloß formelle, entsprechende Anwendung der deutschen Vollstreckungsvorschriften angeordnet wird, oder die ausländische Forderung durch den Verweis auch materiell zu einer eigenen deutschen Forderung wird. Beantwortet werden kann diese Frage durch einen Blick auf die Funktionsweise des Vollstreckungsrechts, dessen Anwendung durch das EU-Beitreibungsgesetz (EUBeitrG) angeordnet wird.

Die Vollstreckung von Steuerforderungen ist einheitlich im sechsten Teil der Abgabenordnung (§§ 249 ff.) geregelt. § 249 AO bildet dabei die Zentralnorm des Steuervollstreckungsrechts. Danach werden im Wege des Verwaltungsvollstreckungsrechts Verwaltungsakte vollstreckt, mit denen eine Geldleistung, eine sonstige Handlung, eine Duldung oder eine Unterlassung gefordert wird. Dabei ist aus dem systematischen Zusammenhang klar, dass es sich bei den dort genannten Verwaltungsakten um solche handeln muss, die die jeweilige Vollstreckungsbehörde selbst erlassen hat. So können insbesondere Verwaltungsakte anderer Finanzämter nur im Wege der innerstaatlichen Amtshilfe gem. § 250 AO vollstreckt werden. Aus dieser inneren Verknüpfung von Erlass und Vollstreckung der Verwaltungsakte ergibt sich der vornehmliche Zweck des Steuervollstreckungsrechts der Abgabenordnung: Es dient der Durchsetzung und

---

173 „Gesetz über die Durchführung der Amtshilfe bei der Beitreibung von Forderungen in Bezug auf bestimmte Steuern, Abgaben und sonstige Maßnahmen zwischen den Mitgliedstaaten der Europäischen Union (EU-Beitreibungsgesetz - EUBeitrG) v. 7. Dezember 2011, BGBl. I 2011, 2592, zul. geändert durch G v. 26.06.2013, BGBl. I 2013, 1809. S.a. B.II.4.c).

174 Dies entspricht dem völkerrechtlichen Prinzip der Äquivalenz gegenseitiger Amtshilfe, wobei die hilfeleistende Behörde das Amtshilfeverfahren ebenso behandeln soll wie eigene Verwaltungsverfahren, allerdings auch nicht mehr leisten soll, als es die ersuchende Behörde in deren eigenen Verfahren tun würde.

damit der Verwirklichung des staatlichen Steueranspruches mit Zwangsmitteln. Entsprechend diesem Zweck weist *Drüen* darauf hin, dass der Gesetzeswortlaut insoweit irrtümlich sei, als dass nicht der Verwaltungsakt, sondern der durch ihn festgesetzte oder festgestellte Anspruch des Steuergläubigers vollstreckt werde.[175] Dabei lässt er jedoch außer Acht, dass auch rechtswidrige Verwaltungsakte vollstreckt werden können, bei denen die mit ihnen geltend gemachten Ansprüche gar nicht existieren. Der Einwand des Steuerpflichtigen, der Anspruch bestehe nicht, bleibt weiter zutreffend, im Vollstreckungsverfahren ist er lediglich unbeachtlich, § 256 AO.[176] Die Vollstreckung nach der Abgabenordnung ist also letztlich der schlichte Vollzug dessen, was der Verwaltungsakt anordnet. Ob man dies nun als Vollzug des Verwaltungsakts oder als Vollzug des Inhalts des Verwaltungsakts bezeichnen möchte, ist eine bloße semantische Frage.

Nach dem Gesetz kommt es für die Vollstreckung einer Forderung also nicht darauf an, ob hierauf ein materieller Anspruch besteht oder nicht.[177] Gefordert ist insoweit nur, dass überhaupt ein bestandskräftiger Verwaltungsakt vorliegt. Damit übersteigen die gesetzlichen Möglichkeiten den eigentlichen Gesetzeszweck nur scheinbar. Denn letztlich bewirkt nur die Vollstreckung jeder bestandskräftigen Forderung eine lückenlose Verwirklichung der materiell bestehenden Fiskalansprüche, wobei die Steuerpflichtigen durch die Rechtschutzmöglichkeiten im Festsetzungs- und Erhebungsverfahren in hinreichender Weise vor ungerechtfertigter Inanspruchnahme geschützt sind.

Für Forderungen, die außerhalb des Regimes der Abgabenordnung entstanden sind, durch gesetzliche Anordnung aber nach den gleichen Vorschriften vollstreckt werden sollen, bedeutet dies, dass sie wegen der gesetzlichen Ausgestaltung des sechsten Teils der AO nicht zwingend den Charakter eines Fiskalanspruches tragen müssen, gleichzeitig werden sie durch den gesetzlichen Verweis aber auch nicht zu originären Forderungen des Steuervollzugs, sondern eben nur nach dessen Vorschriften vollstreckt.[178] Das bedeutet, dass der eigentliche Zweck der §§ 249 ff. AO auf solche abgabenfremden Forderungen nicht ausgedehnt wird und damit weiterhin im verweisenden Gesetz selbst zu suchen ist.

---

175 *Drüen,* in Tipke/Kruse, AO/FGO, § 249 AO Rz. 2 (156. Lfg. April 2019).

176 Vgl. *Jatzke,* in Hübschmann/Hepp/Spitaler, AO/FGO, § 256 Rz. 4 (239. Lfg. August 2016).

177 Vgl. *Loose,* in Tipke/Kruse, AO/FGO, § 256 AO Rz. 2 ff. (165. Lfg. April 2021).

178 Ähnlich FG Münster, Beschluss v. 21.01.2020 – 11 V 3213/19 AO, EFG 2020, 419, Rz. 37.

Ausländische, im Wege der Amtshilfe vollstreckte Forderungen sind mithin kein Teil des inländischen Steuervollzugs. Die Gewährung von Vollstreckungsamtshilfe ist zwar mit § 117 AO in der Abgabenordnung geregelt, die zu vollstreckenden Verwaltungsakte sind aber keine des deutschen Abgabenrechts. Insbesondere was die Rechtfertigung von gewährter Vollstreckungsamtshilfe betrifft, kann daher nicht ohne weiteres mit Gründen des Steuervollzugs argumentiert werden.

(2) Gleichheitsrechtliches Gebot des Vollzugs ausländischer Forderungen

Da ausländische Steuerforderungen auch bei Anwendbarkeit deutschen Vollstreckungsrechts kein Teil des deutschen Steuervollzugs sind, unterfällt ihre Vollstreckung auch nicht dem oben dargestellten Gebot eines gleichmäßigen Steuervollzugs. Dennoch ist ein gleichheitsrechtliches Gebot ihrer Vollstreckung denklogisch nicht ausgeschlossen. Es stellt prinzipiell eine Ungleichbehandlung dar, wenn gegen den Steuerpflichtigen mit inländischen Steuerschulden vollstreckt wird, gegen denjenigen mit Steuerschulden im Ausland aber nicht. Zwischen beiden potentiellen Vollstreckungsschuldnern besteht aber der Unterschied, dass gegen den einen ein originärer Anspruch des vollstreckenden Staates besteht, gegen den anderen hingegen nicht. Dieser gewichtige Unterschied rechtfertigt das Unterlassen einer Vollstreckung bei demjenigen, gegen den der deutsche Staat keine eigenen Forderungen geltend machen kann. Ein gleichheitsrechtliches Gebot zur Gewährung internationaler Vollstreckungsamtshilfe besteht damit nicht.

(3) Das Prinzip der Gegenseitigkeit als Motiv gewährender Vollstreckungshilfe

Die Vollstreckungsamtshilfe folgt ihrer Natur nach dem Prinzip der Gegenseitigkeit.[179] Als Fundamentalprinzip der Amtshilfe explizit verbürgt ist das Gegenseitigkeitsprinzip etwa in § 117 Abs. 3 S. 1 Nr. 1 AO oder auch im amtlichen Titel des EU-Amtshilfegesetzes[180]. Es besagt, dass ein Staat einem anderen Staat nur dann Amtshilfe gewährt, wenn der ersuchte Staat im umgekehrten Fall auch dieselbe Amtshilfe vom ersuchenden Staat in Anspruch nehmen könnte.

---

179 Vgl. *Seer*, in Tipke/Kruse, AO/FGO, § 250 AO Rz. 35 (156. Lfg. April 2019); *De Troyer*, BIT 2017, 424 (427).

180 Gesetz über die Durchführung der gegenseitigen Amtshilfe in Steuersachen zwischen den Mitgliedstaaten der Europäischen Union v. 26.06.2013, BGBl. I S. 1809, zuletzt geändert durch Art. 4 des Gesetzes v. 21.12.2019 (BGBl. I S. 2875).

Wenngleich dieses Erfordernis im EU-Beitreibungsgesetz (EUBeitrG) nicht explizit geregelt ist, ist es als Umsetzungsgesetz der EU-Beitreibungsrichtlinie (EUBeitrRL) doch eindeutig strukturell auf Gegenseitigkeit angelegt.[181] Insoweit lässt sich die aktive Amtshilfe jedenfalls indirekt auch dem nationalen Steuervollzug insoweit zuordnen, als die prinzipielle Verpflichtung zur Gewährung von Amtshilfe erst die Voraussetzungen zur Inanspruchnahme von Amtshilfe und damit zum lückenlosen Steuervollzug schafft.

(4) Zusammenfassung

Damit bleibt festzuhalten, dass die Gewährung von Amtshilfe dem ersuchten Staat innerhalb seines Binnenrechts keinen substantiellen Nutzen bringt. Es handelt sich aus nationaler Sicht um die bloße Erfüllung einer völkerrechtlichen Pflicht, die eingegangen worden ist, um die eigene Rechtsposition im Verhältnis zum Partnerstaat zu verbessern. Damit dient sie aber immerhin mittelbar der Verwirklichung eines gleichmäßigen Steuervollzuges, der durch die *Inanspruchnahme* von Beitreibungshilfe gefördert wird.

b) Europäische Sicht

(1) Unionstreue als Teil der Europäischen Integration

Soeben konnte festgestellt werden, dass die Gewährung von Beitreibungshilfe aus Sicht des hilfeleistenden Staates ein Akt gegenseitiger Kooperation darstellt, die ihm mittelbar Vorteile verschaffen soll. Da es sich bei der EUBeitrRL aber zugleich um ein europäisches Instrument handelt, stellt sich die Frage, ob mit der Verwirklichung eines europaweiten Beitreibungshilfesystems Motive verfolgt werden, die über das rein nationale Interesse an einem effektiven Steuervollzug hinausgehen. Im Kontext der Umsetzung von Unionsrecht wird häufig darauf verwiesen, dass diese auf dem Grundsatz der Unionstreue beruhe und einen gewichtigen Bestandteil der „Integrationsverantwortung" der Bundesrepublik Deutschland darstelle.[182] Insofern ließe sich als Motiv für die Gewährung von Beitreibungshilfe die effektive Umsetzung von Unionsrecht als Teil der Verwirklichung der europäischen Integration begreifen. Eine derartige Begründung wäre allerdings unvollständig. Denn zum einen ist die europäische Integration kein Selbstzweck. Es mag wegen der überragenden Bedeutung der Europäischen

---

181 Siehe näher unter B.II.4.

182 So etwa ausdrücklich BVerfG, Beschluss v. 06.11.2019 – 1 BvR 276/17, BVerfGE 152, 216, Rz. 54 ff.; Vgl. *Wollenschläger*, in Dreier, GG, Art. 23 Rz. 36 ff.; *Herdegen*, Europarecht, § 6 Rz. 14; *Callies*, Staatsrecht III, S. 233 ff.

Union für das gesamte deutsche und europäische Rechtssystem heute nicht mehr üblich sein, die Gründe und Ziele der europäischen Integration zu hinterfragen. Gleichwohl müsste, wenn die Integration als Grund für die Anwendung spezifischer Regelungen dienen soll, im Einzelfall dargelegt werden, welche konkrete Rolle die entsprechende Regelung für die Integration eigentlich spielt. Dies wiederum macht es zwangsläufig erforderlich, sich in einem ersten Schritt zu vergegenwärtigen, was mit der europäischen Integration überhaupt bezweckt wird.

Zum anderen ist die in Art. 4 Abs. 3 EUV primärrechtlich verbürgte Unionstreue unzweifelhaft ein Grund für die Anwendung von Unionsrecht, sie vermag aber für sich genommen nicht erklären, welches Ziel mit jenem Unionsrecht eigentlich verfolgt wird.

Damit ist zunächst die Frage aufgeworfen, welche Rolle eine gegenseitige Beitreibungshilfe für die Europäische Integration zu spielen vermag. Hierzu sollen in einem ersten Schritt in gebotener Kürze die wesentlichen Grundmotive der europäischen Integration dargestellt werden. Hierbei kann auch die Bedeutung der Unionstreue mit Blick auf das Wesen der Europäischen Union kontextualisiert werden. Im zweiten Schritt kann sodann im Sinne einer Subsumtion untersucht werden, welcher Stellenwert der gegenseitige Beitreibungshilfe auf unionaler Ebene zukommt.

(2) Grundmotive Europäischer Integration

(a) Die Europäische Union als Wirtschafts- und Friedensunion

Der Wille zu Europäischer Vergemeinschaftung ist ohne die Verheerungen der zwei Weltkriege nicht begreifbar. Offenkundiges Ziel der Siegermächte nach dem zweiten Weltkrieg war die fortdauernde Friedenssicherung auf dem europäischen Kontinent.[183] Insbesondere die Amerikaner verfolgten hierbei die Strategie, die europäischen Staaten durch wirtschaftliche Kooperation aneinander zu binden[184], wozu es auch gehörte, den Europäischen Staaten und insbesondere Deutschland die Wiedererlangung ihrer Souveränität zu ermöglichen, wozu wiederum der Wiederaufbau und die Stärkung ihrer Wirtschaft

183 Vgl. etwa *Kirchhof*, in Isensee/Kirchhof, HStR, Bd. X, § 214 Rz. 21: Friedensgemeinschaft als wesentliches Ziel der Europäischen Integration.

184 Exemplarisch etwa die Rede US-amerikanischen Außenministers James F. Byrnes am 6. September 1946 in Stuttgart: "We have learned that peace and well-being are indivisible and that our peace and well-being cannot be purchased at the price of peace or the well-being of any other country." (abrufbar unter: https://usa.usembassy.de/etexts/ga4-460906.htm [zuletzt abgerufen am 09.11.2021]).

gehörten.[185] Gerhard Brunn fasst die Überzeugung der Amerikaner wie folgt zusammen: „[Demokratie] sei ohne Wohlstand nicht erreichbar, Wohlstand dagegen sei ohne Demokratie nicht erreichbar, und beides hielt man für untrennbar mit Marktwirtschaft und einer offenen Weltwirtschaft verbunden."[186] Zur Durchsetzung dieser Doktrin entwickelten die USA, die in Europa eine faktische Hegemonialstellung besaßen[187] mit dem *Marshall-Plan* eines der größten Konjunkturprogramme der Geschichte.[188] Dabei war der Marshall-Plan von Anfang an auf europäische Zusammenarbeit ausgelegt. Seine Durchführung sollten die europäischen Nationen gemeinsam in der 1948 gegründeten Organisation für Europäische Wirtschaftliche Zusammenarbeit (OEEC[189]) – der Vorgängerin der OECD – vorantreiben. Die wirtschaftspolitische Ausrichtung der Europäischen Einigung setzte und setzt sich bis heute fort, von der Montanunion als erster supranationalen Europäischen Organisation über die Europäische Wirtschaftsgemeinschaft bis hin zur Eurozone. Sie kann als Erfolg begriffen werden, gehen mit ihr doch rasante wirtschaftliche Aufschwünge wie das *Wirtschaftswunder* und die *Trente Glorieuses* einher, die sicher ohne den historisch einmaligen[190] anhaltenden Frieden in Zentraleuropa nicht denkbar wären. Dabei ist nicht nur einseitig die wirtschaftliche Prosperität von anhaltendem Frieden abhängig. Denn wirtschaftliche Kooperation, die Überwindung von Zoll- und Grenzkontrollen und europaweite Grundfreiheiten sind ebenso geeignet, ihrerseits für stabile politische Verhältnisse zu sorgen. Dieser Zusammenhang zeigt sich etwa am Beispiel Nordirlands. Die Beendigung der jahrzehntelangen, bürgerkriegsähnlichen

185 Sogenannte Truman-Doktrin, wie der seinerzeitige US-Präsident Harry S. Truman sie etwa am 12.03.1947 vor dem Kongress in Washington erklärte: "I believe that it must be the policy of the United States to support free peoples who are resisting attempted subjugation by armed minorities or by outside pressures. I believe that we must assist free peoples to work out their own destinies in their own way. I believe that our help should be primarily through economic and financial aid which is essential to economic stability and orderly political processes" (abrufbar unter: http://avalon.law.yale.edu/20th_century/trudoc.asp [zuletzt abgerufen am 09.11.2021)]. Vgl. Zur Bedeutung dieser auf Stärkung des vormaligen Kriegsgegners gerichteten Strategie für die US-amerikanische Außenpolitik etwa *Gimble*, VfZ 1972, 39 f.

186 *Brunn*, Die Europäische Einigung von 1945 bis heute, S. 40.

187 *Wirsching*, Die Transformation Europas seit dem 20. Jahrhundert, S. 68.

188 Vgl. *Woyke*, Weltpolitik im Wandel, S. 131 ff.

189 Akronym aus dem Englischen: „Organisation for European Economic Co-Operation".

190 *Kirchhof*, in Isensee/Kirchhof, HStR, Bd. X, § 214 Rz. 21.

Unruhen korreliert in auffälliger Weise mit dem Prozess der Europäischen Einigung und ist durch diese wohl zumindest stark gefördert worden.[191]

In diesem Umfeld kommt mithin dem gemeinsamen europäischen Markt eine herausragende Stellung zu. Er gilt als „Kernstück der Integration"[192] und steht in ständiger Wechselwirkung mit den humanistischen Zielen der Union, namentlich der Schaffung eines Raums der Sicherheit, der Freiheit und des Rechts mit gemeinsamen Grundrechten, Grundfreiheiten und einer gemeinsamen Sozialpolitik.

(b) Die Europäische Union im Spannungsfeld zwischen Harmonisierung und einzelstaatlicher Souveränität

Neben seiner friedens- und wohlstandsichernden Funktion ist der Binnenmarkt zugleich der Entwicklungsmotor ihrer zunehmenden Institutionalisierung, ihrer Entwicklung zu einer *supranationalen Organisation.* Dies zeigt sich historisch am Beispiel der Zollunion. Zollfreiheit im Unionsgebiet lässt sich nur realisieren, wenn die Mitgliedstaaten auch gegenüber Drittstaaten einheitliche Zollbestimmungen treffen. Ansonsten könnten die mit einem Drittstaat getroffenen Zollbestimmungen dadurch umgangen werden, dass zollfrei über einen benachbarten Mitgliedstaat geliefert wird, der wiederum zollfreien Handel mit dem Drittstaat betreibt. Aus dieser simplen Überlegung resultiert die *gemeinsame Handelspolitik* der Europäischen Union, zu der auch die Zollaußenpolitik gehört und die insoweit zwingenden wirtschaftlichen Erwägungen folgt. Ähnliches gilt auf zahlreichen Gebieten, die den Freihandel zwischen den Mitgliedstaaten beeinflussen. So müssen etwa Zulassungsbestimmungen, Produktionsbedingungen, Kennzeichnungspflichten etc. harmonisiert werden, um Handelshemmnisse zu überwinden.[193]

Die Harmonisierung dieser für den Handel entscheidenden Bestimmungen – sei es auf dem Gebiet des Zoll- und Steuerrechts, des Wettbewerbs-, Gesundheits-, Umwelt- oder Arbeitsrechts – ist intergouvernemental nur schwer vorstellbar. Vielmehr bedarf es mit Kompetenzen ausgestatteter zentraler Gremien, die diese Bestimmungen für die Mitgliedstaaten verbindlich festlegen. Aus

191 *O'Rourke,* A short History of Brexit, S. 123 ff.

192 *Streinz,* in ders., EUV/EGV, Art. 2 EGV Rz. 30; *Ruffert,* in Callies/Ruffert, EUV/AEUV, Art. 3 EUV Rz. 22; vgl. auch *Epping,* in Ipsen, Völkerrecht, § 8 Rz. 199.

193 Siehe nur EuGH, Urt. v. 20.02.1979, Rs. C-120/78, ECLI:EU:C:1979:42, Slg. 1979, S. I – 649 – Rewe-Zentral AG; dazu *Alter/Meunier-Aitsahalia,* CPS 1994, 535.

dieser Dynamik resultieren die europäischen Institutionen, deren Einfluss und Befugnisse mit der fortschreitenden Integration immer weiter zunehmen.

Diese „Verstaatlichung“[194] der Europäischen Union steht im Spannungsfeld zur Souveränität der Mitgliedstaaten.[195] Auf politischer Ebene stehen ihr etwa Ideale wie das von *Charles de Gaulle* geprägte „Europa der Vaterländer“ mit eine Führungsrolle Frankreichs entgegen.[196] Demgegenüber fürchten strukturell schwächere Staaten, insbesondere in Südeuropa eine zunehmende Einflussnahme der in den Gremien verhandlungsstärkeren und besser repräsentierten Staaten.[197] Schließlich handelt es sich bei der Unabhängigkeit der Balkan- und postsowjetischen Staaten um ein verhältnismäßig junges und teils entbehrungsreich erkämpftes Gut, welches diese Länder nicht sogleich wieder aus der Hand geben wollen.[198]

Neben diesen (macht-) politischen und soziologischen Erwägungen sprechen schließlich auch staatstheoretische Aspekte gegen ein vollverstaatlichtes Europa. So ist Demokratie ihrem Wesen nach eine Herrschaftsform des Kompromisses. Politische Lösungen bilden oftmals den kleinsten gemeinsamen Nenner divergierender Ansichten. Je mehr Ansichten in die Gleichung eingestellt werden und je größer die Unterschiede zwischen diesen Ansichten sind, desto größer wird der gemeinsame Nenner, desto schlechter ist also die Kompromisslösung letztlich mit den jeweiligen Einzelinteressen vereinbar. Kleinere souveräne Einheiten sind daher grundsätzlich demokratiefreundlicher als große, zentralistische Staatsgebilde. Regionale Parlamente können eine höhere Repräsentationsdichte aufweisen und damit die Nähe des Individuums zur Politik und letztlich die

194 Siehe zur Frage, ob ein vollwertiger Europäischer Bundesstaat überhaupt Ziel der Integration ist, nur *Herdegen*, Europarecht, § 10 Rz. 29.

195 Vgl. *Streinz*, in ders., Art. 4 Rz. 11.

196 *Wehling/Große Hüttemann*, Das Europalexikon, unter „Europa der Vaterländer“.

197 Beispielhaft erwähnt sei hier etwa die zunehmend institutionalisierte Wirtschafts- und Geldpolitik vor allem innerhalb der Eurozone, der unter dem Stichwort „Troika“ (Zusammenschluss aus IWF, EZB und EU-Kommission. Heute handelt es sich nach Beteiligung des Europäischen Stabilitätsmechanismus ESM um eine sog. „Quadriga“) mitunter vorgeworfen wird, die Empfänger europäischer Finanzhilfen faktisch zu regieren, so etwa *Rademacher*, EuR 2018, 140 (152 f.). Zur demokratietheoretischen Gefahr für die Geberländer siehe *Callies*, NVwZ 2018, 1 (4).

198 Vgl. mit Blick auf die nunmehr auch in Art. 4 Abs. 2 EUV verankerte Pflicht der Union, die nationale Identität und deren staatliche Strukturen zu wahren, *Hobe/Fremuth*, Europarecht, § 7 Rz. 82.

demokratische Legitimation der geltenden Regeln stärken.[199] Nicht zufällig fand und findet in den Verwaltungsrechtsordnungen innerhalb der europäischen Staaten eine Dezentralisierung statt.[200]

(c) Das Autoritätsdefizit der Europäischen Union – Unionstreue als „Geschäftsgrundlage" der Integration

Unabhängig davon, wie weit die Integration der Europäischen Union fortschreiten sollte und in welches rechtliche Gebilde sie einmündet, besteht doch jedenfalls Einigkeit darüber, dass sie de lege lata kein souveräner Staat ist.[201] Gemessen am Maßstab der klassischen Drei-Elemente-Theorie Georg Jellineks mangelt es der Europäischen Union am konstitutiven Merkmal der Staatsgewalt. Legislativ verfügt sie über kein imperatives Selbstbestimmungsrecht. Sie leitet ihre Befugnisse im Wege der begrenzten Einzelermächtigung (Art. 5 EUV) von den Mitgliedsstaaten ab. In der Demokratie kommt aber dem Staatsvolk als Träger aller staatlichen Gewalt eine (grundsätzlich) unbeschränkte Regelungsbefugnis zu. Da es der Europäischen Union gerade an dieser „Kompetenz-Kompetenz" fehlt[202], kann sie – und das ist der Kern der Staatlichkeit – keine selbstregulierende Repräsentation eines sie unmittelbar legitimierenden Volkes sein. Sie ist vielmehr, auch nach ihrem Selbstverständnis, eine überstaatliche Konstruktion in den Diensten *vieler autonomer* Völker.

Dort wo die Europäische Union über Rechtssetzungsbefugnisse verfügt, setzt sich ihr Autoritätsdefizit in der Exekutive fort. Von der Organisationsverwaltung der Union abgesehen, existiert keine europäische Verwaltungshierarchie. Die Union ist darauf angewiesen, dass die Mitgliedstaaten im Wege ihrer Selbstverpflichtung das von ihr gesetzte Recht umsetzen.[203] Bei den Richtlinien, der mit Abstand häufigsten Form europäischer Gesetzgebung, beginnt dieses Transformationserfordernis schon im akademischen Bereich der Rechtsgeltung. Was dies anbelangt, ließe sich eine Parallele ziehen zwischen den Mitgliedstaaten der Union und den Bürgern der jeweiligen Mitgliedstaaten: Sowie die Union für die

---

199 Vgl. *Robbers,* in Bonner Kommentar zum Grundgesetz, Art. 20 Rz. 1026 ff. (139. Aktualisierung 2009)

200 *Auby,* in v.Bogdandy/Cassese/Huber (Hg.), Handbuch Ius Publicum Europaeum, Bd. III, § 56 Rz. 51 ff.

201 Vgl., auch zum Folgenden, m.w.N. *Callies,* in Callies/Ruffert, EUV/AEUV, Art. 1 EUV Rz. 29; Dort in Rz. 30 f. u. 35 auch zu der Wortneuschöpfung „Staatenverbund" durch das Bundesverfassungsgericht, mit der substanziell nichts gewonnen ist.

202 BVerfG, Urteil v. 30.06.2009 – 2 BvE 2, 5/08 u.a., BVerfGE 123, 267 (349).

203 Vgl. *Nettesheim,* in Oppermann/Classen/Nettesheim, Europarecht, § 10 Rz. 1.

Geltung des von ihr gesetzten Rechts auf die Umsetzung der Mitgliedstaaten angewiesen ist[204], so ist letztlich jeder Staat zur Ausübung seiner Gewalt darauf angewiesen, dass die Bürger seine Anweisungen befolgen. Die einem Staat übertragenen Aufgaben übersteigen also regelmäßig seine tatsächlichen Befähigungen. Gleichwohl liegt es bei der Europäischen Union aber noch etwas anders. Sie ist nicht nur auf Rechtstreue der Mitgliedstaaten angewiesen, ihr fehlen auch schlechterdings effektive Instrumente für die Ahndung von Rechtsbrüchen. Kommen die Mitgliedstaaten ihrer Selbstverpflichtung zur Achtung und Umsetzung des Unionsrechts nicht nach, so bleiben ihr nur rechtliche Instrumente wie das Vertragsverletzungsverfahren.[205] Selbst dann verfügt sie aber für die Durchsetzung eventuell durch den Europäischen Gerichtshof verhängter Sanktionen über keine Zwangsmittel.

Die EU kann also ihren Bürgern weder garantieren, dass das von ihr gesetzte Recht gelten wird, noch kann sie sie vor Rechtsverletzungen schützen. Wenn die EU aber selbstverständlich anerkennt, dass das Volk als Souverän und Träger staatlicher Gewalt in der Lage ist, Recht auch durchzusetzen, dann muss dieses Durchsetzungsvermögen auf einer anderen Ebene kanalisieren. Diese Ebene bilden die autonomen Mitgliedstaaten. Bei den Mitgliedstaaten verbleiben somit sowohl die Letztentscheidungsbefugnis als auch das Gewaltmonopol.

In diesem Rahmen bildet die in Art. 4 Abs. 3 EUV verankerte Loyalitätspflicht der Mitgliedstaaten die „Geschäftsgrundlage der Integration".[206] Für die Europäische Union ist sie das, was für den souveränen Staat die Rechtstreue seiner Bürger darstellt. Damit ist sie Voraussetzung schon für die bloße Existenz der Union. Ohne Umsetzung ihres Rechts durch die Mitgliedstaaten wäre die Union mangels eigener Zwangsgewalt ebenso gegenstandslos wie eine juristische Person ohne vertretungsberechtigte Organe.

Die Unionstreue hat damit eine für die Union eine existenzsichernde und somit überragende Funktion. Sie ist damit formelle Voraussetzung für die Rechtsgeltung innerhalb der Union aber kein eigenständiges materiellrechtliches Prinzip. Sie ist Mittel zum Zweck, nicht selbst Zweck.

---

204 Vgl. *BVerfG*, Beschluss v. 15.12.2015 – 2 BvR 2735/14, NJW 2016, 1149 Rz. 37; Beschluss v. 06.07.2010 – 2 BvR 2661/06, NJW 2010, 3422 Rz. 53; EuGH, Urteil v. 15.07.1964 – C-6/64, Slg. 1964, 1259 [1269 f.] – Costa/ENEL.; *Callies*, Staatsrecht III, S. 231.

205 Vgl. *Karpenstein*, in Grabitz/Hilf/Nettesheim, Das Recht der EU, Art. 258 AEUV Rz. 10 (65. Lfg. August 2018).

206 *Callies/Kahl/Puttler*, in Callies/Ruffert, EUV/AEUV, Art. 4 Rz. 35.

(d) Die Unionstreue aus Sicht der Mitgliedstaaten

Übertragen auf die Mitgliedstaaten bedeutet dies, dass die Unionstreue allein nicht die Anwendung von Unionsrecht legitimieren kann. Für sie gilt vielmehr in genereller Hinsicht, was für die Gewährung von Beitreibungshilfe aus nationaler Sicht im Speziellen[207] gilt: Das Interesse der Mitgliedsstaaten an der Unionstreue reicht so weit, wie ihr Interesse an einer unionsweiten Umsetzung des Europarechts reicht. Dieses Interesse ist nicht einheitlich, sondern anhand der jeweiligen Rechtsmaterie zu beurteilen. Zugleich ist die Unionstreue damit aus Sicht der Mitgliedstaaten als argumentative Grundlage für die Anwendung spezifischen Unionsrechts ungeeignet. Es kommt für die jeweilige Anwendung allein darauf an, welche speziellen Ziele mit dem anzuwenden Recht verfolgt werden.

(3) Bedürfnis eines EU-weiten Steuervollzugs

(a) Gebot eines unionalen Steuervollzugs wegen des EU-Gleichheitssatzes?

Damit ist der Rahmen abgesteckt für eine Analyse der in Betracht kommenden europäischen Ziele eines europäischen Beitreibungshilfesystems. Ein solches müsste an den Integrationszielen teilnehmen. Dabei kommt zunächst die Frage in Betracht, ob steuerliche Beitreibungshilfe die rechtlichen Ideale der Union zu fördern vermag. Als „Raum der Freiheit, der Sicherheit und des Rechts" bemüht sich die Union zur Gewährleistung unionsweiter politischer Stabilität um die Entwicklung und Aufrechterhaltung menschenrechtlicher Mindeststandards in ihren Mitgliedsstaaten.[208] Hierzu hat sie unter anderem die Europäische Grundrechtecharta entwickelt[209], die mit dem Vertrag von Lissabon rechtsverbindlich wurde und in Art. 20 GRCh auch einen allgemeinen europäischen Gleichheitssatz statuiert. Da die Auslegung der europäischen Grundrechte auch Raum für die Berücksichtigung nationaler Grundrechtsinterpretationen gibt (Art. 52 Abs. 4 GRCh)[210], ließe sich die vom Bundesverfassungsverfassungsgericht entwickelte Rechtsfigur des strukturellen Vollzugsdefizits[211] auch auf die Union

---

207 Dazu soeben unter 2.a).

208 M.w.N. *Müller-Graff*, in Frankfurter Kommentar EUV/GRC/AEUV, Art. 67 AEUV Rz. 5.

209 Siehe zur Entstehung *Jarass*, EU-Grundrechte, § 1.

210 Siehe hierzu *Müller-Graff*, in Frankfurter Kommentar EUV/GRC/AEUV, Art. 52 AEUV Rz. 48.

211 Siehe oben bei 1.a).

übertragen, mit der Folge, dass auch unionsweit ein lückenloser Steuervollzug jedenfalls ein erstrebenswertes grundrechtsbedingtes Ziel darstellte.[212] Allerdings ist die Grundrechte-Charta in erster Linie verbindlich nur für die Organe der Europäischen Union, die sie insbesondere beim Erlass von Unionsrecht zu beachten haben. Darüber hinaus haben die Mitgliedstaaten sie lediglich bei Umsetzung von Unionsrecht zu beachten.[213] Einen rechtsverbindlichen Einfluss auf das Binnenrecht der Mitgliedsstaaten hat sie dagegen nicht. Insbesondere mit Blick auf einen unionalen Gleichheitssatz ist Letzteres entscheidend. Denn ansonsten wären die Mitgliedstaaten durch ihn gezwungen, ihre Rechtsordnungen einander anzugleichen, was augenscheinlich nicht gewollt ist.

Für den Steuervollzug bedeutet dies Folgendes: Im materiellrechtlichen Bereich der direkten Steuern verfügt die Europäische Union über keine Harmonisierungskompetenz (vgl. Art. 114 Abs. 2 AEUV).[214] Es existieren lediglich unionsrechtliche Verfahrensregeln, insbesondere was die grenzüberschreitende Zusammenarbeit betrifft. Hierdurch wird aber der Steuervollzug nicht per se zu einer unionsrechtlichen Materie, die Beitreibung von Steuerforderungen nicht zur Umsetzung von Unionsrecht. Die Europäische Grundrechte-Charta gilt für die Steuerbehörden der Mitgliedstaaten daher nur in konkreten Fällen gegenseitiger Amtshilfe.[215] Denkt man die gegenseitige Vollzugshilfe hinweg, bestünde für sie aus Erwägungen des europäischen Gleichheitsrechts kein Bedürfnis: Da Staat A schon nicht verpflichtet ist, materiell die gleichen Steuern zu erheben wie Staat B, stellt es etwa zwischen Ansässigen des Staates A auch keine Ungleichbehandlung dar, wenn Steuerforderungen dieses Staates, nicht jedoch solche des Staates B gegen sie vollstreckt werden.

Damit bleibt festzuhalten, dass ein gleichheitsrechtliches Gebot eines unionsweiten Steuervollzugs nicht existiert.

(b) Binnenmarktnützlichkeit eines unionsweiten Steuervollzugs

Der Rat beruft sich für den Erlass der EU-Beitreibungsrichtlinie auf Art. 113 und 115 AEUV[216] und stellt im Erwägungsgrund (1) der Richtlinie die Bedeutung

---

212 Differenzierend zur Anwendung nationaler Grundrechtsinterpretationen beim allgemeinen Gleichheitssatz aber *Heselhaus,* in Frankfurter Kommentar EUV/GRC/AEUV, Art. 52 AEUV Rz. 48.

213 M.w.N. *Korte,* in Callies/Ruffert, EUV/AEUV, Art. 114 AEUV Rz. 14 f.; *M. Schröder,* in Streinz, EUV/AEUV, Art. 114 AEUV Rz. 14.

214 Dazu bei B.II.4.b)(2).

215 Siehe hierzu auch im zweiten Teil bei D.V.3.d).

216 Siehe hierzu auch B.II.4.b)(2).

der Vollstreckungshilfe für das Funktionieren des Binnenmarkts in den Vordergrund. Ebendiese muss also einer Evaluation unterzogen werden, um die mit der Vollstreckungshilfe verfolgten Ziele sachgerecht gewichten zu können.

Als unbestritten kann zunächst der Nutzen eines unionsweiten Steuervollzugs im Bereich der harmonisierten indirekten Steuern, insbesondere der Umsatzsteuer vorausgesetzt werden. Der freie Waren- und Dienstleistungsverkehr innerhalb des Unionsgebiets bildet das Herzstück der Staatengemeinschaft.[217] Dabei profitiert der Binnenmarkt ungemein von fehlenden Grenzkontrollen, die ein gemeinsames Zoll- und Mehrwertsteuersystem zwingend voraussetzen. Der lückenlose Vollzug der unter diesem Regime entstandenen Forderungen bildet dabei eine logische Konsequenz. Für die Verwirklichung des Mehrwertsteuersystems entfaltet die Beitreibungshilfe also grundsätzliche Nützlichkeit.

Für die direkten Steuern gilt dies jedoch nicht ohne weiteres entsprechend. Eine Harmonisierung besteht hier nur partiell. Ganz überwiegend regeln die Mitgliedstaaten ihr nationales Ertragsteuerrecht autonom. Das bedeutet, sofern es den Mitgliedstaaten ohnehin etwa freisteht, unternehmerisches Handeln von der Besteuerung auszunehmen, so besteht auch aus Sicht der Binnenmarktfunktionalität kein Grund, eine individuell getroffene Belastungsentscheidung unionsweit durchzusetzen.

Einen eindeutigen Binnenmarktbezug weist hingegen die Bekämpfung von Steuervermeidung auf.[218] Grenzüberschreitende Steuervermeidungsstrategien verkomplizieren den Wirtschaftsverkehr und führen zu steigender Intransparenz des Marktes sowie Wettbewerbsverzerrungen. Gegenmaßnahmen im Bereich der multilateralen Zusammenarbeit finden sich aber nahezu ausschließlich im Bereich des Ermittlungsverfahrens, etwa durch Informationsaustausch oder gemeinsame Betriebsprüfungen.[219] Ein grenzüberschreitender Vollzug nationaler Steuerforderungen, das heißt solchen, die ausermittelt und festgesetzt sind, würde demgegenüber nur bei echter „Steuerflucht", also der Absetzung des Steuerschuldners ins Ausland, einen missbrauchsbekämpfenden Beitrag leisten. Derartige Fälle spielen für den Steueralltag aber, wenn überhaupt, nur eine marginale Rolle.

217 Siehe oben bei (2)(a).

218 Siehe etwa zur Entwicklung der Europäischen Anti Tax Avoidance Directive (ATAD) *Docclo,* BIT 2017, 367 ff.

219 Ausführlich m.w.N. *Seer/Kargitta,* Exchange of information and cooperation in direct taxation, S. 489 ff.

Die Nützlichkeit eines grenzüberschreitenden Steuervollzugs für den Binnenmarkt ist damit im Wesentlichen auf die harmonisierten indirekten Steuern begrenzt.

(c) Behördliche Kooperation als Ausdruck einer Europäischen Gemeinschaft

Zweifelsohne ist eine Zusammenarbeit europäischer Behörden grundsätzlich geeignet, den Zusammenhalt innerhalb der Union sowohl auf administrativer Ebene als auch in der Bevölkerung zu stärken. Insoweit leistet jede Form der interstaatlichen Amtshilfe einen Beitrag zur Erreichung der ideellen Ziele der Europäischen Union. Hierzu gehört die politische Stabilität als Voraussetzung eines funktionierenden Wirtschaftsraumes ebenso wie die Friedenssicherung in Europa. Gleichsam sollten allein aufgrund dessen einzelne Kooperationsmaßnahmen nicht überbewertet werden. Durch einen fehlenden europaweiten Steuervollzug würden diese fundamentalen Ziele der Union nicht wesentlich beeinträchtigt.

III. Zusammenfassung

Als Ergebnis dieses Teils kann damit festgehalten werden:
Aufgrund des verfassungsrechtlich nicht zwingenden, aber zulässigen Grundsatzes der materiellen Universalität bestehen Ansprüche des deutschen Fiskus unabhängig davon, ob der gesetzliche Steuertatbestand im Inland erfüllt wird oder sich der Steuerschuldner im Inland aufhält.

Gleichzeitig hindert der völkerrechtlich zwingende Grundsatz der formellen Territorialität den deutschen Staat an der Durchsetzung dieser Ansprüche außerhalb seines Hoheitsgebietes.

Die Durchsetzung auch dieser Ansprüche ist wegen des Grundsatzes der Steuervollzugsgleichheit ein gesetzgeberisches Ziel von Verfassungsrang, gleichsam aber nicht verfassungsrechtlich zwingend.

Die spiegelbildliche Gewährung von Vollstreckungshilfe ist dagegen isoliert verfassungsrechtlich nicht notwendig. Sie ist auch kein einfachrechtlich implementierter Teil des deutschen Steuervollzuges, sondern stellt in dessen Gefüge einen Fremdkörper dar, der lediglich durch gesetzlichen Verweis analog behandelt wird.

Aus nationaler Sicht kommt der Gewährung von Vollstreckungshilfe daher lediglich der Zweck zu, die regelmäßig verbürgte Gegenseitigkeit von internationaler Amtshilfe zu verwirklichen, die Voraussetzung für die eigene Inanspruchnahme von Vollstreckungshilfe ist.

Damit dient die Gewährung von Beitreibungshilfe jedenfalls *mittelbar* der Verwirklichung eines gleichheitsgerechten Steuervollzugs, indem sie die Inanspruchnahme von Beitreibungshilfe erst ermöglicht.

Aus europäischer Sicht trägt die internationale Vollstreckungshilfe auf dem Gebiet der Umsatzsteuer unmittelbar zum Funktionieren des Binnenmarktes, insbesondere dem kontrollfreien Warenverkehr über die europäischen Binnengrenzen bei. Darüber hinaus kommt ihr, insbesondere auf dem Gebiet der direkten Steuern, nur eine geringe, allgemeine Bedeutung für die Ideale der Europäischen Union zu.

B. System der Vollstreckungsamtshilfe in Steuersachen in Europa

I. Vollstreckungsamtshilfe im steuerrechtlichen Amtshilfesystem

1. Allgemeine Funktion gegenseitiger Amtshilfe

Zwischenstaatliche Amtshilfe bedeutet im Grundsatz, dass die hilfeleistende Behörde in einem hoheitlichen Verfahren der ersuchenden Behörde tätig wird, wobei beide Behörden unterschiedlichen Staaten als Hoheitsträger zuzurechnen sind. Dabei wird also das Ausgangsverfahren nicht etwa der hilfeleistenden Behörde übertragen, sondern verbleibt originär in der Zuständigkeit der ersuchenden Behörde und damit zugleich organisationstechnisch eine ausschließliche Angelegenheit des Staates der ersuchenden Behörde. Amtshilfe ist eine Form der internationalen Kooperation, die nicht nur aufgrund der fortschreitenden Globalisierung rasch an Bedeutung gewinnt, sondern überdies Ausdruck eines modernen Verständnisses von Problembewältigung ist, nach dem Staaten friedfertig und respektvoll miteinander statt gegeneinander operieren.

2. Kategorisierung von Amtshilfe in Steuersachen nach Verfahrensstufe

Im Bereich des Steuerrechts lässt sich die internationale Amtshilfe nach den Stadien des Besteuerungsverfahrens kategorisieren. Im Bereich des Ermittlungsverfahrens[220] können die internationalen Steuerbehörden Informationen über steuerrelevante Sachverhalte miteinander teilen oder füreinander ermitteln. Hierbei können sie auch vollständig etwa im Wege gemeinsamer oder simultaner Außenprüfungen miteinander kooperieren. Dagegen ist die Beitreibungshilfe im

220 Hier mit eingeschlossen ist das im deutschen Recht spezifische Festsetzungsverfahren.

Vollstreckungsverfahren angesiedelt, dient also lediglich der Verwirklichung der bereits ausermittelten bzw. festgesetzten Steueransprüche. Dabei können sowohl unmittelbare Vollstreckungshandlungen gegen das Vermögen des Schuldners im Wege der Amtshilfe vorgenommen werden, als auch Begleitmaßnahmen wie Sicherungs- oder Beugemaßnahmen. Auf einer dritten Stufe besteht Amtshilfe in Steuersachen im Bereich des Strafvollzugs. Hier ist zu unterscheiden: Im Bereich strafrechtlicher Ermittlungen können Elemente des Steuerermittlungsverfahrens, vornehmlich der Informationsaustausch, eingesetzt werden. Strafrechtsspezifische Aufklärungsinstrumente, etwa Observierungen, die ebenfalls im Rahmen von Amtshilfe erfolgen können, sind jedoch gänzlich außerhalb des Steuerrechts angesiedelt. Gleiches gilt für den konkreten Strafvollzug, etwa den Haftbefehl oder die Vollstreckung von Geldstrafen, welche ebenfalls von der Verwaltungsamtshilfe in Steuersachen ausgenommen sind.[221]

3. *Kategorisierung der Amtshilfe in Steuersachen nach Art des Triggers*

Als Trigger der Amtshilfe soll hier das auslösende Moment der entsprechenden Amtshandlung bezeichnet werden. Klassischerweise wird bei der Amtshilfe unterschieden zwischen Amtshilfe auf Ersuchen, spontaner Amtshilfe und automatischer Amtshilfe.[222] Entsprechend unterscheiden sich die Trigger.

Bei der Amtshilfe auf Ersuchen entscheidet sich die profitierende Behörde aktiv für die Inanspruchnahme von Amtshilfe. Sie bestimmt das Ziel der Amtshilfehandlung, ermittelt bzw. bestimmt die aus ihrer Sicht am ehesten zuständige Behörde bzw. das entsprechende Verbindungsbüro und erbittet die Amtshilfe sodann ausdrücklich. Die Modalitäten stehen hierbei also weitestgehend fest, der Trigger ist entsprechend klar definiert und erzwingt bereits ein Verhalten der ersuchten Behörde, das zumindest in der Entgegennahme des Ersuchens und darüber hinaus üblicherweise in der Ablehnung oder Annahme des Ersuchens besteht. Alle Instrumente der Amtshilfe – Informationsaustausch, Personalaustausch, Ermittlungs- und Vollstreckungshandlungen, Zustellungen – können auf

221 *Seer*, in Gosch/Kroppen/Grotherr/Kraft/Kraft, DBA, Art. 27 Rz. 35 (41. Lfg. April 2020). Keinem der hier dargestellten Bereiche klar und ausschließlich zuordnen lässt sich die Zustellungshilfe. Sie ist bei allen Formen steuer- und strafrechtlicher Kooperation denkbar und kann daher als eine Amtshilfeform sui generis verstanden werden.

222 Statt vieler *Seer/Gabert*, European Taxation 2011, 88 (94); *Seer/Kargitta*, Exchange of information and cooperation in direct taxation, S. 491.

Ersuchen ergehen. Die Ersuchensamtshilfe hat damit den größten Anwendungsbereich und ist darüber hinaus die konkreteste Form der Amtshilfe.

Die spontane Amtshilfe erfolgt auf Initiative der hilfeleistenden Behörde. Sie übermittelt der profitierenden Behörde etwa eine Information, die sie als relevant für diese Behörde einstuft. Der Trigger besteht daher hier nicht in einer Handlung der profitierenden Behörde, sondern in einem konkreten Sachverhalt. Die Art der auslösenden Sachverhalte ist üblicherweise zwischen den kooperierenden Staaten zuvor in einem Abkommen oder in einem multilateralen Vertrag abstrakt definiert worden.[223] Gleichwohl obliegt schon die Prüfung, ob ein entsprechender Sachverhalt vorliegt, der übermittelnden Behörde. Es handelt sich um einen internen Vorgang dieser Behörde, in den die potentielle Empfängerbehörde keinen Einblick hat. In den Grenzen einer möglichen Vertragsverletzung steht es der übermittelnden Behörde also frei, ob sie überhaupt auf einen triggernden Sachverhalt reagiert. Tut sie es und übermittelt eine Information, so muss die Empfängerbehörde diese aber auch noch verarbeiten. Sie kann dies unterlassen, etwa weil Sie die übermittelte Information als irrelevant einstuft. In diesen Fällen liegt der Informationsübermittlung also weder ein Verwaltungsverfahren mit Außenwirkung im Empfängerstaat zugrunde, noch resultiert ein solches aus der Übermittlung.

Nach den vorgenannten Kriterien ist die spontane Amtshilfe damit in mehrerlei Hinsicht ein schwaches Instrument: Ihre Trigger sind lediglich abstrakt definiert, treten einseitig auf und lösen nicht zwingend eine Reaktion aus. Auf Empfängerseite kann die spontan geleistete Amtshilfe gänzlich wirkungslos bleiben.

Automatische Amtshilfe schließlich erfolgt im Rahmen des Informationsaustausches mithilfe computergestützter Systeme. Diese Systeme geben Informationen aus, die im Vorfeld festgelegten Parametern entsprechen. Ein Beispiel ist der Austausch von Finanzkonteninformationen nach dem Finanzkonten-Informationsaustauschgesetz (FKAustG)[224] iVm § 7 des EU-

---

223 Auch eine gänzliche "spontane" Form der Amtshilfe, also eine solche, die die beteiligten Behörden auch nicht abstrakt verabredet haben, ist denkbar. Da Amtshilfe aber in aller Regel einen Grundrechtseingriff auslöst, bedarf es hierfür einer konkreten Ermächtigungslage, die im deutschen Steuerrecht nicht existiert. Eine spontane Amtshilfe ohne eine zugrundeliegende zwischenstaatliche Vereinbarung würde überdies gegen das Gegenseitigkeitserfordernis des § 117 Abs. 3 Nr. 1 AO verstoßen.

224 Finanzkonten-Informationsaustauschgesetz vom 21.12.2015, BGBl. I S. 2531, zuletzt geändert durch Art. 7 des G. v. 25.06.2021, BGBl. I S. 2056.

Amtshilfegesetzes[225]. In §§ 7 ff. FKAustG sind die Parameter festgelegt, nach denen Finanzinstitute Informationen erheben und an das Bundeszentralamt für Steuern übermitteln. In § 2 u. 5 FKAustG ist sodann bestimmt, welche Teile dieser Datensätze das Bundeszentralamt für Steuern in welcher Form an die zuständige Behörde des jeweils anderen Staates weiterleitet. Sämtliche dieser Vorgänge sind für die Beteiligten verpflichtend.[226] Das auslösende Moment, der Trigger, besteht hier also aus dem bloßen Vorhandensein eines Datums, ausgegeben von einem automatisierten System anhand vordefinierter Parameter. Der wesentliche Unterschied zur spontanen Amtshilfe besteht darin, dass die übermittelten Informationen nicht zufällig, sondern systematisch erhoben und nicht auf Initiative der Behörde, sondern automatisch und verpflichtend übermittelt werden. Entsprechend handelt es sich beim automatischen Informationsaustausch um ein Massenverfahren. Dieses Massenverfahren ist auf der einen Seite insoweit schwach ausgeprägt, als dass bei den übermittelten Informationen noch nicht mal die ansonsten verlangte voraussichtliche Relevanz geprüft werden muss. Darüber hinaus ist automatischer Informationsverkehr verhältnismäßig unflexibel. Die Anpassung der Parameter an aktuelle Entwicklungen bedarf eines legislativen Eingriffs, der wegen der Internationalität gleich in mehreren Staaten, sowie im Falle der EU auf supranationaler Ebene vorgenommen werden muss. Auf der anderen Seite ist der automatische Informationsaustausch aber ein starkes Amtshilfeinstrument, weil er – einmal installiert – einen effizienten und stetigen Informationsfluss gewährleistet, wofür konkretes Handeln der beteiligten Behörden nur noch in sehr beschränktem Maße erforderlich ist.

Wie aus den vorstehenden Erläuterungen bereits ersichtlich ist, findet spontane und automatische Amtshilfe nur im Bereich des Informationsaustausches statt. Automatische Vollstreckungshilfe ist per se nicht denkbar, da es sich bei Vollstreckungsmaßnahmen naturgemäß um sehr konkrete Individualverfahren handelt, die durch abstrakte Parameter nicht prädefinierbar sind.[227] Selbst dort, wo dies in Grenzen denkbar wäre, etwa bei einer Kontensperrung, ließen sich

225 Gesetz über die Durchführung der gegenseitigen Amtshilfe in Steuersachen zwischen den Mitgliedstaaten der Europäischen Union v. 26.06.2013, BGBl. I S. 1809, zuletzt geändert durch Art. 4 des G. v. 21.12.2019, BGBl. I S. 2875.

226 Im internationalen Kontext spricht man von „mandatory automatic information exchange".

227 I. Erg. gl. A. *Sandberg*, Internationale Vollstreckungshilfe im Besteuerungsverfahren, S. 231.

unmöglich Umstände außerhalb eines Verwaltungsverfahrens definieren, die eine solche Handlung zwingend indizieren könnten.

Spontane Vollstreckungshilfe wäre demgegenüber zwar theoretisch vorstellbar. Auch hierbei ist aber nicht ersichtlich, woher etwa die Behörde im Ansässigkeitsstaat Kenntnis darüber erlangen sollte, dass im Gläubigerstaat ein Steueranspruch besteht, dessen Verwirklichung gefährdet sein könnte. Überdies muss beachtet werden, dass die Vollstreckung von Geldforderungen in der Regel einen folgenschweren und nur schwer umkehrbaren Grundrechtseingriff darstellt, während die Spontanhilfe naturgemäß nur schwach indiziert ist.

Dementsprechend findet Vollstreckungshilfe auf der Grundlage der EUBeitrRL nur auf Ersuchen statt. Auch der durch Art. 5 EUBeitrRL geregelte Informationsaustausch zum Zwecke der Vollstreckung erfolgt nur auf Ersuchen. Eine freiwillige spontane Auskunft über eine Erstattung, die eine Behörde an einen in einem anderen Mitgliedsstaat ansässigen oder niedergelassenen Steuerpflichtigen zahlt, ist in Art. 6 EUBeitrRL geregelt, allerdings auf diesen speziellen Fall begrenzt. Die Beitreibungshilfe ist mithin ein stark einzelfallbezogenes Amtshilfeinstrument, das allein auf Initiative der hilfesuchenden Behörde erfolgt, von ihr konkret umrissen wird und von der ersuchten Behörde eine kommunikative Reaktion erfordert. Im Verhältnis zum automatischen Informationsaustausch stellt sie ein seltenes, dafür aber stark ausgeprägtes und vielseitiges Instrument dar.

4. *Amtshilfe als ein Hybrid aus aktivem und passivem Verwaltungshandeln*

Die Inanspruchnahme von internationaler Amtshilfe bewirkt, dass die ersuchte Behörde eigenständig in ihrem Hoheitsgebiet tätig wird und die ersuchende Behörde entsprechend eine eigentlich in ihrer Verantwortung liegende Verfahrenshandlung aus der Hand gibt. Insoweit ist die Amtshilfe aus Sicht der ersuchenden Behörde als ein „passives" Instrument bezeichnet worden.[228] Bei genauerem Hinsehen erweist sich diese Charakterisierung zwar als durchaus zutreffend, aber unvollständig. Auf die Terminologie aufbauend lässt sich bilaterale Amtshilfe als eine Mischform aktiven und passiven Verwaltungshandelns beschreiben und zwar sowohl aus der Perspektive der ersuchenden wie auch der ersuchten Behörde.

---

228 *Seer*, in Tipke/Lang, Steuerrecht, Rz. 21.273.

Im Falle der ersuchenden Behörde besteht das passive Element wie gesehen darin, dass ihr Auswahl und Durchführung der nötigen Amtshandlungen entzogen sind. Im Falle der Gewährung durch deutsche Behörden ist dies in § 9 Abs. 2 EUBeitrG geregelt, wonach die ersuchte Behörde den fremden Anspruch nach den gleichen Vorschriften wie für eigene Ansprüche vollstreckt. Zugleich entspricht dies dem international geltenden Grundsatz der Äquivalenz[229] der Amtshilfe, wonach die ersuchte Behörde nicht weniger, aber auch nicht mehr tun soll als in vergleichbaren eigenen Verwaltungsverfahren. Mitunter können also die Amtshilfehandlungen hinter den Möglichkeiten zurückbleiben, die die ersuchende Behörde auf dem eigenen Territorium gegen den Schuldner zur Verfügung hätte. Darüber hinaus besteht für die ersuchte Behörde jederzeit die Möglichkeit, die Amtshilfe abzulehnen.[230] Die ersuchende Behörde ist also in mehrfacher Hinsicht von Kooperationswillen und -fähigkeit der ersuchten Behörde abhängig und insoweit zur Passivität gezwungen. Auf der anderen Seite bleibt die ersuchende Behörde aber die Herrin des Verfahrens. Sie entscheidet, ob, von wem und in welchem Umfang sie Amtshilfe erbitten will. Sie bleibt originär und ausschließlich für das Verwaltungsverfahren als solches zuständig und verantwortlich. Sie kann ihr Amtshilfegesuch jederzeit zurückziehen und das Vollstreckungsverfahren im ersuchten Staat damit stoppen.[231] Ihr allein obliegt schließlich die Auswertung und Verwendung der Ergebnisse der Amtshilfe. Insoweit ist das Beitreibungshilfeersuchen ein aktiver Teil des Verfahrens der ersuchenden Behörde.

Spiegelbildlich gelten diese Erwägungen auch jeweils für die ersuchte Behörde. Sie ist aktiv, soweit sie eigenständig über die Gewährung der Amtshilfe dem Grunde nach entscheidet, sowie die notwendigen Mittel auswählt und eigenverantwortlich umsetzt. Eigenverantwortlich bedeutet dabei auch, dass sie etwa für Schäden aus fehlerhaften Vollstreckungshandlungen haftet wie in eigenen Verfahren. Passiv verbleibt die ersuchte Behörde dagegen insoweit, als sie lediglich ein Erfüllungsgehilfe der ersuchenden Behörde bleibt. Sie hat selbst keinen unmittelbaren Vorteil aus den Vollstreckungshandlungen und hat über die Eröffnung eines Amtshilfeverfahrens nur begrenzte Entscheidungsgewalt, soweit Ablehnungsgründe für sie nicht greifen.

---

229 Siehe *Seer/Kargitta*, Exchange of information and cooperation in direct taxation, S. 492.

230 Siehe zu den Ablehnungsgründen sogl. unter II.4.b)(1).

231 Siehe nur Art. 22 Nr. 1 DVO (EU) Nr. 1189 /2011.

Die hybride Form der Amtshilfe ist Folge einer ungewöhnlichen Dreieckskonstellation, die bei der Vollstreckungsamtshilfe besonders deutlich hervortritt. In dieser Dreieckskonstellation sind zwei souveräne Staaten sowie der Steuerpflichtige beteiligt. Die Staaten stehen sich dabei grundsätzlich gleichberechtigt gegenüber, unterscheiden sich in ihren Rechten gegenüber dem Steuerpflichtigen aber beträchtlich. Während die ersuchte Behörde aufgrund der Amtshilfesituation überhaupt nur allein in der Lage ist, Hoheitsgewalt gegenüber dem Steuerpflichtigen auszuüben, hat sie hierzu gleichzeitig selbst keinen Anlass. Mit anderen Worten darf sie gegen den Steuerpflichtigen in der Amtshilfeangelegenheit nur tätig werden, wenn die andere Behörde dies ausdrücklich von ihr erbittet. Die andere Behörde ist hingegen allein anspruchsberechtigt, hat aber zeitgleich keine eigenen Mittel zur Durchsetzung des Anspruchs. Dementsprechend sieht sich der Steuerpflichtige gleichzeitig zwei Hoheitsträgern gegenüber, wobei diese aus seiner Sicht zwar in der gleichen Angelegenheit aber in unterschiedlichen Rechtskreisen gegen ihn agieren. Für ihn kann diese Situation äußerst nachteilig sein, worauf im Rahmen der Rechtsschutzmöglichkeiten noch zurückzukommen sein wird.

II. Rechtsquellen der Vollstreckungsamtshilfe in Europa

1. Geschichtlicher Überblick

a) Anfänge bilateraler Abkommen in Steuersachen

Wie bereits mit Blick auf *Hobbes* gesehen, besteht die Idee zwischenstaatlicher Verträge zur gegenseitigen Verwirklichung von Hoheitsakten mindestens seit Beginn der Neuzeit.[232] Das womöglich erste völkerrechtliche Amtshilfeabkommen im Bereich der Steuern nach modernem Verständnis wurde 1843 zwischen Belgien und Frankreich geschlossen und betraf den Austausch von Informationen bezüglich steuerrelevanter Sachverhalte wie Eigentumsübertragungen, Liquidationen und Eheverträgen.[233] Konnte das belgisch-französische Abkommen noch als Besonderheit, begründet mit der politischen und rechtlichen Nähe der beiden Staaten, bezeichnet werden,[234] so wurden zwischenstaatliche

---

232 Siehe auch *v.Roenne,* in Ecker/Ressler, History of Tax Treaties, S. 19 (21), der das Problem der Doppelbesteuerung und internationale Verträge zu seiner Lösung m.w.N. bis in die Antike hinein verortet, ohne dabei jedoch explizit auf das Instrument der Amtshilfe einzugehen.

233 *Jogarajan,* Oxf. J. Leg. Stud. 2011, 679 (687).

234 Ebd.

Abkommen in Steuersachen seit Ende des 19. Jahrhunderts international diskutiert. Das erste bekannte Abkommen zur Vermeidung der Doppelbesteuerung wurde 1872 zwischen Großbritannien und der Schweiz geschlossen.[235]

b) Frühe bilaterale Abkommen deutscher Staaten

(1) Die Rechts- und Amtshilfeabkommen zwischen dem Deutschen Reich und der Tschechoslowakischen Republik sowie der Republik Österreich von 1921 und 1922

Das Deutsche Reich in der Form der Weimarer Reichsverfassung schloss im Dezember 1921 einen völkerrechtlichen Vertrag mit der Tschechoslowakischen Republik[236] und im Mai 1922 mit der Republik Österreich[237] über Rechtsschutz und Rechtshilfe in Steuersachen.[238] Die im Kontext der vorliegenden Arbeit wesentlichen Bestimmungen dieser weitestgehend gleichlautenden Verträge sollen im Folgenden beispielhaft kurz umrissen werden.

Artikel III der Verträge sah ausdrücklich die Amtshilfe bei der Beitreibung in Steuersachen vor. Dabei sollten gemäß Artikel XI Absatz 1 „unanfechtbare Verfügungen (Entscheidungen, Beschlüsse, Anordnungen) in Steuersachen" auf Antrag anerkannt und vollstreckt werden. Die Anerkennung musste dabei jeweils ausdrücklich ausgesprochen werden. Die Unanfechtbarkeit der Verfügung musste durch beizufügende Bescheinigung durch die ersuchende Behörde erklärt werden (Artikel XI Absatz 3). Sodann hatte die Vollstreckung, soweit die Parteien nicht im Einzelfall anderes vereinbarten, nach dem Recht der ersuchten Staates zu erfolgen (Artikel XIII). Nach Art. XIV des Vertrages mit der Tschechoslowakischen Republik war die Amts- und Rechtshilfe gegen Angehörige des ersuchten Staates, die dort ihren Wohnsitz oder dauernden Aufenthalt hatten, grundsätzlich ausgeschlossen. Die Vorschrift sah allerdings eine Rückausnahme für die Durchführung von Steueransprüchen vor, die gegen den Steuerpflichtigen zu einem Zeitpunkt begründet worden waren, zu dem er die Staatsangehörigkeit des ersuchenden Staates besaß. Da letzterer Fall selten gewesen sein dürfte, war der persönliche Umfang der Beitreibungshilfe stark eingeschränkt. Das Amts- und Rechtshilfeabkommen mit der Republik Österreich sah keine solche personelle Einschränkung vor. So hieß es auch im begleitenden Durchführungserlass

235 Siehe m.w.N. auch zu eventuell früheren Abkommen *Jogarajan*, BTR 2012, 283.

236 Vertrag v. 21.12.1921, RGBl. II 1923, 77.

237 Vertrag v. 23.05.1922, RGBl. II 1923, 94.

238 Beide Verträge wurden in nationales Recht umgesetzt durch Gesetz v. 14.02.1923, RGBl. II 1923, 69.

vom 09. Oktober 1924[239] in Abschnitt D § 2 ausdrücklich, dass die Rechtshilfe auch gegen Deutsche im Deutschen Reiche und gegen Österreicher in der Republik Österreich zulässig sei.

Beide Verträge sahen dagegen in Art. XIV die Ablehnung der Amts- und Rechtshilfe vor, wenn der ersuchte Staat diese für geeignet hielt, seine Hoheitsrechte oder seine Sicherheit zu gefährden. Der Durchführungserlass vom 09. Oktober 1924[240] nannte als Beispiel einer solchen Gefährdung die Zustellung eines Zahlungsauftrages an das Deutsche Reich oder ein deutsches Land oder, „wenn eine Vernehmung über Dinge verlangt wird, die im Interesse des Wohls oder der Sicherheit des Reiches geheimzuhalten sind [...]". Hier wurde die Beitreibungshilfe also zunächst durch staatspolitische Erwägungen beschränkt. Darüber hinaus war die Amtshilfe aber auch aus individualrechtsschützenden Gründen abzulehnen. So sollte sie gemäß Art. XIV Abs. 3 des Vertrages mit der Tschechoslowakischen Republik bzw. Abs. 2 des Vertrages mit Österreich[241] unterbleiben, soweit einem Ersuchen nur unter Verletzung eines Geschäfts-, Betriebs- oder Gewerbegeheimnisses hätte genügt werden können.

Beide Verträge genügten den Fundamentalprinzipien zwischenstaatlicher Amtshilfe der Gegenseitigkeit und der Äquivalenz. Der Durchführungserlass für das Abkommen mit Österreich statuierte ausdrücklich, der Vertrag sei „auf der Grundlage vollkommener Gegenseitigkeit" geschlossen worden.[242] Zum Ausdruck kam dieser Grundsatz etwa in Artikel VIII Abs. 2, wonach Zwangsmittel, die im ersuchten Staat zulässig gewesen wären, nicht angewendet werden durften, soweit sie im ersuchenden Staat unzulässig gewesen wären. Artikel XIV regelte außerdem, dass Auskunftsersuchen abgelehnt werden konnten, soweit die erbetenen Auskünfte im ersuchenden Staat von den Betroffenen nicht hätten verlangt werden dürfen. Das Äquivalenzprinzip kam für die Vollstreckungshilfe etwa in Artikel XI Abs. 2 der Verträge zum Ausdruck, wonach die Verfügungen gemäß der Gesetzgebung des ersuchten Staates zu vollstrecken waren. Gemäß Art. XIII konnte die ersuchende Behörde eine bestimmte Art der Vollstreckung oder Sicherstellung nur erbitten, soweit diese nach dem Recht des ersuchenden

239 Abgedruckt in Reichsfinanzministerium, Rechtshilfeverkehr in Steuersachen mit der Republik Österreich und der Tschechoslowakischen Republik, S. 23 ff.

240 Reichsfinanzministerium, a.a.O., S. 26.

241 Reichsfinanzministerium, a.a.O., S. 26 spricht auch für den Vertrag mit Österreich fälschlich von Artikel XIV Abs. 3, obwohl dieser dort nicht existiert, da im Gegensatz zum Abkommen mit der Tschechoslowakei die Beschränkung der Amtshilfe auf fremde Staatsangehörige in Absatz 1 fehlt.

242 Reichsfinanzministerium, a.a.O., S. 28.

und des ersuchten Staates zulässig war. Im Übrigen sollte die Vollstreckung ausweislich der Vorschrift nach dem Recht des ersuchten Staates vollstrecken.

Nicht ausdrücklich in den Verträgen enthalten war das Subsidiaritätsprinzip, wonach Amtshilfe nur in Anspruch genommen werden soll, wenn die eigenen behördlichen Möglichkeiten erschöpft sind. Allerdings ist das Prinzip bei der Vollstreckungshilfe ohnehin von untergeordneter Bedeutung. Denn die Vollstreckung gegen den Schuldner persönlich wird dem ersuchenden Staat schon in aller Regel aufgrund der formellen Territorialität nicht möglich sein. Soweit hingegen etwa in beiden Staaten Vermögen des Schuldners belegen ist, steht es dem Gläubigerstaat im Wege effektiver Vollstreckung zu, den erfolgversprechendsten Gegenstand der Vollstreckung zu wählen.

(2) Weitere Abkommen des deutschen Staates vor und nach 1945

Mit Finnland schloss das Deutsche Reich im September 1935 ein Rechts- und Amtshilfeabkommen[243], das den oben behandelten Verträgen mit der Tschechoslowakei und Österreich im Wesentlichen entspricht. Gleiches gilt für ein Abkommen mit Italien aus dem Jahre 1938.[244] Beide Abkommen sind immer noch gültig.[245]

Der Vertrag mit der Republik Österreich von 1922 wurde durch Vertrag vom 04. Oktober 1954[246] ersetzt. Die Inhalte sind allerdings im Wesentlichen gleichgeblieben. Der neue Vertrag wurde durch die Bundesrepublik Deutschland auch geschlossen, weil die Rechtsgültigkeit des alten Vertrages nach 1945 umstritten gewesen war.[247] Nach der Konsultationsvereinbarung zwischen dem deutschen und dem österreichischen Bundesfinanzministerium vom 6. September 2012[248], gestützt auf Artikel 15 Absatz 1 des Rechtshilfevertrages 1954, hat die Beitreibungshilfe nach der EUBeitrRL Vorrang gegenüber derjenigen nach dem Vertrag, wodurch letzterer faktisch keine Geltung mehr entfaltet.

243 Abkommen v. 25.09.1935, RGBl. II 1936, 37 ff.
244 Abkommen v. 09.06.1938, RGBl. II 1939, 124 ff.
245 Vgl. Anlage 1 zum BMF-Merkblatt v. 23.01.2014, BStBl. I 2014, 188.
246 BGBl. II 1955, 833 ff.
247 Siehe die Begründung zum Transformationsgesetz: BT-Drs. 02/1301, S. 7.
248 BStBl. I 2012 I S. 882.

c) *Musterkonvention des Völkerbundes zur gegenseitigen Vollstreckungshilfe von 1925*

Der nach dem Ersten Weltkrieg gegründete Völkerbund (League of Nations) regte 1922 die Gründung eines Expertengremiums an, um Probleme der Doppelbesteuerung und der Steuerumgehung zu untersuchen und multinationale Lösungen zu entwickeln. Nach mehreren Sitzungen in Genf unterbreitete das Expertengremium dem Wirtschafts- und Finanzkomitee des Völkerbundes im Februar 1925 Vorschläge für Resolutionen zur Bekämpfung von Doppelbesteuerung und Steuerumgehung.[249] Als Erkenntnisquellen gaben die Experten unter anderem zwischenstaatliche Verträge zwischen Preußen und Österreich-Ungarn aus dem Jahre 1899 sowie zwischen Österreich und der Tschechoslowakei aus dem Jahre 1921 an. Außerdem erwähnt der Report die vermutlich erste multilaterale Konvention vom 13. Juni 1921, geschlossen in Rom zwischen Österreich, Ungarn, Italien, Polen, dem Königreich der Serben, Kroaten und Slowenen (später Königreich Jugoslawien) und Rumänien. Zur Bekämpfung der Steuerumgehung entwarf der Expertenrat einen Formulierungsvorschlag für bilaterale Abkommen im Bereich der Steuervollzugshilfe. Danach sollte ein Abkommen – in freier Übersetzung – folgende Klauseln enthalten:[250]

Jeder Staat soll innerhalb seines Territoriums und gemäß des darin geltenden Rechts Steuern beitreiben, die im anderen Staat geschuldet sind, unabhängig davon, ob die Schuldner Staatsangehörige des anderen Staates sind. Jedoch soll der ersuchte Staat keine Vollzugsmaßnahmen ergreifen, die nach dem Recht des ersuchenden Staats nicht zulässig wären.

Die beizutreibenden Forderungen sollen im ersuchten Staat nicht als bevorzugte Forderungen behandelt werden.

Die Beitreibung sowie andere Vollstreckungsmaßnahmen sollen durchgeführt werden ohne dass es eines Exequaturverfahrens bedarf und wenn der ersuchende Staat Dokumente vorlegt, aus denen hervorgeht, dass die beizutreibende Forderung rechtskräftig ist. Ist die beizutreibende Forderung Gegenstand eines Rechtsbehelfsverfahrens, können Sicherungsmaßnahmen durchgeführt werden, wenn der ersuchende Staat eine vollstreckbare Entscheidung gegen den Schuldner vorlegt.

---

249 Der Report des Expertengremiums ist als Document F.212 der League of Nations abrufbar unter http://adc.library.usyd.edu.au. (zuletzt abgerufen am 09.11.2021).

250 Report des Expertengremiums (Fn. 249), S. 35 – Freie Übersetzung durch den Verfasser.

Trotz ihrer Kürze enthält auch die Musterkonvention bereits die wesentlichen Rechtsprinzipien der Gegenseitigkeit und der Äquivalenz, die auch heute noch essenziell für die internationale Vollstreckungshilfe sind. Durch die Maßgabe, keine im ersuchenden Staat unzulässigen Maßnahmen im ersuchten Staat zu ergreifen, ist das Gegenseitigkeitsprinzip verbürgt, weil dadurch Maßnahmen, die spiegelbildlich nicht erbeten werden könnten, auch nicht durchgeführt werden. Das Äquivalenzprinzip, wonach fremde Forderungen nicht schlechter, aber auch nicht besser als heimische Forderungen behandelt werden sollen, ist in allen drei Vorschriften verankert: Die fremde Forderung ist nach Nr. 1 nach heimischem Recht zu vollziehen, soll nach Nr. 2 nicht bevorzugt werden und muss nach Nr. 3 vollstreckbar bzw. rechtskräftig sein.

2. *Bilaterale Vorschriften zur Vollstreckungshilfe (Art. 27 OECD-MA)*

Das OECD-MA enthält seit 2003 Art. 27, der eine bilaterale Vollstreckungshilfe aufgrund eines Doppelbesteuerungsabkommens vorsieht.[251] Dabei geht die Vorschrift gemäß ihres Abs. 1 S. 2 über die mit dem Abkommen im Übrigen bezweckte Vermeidung der Doppelbesteuerung hinaus und ermöglicht vielmehr eine insoweit anlasslose Amtshilfe für die Vollstreckung von „Steuern jeder Art und jeder Bezeichnung“ sowie die damit zusammenhängenden Zinsen, Geldbußen und Kosten der Erhebung und Sicherung (Art. 27 Abs. 2 OECD-MA). Die Vorschrift sieht eine Vollstreckungshilfe auf Ersuchen vor, die auch Sicherungsmaßnahmen umfassen kann (Art. 27 Abs. 4 OECD-MA). Die zu vollstreckende oder zu sichernde Forderung soll dabei durch den ersuchten Staat anerkannt und sodann wie eine eigene Forderung nach den im ersuchten Staat geltenden Rechtsvorschriften behandelt werden (Prinzip der Äquivalenz, Art. 27 Abs. 3 und Abs. 4). Maßnahmen, die im ersuchenden Staat nicht zulässig wären müssen, auch durch den ersuchten Staat nicht ergriffen werden, auch nicht, wenn sie nach dessen Rechtsvorschriften zulässig wären (Prinzip der Gegenseitigkeit, Art. 27 Abs. 8 lit. a] OECD-MA).[252] Darüber hinaus ist das Prinzip der Subsidiarität in Abs. 8 lit. c) der Vorschrift enthalten, wonach die Amtshilfe nicht geleistet werden muss, wenn der andere Vertragsstaat nicht alle angemessenen

251 Für eine Übersicht der durch Deutschland geschlossenen DBA, die eine Klausel im Sinne des Art. 27 OECD-MA enthalten, siehe *Seer*, in Gosch/Kroppen/Grotherr/Kraft, DBA, Art. 27 OECD-MA Rz. 10 ff. (41. Lfg. April 2020).

252 Vgl. *Seer*, in Gosch/Kroppen/Grotherr/Kraft, DBA, Art. 27 OECD-MA Rz. 83 (41. Lfg. April 2020); *Engelschalk*, in Vogel/Lehner, DBA, Art. 27 OECD-MA Rz. 93; *Czakert* in Schönfeld/Ditz, DBA, Art. 27 OECD-MA Rz. 58.

Maßnahmen zur Erhebung oder Sicherung, die nach seinen Gesetzen oder seiner Verwaltungspraxis möglich sind, ausgeschöpft hat.

Ausdrücklich enthält Art. 27 in Abs. 8 lit. b) OECD-MA einen ordre public Vorbehalt. Art. 27 Abs. 8 lit. d) OECD-MA schließt darüber die Verpflichtung zur Amtshilfe aus, soweit der damit einhergehende Aufwand für die ersuchte Behörde in einem klaren Missverhältnis zum Nutzen für die ersuchende Behörde steht.

Nicht von Art. 27 OECD-MA umfasst ist eine Zustellungshilfe im Zusammenhang mit der Vollstreckung von Steuerforderungen. *Seer* weist jedoch zurecht darauf hin, dass in bestimmten Konstellationen eine mittelbare Zustellung durch den ersuchten Staat erfolgen kann, wenn dieser dem Schuldner zur Einleitung der Vollstreckung gemeinsam mit der Zahlungsaufforderung den ausländischen Vollstreckungstitel übermittelt.[253]

In Deutschland entspricht das Verfahren der Vollstreckungshilfe aufgrund von Doppelbesteuerungen den Standards internationaler Amtshilfe. So fungiert das Bundeszentralamt für Steuern als zentrales Verbindungsbüro[254] für den Schriftverkehr mit den ausländischen Behörden und prüft die Zulässigkeit eingehender Ersuchen.[255] Das eigentliche Vollstreckungsverfahren wird sodann als eigenständiges Verfahren[256] durch das nach den nationalen Vorschriften zuständige Finanzamt durchgeführt, wobei es dem Bundeszentralamt für Steuern gegebenenfalls Bericht zu erstatten hat.[257]

3. *Multilaterale Instrumente der Beitreibungshilfe*

Noch vor der Aufnahme der Vollstreckungsamtshilfe in das OECD-MA, jedoch lange nach den Ausarbeitungen des Völkerbundes, entwarf die OECD 1981 ein bilaterales Musterabkommen für die Amtshilfe bei der Vollstreckung von

---

253 *Seer*, in Gosch/Kroppen/Grotherr/Kraft, Art. 27 OECD-MA Rz. 24 (41. Lfg. April 2020); Für die EU-BeitreibungsRL hat der EuGH jedoch festgestellt, dass die so erfolgte Übermittlung des Vollstreckungstitels nicht als Zustellung anzuerkennen ist und damit auch den etwaig vorliegenden formalen Mangel der fehlenden Zustellung im ersuchenden Staat nicht heilt, EuGH v. 26.04.2018 - ECLI:EU:C:2018:282 - Donnellan, Rz. 53.

254 Siehe BMF v. 13.12.1976, BStBl I 1977, 33 und v. 23.01.2014, BStBl. I 2014, 188 Tz. 1.4.

255 Siehe BMF-Merkblatt v. 23.01.2014, BStBl. I 2014, 188 Tz. 4.1.

256 Siehe *Seer*, in Gosch/Kroppen/Grotherr/Kraft, DBA, Art. 27 OECD-MA Rz. 47 (41. Lfg. April 2020).

257 BMF-Merkblatt v. 23.01.2014, BStBl. I 2014, 188 Tz. 4.2.1 f.

Steuerforderungen, das jedoch in der Praxis keine Bedeutung erlangte.[258] Die OECD entschied sich daraufhin für einen multilateralen Ansatz und brachte 1988 gemeinsam mit dem Europarat ein Übereinkommen über die gegenseitige Amtshilfe in Steuersachen auf den Weg. Dabei entwarf der OECD-Fiskalausschuss einen ersten Entwurf für das Übereinkommen, auf dessen Basis sodann durch eine Expertengruppe unter der Führung des Europäischen Ausschusses für rechtliche Zusammenarbeit des Europarates (European Committee on Legal Co operation [CDCJ]) die finale Version erarbeitet wurde.[259] Das Abkommen enthält in den Artikeln 11 – 16 auch Vorschriften über die zwischenstaatliche Beitreibungshilfe. Allerdings hat die Bundesrepublik Deutschland von der in Art. 30 Abs. 1 lit. b eröffneten Möglichkeit eines Vorbehalts Gebrauch gemacht, nach dem sie von dem Instrument der Beitreibungshilfe bis auf Weiteres keinen Gebrauch macht.[260]

4. *Die Beitreibungshilfe innerhalb der Europäischen Union*

a) *EG-Beitreibungsrichtlinie 76/308/EWG (2008/55/EG) und EG-Beitreibungsgesetz (EG-BeitrG)*

Ein erstes multilaterales Instrument zur gegenseitigen Vollstreckungshilfen von Steuerforderungen auf europäischer Ebene war die Richtlinie 76/308/EWG vom 15. März 1976 über die gegenseitige Unterstützung bei der Beitreibung von Forderungen in Bezug auf bestimmte Abgaben, Zölle, Steuern und sonstige Maßnahmen[261], die von der Bundesrepublik Deutschland durch EG-Beitreibungsgesetz

---

258 *Engelschalk*, in Vogel/Lehner, DBA, Art. 27 OECD-MA Rz. 4.

259 Council of Europe, Explanatory Report to the Convention on Mutual Administrative Assistance in Tax Matters as amended by the 2010 Protocol, European Treaty Series No. 127, 2011, S. 1.

260 Der Vorbehalt ist in einem Schreiben des Bundesaußenministers an den Generalsekretär der OECD vom 28.08.2015 erklärt worden, der den Ratifikationsunterlagen beiliegt, siehe Vertragsbüro des Europarates unter Reservations betreffend das Abkommen Nr. 127 (abrufbar unter https://www.coe.int/de/web/conventions/cets-number-/-abridged-title-known?module=declarations-by-treaty&numSte=127&codeNature=2&codePays=GER (zuletzt abgerufen am 09.11.2021).

261 Richtlinie 76/308/EWG des Rates v. 15.03.1976, ABl. 1976 Nr. L 73, S. 1 ff., zuletzt geändert durch Richtlinie 2001/44/EG des Rates v. 15. 6. 2001, ABl. 2001 Nr. L 175, S. 17.

(EG-BeitrG)[262] umgesetzt wurde. Ausweislich ihrer Präambel wurde die Richtlinie auf Vorschlag der Kommission erlassen, um das Funktionieren des Gemeinsamen Marktes zu stärken. Dieses sei durch betrügerische Praktiken gefährdet gewesen, die wiederum auf einer territorial bedingten uneinheitlichen Realisierung gemeinsamer Vorschriften, insbesondere im Bereich der gemeinsamen Agrarpolitik beruht habe. Neben Abgaben aus der Europäischen Agrarförderung galt die Richtlinie zunächst nur für Zölle und indirekte Steuern und wurde erst 2001[263] auf Einkommen-, Kapital- und Versicherungssteuern ausgeweitet, womit ein Gleichlauf mit der seit 1977 bestehenden Amtshilferichtlinie 77/799/EWG[264] im Bereich der direkten Steuern hergestellt wurde.

Im Zusammenhang mit der Beitreibung von Steuern und anderen hoheitlichen Abgaben regelte die EG-Beitreibungsrichtlinie (EG-BeitrRL) nicht nur die unmittelbare Vollstreckung im Wege der Amtshilfe sondern auch einen flankierenden Auskunftsaustausch (Art. 4), eine Zustellungshilfe (Art. 5), sowie die Vornahme von Sicherungsmaßnahmen (Art. 13). Art. 6 der Richtlinie regelte, dass die Vollstreckungshilfe auf Ersuchen nach den geltenden Rechts- und Verwaltungsvorschriften des ersuchten Mitgliedsstaates geleistet werden sollte, wobei die zu vollstreckende Forderung durch die hilfeleistende Behörde wie eine Forderung des eigenen Staates zu behandeln war. Art. 7 EG-BeitrRL enthielt nähere Voraussetzungen für das Ersuchen um Vollstreckungshilfe. So sollte gemäß Absatz 1 der Vorschrift dem Ersuchen eine amtliche Ausfertigung oder eine beglaubigte Kopie des betreffenden Vollstreckungstitels sowie sonst für die Beitreibung erforderliche Dokumente beigefügt werden. Gemäß Art. 7 Abs. 2 EG-BeitrRL war ein Ersuchen nur dann zulässig, wenn die Forderung oder der Vollstreckungstitel im ersuchenden Staat nicht angefochten war und wenn die ersuchende Behörde zunächst selbst erfolglos ein Beitreibungsersuchen durchgeführt hat. Das Vorliegen dieser Voraussetzungen hatte die ersuchende Behörde durch eine dem Beitreibungsersuchen beizulegende Erklärung zu bescheinigen. Art. 7 Abs. 3 EG-BeitrRL enthielt den vorgeschriebenen Inhalt eines Beitreibungsersuchens. Neben den persönlichen Daten des Vollstreckungsschuldners

---

262 Gesetz zur Durchführung der EG-Beitreibungsrichtlinie v. 10.08.1979, BGBl. I S. 1429, zuletzt geändert durch Art. 25 Abs. 6 des G. v. 07.12.2011, BGBl. I S. 2592 (Aufhebung zum 01.01.2012).

263 Richtlinie 2001/44/EG der Kommission v. 15.06.2001, ABl. 2001 L 175, S. 17 ff.

264 Richtlinie 77/799/EWG des Rates v. 19.12.1977, ABl. 1977 Nr. L 336, S. 15, mittlerweile ersetzt wurde durch die Richtlinie 2011/16/EU des Rates vom 15.02.2011, ABl. 2011 Nr. L 64, S. 1 ff.

waren insbesondere Art und Betrag der Forderung in den Währungen des ersuchten und des ersuchenden Staates anzugeben. Außerdem war der konkrete Vollstreckungstitel im Ersuchen in Bezug zu nehmen, das Zustellungsdatum des Titels an den Schuldner sowie der Zeitraum zu nennen, in dem der ersuchenden Behörde eine eigene Vollstreckung erlaubt war. Gemäß Art. 17 EG-BeitrRL waren Beitreibungsersuchen, Vollstreckungstitel sowie die weiteren zugehörigen Unterlagen durch die ersuchende Behörde in die Amtssprache des ersuchten Staates zu übersetzen, sofern dieser nicht auf eine Übersetzung verzichtete.

Art. 8 EG-BeitrRL regelte ursprünglich, dass der ausländische Vollstreckungstitel gegebenenfalls nach den Rechts- und Verwaltungsvorschriften des ersuchten Staates durch einen Titel bestätigt, anerkannt oder ergänzt oder durch einen Titel ersetzt wird, der die Vollstreckung im Hoheitsgebiet dieses Mitgliedstaats ermöglicht. Die Vorschrift trägt dem bereits behandelten Umstand Rechnung, dass ausländische Entscheidungen im Inland keine materiellen Rechtswirkungen entfalten und daher auch nicht ohne weiteres zur Grundlage eines Grundrechtseingriffes gemacht werden können. Ein Transformationsakt, der die ausländische Entscheidung für im Inland vollstreckbar erklärt, ist etwa aus dem zivilrechtlichen Exequaturverfahren nach § 722 ZPO bekannt. Das EG-BeitrG hat Artikel 8 EG-BeitrRL jedoch nicht in nationales Recht umgesetzt. Dort fehlte vielmehr jede Erwähnung eines Anerkennungsverfahrens. Das Finanzgericht Hamburg stellte hierzu fest, dass die Grundlage der Vollstreckung unmittelbar der ausländische Titel sei.[265] Insbesondere habe es von deutscher Seite keines eigenen Leistungsgebotes im Sinne von § 254 AO bedurft, ein solches sei nicht einmal zulässig gewesen. Das Finanzgericht begründete seine Entscheidung damit, dass nach dem EG-BeitrG lediglich Vollstreckungshandlungen durchzuführen seien, wozu der Erlass eines Leistungsgebotes nicht gehöre. Hierfür hätten schließlich auch § 7 EG-BeitrG und Art. 12 der EG-BeitrRL gesprochen, wonach Rechtsbehelfe gegen die zu vollstreckende Forderung oder den Vollstreckungstitel im ersuchenden Staat einzulegen waren, während im ersuchten Staat nur die ergriffenen Vollstreckungsmaßnahmen Gegenstand von Rechtsbehelfen sein sollten. Hieraus schloss das Finanzgericht, dass im ersuchten Staat auch lediglich Vollstreckungsmaßnahmen durchzuführen seien.

Im Gegensatz dazu sahen etwa England oder Luxemburg in ihren Umsetzungsgesetzen eine gerichtliche Umwandlung des ausländischen Vollstreckungstitels vor.[266]

---

265 FG Hamburg, Urteil v. 19.06.1986 – IV 222-223/84 N, EFG 1986, 608 (609).
266 *Selling*, StBp 1987, 252 (254).

Mit Wirkung vom 18.07.2001 wurde Art. 8 EG-BeitrRL durch Richtlinie 2001/44/EG[267] dahingehend geändert, dass nunmehr der ausländische Vollstreckungstitel unmittelbar anerkannt und automatisch wie ein Vollstreckungstitel des Mitgliedstaates behandelt werden sollte. Dieser Schritt wurde im 4. Erwägungsgrund der Änderungsrichtlinie damit erklärt, dass hierdurch die Beitreibungshilfe „rascher und wirksamer" erfolgen könne. Gleichwohl sah auch Abs. 2 der neuen Fassung eine fakultative Bestätigung, Anerkennung, Ergänzung oder Ersetzung des Titels durch den ersuchten Staat vor. Da die Richtlinie nunmehr im Ausgangspunkt der deutschen Handhabe eingehender Ersuchen entsprach, erfolgte eine Anpassung des EG-BeitrG an die neue Richtlinie entsprechend nicht. Der Bundesfinanzhof schloss sich vielmehr noch im Jahre 2010 der Ansicht des Finanzgerichts Hamburg aus 1986 an und führte im Beschluss vom 30.08.2010[268] aus, dass ein Fall des Art. 8 Abs. 2 EG-BeitrRIL in der Konstellation der Vollstreckungshilfe durch deutsche Behörden nicht vorläge und die Vollstreckung vielmehr unmittelbar aufgrund des ausländischen Vollstreckungstitels möglich sei.

Ebenso wurde die unmittelbare Vollstreckung durch das Bundesfinanzministerium im Merkblatt zur zwischenstaatlichen Amtshilfe bei der Steuererhebung vom 19.01.2004[269] unter Rz. 3.2.1. angeordnet. In Rz. 3.2.2. des Merkblattes wurde zusätzlich gefordert, dass der Schuldner vor der Einleitung von Vollstreckungshandlungen mit einer 14-tätigen Frist zur Zahlung aufzufordern war. Diese Zahlungsaufforderung ähnelt der Mahnung nach § 259 AO, die regelmäßig der Vollstreckung vorausgehen soll.[270]

Die Versagung der Beitreibungshilfe war in Art. 14 EG-BeitrRL geregelt. Danach konnte die Unterstützung verweigert werden, „sofern die Beitreibung der Forderung geeignet wäre, aus Gründen, die auf die Verhältnisse des Vollstreckungsschuldners zurückzuführen sind, erhebliche Schwierigkeiten wirtschaftlicher oder sozialer Art in dem Mitgliedstaat, in dem sie ihren Sitz hat, hervorzurufen, insoweit die in dem Mitgliedstaat, in dem die ersuchte Behörde ihren Sitz hat, geltenden Rechts- und Verwaltungsvorschriften sowie die dort übliche Verwaltungspraxis eine solche Vorgehensweise für gleichartige nationale Forderungen zulassen." Hiermit waren vor allem arbeitsmarktpolitische

---

267 Richtlinie 2001/44/EG des Rates v. 15.06.2001, ABl. 2001 Nr. L 175, S. 17.

268 BFH, Beschluss v. 30.08.2010 – VII B 48/10, juris.

269 BMF-Merkblatt v. 19.01.2004, BStBl. I 2004, 66.

270 Zur Frage, ob es sich bei einer solchen Zahlungsaufforderung auch um ein Leistungsgebot im Sinne des § 254 Abs. 1 S. 1 AO handeln könnte, siehe unter III.5.b).

Versagungsgründe gemeint, wie auch aus dem BMF-Merkblatt vom 19.01.2004 unter Rz. 3.1. hervorgeht.[271] Dort ist als Beispiel für die in der Vorschrift genannten „Schwierigkeiten" der Verlust von Arbeitsplätzen aufgeführt. Darüber hinaus sah die Richtlinie als einzigen weiteren Versagungsgrund eine in Art. 14 Abs. 2 EG-BeitrRL eigens geregelte Verjährung vor, die eintrat, sobald im Zeitpunkt der Ausstellung des Ersuchens der Vollstreckungstitel seit mehr als fünf Jahren bestanden hatte oder, soweit er angefochten war, seit mehr als fünf Jahren unanfechtbar gewesen war. Diese Amtshilfesperre galt unabhängig von den Verjährungsvorschriften des ersuchenden Staates, wie sich aus Art. 15 EG-BeitrRL ergab, nachdem solche Verjährungsfragen allein im ersuchenden Staat behandelt werden sollten. Das EG-BeitrG übernahm die Ablehnungsgründe des Art. 14 EUBeitrRL in § 4 Abs. 2 EG-BeitrG nahezu wörtlich.

Die EG-BeitrRL wurde mit ihren Änderungen durch die Richtlinie 2008/55/EG[272] des Rates vom 26. Mai 2008 kodifiziert und durch letztere ersetzt.

b) Die EU-Beitreibungsrichtlinie 2010/24/EU (EUBeitrRL)

(1) Wesentlicher Inhalt der Richtlinie

2009 stellte die EU-Kommission fest, dass die bestehende Richtlinie die angestrebten Ziele nicht in ausreichendem Maße zu verwirklichen wusste. Bedingt durch das Recht auf Freizügigkeit und den steten Anstieg der Mobilität von Personen und Kapital hätten betrügerische und steuerumgehende Aktivitäten im neuen Jahrtausend zugenommen. Dazu habe es, wie es im Vorschlag der Kommission für eine neue Richtlinie hieß, einen Anstieg von Vollstreckungshilfeersuchen von 3355 im Jahr 2003 zu 11.794 im Jahr 2007 gegeben, während von den beizutreibenden Forderungen lediglich 5 % tatsächlich vollstreckt worden seien.[273] Probleme habe dabei insbesondere die Umsetzung von Amtshilfeersuchen bereitet. Entsprechend lag ein Fokus der Neuregelung auf der organisatorischen Abwicklung der Vollstreckungshilfe. Zur Begründung ihres Vorschlages einer neuen Richtlinie führte die Kommission aus:[274]

„Es sollten einheitliche Titel für die Vollstreckung oder das Ergreifen von Sicherungsmaßnahmen erlassen werden, um Probleme im Zusammenhang mit der Anerkennung und Übersetzung von Titeln aus anderen Mitgliedstaaten zu vermeiden. Aus dem gleichen Grund sollte ein Standardformblatt angenommen

271 BMF-Merkblatt v. 19.01.2004, BStBl. I 2004, 66; Vgl. auch *App*, RIW 1996, 235 (236).
272 Richtlinie 2008/55/EG des Rates v. 26.05.2008, ABl. 2008 L 150, S.28.
273 Richtlinienvorschlag der Kommission KOM/2009/0028 v. 02.02.2009.
274 Ebd.

werden, mit dem Schriftstücke im Zusammenhang mit diesen Forderungen in einem anderen Mitgliedstaat zugestellt werden können."

Zum 20.04.2010 trat die neue EU-Beitreibungsrichtlinie 2010/24/EU vom 16.03.2010[275] (EUBeitrRL) in Kraft. Die Erwägungsgründe der Richtlinie spiegeln diejenigen der Kommission zur Begründung des Richtlinienvorschlages wider. Nach Erwägungsgrund (3) habe sich die bisherige Beitreibungsrichtlinie mit der Zeit als unzureichend für die Anforderungen des Binnenmarktes erwiesen. Neben der Ausweitung des Anwendungsbereichs der Vollstreckungshilfe sei es erforderlich, „dass die Amtshilfe effizienter und effektiver sowie leichter anwendbar wird, um den Anstieg der Amtshilfeersuchen bewältigen zu können und bessere Ergebnisse zu erzielen".[276] Erwägungsgrund (8) nennt als Hauptursache der mangelnden Effizienz der alten Richtlinie Probleme bei der Anerkennung und Übersetzung der Vollstreckungstitel anderer Mitgliedstaaten. Diesen solle durch den einheitlichen Vollstreckungstitel begegnet werden.[277] Eine „rascher[e] und leichter[e]" Bearbeitung von Amtshilfeersuchen sollte durch die Verpflichtung ermöglicht werden, Ersuchen und Schriftstücke in elektronischer Form über ein elektronisches Netzwerk zu übermitteln. Diesen Erwägungen entsprechend sind die Neuerungen der EU-Beitreibungsrichtlinie (EUBeitrRL) gegenüber ihrer Vorgängerin ganz überwiegend verfahrensrechtlicher bzw. verfahrenstechnischer Natur. *Seer* fasst die wesentlichen Änderungen wie folgt zusammen:[278]

> „Ausdehnung des Anwendungsbereiches auf alle Steuerarten der Mitgliedstaaten;
> Einführung eines einheitlichen Vollstreckungstitels innerhalb EU, der zur Vollstreckung im ersuchten Mitgliedstaat ermächtigt (Artikel 12 RL) [...]
> Einführung eines einheitlichen Standardformblattes für die Zustellung von Rechtstiteln und Entscheidungen im Zusammenhang mit Forderungen (Art. 21 RL) [...]
> Einrichtung eines zentralen Verbindungsbüros in jedem Mitgliedstaat [...]
> Schaffung einer Rechtsgrundlage für den Informationsaustausch ohne vorheriges Ersuchen zu einzelnen Steuererstattungen (Art. 6 RL);
> Anwesenheit in Amtsräumen der Behörden und Teilnahme an behördlichen Ermittlungen von befugten Bediensteten der ersuchenden Behörde (Art. 7 RL) [...]
> Einführungen einer allgemeinen Verpflichtung, Ersuchen und Schriftstücke in elektronischer Form über das elektronische Netzwerk „CCN" zu übermitteln (Art. 21 RL) [...]

275 Richtlinie 2010/24/EU des Rates v. 16.03.2010, Abl. 2010 L 84, S. 1.
276 Erwägungsgrund (4) der EU-Beitreibungsrichtlinie.
277 Vgl. *Vandenberghe*, EU & Int. Tax Col. News 2020, 31 (62).
278 *Seer*, IWB 2011 144 (146 f.)

Präzise Regelungen über die in den Ersuchen und Dokumenten zu verwendenden Sprachen (Art. 22 RL);
Erweiterung der Möglichkeit, Beitreibungs- oder Sicherungsmaßnahmen in anderen Mitgliedstaaten zu beantragen."

Demgegenüber nahezu gleichgeblieben sind die in Betracht kommenden Ablehnungsgründe. Art. 18 Abs. 1 EUBeitrRL, der die Ablehnung aufgrund sozialer oder wirtschaftlicher Schwierigkeiten regelt, entspricht Art. 14 lit. a) EG-BeitrRL nahezu wortgleich. Selbiges gilt für die fünfjährige Verjährung, die nunmehr in Art. 18 Abs. 2 EUBeitrRL geregelt, wobei zusätzlich der Fall eines Zahlungsaufschubs im ersuchenden Staat mitgeregelt wurde. Neu hinzugekommen ist mit der Richtlinie 2010/24/EU eine Bagatellgrenze in Art. 18 Abs. 3. Danach unterbleibt die Vollstreckungshilfe, wenn die zu vollstreckenden Forderungen eines Ersuchens insgesamt weniger als 1.500 € betragen.

Ebenfalls im Wesentlichen unverändert sind die Regelungen zu Rechtsbehelfen im Zusammenhang mit der Beitreibung. Art. 14 der EUBeitrRL ist in weiten Teilen mit Art. 12 der EG-BeitrRL identisch. Weggefallen ist hier lediglich die Regelung des Art. 12 Abs. 4 EG-BeitrRL, wonach eine Gerichtsentscheidung zugunsten der ersuchenden Behörde in den Fällen, in denen ein Vollstreckungshilfeersuchen bereits gestellt war, als Vollstreckungstitel für die ersuchte Behörde fingiert wurde, sofern die Vollstreckung aus dem Urteil in dem ersuchenden Mitgliedstaat möglich wäre. Die Regelung ist durch die Einführung des einheitlichen Vollstreckungstitels (Art. 12 EUBeitrRL) offenbar als obsolet erachtet worden.

(2) Kompetenzgrundlage

Gemäß der Präambel der Richtlinie stützt sich der Rat für den Erlass der Richtlinie auf Art. 113 AEUV und Art. 115 AEUV. Insbesondere für die Umsatzsteuer, die nach Art. 113 AEUV weitestgehend harmonisiert ist, ist die Kompetenz für eine unionsweite Beitreibung zweifelsohne mitgewährleistet.[279] Problematisch ist indes die Kompetenz für einen unionsweiten Steuervollzug mit Blick auf die übrigen, insbesondere die direkten Steuern. Für diese kommt der Union gemäß Art. 114 Abs. 2 AEUV grundsätzlich keine Kompetenz zu.[280] Insoweit gilt Art. 115 AEUV als „Auffangvorschrift"[281] für die, wie es dort heißt,

279 Vgl. insoweit zur Binnenmarktnützlichkeit bereits oben bei A.II.2.b)(3)(b).

280 M.w.N. *Korte*, in Callies/Ruffert, EUV/AEUV, Art. 114 AEUV Rz. 14f.; *M. Schröder*, in Streinz, EUV/AEUV, Art. 114 AEUV Rz. 14.

281 *Terhechte*, in Frankfurter Kommentar EUV/GRC/AEUV, Art. 115 AEUV Rz. 3

„Angleichung derjenigen Rechts- und Verwaltungsvorschriften der Mitgliedstaaten, die sich unmittelbar auf die Errichtung oder das Funktionieren des Binnenmarkts auswirken." Über die Anforderungen, die an eine „unmittelbare" Auswirkung auf den Binnenmarkt zu stellen sind, herrscht dabei Uneinigkeit.[282] Nach einem engen Verständnis könnte die Kompetenz für den Erlass einer Beitreibungsrichtlinien daher mit den oben dargestellten Erwägungen, wonach der Beitreibungshilfe keine besondere Bedeutung für den Binnenmarkt zukommt[283], abgelehnt werden. Allerdings verweist *Schröder* darauf, dass dem europäischen Gesetzgeber aufgrund der Komplexität der zu treffenden Abwägungsentscheidungen eine Einschätzungsprärogative einzuräumen ist.[284] Dem ist zuzustimmen. Gerade bei der Ausübung von Kompetenzen droht ein zu enges Verständnis von „Binnenmarktnützlichkeit" die Grenzen zwischen Legislative und Judikative zu verwischen, wenn dem Gesetzgeber unter Berufung auf die „Sinnhaftigkeit" einer Regelung schon kategorisch ihr Erlass verboten würde. Insoweit erscheint eine positive Auswirkung auf den Binnenmarkt jedenfalls mittelbar nicht derartig fernliegend, dass die Richtlinie schon formell als primärrechtswidrig zu bezeichnen wäre. So könnte etwa die behördliche Zusammenarbeit der Finanzbehörden, die im Bereich der Missbrauchsbekämpfung fraglos binnenmarktförderlich ist, durch eine weitergehende Kooperation auch im Vollstreckungsbereich gestärkt werden.

c) Das EU-Beitreibungsgesetz (EUBeitrG)

Mit dem „Gesetz über die Durchführung der Amtshilfe bei der Beitreibung von Forderungen in Bezug auf bestimmte Steuern, Abgaben und sonstige Maßnahmen zwischen den Mitgliedstaaten der Europäischen Union (EU-Beitreibungsgesetz - EUBeitrG)" vom 7. Dezember 2011[285] hat der deutsche Gesetzgeber die EU-Beitreibungsrichtlinie im Wesentlichen umgesetzt. Ein nennenswerter Unterschied zur Richtlinie besteht bei den Ablehnungsgründen. Während Art. 18 Abs. 1 EUBeitrRL mit den bereits angesprochenen sozialen und wirtschaftlichen Schwierigkeiten die einzigen ausdrücklich genannten materiellen Ablehnungsgründe der Richtlinie enthält, heißt es in § 14 Abs. 1 EUBeitrG, die „vorgesehene Amtshilfe wird nicht geleistet, wenn die Vollstreckung oder die Anordnung von

282 Zum Streitstand *Korte*, in Callies/Ruffert, EUV/AEUV, Art. 115 AEUV Rz. 8 f.

283 A.II.2.b)(3)(b).

284 *M. Schröder*, in Streinz, EUV/AEUV, Art. 115 AEUV Rz. 12.

285 EU-Beitreibungsgesetz vom 07.12.2011, BGBl. I 2011, 2592, zul. geändert durch G. v. 26.06.2013, BGBl. I 2013, 1809.

Sicherungsmaßnahmen unbillig wäre […]". Laut Gesetzesbegründung ist das Unbilligkeitskriterium ergänz worden, um den Behörden insoweit einen weiteren Spielraum für die Ablehnung der Amtshilfe einzuräumen.[286] Diese über den Wortlaut der Richtlinie hinausgehende Regelung ist nach Ansicht von *Seer* europarechtlich zulässig, weil die Richtlinie ohnehin einen (ungeschriebenen) ordre public Vorbehalt vorsehe und das Billigkeitskriterium hierüber insoweit nicht hinausgehe.[287] Daneben ist auch die Verjährungsregel für die Amtshilfe im EU-Beitreibungsgesetz gegenüber der Richtlinie präzisiert worden.[288]

d) Durchführungsverordnung und Merkblatt des Bundesfinanzministeriums

Die Durchführungsverordnung der Kommission Nr. 1189 /2011[289] enthält ergänzende Bestimmungen für die administrative Kooperation bei der Beitreibungshilfe aufgrund der EUBeitrRL. So ist etwa in Art. 2 DVO (EU) Nr. 1189 / 2011 geregelt, dass sämtliche Kommunikation zwischen den Behörden grundsätzlich über das Common Communications Network CCN zu erfolgen hat.[290]

Mit Blick auf das EU-Beitreibungsgesetz enthält das BMF-Merkblatt v. 23.01.2014[291] weitere Anweisungen. Es bestimmt etwa den wesentlichen Inhalt von Beitreibungsersuchen[292] und den Vorrang des EU-Beitreibungsgesetzes für Beitreibungshilfe zwischen EU-Mitgliedsstaaten vor anderweitigen Amtshilfeabkommen.[293] Das Merkblatt entfaltet wegen des Grundsatzes der Selbstbindung der Verwaltung Außenwirkung.[294]

---

286 BT-Drucks. 17/6263 S. 44.

287 *Seer,* in Gosch/Kroppen/Grotherr/Kraft, DBA, Art. 27 OECD-MA Rz. 118 f. (41. Lfg. April 2020). Für die eingehende Prüfung, ob dies zutreffend ist, siehe im zweiten Teil unter D.I.

288 Siehe unten Fn. 302

289 DVO (EU) Nr. 1189 /2011 v. 18.11.2011, ABl EU 2011 Nr. L 302 S. 16, geändert durch DVO (EU) Nr. 2017 /1966 v. 27.10.2017, ABl EU 2017 Nr. L 279 S. 38.

290 Vgl. für die Begriffsbestimmung Art. 3 lit. e) EUBeitrRL

291 BMF-Merkblatt v. 23.01.2014, BStBl. I 2014, S. 188.

292 BMF-Merkblatt v. 23.01.2014, BStBl. I 2014, S. 188., Nr. 3.1.2.1.1.

293 BMF-Merkblatt v. 23.01.2014, BStBl. I 2014, S. 188., Nr. 1.2.4.; *Engelhart,* in Engelhart/App/Schlatmann, VwVG/VwZG, Einführung EUBeitrG Rz. 9.

294 Vgl. *Hendricks,* IStR 2009, 846 (850).

III. Wesentliche Verfahrensschritte der Beitreibungshilfe nach EU-Beitreibungsrichtlinie und EU-Beitreibungsgesetz

1. Beschränkung auf Vollstreckungshilfeersuchen

Hauptanwendungsfall der EU-Beitreibungsrichtlinie ist die Vollstreckung fremder, fälliger Steuerschulden.[295] Daneben eröffnet die Richtlinie auch die Möglichkeit vorbereitender Auskunftsersuchen (Art. 5 EUBeitrRL), der Anwesenheit von Bediensteten in den Amtsräumen der jeweils anderen Behörde (Art. 7 EUBeitrRL), Zustellungshilfe in Zusammenhang mit der Beitreibung von Steuerforderungen (Art. 8 EUBeitrRL), sowie von Sicherungsmaßnahmen, soweit die Vollstreckung aus formalen Gründen noch nicht möglich ist (Art. 16 EUBeitrRL). Diese Instrumente werden in der vorliegenden Arbeit keiner besonderen Betrachtung unterzogen. Soweit nach den hier gefundenen Ergebnissen die Ablehnung einer Vollstreckungshilfe mit Berufung auf einen ordre public Vorbehalt in Betracht kommt, dürfte dies aber für die Begleitmaßnahmen in gleicher Weise gelten.

2. Zuständigkeit

a) Verwaltungsverfahren

Gemäß Art. 4 Abs. 1 EUBeitrRL haben die Mitgliedstaaten der EU-Kommission eine sog. zuständige Behörde zu benennen. Diese zuständige Behörde fungiert gegenüber der Union sodann als Ansprechpartner für alle Fragen der Beitreibungshilfe. Die zuständige Behörde ist für Deutschland gemäß § 3 Abs. 1 Satz 1 EUBeitrG das Bundesfinanzministerium. Für die Durchführung der Beitreibungshilfe zwischen den Mitgliedstaaten werden von der zuständigen Behörde wiederum gem. Art. 4 Abs. 2 EUBeitrRL ein zentrales Verbindungsbüro, sowie gem. Abs. 3 bei Bedarf weitere Verbindungsbüros für einzelne Steuerarten benannt. Als zentrales Verbindungsbüro fungiert gemäß § 3 Abs. 1 Satz 1 EUBeitrG ebenfalls das Bundesfinanzministerium. Allerdings ist für die Kommunikation mit anderen Mitgliedstaaten im Einzelfall das Bundeszentralamt für Steuern als Verbindungsbüro gemäß § 3 Abs. 1 Satz 2 Nr. 1 EUBeitrG für alle Angelegenheiten mit Ausnahme der Zölle[296] zuständig. Ausgehende Ersuchen

---

295 Zu Art und Umfang der darunter fallenden Forderungen siehe *Seer*, in Gosch/Kroppen/Grotherr/Kraft, Art. 27 OECD-MA Rz. 101 (41. Lfg. April 2020).

296 Mit Ausnahme der Zölle, für die gemäß Nr. 2 der Vorschrift das Hauptzollamt Hannover das Verbindungsbüro ist.

sind mithin von den jeweiligen Finanzbehörden an das Bundeszentralamt für Steuern zu übermitteln, welches sie an die zuständige ausländische Behörde weiterleitet. Eingehende Ersuchen gehen entsprechend beim Bundeszentralamt für Steuern ein, welches sie sodann an die jeweils örtlich zuständigen Finanzämter weiterleitet, die gemäß § 4 EUBeitrG als Vollstreckungsbehörde fungieren. Die Kommunikation zwischen Bundeszentralamt für Steuern und den örtlichen Finanzämtern erfolgt gemäß Nr. 1.4 BMF-Merkblatt[297] über die Oberfinanzdirektion bzw. die unmittelbar vorgesetzte Behörde vorbehaltlich anderer Weisung in dem jeweiligen Land.

b) *Rechtsbehelfsverfahren*

Klare Vorgaben machen EU-Beitreibungsrichtlinie und EU-Beitreibungsgesetz darüber hinaus für die Zuständigkeit von Rechtsbehelfsverfahren. Gemäß Art. 14 Abs. 1 EUBeitrRL (§ 13 Abs. 2 EUBeitrG) sind Einwendungen gegen die Forderung, den ursprünglichen Vollstreckungstitel und den einheitlichen Vollstreckungstitel[298] nur vor den Gerichten des ersuchenden Mitgliedstaates zulässig. Gleiches gilt für Fragen der Zustellung, soweit sie von den Behörden des ersuchenden Staates durchgeführt wurde.

Dagegen sind im ersuchten Staat gemäß Art. 14 Abs. 2 EUBeitrRL (§ 13 Abs. 1 EUBeitrG) Rechtsbehelfe gegen konkrete Vollstreckungsmaßnahmen der ersuchten Behörde, sowie gegen Zustellungen durch diese Behörden zulässig.

Dieses System ist sinnvoll, weil sich Fragen nach der Rechtmäßigkeit der Forderung und des ursprünglichen und einheitlichen Vollstreckungstitels regelmäßig nach dem Recht des ersuchenden Staates richten. Überdies würde eine umfängliche Prüfungsmöglichkeit dieser Materien durch Gerichte im ersuchten Staat dem Schuldner einen zusätzlichen vollständigen Instanzenzug eröffnen, für den keine rechtspolitische Notwendigkeit besteht.[299] Die Vollstreckungsmaßnahmen wiederum richten sich nach den Rechtsvorschriften des ersuchten Staates[300] und werden von dessen Behörden ausgeführt. Rechtsbehelfe hiergegen im ersuchenden Staat geltend machen zu müssen, würde für den Schuldner unnötige Schwierigkeiten mit sich bringen und das Verfahren – etwa mit Blick auf die Sachverhaltsermittlung – erheblich verkomplizieren.

---

297 BMF-Merkblatt v. 23.01.2014, BStBl. I 2014, S. 188.

298 Siehe sogleich unter 4.

299 Vgl. *Vandenberghe*, EU & Int. Tax Col. News 2021, 20.

300 Siehe sogleich unter 5.

3. *Voraussetzungen für ein Beitreibungshilfeersuchen*

Die EUBeitrRL benennt an mehreren Stellen Voraussetzungen, die erfüllt sein müssen, damit um Beitreibungshilfe ersucht werden kann. Wichtigste Voraussetzung ist gemäß Art. 11 Abs. 1 EUBeitrRL, dass die Forderung im ersuchenden Staat unangefochten ist. Solange im ersuchenden Staat ein Rechtsbehelfsverfahren gegen die Forderung noch nicht abgeschlossen ist, kommen, wie Art. 16 Abs. 1 EUBeitrRL ausdrücklich klarstellt, allenfalls Sicherungsmaßnahmen im Wege der Amtshilfe in Betracht. Gemäß Art. 11 Abs. 2 EUBeitrRL muss die ersuchende Behörde überdies alle eigenen Möglichkeiten, ihre Forderung zu verwirklichen, erschöpft haben. Dies entspricht dem Grundsatz der Subsidiarität der Amtshilfe.[301] Weitere Voraussetzungen für die Inanspruchnahme der Vollstreckungshilfe ergeben sich aus den Ablehnungsgründen des Art. 18 EUBeitrRL. Gemäß dessen Absatz 2 ist die Amtshilfe für betagte Forderungen ausgeschlossen.[302] Außerdem darf die beizutreibende Forderung gemäß Art. 18 Abs. 3 EUBeitrRL nicht weniger als 1.500 € betragen (Bagatellgrenze).

4. *Ersuchen und einheitlicher Vollstreckungstitel*

a) *Kommunikation zwischen den Behörden – Form und Inhalt von Ersuchen*

Die Kommunikation zwischen den Behörden erfolgt im Wesentlichen über vereinheitlichte Formblätter, die in jeder mitgliedstaatlichen Amtssprache im CCN-Netzwerk vorhanden sind und dem Durchführungsbeschluss der Kommission v. 18.11.2011[303] als Anhang beiliegen. Diese Formblätter arbeiten ganz überwiegend mit Check-Boxes. Auf diese Weise besteht für alle Amtshilfeverfahren eine einheitliche Terminologie, was etwa die Bezeichnung und Bedeutung einzelner Steuerarten oder von Verwaltungsgebühren betrifft. Ersuchen und sonstiger Schriftverkehr zwischen den Behörden muss überdies, wenn überhaupt nur noch punktuell übersetzt werden. Denn die Formblätter enthalten auch gängige

---

301 Vgl. *Seer*, in Gosch/Kroppen/Grotherr/Kraft, Art. 27 OECD-MA Rz. 108 (41. Lfg. April 2020).

302 Die EUBeitrRL enthält eine Fünfjahresfrist, die zunächst mit Entstehung der Forderung zu laufen beginnt, im Falle der Anfechtung der Forderung allerdings zu dem Zeitpunkt, in dem im ersuchenden Staat Bestandskraft eintritt. § 14 Abs. 2 Nr. 2 EUBeitrG enthält neben dieser relativen Verjährungsfrist eine absolute Frist von zehn Jahren ab dem Zeitpunkt der erstmaligen Fälligkeit der Forderung.

303 Durchführungsbeschluss der Kommission v. 18.11.2011, K (2011) 8193 final.

Reaktionen auf eingehende Ersuchen, etwa „als ersuchte Behörde bestätigen wir den Eingang des Ersuchens“ oder „als ersuchte Behörde können wir keine Amtshilfe leisten und schließen den Fall aus folgenden Gründen ab.“ Es folgen mehrere Ankreuzmöglichkeiten wie etwa „a) Wir sind für keine der Steuern, auf die sich das Ersuchen bezieht, zuständig.“[304]

Die Formblätter für Beitreibungsersuchen sind dabei äußerst ausführlich. Sie enthalten Felder für detaillierte Angaben zur ersuchenden Behörde, zur ersuchten Behörde, zu Art und Entstehungszeitpunkt der Forderung und zu wesentlichen Verfahrensschritten. Außerdem können neben umfangreichen Personaldaten des Schuldners weitere Personen benannt werden, die etwa Mitschuldner sind oder über Vermögen verfügen, das dem Schuldner gehört oder Personen, die ihm gegenüber Schulden haben.[305]

b) Einheitlicher Vollstreckungstitel

Jedem Beitreibungsersuchen ist ein sogenannter einheitlicher Vollstreckungstitel beizufügen. Die Regelung hierzu in Art. 12 Abs. 1 EUBeitrRL lautet wie folgt:

> „Jedem Beitreibungsersuchen ist ein einheitlicher Vollstreckungstitel beizufügen, der zur Vollstreckung im ersuchten Mitgliedstaat ermächtigt.
> Dieser einheitliche Vollstreckungstitel, dessen Inhalt im Wesentlichen dem des ursprünglichen Vollstreckungstitels entspricht, ist die alleinige Grundlage für die im ersuchten Mitgliedstaat zu ergreifenden Beitreibungs- und Sicherungsmaßnahmen. Er muss im ersuchten Mitgliedstaat weder durch einen besonderen Akt anerkannt, noch ergänzt oder ersetzt werden.“
> Im EUBeitrG werden die Kernaussagen dieser Vorschrift auf verschiedene Vorschriften verteilt. So heißt es für eingehende Ersuchen in § 9 Abs. 1 EUBeitrG:
> „Auf Ersuchen nimmt die Vollstreckungsbehörde die Vollstreckung von Forderungen vor, für die in einem anderen Mitgliedstaat ein Vollstreckungstitel besteht. Die Forderung wird wie eine inländische Forderung behandelt. Als vollstreckbarer Verwaltungsakt gilt der dem Ersuchen beigefügte einheitliche Vollstreckungstitel.“

Für ausgehende Ersuchen bestimmt § 10 Abs. 3 EUBeitrG:

> „Jedem Beitreibungsersuchen ist der für alle Mitgliedstaaten einheitliche Vollstreckungstitel, dessen Inhalt im Wesentlichen dem des ursprünglichen Vollstreckungstitels entspricht, beizufügen, der die alleinige Grundlage für die im anderen Mitgliedstaat zu ergreifenden Beitreibungs- und Sicherungsmaßnahmen ist. Er muss im anderen

304 Durchführungsbeschluss der Kommission v. 18.11.2011, K (2011) 8193 final, S. 33 f.
305 Durchführungsbeschluss der Kommission v. 18.11.2011, K (2011) 8193 final, S. 27 f.

Mitgliedstaat weder durch einen besonderen Akt anerkannt noch ergänzt oder ersetzt werden. […]"[306]

Der einheitliche Vollstreckungstitel wird als der wesentliche Vorteil der EUBeitrRL gegenüber ihrer Vorgängerrichtlinie bezeichnet.[307] Erwägungsgrund 8 der EUBeitrRL führt aus, dass durch den einheitlichen Vollstreckungstitel Probleme der Anerkennung und Übersetzung von Rechtstiteln eines anderen Mitgliedstaats, die Hauptursache der mangelnden Wirksamkeit der derzeitigen Amtshilfemodalitäten sind, ausgeräumt werden könnten. Über diese verfahrenstechnische Funktion geht das Instrument nicht hinaus. Es handelt sich um eine Form der gesetzlichen Anerkennung ausländischer Rechtsakte, d.h. der Gesetzgeber hat generell entschieden, derartige Akte im Inland anzuerkennen, ohne dass es hierfür noch einer weiteren behördlichen Anerkennungsentscheidung bedürfte. Derartige Konstruktionen sind nicht ungewöhnlich.[308] Soweit das Finanzgericht Köln[309] bereits aus der Existenz des einheitlichen Vollstreckungstitels herleitet, dass für einen ordre public Vorbehalt kein Raum bestünde, überbewertet es die Funktion des Instruments in logisch nicht haltbarer Weise. Der einheitliche Vollstreckungstitel bewirkt, dass unmittelbar auf seiner Grundlage vollstreckt werden *kann*. Wie schon der Umstand zeigt, dass überhaupt Ablehnungsgründe für die Gewährung von Vollstreckungshilfe bestehen, lässt dieses rechtliche *Können* keine Rückschlüsse auf eine *Pflicht* zur Vollstreckung zu.

5. *Vollstreckungsverfahren im ersuchten Staat*

a) *Verfahren und Kommunikation*

Wie sich aus den oben dargestellten Zuständigkeitsregelungen ergibt, gehen Beitreibungsersuchen aus dem Ausland regelmäßig beim Bundeszentralamt

---

306 § 10 Abs. 3 Satz 3 EUBeitrG ist eine rein deklaratorische Vorschrift ohne eigenen Regelungsgehalt. Denn dass der einheitliche Vollstreckungstitel im ersuchten Staat unmittelbar wirkt, folgt allein aus der EUBeitrRL bzw. dem Umsetzungsgesetz im ersuchten Staat. Ein deutsches Gesetz kann diese Rechtsfolge nicht auslösen. Es ist auch nicht erkennbar, welche innerstaatlichen rechtlichen Konsequenzen diese Feststellung haben sollte.

307 *Engelhart,* in Engelhart/App/Schlatmann, VwVG/VwZG, Einführung EUBeitrG Rz. 5; *Gabert,* FR 2012, 707 (711); *Czakert,* IStR 2010, 567 (569).

308 Vgl. m.w.N. *v. Coelln,* in Isensee/Kirchhof, HStR, Bd. XI, § 239 Rz. 4 ff., sowie speziell zum einheitlichen Vollstreckungstitel dort unter Rz.31.

309 FG Köln, Urteil v. 30.09.2015 – 14 K 2097/13, EFG 2016, 494, siehe zu der Entscheidung auch ausführlich Zweiter Teil B.II.2.

für Steuern ein. Bereits aus den Voraussetzungen, die die Richtlinie an ein Beitreibungsersuchen knüpft, ergibt sich, dass das Bundeszentralamt für Steuern eine Vorprüfung dahingehend vornimmt, ob das Beitreibungsersuchen angenommen werden soll.[310] Kommt es hierbei zu einem positiven Ergebnis, leitet es das Ersuchen an die zuständige Vollstreckungsbehörde, regelmäßig das örtlich zuständige Finanzamt, weiter. Dieses führt die Vollstreckung gemäß § 9 Abs. 1 u. 2 EUBeitrG nach den Vorschriften durch, die für die Vollstreckung vergleichbarer inländischer Forderungen gelten. Dies entspricht der Regelung in Art. 13 Abs. 1 EUBeitrRL. Die Vollstreckung richtet sich somit regelmäßig nach den §§ 249 ff. AO. Dabei gelten im Einzelnen keine verfahrensrechtlichen Besonderheiten gegenüber der Beitreibung nationaler Forderungen.[311] Die ausländischen und die deutschen Behörden stehen dabei allerdings nach der Konzeption von EUBeitrRL und EUBeitrG in einem engen kommunikativen Austausch. So teilt das Verbindungsbüro der ersuchenden Behörde etwa gemäß Art. 13 Abs. 2 EUBeitrRL (§ 9 Abs. 3 EUBeitrG) die Maßnahmen mit, die die Vollstreckungsbehörde ergriffen hat. Gemäß Art. 10 Abs. 2 EUBeitrRL (§ 10 Abs. 3 EUBeitrG) soll die ersuchende Behörde der ersuchten Behörde außerdem unverzüglich alle zweckdienlichen Informationen übermitteln, sobald es diese erlangt. Dies gilt insbesondere, soweit der Schuldner im ersuchenden Staat Rechtsbehelfe gegen die Forderung einlegt (Art.14 Abs. 3 EUBeitrRL; § 13 Abs. 1 Satz 3 EUBeitrG). Für all diese Fälle sind in den elektronischen Formblättern entsprechend vorformulierte Mitteilungen vorgesehen.[312] Dies betrifft auch einzelne Maßnahmen, wie etwa die Vereinbarung von Ratenzahlungen mit dem Schuldner.

Die ersuchte Behörde vereinnahmt die beizutreibenden Beträge zunächst wie eigene und überweist sie gemäß Nr. 4.2.10 des BMF-Merkblattes zur zwischenstaatlichen Beitreibungshilfe[313] auf das vom ersuchenden Staat im Beitreibungsersuchen angegebene Konto. Von außergewöhnlichen Fällen abgesehen, verzichtet Deutschland gegenüber dem ersuchenden Staat auf die Geltendmachung von Kosten für die Beitreibungshilfe (§ 16 Abs. 2 EUBeitrG).

---

310 Siehe explizit BMF-Merkblatt v. 23.01.2014, BStBl. I 2014 I S. 188, Nr. 4.2.2; Vgl. auch *Seer,* in Tipke/Kruse, AO/FGO, § 250 AO Rz. 26a (156. Lfg. April 2019).

311 Vgl. *Seer,* in Tipke/Kruse, AO/FGO, § 250 AO Rz. 39a (156. Lfg. April 2019).

312 Durchführungsbeschluss der Kommission v. 18.11.2011, K 2011) 8193 final, S. 33 ff.

313 BMF-Merkblatt v. 23.01.2014, BStBl 2014 I S. 188.

b) Zahlungsaufforderung vor Einleitung der Vollstreckung

Das BMF-Merkblatt zur zwischenstaatlichen Beitreibungshilfe[314] ordnet in Nummer 4.2.4 an, dass der Schuldner vor der Einleitung von Vollstreckungsmaßnahmen mit einer 14-tätigen Frist zur Zahlung aufzufordern ist.[315] Der Bundesfinanzhof hat dieser Zahlungsaufforderung die Verwaltungsaktsqualität abgesprochen, weil es ihr an einer Rechtsfolge fehle.[316] Durch die Zahlungsaufforderung werde lediglich das bereits im Ausland bestehende Leistungsgebot wiederholt und dem Schuldner eine neue Zahlstelle – nämlich die der deutschen Behörde – mitgeteilt. Zurecht wendet *Seer* hiergegen ein, dass ein ausländisches „Leistungsgebot" durch eine deutsche Behörde nicht *wiederholt* werden könne.[317] Vielmehr handele es sich bei der Zahlungsaufforderung um ein Leistungsgebot im Sinne von § 254 Abs. 1 AO[318], welchem im rein nationalen Verfahren ohne Zweifel die Qualität eines Verwaltungsaktes zukommt.[319]

Der Ansicht von *Seer* ist zuzustimmen. Tatsächlich bleibt der Bundesfinanzhof zunächst jede Erklärung schuldig, wie eine ausländische hoheitliche Entscheidung von einer deutschen Behörde in dem Sinne sollte „wiederholt" werden können, als dass dadurch keine neue Rechtsfolge gesetzt würde. Der Bundesfinanzhof greift hier offensichtlich die Rechtsfigur der „wiederholenden Verfügung" auf.[320] Dabei wiederholt die Behörde gegenüber dem Adressaten eine bereits ergangene Entscheidung (etwa um ihn an diese zu erinnern), ohne dass hierdurch an der bereits feststehenden rechtlichen Situation etwas geändert werden soll. Übertragen auf den Fall der Zahlungsaufforderung bei der Beitreibungshilfe ließe sich zweierlei konstruieren: Einerseits könnte der Bundesfinanzhof hier meinen, die Rechtsfolge, dass der Schuldner zur Zahlung verpflichtet

---

314 BMF-Merkblatt v. 23.01.2014, BStBl 2014 I S. 188.

315 BFH, Beschluss v. 30.07.2020 – VII B 73/20 (AdV), BStBl. II 2021, 127, Rz. 61 f. relativiert diese Voraussetzung allerdings dahingehend, dass Vollstreckungsmaßnahmen wegen § 127 AO nicht allein deswegen rechtswidrig seien, weil die Zahlungsaufforderung unterblieben ist.

316 BFH, Urteile v. 30.08.2010 - VII B 48/10, juris Rz. 12 f.; v. 28.11.2017 - VII R 30/15, juris Rz. 12; FG Köln, Urteil v. 30.09.2015 – 14 K 2097/13, EFG 2016, 494; a.A. FG Düsseldorf, Beschluss v. 23.06.2000 - 18 V 524/00 A [AO], DStRE 2000, 1103.

317 *Seer,* in Tipke/Kruse, AO/FGO, § 250 AO Rz. 39 (156. Lfg. April 2019).

318 Ausführlich *Seer,* IWB 2017, 595 (601 f.).

319 M.w.N. *Loose,* in Tipke/Kruse, AO/FGO, § 254 AO Rz. 4 (165. Lfg. April 2021).

320 Siehe statt vieler nur m.w.N. v. *Alemann/Scheffczyk,* in Bader/Ronellenfitsch, BeckOK VwVfG, § 35 Rz. 188 f.; *Seer,* in Tipke/Kruse, AO/FGO, § 118 AO Rz. 17 (142 Lfg. Oktober 2015).

sei, sei bereits durch die ausländische Entscheidung (etwa den dortigen Steuerbescheid) ergangen. Das wäre offenkundig fernliegend, da mit „Rechtsfolge" im hiesigen Zusammenhang nur „Folgen innerhalb der deutschen Rechtsordnung" gemeint sein können, die durch ausländische Steuerbescheide für sich genommen unzweifelhaft nicht eintreten. Zum anderen ließe sich der Bundesfinanzhof so interpretieren, dass die deutsche Behörde den Schuldner lediglich daran erinnern wolle, dass dieser der ausländischen Behörde nach ausländischem Recht Geld schulde. Doch auch das kann nicht gemeint sein. Denn offensichtlich soll der Schuldner ja nunmehr – jedenfalls *auch* – verpflichtet sein, den im Ausland geschuldeten Betrag an die deutsche Finanzverwaltung zu zahlen. Genau dies steht in der Zahlungsaufforderung geschrieben und nur dies macht es überhaupt möglich, den nämlichen Geldbetrag zunächst zugunsten der deutschen Finanzverwaltung zu vollstrecken. Das Argument des Bundesfinanzhofs, es finde eine reine „Wiederholung" statt, ist daher nicht schlüssig.

Einen weiteren fragwürdigen Begründungsversuch hat das Finanzgericht Köln unternommen. Es hat argumentiert, dass es eines Leistungsgebotes im Sinne des § 254 AO im Falle der Beitreibungshilfe nicht bedürfe, weil gemäß § 9 Abs. 1 EUBeitrG alleinige Grundlage der Vollstreckung der einheitliche Vollstreckungstitel sei.[321] Das ist mit Blick auf das Verhältnis vom Leistungsgebot und Vollstreckungsgrundlage nicht nachvollziehbar. Auch in einem rein nationalen Vollstreckungsverfahren, in dem ohne Zweifel stets ein Leistungsgebot nach § 254 Abs. 1 AO ergehen muss, ist nicht dieses die Grundlage der Vollstreckung, sondern regelmäßig der Steuerverwaltungsakt, mit dem die Steuerschuld gegenüber dem Fiskus festgesetzt wird.[322] Steuerverwaltungsakt und Leistungsgebot nach § 254 Abs. 1 AO sind dabei strikt voneinander zu unterscheiden, was sich schon dadurch zeigt, dass § 254 Abs. 1 AO davon spricht, der Schuldner müsse zu der „Leistung" aufgefordert werden. Das kann nur bedeuten, dass eine Leistungspflicht im Zeitpunkt dieser Aufforderung bereits besteht, die sodann bei ausbleibender Erfüllung vollstreckt werden würde. Entsprechend überzeugend attestiert *Seer* dem Finanzgericht Köln, dass es offenbar nicht sauber zwischen Leistungsbescheid (regelmäßig der Steuer-VA) und Leistungsgebot unterscheidet.[323]

Schließlich sieht sich das Finanzgericht noch auf einer Linie mit der Rechtsprechung des Bundesfinanzhofs, wonach ein Leistungsbescheid als

---

321 FG Köln, Urteil v. 30.09.2015 – 14 K 2097/13, EFG 2016, 494, Rz. 46 ff.

322 Siehe nur *Drüen*, in Tipke/Kruse, AO/FGO, § 249 AO Rz. 2a (156. Lfg. April 2019).

323 *Seer*, IWB 2017, 595 (601 f.).

Vollstreckungsvoraussetzung entbehrlich ist, wenn die zu vollstreckende Forderung durch rechtskräftiges Urteil festgestellt wurde und meint, die Rechtslage sei durchaus vergleichbar.[324] Das ist abwegig. Durch deutsche Gerichte rechtskräftig festgestellte Zahlungsansprüche sind nicht damit vergleichbar, dass ausländische Behörden in einem Beitreibungsersuchen behaupten, einen Anspruch zu haben. Darüber hinaus liegt auch dieser Argumentation der logische Fehler der Bundesfinanzhof-Rechtsprechung zugrunde, dass ein im Ausland ergangener Leistungsbescheid nichts über die Zahlungspflicht gegenüber dem *deutschen Fiskus* aussagt und man insoweit auch nicht – wie das Finanzgericht Köln – davon ausgehen könnte, dass im Ausland ein „Leistungsbescheid“ ergangen wäre.

Von diesen nicht überzeugenden Begründungen durch Bundesfinanzhof und Finanzgericht Köln abgesehen, sprechen aber auch die weitaus besseren und naheliegenderen Argumente dafür, die Zahlungsaufforderung als Verwaltungsakt zu begreifen. Immerhin wird die deutsche Finanzverwaltung mit jener Zahlungsaufforderung regelmäßig erstmalig dem Schuldner gegenüber in Erscheinung treten. Zuvor konnte dieser weder wissen, noch musste er damit rechnen, dass seine im Ausland bestehende Pflicht durch deutsche Finanzbehörden vollstreckt werden würde. Aus seiner Sicht tritt daher mit der Zahlungsaufforderung eine beachtliche Änderung der Rechtslage ein. Das gilt aber auch aus Sicht der Behörde. Denn diese vollstreckt weder von sich aus fremde Forderungen. Noch tut sie das im Falle eines Beitreibungshilfeersuchens automatisch. Vielmehr prüft sie – wie oben festgestellt – zunächst, ob die Amtshilfe überhaupt zulässig ist, oder ob eventuelle Ablehnungsgründe greifen. Kommt sie hierbei zu dem Ergebnis, dass sie die Beitreibungshilfe leisten wird, hat sie damit offenkundig eine *eigene Entscheidung* getroffen. Diese Entscheidung teilt sie anschließend durch die Zahlungsaufforderung dem Betroffenen mit und droht ihm darüber hinaus für den Fall der Nichtzahlung die Vollstreckung an. Es erschließt sich in dieser Konstellation schlicht nicht, warum die Zahlungsaufforderungen *keine* Rechtsfolge nach außen bewirken sollte.

---

324 FG Köln, Urteil v. 30.09.2015 – 14 K 2097/13, EFG 2016, 494, Rz. 50 mit Zitierung von BFH, Beschluss v. 30.09.2002 – VII S 16/02 (PKH), BFH/NV 2003, 142; v 10.07.2007 – VII S 25/07 (PKH), BFH/NV 2007, 2240).

6. *Beitreibungshilfeersuchen durch deutsche Behörden (Ausgehende Ersuchen)*

a) *Rolle des Bundeszentralamts für Steuern bei ausgehenden Ersuchen*

Gemäß § 117 Abs. 1 AO können Finanzbehörden zwischenstaatliche Rechts- und Amtshilfe nach Maßgabe des deutschen Rechts in Anspruch nehmen. Die entsprechende spezielle Ermächtigung enthält § 10 EUBeitrG, wonach das Verbindungsbüro, also das Bundeszentralamt für Steuern, Beitreibungsersuchen in andere Mitgliedstaaten stellen kann. Dies wird es regelmäßig nur auf Initiative der örtlich zuständigen Finanzämter tun, da sich erst im dortigen Erhebungs- und Vollstreckungsverfahren zeigt, ob überhaupt ein Bedürfnis für zwischenstaatliche Beitreibungshilfe besteht. In der Praxis bereiten die Finanzämter daher die Ersuchen vor und leiten sie auf dem Dienstweg, d.h. über die Oberfinanzdirektion bzw. das jeweilige Landesfinanzministerium an das Bundeszentralamt für Steuern weiter, welches dann die Kommunikation mit der zu ersuchenden Behörde übernimmt.[325] So sieht es auch das BMF-Merkblatt v. 23.01.2014[326] in Rz. 1.4 ausdrücklich vor. Der Bundesfinanzhof hat das Bundeszentralamt für Steuern aufgrund dieser Kommunikationskette als eine bloße „Kontakt- oder Verbindungsstelle" bezeichnet, das lediglich für die Prüfung der formalen Voraussetzungen eines Ersuchens ins Ausland zuständig sei.[327] Zuständig für den „Erlass" des Ersuchens sei hingegen das Finanzamt. *Seer*[328] und *Hendricks*[329] verweisen demgegenüber zurecht auf die umfänglichen Prüfungspflichten des Bundeszentralamts für Steuern, weshalb dieses bei Zweifelsfragen der richtige Klagegegner sei. So hatte es vor dem Bundesfinanzhof auch das Finanzgericht München als Vorinstanz beurteilt und die gegen das Finanzamt gerichtete Klage mit der Begründung abgewiesen, das Bundeszentralamt für Steuern sei der richtige Klagegegner (§ 63 FGO).[330]

---

325 *Hendricks,* IStR 2009, 846 (851); Siehe auch für die EU-AmtshilfeRL *Seer,* in Tipke/Kruse, AO/FGO, § 117 AO Rz. 66 (150. Lfg. Oktober 2017).

326 BMF-Merkblatt v. 23.01.2014, BStBl. I 2014, 188.

327 BFH, Urteil v. 21.07.2009 – VII R 52/08, BStBl. II 2010, 51, juris Rz. 11. Das Urteil erging zum EG-BeitrG, allerdings bestehen zwischen den Gesetzen diesbezüglich keine Unterschiede.

328 *Seer,* In Gosch/Kroppen/Grotherr/Kraft, DBA, Art. 26 OECD-MA Rz. 71 (41 Lfg. April 2020).

329 *Hendricks,* IStR 2009, 846 (851).

330 FG München, Urteil v. 29.10.2008 – 9 K 2323/07, EFG 2009, 280, juris Rz. 35 f.

b) Das ausgehende Beitreibungshilfeersuchen als Verwaltungsakt

Umstritten ist bei ausgehenden Ersuchen, ob es sich hierbei um Verwaltungsakte im Sinne des § 118 AO handelt. Dabei ist vor allem fraglich, ob einem Beitreibungsersuchen Regelungswirkung zukommt. Das Finanzgericht Düsseldorf hatte dies zunächst bejaht.[331] Es verglich ein ausgehendes Beitreibungsersuchen mit einem Antrag an ein Vollstreckungsgericht auf Anordnung der Zwangsversteigerung gemäß § 322 Abs. 3 AO.[332] Diese werden vom Bundesfinanzhof als Verwaltungsakte qualifiziert, weil gemäß § 322 Abs. 3 S. 2 u. 3 AO die Vollstreckungsbehörde bestätigen muss, dass die Voraussetzungen für die Vollstreckung vorliegen und diese Bestätigung für das Vollstreckungsgericht bzw. das Grundbuchamt bindend sei. Hierin liege die rechtliche Wirkung für den Vollstreckungsschuldner, der sich mit der Behauptung fehlender Vollstreckungsvoraussetzungen nun nicht mehr gegen das Vollstreckungsorgan wehren könne.[333] Nach dem Finanzgericht Düsseldorf sei bei der Beitreibungshilfe eine vergleichbare Situation gegeben. So habe auch die ersuchende Behörde vor dem Stellen eines Ersuchens zu prüfen, ob die Vollstreckungsvoraussetzungen gegeben sind und dies der ersuchten Behörde mitzuteilen[334], welche sodann daran gebunden sei.[335] Dem widersprach der Bundesfinanzhof im Revisionsurteil.[336] Seiner Ansicht nach entscheidet die ersuchte ausländische Behörde jederzeit selbst darüber, ob und welche Vollstreckungsmaßnahmen sie ergreift, weshalb mit einem Beitreibungsersuchen gerade keine Feststellungen getroffen, sondern lediglich Daten mitgeteilt würden.[337]

Ähnlich argumentiert das Finanzgericht München, das dem Ersuchen die für einen Verwaltungsakt nötige Hoheitlichkeit abspricht, weil sich ersuchende und

---

331 FG Düsseldorf, Beschluss v. 13.09.1989 –5 V 364/89 AE, EFG 1989, 646, juris Rz. 22 ff.

332 Ebd., Rz. 25 ff.

333 BFH, Urteil v. 25.01.1988 – VII B 85/87, BStBl. II 1988, 566, juris Rz. 25 ff.

334 Nach dem der Entscheidung des FG noch zugrunde liegenden EGBeitrG war dies nach § 4 Abs. 1 Nr. 2 geregelt. Beim EUBeitrG ergibt sich das Erfordernis der Vollstreckungsvoraussetzungen ausdrücklich aus § 10 Abs. 1 Nr. 1 EUBeitrG. Allerdings muss wegen des einheitlichen Vollstreckungstitels die Vollstreckbarkeit nicht mehr eigens gegenüber der ersuchten Behörde bestätigt werden. Die Erwägungen des FG Düsseldorf können aber gleichwohl auf die geltende Rechtslage übertragen werden. Denn die Übersendung eines (einheitlichen) Vollstreckungstitels trägt selbstverständlich die Erklärung in sich, dass die beizutreibende Forderung vollstreckbar sei.

335 FG Düsseldorf, Beschluss v. 13.09.1989 – 5 V 364/89 AE, EFG 1989, 646, juris Rz. 28.

336 BFH, Urteil v. 21.07.2009 – VII R 52/08, BStBl. II 2010, 51.

337 BFH, Urteil v. 21.07.2009 – VII R 52/08, BStBl. II 2010, 51, juris Rz. 6.

ersuchte Behörde gleichgeordnet und nicht in einem Subordinationsverhältnis gegenübertreten würden.[338]

Ausführlich hat sich *Hartmann* gegen die Rechtsprechung von Bundesfinanzhof und Finanzgericht München gewendet.[339] Gegen die vom Finanzgericht München vertretene fehlende Hoheitlichkeit wendet er ein, dass für eine hoheitliche Maßnahme nicht ein Subordinationsverhältnis ausschlaggebend sei, sondern, dass eine einseitige Maßnahme vorliege, die „in dieser Form ihrer Art nach“[340] dem Adressaten nicht zustehe. Dies sei, wie *Hartmann* ohne weitergehende Begründung ausführt, bei einem Beitreibungsersuchen der Fall, weil der ersuchten Behörde „im konkreten Fall“ die von der ersuchenden Behörde ausgeübten Befugnisse (lies: das Ersuchen um Beitreibungshilfe) nicht zustünden. Dieser Argumentation muss widersprochen werden. Dass „im konkreten Fall“ die ersuchte Behörde nicht die exakt gleiche[341] Handlung von der ersuchenden Behörde verlangen kann, liegt auf der Hand. Die zwischenstaatliche Vollstreckungshilfe erfolgt aber in dem Sinne gegenseitig, als dass die ersuchte Behörde eben in jedem *anderen,* umgekehrten, ansonsten aber genau gleich gelagerten Fall in gleicher Weise, mit gleicher Konsequenz die technisch gleiche Hilfehandlung von der ersuchenden Behörde in gleicher Form verlangen könnte.[342]

Als Erwiderung auf das Judikat des Bundesfinanzhofs, dass es dem Beitreibungsersuchen an einer Rechtsfolge fehle, leitet er aus der EU-Beitreibungsrichtlinie sowie deren Begründung durch den Rat eine rechtliche Verpflichtung zur Amtshilfe der ersuchten Behörde ab, soweit nicht einer der dort geregelten Ablehnungsgründe greife.[343] Hierbei unterlässt er es allerdings, den vermeintlichen Anspruch der ersuchenden Behörde rechtlich zu kategorisieren. Als Instrument

338 FG München, Urteil v. 29.10.2008 – 9 K 2323/07, EFG 2009, 280, juris Rz. 17 ff., zustimmend *Hendricks,* IStR 2009, 846 (850 f.). Eine andere Ansicht vertreten *Ismer/ Sailer,* IStR 2003, 622 (625), allerdings ohne rechtsdogmatische Begründung. Sie berufen sich nur rechtspolitisch darauf, dass dem Vollstreckungsschuldner durch das Ersuchen nachteilige Folgen erwachsen, gegen die er sich ohne Annahme eines Verwaltungsaktes nicht wehren könne. Letzteres trifft allerdings ohnehin nicht zu, wie im Folgenden anhand der weiteren Ausführungen des BFH gezeigt wird.

339 *Hartmann,* DÖV 2011, 142 (144).

340 *Hartmann,* ebd., zitiert hier seinerseits wörtlich aus *Stelkens,* in Stelkens/Bonk/Sachs, VwVfG, § 35 Rz. 104.

341 *Hartmann* scheint im Wortsinn *dieselbe* zu meinen.

342 Gl. A. *Sandberg,* Internationale Vollstreckungshilfe im Besteuerungsverfahren, S. 245 f.

343 *Hartmann,* DÖV 2011, 142 (144 ff.).

des deutschen Verwaltungsrechts muss ein Verwaltungsakt im Sinne des § 118 Abs. 1 AO im Bereich des *deutschen öffentlichen Rechts* eine verbindliche Rechtsfolge setzen.[344] Gerade eine solche ist aber im Bereich der internationalen Beitreibungshilfe nicht gegeben. Keinesfalls besteht sie nach rein innerstaatlichem Recht, da deutsche Gerichte die ersuchte ausländische Behörde zu keinem Tun, Dulden oder Unterlassen verurteilen können[345] und das Ersuchen bereits insoweit folgenlos bleibt.[346] Auf europäischer Ebene könnte die ersuchende Behörde in dem Fall, in dem die ersuchte Behörde einem Ersuchen entgegen den Bestimmungen der EU-Beitreibungsrichtlinie nicht nachkommt, zwar ein Vertragsverletzungsverfahren gemäß Art. 259 AEUV vor dem Europäischen Gerichtshof anstreben. Im Falle der Begründetheit einer solchen Klage trifft der Europäische Gerichtshof gemäß Art. 260 Abs. 1 AEUV jedoch lediglich die Feststellung, dass der ersuchte Mitgliedstaat sich vertragswidrig verhalten hat. Ein derartiges Feststellungsurteil ist weder vollstreckungsfähig noch hat es sonst rechtsgestaltende Wirkung.[347] Auch die sich aus Art. 260 AEUV grundsätzlich ergebende Verpflichtung des vom Urteil betroffenen Mitgliedstaates, diejenigen Maßnahmen aus dem Urteil zu ergreifen, die den vertragswidrigen Zustand beenden können, ist weder durch den ersuchenden Staat, noch durch die Europäische Union hoheitlich durchsetzbar. Es handelt sich um eine völkerrechtliche Verbindlichkeit, die für die Bundesrepublik Deutschland aus ihrem freiwilligen Beitritt zur Europäischen Union folgt. Damit ist die einzige aus einem Beitreibungsersuchen folgende Konsequenz, die einer Rechtsfolge überhaupt nahekommen kann, diejenige, dass der Europäische Gerichtshof die Feststellung treffen kann, ein Mitgliedstaat sei durch die EU-Beitreibungsrichtlinie zur Amtshilfe verpflichtet. Diese Pflicht folgt allerdings unmittelbar aus der Richtlinie selbst und nicht erst aus dem Ersuchen.

Damit ist dem Bundesfinanzhof und dem Finanzgericht München zuzustimmen, deren Argumentationslinien genau besehen miteinander verknüpft sind: Gerade *weil* das an die ausländische Behörde gerichtete Ersuchen keine in Deutschland durchsetzbare Verbindlichkeit entfaltet, die ersuchende Behörde

---

344 Vgl. *Seer*, in Tipke/Kruse, AO/FGO, § 118 AO Rz. 11 (124. Lfg. Oktober 2015); *Stelkens*, in Stelkens/Bonk/Sachs, VwVfG, § 35 VwVfG Rz. 209 ff., jeweils m.w.N.

345 Zur bereits fehlenden Eröffnung des Verwaltungsrechtswegs gegen ausländische Behörden siehe *Reimer*, in BeckOK VwGO, § 40 Rz. 18.

346 Dass der ersuchenden Behörde im ersuchten Staat der Klageweg vor dortigen Gerichten offen steht, ist denkbar, für die Frage nach einem Verwaltungsakt nach deutschem Recht aber offensichtlich irrelevant.

347 Vgl. m.w.N. *Cremer*, in Callies/Ruffert, EUV/AEUV, Art. 260 AEUV Rz. 2.

die ersuchte also nicht zur Amtshilfe *anweist,* sondern darum *bittet*, handelt es sich nicht um einen hoheitlichen Akt.[348]

Allerdings berücksichtigt diese von Bundesfinanzhof und Finanzgericht München vertretene, grundsätzlich zutreffende Ansicht noch nicht die Besonderheit des einheitlichen Vollstreckungstitels, da die Urteile jeweils noch zur EG-Beitreibungsrichtlinie bzw. zum EG-Beitreibungsgesetz ergingen. Das Instrument des einheitlichen Vollstreckungstitels macht für *Hartmann*[349] aber einen beachtlichen Unterschied und ermöglicht ihm eine weitere Argumentationslinie. So folge aus der Wirkung des Vollstreckungstitels, dass die ersuchende Behörde mit der Übersendung des Vollstreckungstitels zugleich die gegenüber der ersuchten Behörde verbindliche Feststellung treffe, dass die Vollstreckungsvoraussetzungen im ersuchenden Staat vorlägen. Insoweit unterscheide sich der Fall der Beitreibungshilfe nicht – wie der Bundesfinanzhof annimmt – von einem Vollstreckungsersuchen der Finanzbehörden an das Vollstreckungsgericht oder Grundbuchamt gem. § 322 Abs. 3 AO. Wie dort auch führe die feststellende Wirkung des Vollstreckungstitels für den Vollstreckungsschuldner zu einem Verlust von Einwendungsmöglichkeiten, weil er sich gegenüber der ersuchten Behörde nicht mehr auf das etwaige Fehlen bestimmter Vollstreckungsvoraussetzungen berufen könne. Hierdurch trage der Vollstreckungstitel und mit ihm das einheitliche Beitreibungshilfeersuchen den Charakter eines feststellenden Verwaltungsaktes.

Mit Blick auf die spezifische Ausgestaltung der internationalen Beitreibungshilfe und ihren *zwischenstaatlichen* Charakter überzeugt allerdings auch diese Argumentation nicht. Sie suggeriert, dass es ohne das Instrument des einheitlichen Vollstreckungstitels Aufgabe der ersuchten Behörde wäre, die Vollstreckungsvoraussetzungen im ersuchenden Staat (nach dessen Recht) zu überprüfen. Das ist nicht der Fall. Anders als inländische Vollstreckungsgerichte oder Grundbuchämter ist es weder Aufgabe der ersuchten Finanzbehörde, noch liegt es in ihrem Interesse, die Möglichkeit von Vollstreckungsmaßnahmen gegen potentielle Vollstreckungsschuldner nach dem Recht des ersuchenden Staates zu prüfen. Hat die Vollstreckbarkeit im ersuchenden Staat damit für die ersuchte Behörde grundsätzlich keine rechtliche Relevanz, macht es auch keinen Sinn, diesbezüglich von einer „verbindlichen Feststellung" ihr gegenüber

348 Terminologisch ließe sich sogar noch einfacher argumentieren, dass eine deutsche Behörde einer anderen Behörde gegenüber ohnehin schon mangels *Hoheitsgewalt* nicht hoheitlich auftreten kann.

349 *Hartmann,* DÖV 2011, 142 (146 ff.).

zu sprechen. Davon abgesehen entfällt aber durch die Übermittlung eines einheitlichen Vollstreckungstitels auch gar nicht die Verpflichtung der ersuchten Behörde, das Vorliegen von Vollstreckungsvoraussetzungen zu prüfen. Sie hat nämlich weiterhin – so wie von vornherein und ausschließlich – die Vollstreckungsvoraussetzungen nach *ihrem Recht* zu prüfen. Zu diesen gehört im Rahmen der EUBeitrRL das Vorliegen des einheitlichen Vollstreckungstitels. Einen solchen an die ersuchte Behörde zu übermitteln, bedeutet daher dieser gegenüber keine Feststellung, sondern vielmehr die Schaffung von Vollstreckungsvoraussetzungen. Diese Wirkung tritt aber ausschließlich nach dem Recht des ersuchten Staates ein, welches, wie oben bereits ausgeführt, für die Frage nach einem deutschen Verwaltungsakt unbeachtlich ist.

In diesen Erwägungen zeigt sich, dass der einheitliche Vollstreckungstitel als ein zwischenstaatliches besonderes Instrument mit rein innerstaatlichen Kategorien wie dem Verwaltungsakt nicht zu erfassen ist.

c) *Das ausgehende Beitreibungshilfeersuchen als sonstiger Grundrechtseingriff*

Nach Ansicht des Bundesfinanzhofs führt die fehlende Verwaltungsaktsqualität eines Beitreibungsersuchens nicht dazu, dass der Betroffene hiergegen keine Rechtsmittel ergreifen könnte. Das Ersuchen sei kein rein behördeninterner Vorgang, was schon daraus folge, dass mit dem Ersuchen die Vollstreckung im Ausland eingeleitet wird und dabei steuerliche Verhältnisse des Klägers offen gelegt werden.[350] Dem Kläger müsse die Möglichkeit bleiben, gerichtlich nachprüfen zu lassen, ob die Behörde die Voraussetzungen für die Übermittlung des Ersuchens eingehalten hat und, sollte dies nicht der Fall sein, die Behörde zu zwingen, das Beitreibungsersuchen zurückzunehmen, um damit die Vollstreckung im Ausland zu stoppen. Hierfür stehe ihm die Leistungsklage nach § 40 Abs. 1 FGO zur Verfügung. Weitere Ausführungen trifft der Bundesfinanzhof zu diesem Themenkomplex nicht, da er die Revision in der Folge mangels Rechtswidrigkeit des Ersuchens zurückweist.

Die Ansicht des Bundesfinanzhofs hält aber auch einer genaueren Betrachtung stand. Das Ersuchen um Beitreibungshilfe geht zwingend mit der Preisgabe personenbezogener Daten des Vollstreckungsschuldners einher, die gem. § 30 Abs. 1 AO dem Steuergeheimnis unterfallen. Gegen rechtswidrige Offenbarungen solcher Informationen steht dem Betroffenen nach ganz herrschender Meinung ein öffentlich-rechtlicher Unterlassungsanspruch gem. § 1004 BGB analog

350 BFH, Urteil v. 21.07.2009 – VII R 52/08, BStBl. II 2010, 51, juris Rz. 7.

i.V.m. § 30 AO zu.[351] Darüber hinaus ist auch der grundrechtliche Schutzbereich des Rechts auf informationelle Selbstbestimmung als Teil des allgemeinen Persönlichkeitsrechts (Art. 2 Abs. 1 i.V.m. Art. 1 Abs. 1 GG)[352] berührt.

Außerdem ist das Ersuchen darauf gerichtet, dass die ausländische Behörde zwangsweise in das Vermögen des Schuldners eingreift, womit zumindest Art. 14 GG und Art. 2 Abs. 1 GG, je nach Einzelfall auch etwa Art. 12 Abs. 1 GG oder Art. 13 GG beeinträchtigt werden. Auch wenn die entsprechenden Grundrechtsverkürzungen nicht unmittelbar durch die ersuchende Behörde erfolgen, so sind sie doch bewusste und gewollte Folge ihres im Staatsauftrag erfolgenden Ersuchens. Sie lassen sich ihr daher unproblematisch zurechnen. Das Ersuchen kann daher als rechtfertigungsbedürftiger Grundrechtseingriff qualifiziert werden.

351 M.w.N. *Drüen,* in Tipke/Kruse, AO/FGO, § 30 AO Rz. 9 (158. Lfg. Oktober 2019).

352 Instruktiv *Di Fabio*, in Dürig/Herzog/Scholz, Grundgesetz, Art. 2 Rz. 173 ff. (39. Lfg. Juli 2001).

Zweiter Teil: Der ordre public Vorbehalt im Rahmen der Beitreibungshilfe in Europa

A. Ausgangspunkt: Fehlender ausdrücklicher ordre public Vorbehalt in EU-Beitreibungsrichtlinie und EU-Beitreibungsgesetz

Nachdem der rechtliche Rahmen der Europäischen Beitreibungshilfe erläutert wurde, soll nunmehr vertieft der Frage nachgegangen werden, ob und gegebenenfalls in welchem Umfang die Möglichkeit besteht, die Vollstreckung einer fremden Forderung im Wege der Amtshilfe mit Berufung auf die öffentliche Ordnung zu verweigern. Diskussionswürdig ist diese Frage deshalb, weil weder EUBeitrRL noch EUBeitrG für die Vollstreckungshilfe einen ordre public Vorbehalt enthalten. Lediglich für die in Art. 5 EUBeitrRL geregelten Auskunftsersuchen heißt es in Absatz 2 lit. c), die ersuchte Behörde sei nicht gehalten, Auskünfte zu übermitteln, deren Mitteilung die Sicherheit oder die öffentliche Ordnung des ersuchten Mitgliedstaats verletzen würde.[353] Aus einer fehlenden entsprechenden Formulierung für die Vollstreckungshilfe ließe sich schließen, dass mit Berufung auf einen ordre public die Vollstreckung nicht abgelehnt werden darf. Ob dies tatsächlich der Fall ist, soll in diesem Teil untersucht werden.

B. Ordre public Vorbehalt im Rahmen von EU-Beitreibungsrichtlinie und EU-Beitreibungsgesetz in der Rechtsprechung

I. Die Rechtsprechung des Europäischen Gerichtshofs

1. Rechtssache Kyrian[354]

a) Inhalt der Entscheidung

Die Kyrian-Entscheidung des Europäischen Gerichtshofs kann als grundlegend mit Blick auf die vorliegend untersuchte Frage bezeichnet werden. Sie ist 2010 zur EG-BeitRL ergangen und betraf ein Beitreibungshilfeverfahren

353 Entspricht § 5 Abs. 2 Nr. 3 EUBeitrG.

354 EuGH, Urteil v. 14.01.2010 - C-233/08, ECLI:EU:C:2010:11 – Kyrian.

zwischen Deutschland und Tschechien. Das Hauptzollamt Weiden hatte an den in Tschechien lebenden Herrn Kyrian im Wege der Amtshilfe einen Steuerbescheid für Verbrauchsteuern in deutscher Sprache durch die tschechische Finanzverwaltung zustellen lassen. Später erließ das Hauptzollamt Regensburg eine Zahlungsaufforderung gegen Herrn Kyrian und ersuchte die tschechische Finanzverwaltung nunmehr um Beitreibung der offenen Rückstände. Gegen die Vollstreckungsversuche der tschechischen Behörde setzte sich Herr Kyrian vor tschechischen Gerichte zur Wehr und trug vor, dass aus dem ursprünglichen Vollstreckungstitel des Hauptzollamts Weiden nicht hervorgegangen sei, gegen wen er gerichtet gewesen sei, da sowohl sein Vater als auch sein Sohn den selben Vor- und Nachnamen trügen und unter derselben Anschrift wohnten. Außerdem habe er die in deutscher Sprache verfassten Schriftstücke nicht verstanden und habe daher auch keine angemessenen rechtlichen Schritte dagegen vornehmen können. Das tschechische Beschwerdegericht legte schließlich dem Europäischen Gerichtshof die Frage vor, ob Gerichte im ersuchten Staat befugt sind, die Vollstreckbarkeit und die ordnungsgemäße Zustellung des ursprünglichen Vollstreckungstitels zu überprüfen. Außerdem fragte das Berufungsgericht, ob allgemeine Rechtsgründe des Gemeinschaftsrechts, insbesondere der Grundsatz des fairen Verfahrens die Verweigerung der Beitreibungshilfe begründen können, wenn der beizutreibende Titel dem Vollstreckungsschuldner in einer Sprache zugestellt worden ist, die der Vollstreckungsschuldner nicht versteht und die nicht die Amtssprache des Staates ist, in dem der Titel zugestellt wird.

Der Europäische Gerichtshof verwies zur Beantwortung der ersten Frage zunächst auf die allgemeine Zuständigkeitsverteilung für Rechtsbehelfe der EG-BeitRL. Nach deren Art. 12 waren – entsprechend dem jetzigen Art. 14 der EUBeitrRL – Rechtsbehelfe gegen die zu vollstreckende Forderung oder das Beitreibungsersuchen selbst im ersuchenden Staat, Rechtsbehelfe gegen konkrete Vollstreckungsmaßnahmen der ersuchten Behörde dagegen im ersuchten Staat zu erheben. Diese Zuständigkeitsverteilung erachtet der Europäische Gerichtshof als die logische Konsequenz des Umstands, dass die beizutreibende Forderung nach dem Recht des ersuchenden Staats zustande kommt, während sich die Vollstreckungsmaßnahmen nach den Rechtsvorschriften des ersuchten Staates richten. In dieser Konstellation seien die entsprechenden Behörden jeweils am besten dazu in der Lage, die Rechtmäßigkeit einer Handlung nach Maßgabe ihres nationalen Rechts zu beurteilen.[355]

355 EuGH, ebd. Rz. 41.

Diese Verteilung schließe es aber nicht aus, dass ausnahmsweise Instanzen des ersuchten Mitgliedstaates befugt seien, zu prüfen, ob die Vollstreckung des Titels die öffentliche Ordnung dieses Staates beeinträchtigen würde und gegebenenfalls die Unterstützung zu versagen. Schließlich kommt der Europäische Gerichtshof zu der Conclusio, es sei „kaum denkbar, dass ein Vollstreckungstitel von diesem [dem ersuchten] Mitgliedstaat vollstreckt wird, wenn diese Vollstreckung seine öffentliche Ordnung beeinträchtigen könnte".[356]

Die zweite Frage verortet der Europäische Gerichtshof indes nicht in diesem Rahmen, da sich die Zustellung gem. Art. 5 Abs. 1 EG-BeitrRL ebenso wie Vollstreckungshandlungen ohnehin nach dem Recht des ersuchten Staates richteten und mithin – wie der Europäische Gerichtshof nach entsprechender Auslegung feststellte[357] – Rechtsbehelfe hiergegen der Zuständigkeitsverteilung des Art. 12 Abs. 3 EG-BeitrRL unterfielen. Gleichwohl stellte er fest, dass im Falle der Zustellung eines Vollstreckungstitels durch eine ausländische Behörde dieser Vollstreckungstitel auch in der Sprache des ersuchten Staates zu übermitteln ist, um den Empfänger in die Lage zu versetzen, Gegenstand und Grund des zugestellten Rechtsaktes zu verstehen und seine Rechte geltend zu machen.[358]

b) *Kritische Würdigung*

Entscheidend für die hiesige Untersuchung ist nur die Feststellung des Europäischen Gerichtshofs zur Existenz eines ordre public Vorbehaltes, den der Europäische Gerichtshof offenbar annimmt. Eine weitergehende Begründung für diese Ansicht lässt sich dem Urteil allerdings nicht entnehmen. Der Generalanwalt war in seiner Stellungnahme auf die Frage nach einer Ablehnungsmöglichkeit aus Gründen der öffentlichen Ordnung überhaupt nicht eingegangen.[359] Offenbar betrachtet es der Europäische Gerichtshof als einen allgemeinen Grundsatz, dass Staaten keine Handlungen vornehmen, die gegen ihre öffentliche Ordnung verstoßen. Mit dem Verweis auf den Sinn und Zweck der Zuständigkeitsverteilung und der Wendung, eine solche Ablehnung sei „nicht auszuschließen", deutet der Europäische Gerichtshof dementsprechend an, dass es gerade keines expliziten ordre public Vorbehaltes bedurft hätte, um einen solchen anzunehmen, sondern

356 EuGH, ebd. Rz. 43.

357 EuGH, ebd. Rz. 45 f.

358 EuGH, ebd. Rz. 58 mit Verweis auf Urteil v. 08.05.3009 – C-14/07, Weiss und Partner, Slg. 2008, I-3367, Rn. 73.

359 ECLI:EU:C:2009:552.

gerade im Gegenteil ein expliziter Ausschluss dieses Vorbehaltes nötig gewesen wäre, um ihn nicht anzunehmen.

Damit ist die Kyrian-Entscheidung auf der einen Seite eindeutig, auf der anderen enthält sie aber kaum argumentative Kraft und schlicht überhaupt keine rechtsdogmatische Unterfütterung. In Teilen mag das dem Umstand geschuldet sein, dass der Europäische Gerichtshof sich allem Anschein nach auf einen nationalen ordre public in dem Sinne beschränkt, als er von der öffentlichen Ordnung des jeweiligen Mitgliedstaates spricht, die es diesem erlauben könnte, die Amtshilfe zu verweigern. Ein solcher Grundsatz kann sich naturgemäß nur aus dem nationalen Recht des einzelnen Staates ergeben, wozu der Europäische Gerichtshof sich qualifiziert nicht äußern kann. Dies erklärt auch die juristisch unübliche Wendung, es sei „kaum denkbar, dass [...]“: Offenbar geht der Europäische Gerichtshof schlicht davon aus, dass in allen Mitgliedstaaten Rechtsgrundsätze bestehen, die eine Vollstreckung entgegen der eigenen öffentlichen Ordnung verbieten.

Möglicherweise sah sich der Europäische Gerichtshof zu tiefergreifenden Erwägungen nicht veranlasst, weil er im vorliegenden Fall auch offenbar nicht von einem Verstoß gegen die öffentliche Ordnung ausging und sich auch die konkrete Vorlagefrage auf dieses Thema nicht direkt bezog. Vielmehr formulierte der Europäische Gerichtshof den Vorbehalt der öffentlichen Ordnung nur bei Gelegenheit als mögliche Einschränkung des primär aufgestellten Grundsatzes, dass eine Überprüfung des Vollstreckungstitels im ersuchten Staat nicht staatfinden soll.

Festzuhalten bleibt, dass sich der Kyrian-Entscheidung außer der pauschalen Feststellung, dass Beitreibungshilfe aus Gründen der öffentlichen Ordnung abgelehnt werden darf, keine tiefergehenden Erkenntnisse für die Ausgangsfrage entnehmen lassen.

2. Rechtssache Donnellan[360]

a) Inhalt der Entscheidung

Die Rechtssache Donnellan betraf ein Beitreibungsersuchen der griechischen Finanzverwaltung an die irische und richtete sich gegen den irischen Staatsbürger Herrn Donnellan, einen Lastkraftwagenfahrer, dem von den griechischen Behörden Zigarettenschmuggel in beträchtlicher Höhe vorgeworfen worden war. Nachdem er von strafrechtlichen Vorwürfen in zweiter Instanz in Griechenland

360 EuGH, Urteil v. 26.04.2018 – Rs. C-34/17, ECLI:EU:C:2018:282 – Donnellan.

freigesprochen worden war, verhängte die griechische Zollstelle Patras eine Verwaltungsstrafe von über einer Million Euro gegen Herrn Donnellan. Um ihn hierüber zu informieren, schickte die griechische Botschaft in Irland ein Einschreiben, adressiert an Herrn Donnellan, in dem sie ihn aufforderte, unverzüglich Kontakt zu ihr aufzunehmen, um ihn betreffende „wichtige Unterlagen" entgegenzunehmen und zu unterzeichnen. Außerdem wurde der Bescheid über die Geldbuße im Amtsblatt der Hellenischen Republik veröffentlicht. Schließlich richteten die griechischen Behörden ein Beitreibungshilfeersuchen an die irische Finanzverwaltung, welches Gegenstand des Europäischen Gerichtshofs-Verfahrens war. Das vorlegende irische Gericht sah es als erwiesen an, dass Herr Donnellan das Einschreiben der griechischen Behörden nicht erhalten und von der Bekanntmachung im griechischen Amtsblatt erst erfahren habe, als die Anfechtungsfrist hiergegen bereits abgelaufen war.

Mit seiner Vorlage wollte das vorlegende Gericht, der High Court of Ireland, wissen, ob es trotz der dargelegten Umstände durch die EU-Beitreibungsrichtlinie gehindert sein könnte, die Unionsgrundrechte sowie die in der EMRK festgelegten Menschenrechte, insbesondere solche, die das Recht auf ein faires Verfahren und einen wirksamen Rechtsbehelf betreffen, anzuwenden. Mit der ungewöhnlichen Phrasierung der Vorlagefragen wollte der irische High Court möglicherweise bereits darauf hindeuten, dass er es für eher ungewöhnlich hielte, sollten die Vorlagefragen durch den Europäischen Gerichtshof bejaht werden. Im Kern ging es dem High Court jedoch um die Frage, ob die Amtshilfe versagt werden könnte, wenn die zu vollstreckenden Forderungen unter Verstoß gegen höherrangige Rechtsgrundsätze, insbesondere gegen die europäischen Grundrechte zustande gekommen sind.

Der Europäische Gerichtshof verneint diese Frage und spricht sich dagegen aus, dass Gerichte des ersuchten Staates die Einhaltung der EU-Grundrechte im ersuchenden Staat prüfen. Dies führt er auf die Zuständigkeitsregelungen der EU-Beitreibungsrichtlinie und den Grundsatz gegenseitigen Vertrauens zurück.[361] Letzterer habe im Unionsrecht fundamentale Bedeutung und verlange von jedem Mitgliedstaat, dass er, abgesehen von außergewöhnlichen Umständen, davon ausgeht, dass alle anderen Mitgliedstaaten das Unionsrecht und insbesondere die dort anerkannten Grundrechte beachten.[362] Dabei seien die Unionsgrundrechte bei der Durchführung von Amtshilfemaßnahmen auf

361 EuGH, ebd, Rz. 39 ff.

362 Siehe hierzu auch Gutachten 2/13 des Gerichtshofs (Plenum) v. 18.12.2014 (EMRK-Beitritt II), ECLI:EU:C:2014:2454, Rz. 191 f.; *L. v. Danwitz*, EuR 2020, 61 ff.

Grundlage der EU-Beitreibungsrichtlinie zwar durchaus beachtlich. Dies dürfe aber mit Blick auf die getroffenen Maßnahmen nicht zu einer doppelten Anfechtungsfähigkeit für den Betroffenen in dem Sinne führen, als dass er sowohl im ersuchenden wie auch im ersuchten Staat die Unionsrechtswidrigkeit der Maßnahme des ersuchenden Staates geltend machen kann.[363]

Sodann verweist der Europäische Gerichtshof jedoch auf die Kyrian-Rechtsprechung und wiederholt für die EU-Beitreibungsrichtlinie, dass die Beitreibungshilfe ausnahmsweise dann abgelehnt werden könne, wenn sie die öffentliche Ordnung des Mitgliedstaats der ersuchten Behörde beeinträchtigen könnte und zitiert dabei seine eigene Wendung, anderes sei „kaum denkbar", wörtlich.[364]

Der Europäische Gerichtshof nimmt in seiner Entscheidung mehrmals deutlich die öffentliche Ordnung *des Mitgliedsstaates* (bzw. „seine" – also des Staates – öffentliche Ordnung) in Bezug, was im Gesamtzusammenhang der Entscheidung nur so zu verstehen ist, dass es eine Frage des ersuchten Staates und insbesondere der dort herrschenden Rechtsauffassungen sein soll, ob die Vollstreckung einer fremden Forderung im Wege der Amtshilfe zu versagen ist. Es sei jedoch seine – des Gerichtshofs – Aufgabe, über die Grenzen zu wachen, innerhalb derer die Amtshilfe verweigert werden könne, ohne den Grundsatz gegenseitigen Vertrauens zu verletzen. Hierbei rekurriert der Europäische Gerichtshof nur indirekt auf die EU-Grundrechte. So erwähnt er zwar Art. 47 der EU-GrCh und setzt das darin verbürgte Recht auf einen wirksamen gerichtlichen Rechtsbehelf zum Ausgangssachverhalt in Bezug, in dem Herr Donnellan an einem solchen Rechtsbehelf gehindert gewesen sei, weil ihm die anzugreifende Entscheidung nicht wirksam zugestellt worden sei. Weder für die unterlassene Zustellung noch für die hypothetische Vollstreckung der so zustande gekommenen Forderung durch die irischen Finanzbehörden stellt der Europäische Gerichtshof jedoch explizit eine Verletzung von Unionsgrundrechten fest. Vielmehr zieht er Art. 47 EU-GrCh nur als Argumentationsstütze dafür heran, dass der irische Staat jedenfalls den Grundsatz gegenseitigen Vertrauens nicht verletze, wenn er bei einem Sachverhalt, bei dem eine Unionsgrundrechtsverletzung jedenfalls in der Sache nicht ausgeschlossen erscheint, die Amtshilfe verweigert.[365]

---

363 EuGH, ebd., Rz. 45f.; *Kohler,* IPrax 2020, 405 (407) spricht in diesem Zusammenhang von einem „Nachprüfungsverbot" und verweist auf das Rechtsgutachten des EuGH zum Beitritt der EU zur EMRK, Gutachten 2/13 des Gerichtshofs (Plenum) v. 18.12.2014 (EMRK-Beitritt II), ECLI:EU:C:2014:2454, Rz. 191 f.

364 EuGH, ebd., Rz. 47 f.

365 EuGH, ebd., Rz. 52.

b) *Kritische Würdigung*

Dem Urteil in der Rechtssache Donnellan lässt sich damit im Ergebnis eine ungewöhnliche, aber durchaus überzeugende Dogmatik abgewinnen: Der sowohl in der Kyrian-, als auch in der vorliegenden Entscheidung offenbar als selbstverständlich angenommene Vorbehalt der öffentlichen Ordnung ist ein nationaler in der Hinsicht, als dass es Sache des ersuchten Staates ist zu definieren, wann seine öffentliche Ordnung verletzt ist. Gleichwohl erkennt der Europäische Gerichtshof in dieser Konstellation die Gefahr, dass Mitgliedstaaten die unionsrechtlich vorgegebene Amtshilfe zu leichtfertig mit Verweis auf ihr nationales Recht verweigern könnten. Der Gerichtshof behält sich daher ein Kontrollrecht über die Grenzen der Amtshilfeverweigerung vor. Diese Grenzen könnten möglicherweise dann überschritten sein, wenn ein Mitgliedsstaat die Amtshilfe aus Gründen verweigert, die nach unionalem Rechtsverständnis, insbesondere mit Blick auf die EU-Grundrechtecharta nicht bedenklich erscheinen. Hierbei scheint der Europäische Gerichtshof jedoch keinen allzu strengen Maßstab anzulegen. Das bedeutet, dass eine Ablehnung bereits zulässig sein kann, wenn ein Verstoß gegen EU-Grundrechte jedenfalls nicht ausgeschlossen erscheint.

Das zuletzt genannte Vorgehen vermag ein Problem auszuräumen, das ansonsten mit dem Judikat des Europäischen Gerichtshofs einhergehen könnte: Würde man an die EU-Grundrechtsprüfung einen strengen Maßstab in dem Sinne anlegen, dass eine Ablehnung nur zulässig wäre, wenn im zugrunde liegenden Sachverhalt ein Verstoß gegen EU-Grundrechte zweifelsfrei festgestellt ist, so würde dies implizieren, dass der Europäische Gerichtshof ein höheres Rechtsschutzniveau als das auf EU-Ebene existierende nicht anerkennt.[366] Hier hat er einen nachvollziehbaren Mittelweg gewählt, bei dem er die Entscheidung über einen Verstoß gegen die öffentliche Ordnung grundsätzlich den Mitgliedsstaaten überlasst, deren Ergebnis er aber im Sinne einer „Plausibilitätskontrolle" mithilfe einer vergleichenden Wertung überprüfen kann.

Demgegenüber enthält auch das Urteil Donnellan keine rechtsdogmatische Begründung für einen ordre public Vorbehalt, sondern wiederholt insofern nur die schon in der Rechtssache Kyrian aufgestellte Behauptung.

366 Das ist insbesondere bei schwierigen Abgrenzungsfragen denkbar, etwa beim pränatalen oder postmortalen Grundrechtsschutz, sowie im Bereich der Menschenwürde.

II. Deutsche finanz- und verfassungsgerichtliche Rechtsprechung

1. Urteil des Bundesfinanzhofs vom 03.11.2010[367]

a) Inhalt der Entscheidung

Wie auch das Kyrian-Urteil erging auch das erste nennenswerte Urteil des Bundesfinanzhofs zur hier untersuchten Fragestellung zu EG-Beitreibungsrichtlinie und EG-Beitreibungsgesetz. Der Entscheidung zugrunde lag ein Beitreibungsersuchen der italienischen Finanzbehörde betreffend eine deutsche GmbH (Klägerin und Revisionsklägerin). Der GmbH war zuvor eine Zahlungsaufforderung in italienischer Sprache zugestellt worden. Hiergegen hatte die Klägerin vor einem italienischen Oberlandesgericht Rechtsschutz gesucht. Ihre Klage wurde allerdings wegen Verfristung abgewiesen. Per Beitreibungshilfe sollte nunmehr das rechtskräftige Urteil des italienischen Oberlandesgerichts vollstreckt werden.

Der Bundesfinanzhof war der Auffassung, dass eine ordre public Prüfung in diesem Fall durchaus in Betracht käme, weil die Klage im ersuchenden Staat allein aufgrund der eingetretenen Verfristung gescheitert war und die Klägerin aufgrund der Zahlungsaufforderung allein in italienischer Sprache möglicherweise keine hinreichende Rechtsbehelfsbelehrung erhalten hätte. Das Finanzgericht habe in derartigen Fällen zu prüfen, ob der Klägerin im Ursprungsstaat aus diesem Grund Widereinsetzung hätte gewährt werden müssen. Sollte – so der Bundesfinanzhof – eine Widereinsetzungsmöglichkeit nach dem Recht des ersuchenden Staates überhaupt nicht vorgesehen sein, so sei dies ein klarer Verstoß gegen den ordre public.[368]

Zur Begründung seiner Ansicht stützt sich der Senat zum einen auf das Kyrian-Urteil des Europäischen Gerichtshofs. Indem er die dort getroffene Feststellung wiedergibt, dass im Rahmen der Beitreibungshilfe auf Grundlage der EG-Beitreibungsrichtlinie kaum denkbar sei, dass ein Vollstreckungstitel von einem Mitgliedstaat vollstreckt werde, wenn diese Vollstreckung seine öffentliche Ordnung beeinträchtigen könnte, begründet er die Anwendung eines ordre public Vorbehaltes, der auch in der EG-Beitreibungsrichtlinie nicht expressis verbis enthalten war.[369] Sodann stellt der Bundesfinanzhof fest, dass der Begriff der öffentlichen Ordnung durch die EG-Beitreibungsrichtlinie nicht definiert

367 BFH, Urteil v. 03.11.2010 – VII R 21/10, BStBl. II 2011, 401.

368 Nach Zurückverweisung stellte das Tatsachengericht genau dies fest und urteilte im zweiten Rechtsgang, dass die Vollstreckung rechtswidrig gewesen und jede weitere Vollstreckung unzulässig sei, s. FG München, Urteil v. 04.04.2012 – 6 K 434/11, IStR 2013, 439.

369 BFH, Urteil v. 03.11.2010 – VII R 21/10, BStBl. II 2011, 401, Rz. 9.

werde, weshalb sich „Anhaltspunkte für seine Deutung“ aus den entsprechenden Regelungen in internationalen Abkommen und der hierzu ergangenen höchstrichterlichen Rechtsprechung entnehmen lassen könnten.[370] Als entsprechende Regelungen führt der Senat ordre public Klauseln aus diversen bi- und multilateralen Abkommen über die gegenseitige Anerkennung und Vollstreckung zivil- und handelsrechtlicher Entscheidungen an.[371] Aus den entsprechend dazu ergangenen Urteilen filtriert er heraus, dass die Vollstreckungshilfe eine Beeinträchtigung der öffentlichen Ordnung in Deutschland darstelle, wenn der Vollstreckungstitel in einem nicht hinnehmbaren Gegensatz zu grundlegenden Prinzipien der deutschen Rechtsordnung stünde, so dass das Ergebnis der Anwendung ausländischen Rechts nach deutschen Gerechtigkeitsvorstellungen untragbar erschiene. Ohne weitere Subsumtion teilt der Senat hieran anschließend mit, dass eine fehlende Wiedereinsetzungsmöglichkeit zu einem derartigen Verstoß gegen die öffentliche Ordnung führen würde.[372]

Die fehlende Rechtsbehelfsbelehrung hält der Senat dagegen nicht für ausreichend für einen Verstoß gegen den ordre public. Eine Begründung hierfür liefert der Senat allerdings nicht. Ebenso wenig sei es für die Annahme eines Verstoßes gegen den ordre public ausreichend, dass die ursprüngliche Zahlungsaufforderung der italienischen Behörde nicht ins Deutsche übersetzt worden war. Zur Begründung für diese Ansicht führt der Bundesfinanzhof an, dass sich der Kyrian-Rechtsprechung des Europäischen Gerichtshofs keine Pflicht des um Amtshilfe ersuchenden Staates entnehmen lasse, einen durch den ersuchten Staat zuzustellenden Verwaltungsakt zu übersetzen.

b) Kritische Würdigung

Das Urteil ist in rechtsmethodischer Hinsicht aus mehreren Gründen kritikwürdig.

---

370 BFH, ebd., Rz. 11 ff.

371 Im Einzelnen: Übereinkommen 72/454/EWG über die gerichtliche Zuständigkeit und die Vollstreckung gerichtlicher Entscheidungen in Zivil- und Handelssachen v. 31.12.1972, ABl. 1972 Nr. L 299, S. 32; Vertrag zwischen Deutschland und Österreich über die gegenseitige Anerkennung und Vollstreckung von gerichtlichen Entscheidungen, Vergleichen und öffentlichen Urkunden in Zivil- und Handelssachen vom 06.06.1959, BGBl. II 1960, 1246; Verordnung (EG) Nr. 44/2001 des Rates vom 22.12.2000 über die gerichtliche Zuständigkeit und die Anerkennung und Vollstreckung von Entscheidungen in Zivil- und Handelssachen.

372 BFH, Urteil v. 03.11.2010 – VII R 21/10, BStBl. II 2011, 401, Rz. 22.

Der Bundesfinanzhof beruft sich für die Rechtsfindung mehrfach direkt auf die Rechtsprechung des Europäischen Gerichtshofs, ohne zu hinterfragen, ob und wenn ja, auf welche Rechtsnormen sich diese Rechtsprechung stützen lässt. So hat der Europäische Gerichtshof seine Aussage, es sei nicht denkbar, dass Mitgliedstaaten Verwaltungsakte vollstrecken, die gegen ihre öffentliche Ordnung verstoßen, nicht ansatzweise normativ verankert.[373] Wenn der Bundesfinanzhof dieser Rechtsauffassung des Europäischen Gerichtshofs gleichwohl folgen will, so wäre zu erwarten, dass er dies begründet. Dies unterlässt der Bundesfinanzhof auch bei der Frage, ob im Wege der Amtshilfe zuzustellende Schriftstücke in die Amtssprache des Empfängerstaates übersetzt werden müssen. Zwar führt der Senat das Kyrian-Urteil hier nur „ergänzend" an. Er liefert aber darüber hinaus auch keine eigene Begründung für seine rechtliche Auffassung, so dass bei genauer Betrachtung nur der Verweis auf den Europäischen Gerichtshof übrigbleibt. Dass sich einem Urteil des Europäischen Gerichtshofs indes eine bestimmte Pflicht nicht entnehmen lässt, ist für sich allein kein Grund dafür, einen Verstoß gegen die deutsche öffentliche Ordnung abzulehnen. Hierzu hätte es eigener rechtlicher Erwägungen des Bundesfinanzhofs bedurft.

Daneben gelingt es dem Bundesfinanzhof weder, eine Definition des ordre public mit überzeugender Rechtsmethodik zu entwickeln, noch aussagekräftig unter eine solche zu subsumieren. Der Bundesfinanzhof „sucht" eine Definition des ordre public vielmehr – wie er selbst ausdrücklich erklärt[374] – in Urteilen anderer Gerichtsbarkeiten zu gänzlich anderen Rechtsvorschriften. Dabei erscheint es zwar nicht abwegig, dass etwa die vom Bundesgerichtshof zur Rechts- und Amtshilfe in Zivil- und Handelssachen entwickelten Grundsätze auf die steuerrechtliche Beitreibungshilfe übertragbar sind. Mit der Übertragbarkeit beschäftigt sich der Bundesfinanzhof allerdings nicht, sondern setzt diese offenbar stillschweigend voraus. Besonders irritierend ist diese Vorgehensweise dort, wo der Bundesfinanzhof nicht nur gesetzliche Definitionen anderer Rechtsgrundlagen heranzieht, sondern spezifisch aus diesen Rechtsgrundlagen hergeleitete Auslegungsergebnisse des Bundesgerichtshofs.[375] Dies wirft die Frage auf, wieso der Bundesgerichtshof in der Lage sein sollte, dem Begriff der öffentlichen Ordnung einen – aus Sicht des Bundesfinanzhofs offenbar brauchbaren – Bedeutungsgehalt abzugewinnen, während der Bundesfinanzhof sich selbst dazu außerstande sieht. So wird etwa eine vom Bundesgerichtshof vorgenommene

373 S. soeben unter I.1.
374 BFH, ebd. Rz. 11.
375 BFH, ebd., Rz. 13.

Unterscheidung zwischen ordre public interne und ordre public international zitiert, ohne jedoch diese spezifisch aus dem internationalen Privatrecht stammenden Begriffe näher zu erläutern. Das Ergebnis des Bundesgerichtshofs, auf den ordre public international abzustellen, wird sodann, ohne die Gründe des Bundesgerichtshofs hierfür zu reflektieren oder zumindest wiederzugeben, auf das EG-Beitreibungsgesetz übertragen.

Schließlich ist nicht nur dieser Weg, auf dem der Bundesfinanzhof zu seiner Definition gelangt, fragwürdig, sondern auch die Definition selbst ist für sich genommen wenig aussagekräftig. Der Bundesfinanzhof erläutert weder, was er unter grundlegenden Prinzipien der deutschen Rechtsordnung versteht, noch wann eine Vollstreckung zu diesen in einem „nicht hinnehmbaren Gegensatz" steht, noch wann das Ergebnis der Anwendung ausländischen Rechts nach „deutschen Gerechtigkeitsvorstellungen untragbar" erscheinen soll. Die Anwendung dieser Grundsätze auf den von ihm zu behandelnden Fall hilft bei der Beantwortung dieser Fragen nicht weiter, weil der Bundesfinanzhof – wie ausgeführt – keine Subsumtionsleistungen erbringt, sondern lediglich seine Ansicht zu den in Rede stehenden Verfahrensrügen mitteilt.

2. *Urteile des Finanzgerichts Köln vom 30.09.2015[376] und des Bundesfinanzhofs vom 28.11.2017[377]*

a) Vorbemerkung

Der Tatbestand des hier bereits mehrfach angesprochenen Urteils des Finanzgerichts Köln vom 30.09.2015 stellt ein anschauliches Beispiel für die Probleme dar, die sich bei der gegenseitigen Beitreibungshilfe stellen können und zeigt dabei zugleich die besondere Relevanz der Frage nach einem ordre public Vorbehalt. Das Urteil war außerdem eines der ersten finanzgerichtlichen Urteile, das sich eindringlich mit der Frage nach einem ordre public Vorbehalt bei der Beitreibung aufgrund der EU-Beitreibungsrichtlinie befasst und hierauf sehr klar formulierte und von der Rechtsprechung zur EG-Beitreibungsrichtlinie explizit abweichende Antworten gegeben hat. Zwar spricht einiges dafür, dass Bundesfinanzhof und Bundesverfassungsgericht die Ansichten des Finanzgerichts nicht teilen.[378] Eine klare Absage haben die Bundesgerichte der Rechtsprechung des Finanzgerichts – die es in Ansätzen auch bereits fortgesetzt hat[379] – aber bisher

376 FG Köln, Urteil v. 30.09.2015 – 14 K 2097/13, EFG 2016, 494.

377 BFH, Urteil v. 28.11.2017 – VII R 30/15, juris.

378 Siehe sogleich unter 3. u. 4.

379 FG Köln, Beschluss v. 24.05.2018 – 12 V 827/18, juris Rz. 16.

nicht erteilt. Aus diesen Gründen soll das Urteil des Finanzgerichts im Folgenden einer ausführlicheren Analyse unterzogen werden.

b) Tatbestand

Gegenstand des Urteils waren zwei Zahlungsaufforderungen im oben behandelten Sinne[380] des beklagten Finanzamtes an den Kläger vom 15.11.2012. Darin teilte es dem Kläger mit, dass er der griechischen Finanzverwaltung Steuern in mittlerer zweistelliger Millionenhöhe[381] schulde und dass das Finanzamt diese auf Grundlage der Richtlinie 2010/24/EU im Wege der Amtshilfe von ihm beitreiben werde. Zu diesem Zweck forderte das Finanzamt den Kläger auf, die entsprechenden Beträge bis zum 18.12.2012 an das beklagte Finanzamt zu zahlen und drohte für den Fall, dass er dieser Aufforderung nicht nachkommen sollte mit Vollstreckungsmaßnahmen. Am 17.12.2012, also einen Tag vor Ablauf der Zahlungsfrist, legte der Kläger bei einem griechischen Verwaltungsgericht Widerspruch gegen seine Inanspruchnahme ein. Später stellte er außerdem in Griechenland einen Antrag auf Zinsverzicht. Über beide Rechtsbehelfe war zum Zeitpunkt des Urteils noch nicht entschieden. Ein Antrag auf Aussetzung der Vollziehung vom 18.07.2013 war in Griechenland allerdings abgelehnt worden.

Ebenfalls am 17.12.2012 legte der Kläger Einspruch gegen die Zahlungsaufforderungen bei der beklagten Behörde ein. Zur Begründung trug er laut Urteilsgründen unter anderem vor, die der Vollstreckung zugrunde liegenden griechischen Titel nicht erhalten zu haben. Er habe vielmehr erst durch die Schreiben des Finanzamtes am 15.11.2012 von seinen vermeintlichen Schulden gegen den griechischen Fiskus erfahren. Daraufhin forderte das Finanzamt eine Stellungnahme der ersuchenden griechischen Behörde an. Aus der Stellungnahme, die im Urteil wörtlich zitiert wird, ergibt sich, dass der Kläger offenbar als Geschäftsführer für Einkommen- und Umsatzsteuer einer nach griechischem Recht gegründeten Gesellschaft in Haftung genommen wurde. Laut der Stellungnahme seien nach griechischem Recht im Fall der Auflösung einer Aktiengesellschaft neben dem Unternehmen deren Geschäftsführer zum Zeitpunkt der Auflösung haftbar für die Einkommen- und Umsatzsteuerschulden, unabhängig

---

380 Erster Teil B. III.5.b).

381 Laut gerichtlichem Tatbestand handelte es sich zum einen um Mehrwertsteuerforderungen in Höhe von 12.544.848,62 € sowie Zinsen von 6.523.321,28 € und Säumniszuschläge von 125.446 €. Zum anderen handelte es sich um Körperschaftsteuerforderungen in Höhe von 11.702.269,62 € sowie entfallende Zinsen von 6.026.668,99 € und Säumniszuschläge von 117.021 €.

davon, wann die Steuerfestsetzung erfolgte und welche Steuerjahre betroffen sind. Vollstreckungsmaßnahmen gegen einen solchen Haftungsschuldner könnten unmittelbar aufgrund der Steuerfestsetzung des Unternehmens erfolgen, ohne dass es hierfür einer eigenen Festsetzung gegen den Haftungsschuldner bedürfe. Darüber hinaus erklärte die griechische Behörde, dass sie dem Kläger eine „Mitteilung über die vorgenannten Schulden" an eine von ihm selbst benannte Anschrift in Griechenland zugesandt habe, worauf dieser aber nicht reagiert habe. Tatsächlich betrafen die nämlichen Forderungen offenbar Steuerschulden des Unternehmens für die Jahre 1993 – 2000, wobei für jede Steuerart und jedes Jahr ein eigener einheitlicher Vollstreckungstitel vorlag. Der Kläger war jedoch erst im Jahr 2001 zum Vorsitzenden des Verwaltungsrates ernannt worden.[382] In seinem Klagebegehren führte er zudem aus, dass er bereits seit 2003 nicht mehr für die griechische Gesellschaft oder ihre deutsche Muttergesellschaft tätig gewesen sei.

Die beklagte Behörde verwarf die Einsprüche des Klägers als unzulässig, wies zugleich aber darauf hin, dass sie das Vollstreckungsverfahren gemäß § 13 Abs. 2 EUBeitrG i.V.m § 258 AO ruhend stellen werde bis über den in Griechenland gestellten Antrag des Klägers auf Aussetzung der Vollziehung entschieden sei, längstens jedoch für sechs Monate.

Mit seiner Klage wiederholte der Kläger den Einwand, dass ihm die griechischen Titel niemals zugestellt worden seien. Er habe zu keiner Zeit einen Wohnsitz oder gewöhnlichen Aufenthalt in Griechenland gehabt und habe daher die von der griechischen Behörde behauptete Mitteilung nicht persönlich erhalten. Selbst wenn er diese erhalten hätte, so hätte es sich aber jedenfalls nur um eine Mitteilung und nicht um die entsprechenden Vollstreckungstitel gehandelt. Überhaupt seien ihm solche Titel auch aus seiner Tätigkeit für die griechische Gesellschaft nicht bekannt. Er machte außerdem geltend, dass das von ihm angerufene griechische Verwaltungsgericht einen Aussetzungsantrag mit der Begründung abgelehnt habe, dass in Deutschland noch kein irreparabler Schaden drohe, weil es für eine Vollstreckung in Deutschland noch an einem notwendigen Umsetzungsakt fehle. Damit – so die Rechtsansicht des Klägers – sei er letztlich rechtsschutzlos gestellt. Überdies sei es ihm auch nicht möglich, die

382 Der Verwaltungsrat wird im Urteil als das Aufsichts- und Leitungsorgan der griechischen Gesellschaft im Sinne eines sog. monistischen Systems bezeichnet. Auf den insoweit möglicherweise widersprüchlichen Umstand, dass der Kläger in der Stellungnahme der griechischen Behörde auch als Geschäftsführer des Unternehmens bezeichnet wird, geht das Gericht mit keinem Wort ein.

eigentlichen Steuerfestsetzungen wegen derer er haftbar gemacht werden soll, in Griechenland wirksam anzugreifen, weil er an bisherigen Verfahren gegen die nämliche Gesellschaft nicht beteiligt gewesen sei. In 17 von 25 Fällen seien die entsprechenden Revisionen gegen die Steuerfestsetzungen in Griechenland auch bereits aus formalen Gründen zurückgewiesen worden. Der Kläger machte daneben noch weitere Mängel geltend, etwa, dass die angegebenen Summen im Beitreibungsersuchen widersprüchlich seien oder dass Teile des einheitlichen Vollstreckungstitels in griechischer Sprache und damit für ihn nicht verständlich verfasst gewesen seien. Er wies weiterhin darauf hin, dass er nach griechischer Rechtslage offenbar für Steuerschulden der Gesellschaft in Haftung genommen werde, an deren Entstehen ihn kein Verschulden treffe, bei dessen Entstehung er überdies lediglich einfaches Mitglied des Verwaltungsrates gewesen sei.

Schließlich trug er neben diesen verfahrensrechtlichen Einwänden vor, dass die Höhe der Forderungen die Vernichtung seiner wirtschaftlichen Existenz zur Folge hätte und ihm durch die Vollstreckung jedwedes Eigentum und damit seine gesamte finanzielle Lebensleistung genommen würde.

Sein Rechtsschutzziel suchte der Kläger mit einer Anfechtungsklage zu erreichen, da es sich seiner Ansicht nach bei den Zahlungsaufforderungen des beklagten Finanzamtes um Verwaltungsakte gehandelt habe. Hilfsweise beantragte er die Feststellung, dass die Zahlungsaufforderungen, die beigefügten einheitlichen Vollstreckungstitel sowie die ablehnende Einspruchsentscheidung der beklagten Behörde rechtswidrig und Vollstreckungsmaßnahmen hieraus unzulässig seien. Außerdem beantragte er, die Beklagte zu verpflichten, es zu unterlassen Zwangsvollstreckungsmaßnahmen aus dem Beitreibungsersuchen der griechischen Behörde gegen ihn vorzunehmen.

c) Entscheidung des Finanzgerichts Köln

Das Finanzgericht wies die Klage als unzulässig ab, weil es sich bei den Zahlungsaufforderungen nicht um Verwaltungsakte handele.[383] Diese Rechtsprechung ist oben bereits ausdrücklich behandelt und abgelehnt worden. Sie erfolgt aber in Einklang mit der – insoweit ebenfalls abzulehnenden – Rechtsprechung des Bundesfinanzhofs.[384]

Die Hilfsweise erhobene Feststellungsklage verwarf das Finanzgericht Köln zunächst ebenfalls als unzulässig. Zur Begründung führte es aus, das beklagte Finanzamt habe sich in der mündlichen Verhandlung verpflichtet, bis zu den

---

383 FG Köln, Urteil v. 30.09.2015 – 14 K 2097/13, EFG 2016, 494, juris Rz. 43 ff.

384 Zum Ganzen oben Erster Teil B. III.5.b).

Entscheidungen in Griechenland aus dem Beitreibungsersuchen gegen den Kläger nicht vorzugehen. Daher bestehe derweil kein Feststellungsinteresse des Klägers, da er bis auf Weiteres nicht mit Vollstreckungshandlungen des Finanzamtes rechnen müsse.[385]

In einem obiter dictum erklärte das Gericht allerdings, dass die Feststellungsklage seiner Ansicht nach auch in der Sache keinen Erfolg hätte haben können.[386] Relevant für die vorliegende Arbeit sind dabei vor allem die Ausführungen zu einem möglichen Verstoß gegen den ordre public. Ein solcher war nach Ansicht des Finanzgerichts irrelevant und von ihm nicht zu prüfen. Dies folge daraus, dass der einheitliche Vollstreckungstitel die alleinige Grundlage der Vollstreckung darstelle und sein Inhalt gemäß § 13 Abs. 2 S. 1 EUBeitrG durch den Vollstreckungsstaat nicht überprüft werden dürfe. Entsprechend seien auch die in § 14 Abs. 1 und Abs. 2 EUBeitrG geregelten Ablehnungsgründe abschließend und enthielten einen ordre public Vorbehalt gerade nicht. Offenbar habe der Gesetzgeber hierdurch bedingte etwaige Fehlentscheidungen im ersuchenden Staat im Vertrauen auf die Rechtspflege der Mitgliedstaaten in Kauf genommen. Soweit der Bundesfinanzhof in der Entscheidung vom 3.11.2010[387] die Prüfung eines Verstoßes gegen den ordre public bei der Vollstreckung ausländischer Steuerforderungen für zulässig gehalten habe, habe dieser Entscheidung eine andere Rechtslage, nämlich die des zwischenzeitlich außer Kraft getretenen EG-Beitreibungsrichtlinie zu Grunde gelegen.

d) Revisionsentscheidung des Bundesfinanzhofs vom 28.11.2017[388]

Der Bundesfinanzhof folgte bezüglich der Unzulässigkeit der Feststellungsklage der Auffassung des Finanzgerichts. Er führte ebenfalls aus, dass zum Zeitpunkt der Finanzgericht- und auch der Bundesfinanzhof-Entscheidung noch kein unmittelbarer Schaden für den Kläger drohe, da das Finanzamt sich bereit erklärt hätte, bis zum Abschluss der Verfahren in Griechenland von der Vollstreckung abzusehen. Ob es nach Abschluss der griechischen Verfahren überhaupt zu tatsächlichen Vollstreckungsversuchen der deutschen Finanzämter käme, sei völlig offen.

---

385 FG Köln, Urteil v. 30.09.2015 – 14 K 2097/13, EFG 2016, 494, juris Rz. 55 ff.

386 FG Köln, ebd., Rz. 67 ff.

387 Siehe soeben bei 1.

388 BFH, Urteil v. 28.11.2017 – VII R 30/15, juris.

Lediglich beiläufig erwähnte der Bundesfinanzhof, dass das Finanzamt nach Abschluss der griechischen Verfahren würde zu prüfen haben, ob die Beitreibung unbillig wäre oder ob ein Verstoß gegen den ordre public in Betracht käme.[389]

e) *Kritische Würdigung*

In seinem Obiter dictum hat das Finanzgericht eine Rechtsauffassung mit enormer Tragweite vertreten. Im Ergebnis hat es gemeint, dass deutsche Finanzbehörden bei einem formal ordnungsgemäßen Beitreibungsersuchen in jedem Falle verpflichtet wären, die entsprechende Forderung zu vollstrecken, auch dann, wenn diese Forderung offensichtlich mit deutschen (oder selbst global etablierten) Rechtsvorstellungen unvereinbar wäre. Ein so weitreichendes Verständnis der Amtshilfepflicht ist erstaunlich.[390] Demgegenüber scheint die Begründungstiefe, die das Finanzgericht hierfür bemüht, unverhältnismäßig. Insbesondere der pauschale Hinweis des Gerichts, die EU-Beitreibungsrichtlinie sei mit Blick auf einen ordre public Vorbehalt mit der früheren EG-Beitreibungsrichtlinie nicht vergleichbar, ist nicht nachvollziehbar.[391] Wie oben bereits festgestellt[392] weisen die beiden Richtlinien bei den Ablehnungsgründen keine Unterschiede auf. Auch die EGBeitrRL enthielt keinen ausdrücklichen ordre public Vorbehalt.[393]

Soweit das Gericht das neuartige Instrument des einheitlichen Vollstreckungstitels für seine Argumentation bemüht, erscheint dies zirkelschlüssig. Der ordre public Vorbehalt soll einer im Inland grundsätzlich anwendbaren fremden Rechtsnorm oder behördlichen Anordnung ausnahmsweise die Gültigkeit versagen, wenn dies im konkreten Einzelfall zu einem aus inländischer Sicht

---

389 BFH, Urteil v. 28.11.2017 – VII R 30/15, juris Rz. 16.

390 Mit deutlicher Kritik ablehnend auch *Seer,* in Tipke/Kruse, AO/FGO, § 250 Rz. 40 (156 Lfg. April 2019), zustimmend hingegen ohne weitere eigene Begründung FG Münster, Beschluss vom 03.09.2020 – 11 V 1665/20 AO, EFG 2020, 1572, Rz. 33.

391 Gl. A. *Sandberg,* Internationale Vollstreckungshilfe im Besteuerungsverfahren, S. 108 f.; *Seer,* HFSt (6) 2017, S. 191 (218); Demgegenüber scheint *Vandenberghe,* EU & Int. Tax Col. News 2021, 20 (22 f.) sich der Auffassung des FG Köln anzuschließen. Hierbei bezieht er sich allerdings ausschließlich auf die Erwägungen des FG, der Schuldner habe in Griechenland ausreichend Gelegenheit zur Erhebung von Rechtsbehelfen gehabt. Zu den Aussagen des FG bezüglich der Existenz eines ordre public Vorbehaltes überhaupt nimmt er hingegen keine Stellung.

392 Siehe Erster Teil B. II. 4 b) und c).

393 Unter Geltung von EUBeitrRL und EUBeitrG geht auch BFH, Beschluss v. 30.07.2020 – VII B 73/20 (AdV), BStBl. II 2021, 127 ohne weiteres von einem ordre public Vorbehalt aus, siehe zur Entscheidung näher unten bei 4.

unerträglichen Wertungswiderspruch führen würde. Dass der ausländische Rechtsakt außerhalb solcher Einzelfälle grundsätzlich der behördlichen und richterlichen Überprüfung im Inland entzogen ist, ist diesem System mit Regel-Ausnahme-Prinzip immanent. Die unmittelbare Geltung des einheitlichen Vollstreckungstitels und die im Inland nicht vorgesehene Justiziabilität der zugrunde liegenden Forderung können daher für sich genommen schon denklogisch keine Argumente für das vollständige Fehlen eines ordre public Vorbehaltes sein.

Dass der Bundesfinanzhof die vom Finanzgericht angenommene fehlende Zulässigkeit bestätigt hat, soll hier nicht Gegenstand wertender Betrachtung sein. Gleichwohl hätte der Bundesfinanzhof aber die Möglichkeit gehabt, auf das obiter dictum des Finanzgerichts einzugehen. Schließlich hat er durchaus angemerkt, wie sich das Finanzamt im Falle der Fortsetzung des Amtshilfeverfahrens grundsätzlich verhalten solle.[394] In diesem Zusammenhang wäre Raum gewesen, zu der höchst streitbaren Rechtsauffassung des Finanzgerichts Stellung zu beziehen.

3. *Nichtannahmebeschluss des Bundesverfassungsgerichts vom 23.05.2019*[395]

a) Inhalt der Entscheidung

Der Beschluss betrifft einen Sachverhalt, der starke Ähnlichkeit zum dem des Urteils des Finanzgerichts Köln aus 2015[396] aufweist. Auch vorliegend ging es um eine Haftungsschuld gegenüber dem griechischen Staat für Steuerschulden einer Gesellschaft, dessen Geschäftsführer der Schuldner gewesen war. Auch in diesem Fall trug der Schuldner vor, er sei im ersuchenden Staat nicht über seine Haftung unterrichtet worden, sondern habe vielmehr erstmals mit den Vollstreckungsversuchen der deutschen Finanzbehörden hiervon Kenntnis erlangt. Gegen diese Vollstreckungsversuche der um Amtshilfe ersuchten deutschen Finanzbehörde wandte sich der Schuldner mit einem Antrag auf Erlass einer einstweiligen Anordnung nach § 114 FGO. Das befasste Finanzgericht Köln lehnte den Antrag unter anderem mit der Begründung ab, die griechische Behörde habe in einer schriftlichen Stellungnahme an das deutsche Finanzamt hinreichend glaubhaft gemacht, dass der Schuldner jedenfalls durch eine „Bekanntgabe der drohenden strafrechtlichen Verfolgung“ über die vorstehende Vollstreckung informiert

394 BFH, Urteil v. 28.11.2017 – VII R 30/15, juris Rz. 16.
395 BVerfG, Beschluss v. 23.05.2019 – 1 BvR 1724/18, IStR 2019, 666.
396 Siehe soeben bei 2.

worden sei. Außerdem hätte der Schuldner als Geschäftsführer der Gesellschaft, für deren Hauptforderung er persönlich haftet, über die Hauptforderung und seine Haftung hierfür Kenntnis erlangen können und habe daher ausreichende Rechtschutzmöglichkeiten gehabt. Hiergegen wiederum erhob der Schuldner Verfassungsbeschwerde und machte eine Verletzung seiner Justizgrundrechte aus Art. 19 Abs. 4 und Art. 103 Abs. 1 GG geltend.[397]

Das Bundesverfassungsgericht nahm die Beschwerde nicht zur Entscheidung an. In den Beschlussgründen führt es zunächst aus, nach welchen Kriterien, die Behörden und im Anschluss ggf. die Gerichte gehalten sind, Einwendungen gegen die Vollstreckung einer ausländischen Forderung aufgrund der EU-Beitreibungsrichtlinie zu prüfen. Dabei verweist es im Ausgangspunkt auf die Regelung Art. 14 EUBeitrRL, wonach die beizutreibende Forderung grundsätzlich im ersuchenden Staat von den dort ansässigen Gerichten zu prüfen sei, während im ersuchten Staat Rechtsbehelfe gegen Vollstreckungs- und Zustellungsmaßnahmen der ersuchten Behörde zu ergreifen sind. Hiervon bestehe jedoch eine Ausnahme, „wenn die beizutreibende Forderung mit deutschen Rechtsvorstellungen schlechthin unvereinbar ist (sogenannter ordre public Vorbehalt)".[398] Dabei sei ein Verstoß gegen den ordre public gegeben, wenn der Vollstreckungstitel in einem nicht mehr hinnehmbaren Gegensatz zu grundlegenden Prinzipien der deutschen Rechtsordnung steht, so dass das Ergebnis der Anwendung ausländischen Rechts nach deutschen Gerechtigkeitsvorstellungen untragbar erscheint. Die deutschen Behörden und Gerichte müssten insoweit Anhaltspunkten eines von den Vollstreckungsmaßnahmen Betroffenen nachgehen. Der jeweilige Prüfungsrahmen hängt dabei nach Ansicht des Bundesverfassungsgerichts von der jeweiligen Prozesssituation ab. Im vorliegenden Fall des einstweiligen Rechtsschutzes sah es das Bundesverfassungsgericht etwa als nicht erforderlich an, die Rechtslage im ersuchenden Staat dahingehend zu überprüfen, ob dem Schuldner dort ausreichend Rechtsschutzmöglichkeiten zur Verfügung stehen. Hierbei handele es sich um Tatsachenfragen, die durch Beweiserhebung geklärt werden müssten, die bei der nur summarischen Prüfung im Eilrechtsschutzverfahren jedoch nicht stattfände.[399] Daher habe sich das Finanzgericht insbesondere auf die Äußerungen der ersuchenden Behörde im Ausgangsverfahren verlassen dürfen. Dies gelte sogar für die Zusicherung der griechischen Behörden, den vollstreckten Betrag im Falle des Obsiegens

397 FG Köln, Beschluss v. 24.05.2018 – 12 V 827/18, juris Rz. 16.
398 BVerfG, Beschluss v. 23.05.2019 – 1 BvR 1724/18, IStR 2019, 666, juris Rz. 28.
399 BVerfG, ebd., Rz. 31 ff.

des Schuldners in der Hauptsache zurückzuzahlen, weshalb dem Schuldner kein irreparabler Schaden drohe. Auch soweit der Schuldner eidesstattlich versichert habe, von der beizutreibenden Forderung nicht in rechtsstaatlicher Weise unterrichtet worden zu sein, müsse das Finanzgericht dieser Versicherung bei summarischer Prüfung keinen uneingeschränkten Glauben schenken. Vielmehr habe das Finanzamt auch hier der Auskunft der ersuchenden Behörde glauben dürfen, ein zugrundeliegender Bescheid sei jedenfalls einem Angestellten der Gesellschaft, dessen Geschäftsführer der Schuldner war, zugestellt worden. Dies und die allgemeine Erfahrung, dass ein Geschäftsführer über die Angelegenheiten seiner Gesellschaft regelmäßig informiert sei, reiche zur Annahme, dass eine ordnungsgemäße Inkenntnissetzung des Schuldners stattgefunden habe.[400]

b) Kritische Würdigung

Die Maßstäbe, die das Bundesverfassungsgericht im Ergebnis anlegt, erscheinen fragwürdig, dürften aber letztlich der prozessrechtlichen Situation geschuldet sein. Die Verletzung von Grundrechten, zu deren Feststellung das Bundesverfassungsgericht allein berufen ist, markiert die äußerste Grenze des richterlichen Spielraums bei der Urteilsfindung, der im Rahmen der zwingenden Interessenabwägung im Eilverfahren umso größer ist. Insoweit begibt sich das Gericht eben nicht in die Rolle einer „Superrevisionsinstanz", sondern prüft lediglich, ob die angegriffene Entscheidung innerhalb der Grenzen des Grundgesetzes noch irgendwie vertretbar ist.[401] Insoweit dürfte dem Bundesverfassungsgericht insbesondere zuzugeben sein, dass die Entscheidung, ob dem Kläger oder dem Beklagten bei der Glaubhaftmachung von Umständen gefolgt wird, dem Tatsachengericht vorbehalten bleibt, solange es sich hierbei nicht eindeutig von unzutreffenden Erwägungen leiten lässt. Daher lassen sich dem Urteil insoweit auch keine verallgemeinerungsfähigen Rechtserkenntnisse abgewinnen. Insbesondere ist es keineswegs ausgeschlossen, dass sich ein Finanzgericht in einem gleichgelagerten Sachverhalt diametral entgegengesetzt entscheiden und hierfür sogar die besseren Argumente haben könnte.

Etwas anderes gilt hingegen für die vom Bundesverfassungsgericht zugrunde gelegte abstrakte Rechtslage, also die Frage, wann deutsche Gerichte überhaupt berechtigt oder verpflichtet sind, Amtshilfehandlungen für unzulässig zu erklären, bzw. ihr Unterbleiben anzuordnen. Diese Rechtsfrage war für das

---

400 BVerfG, ebd., Rz. 35.

401 Siehe nur *Bethge,* in Maunz/Schmidt-Bleibtreu/Klein/Bethge, BVerfGG, § 90 Rz. 377 f. (60. Lfg. Juli 2020).

finanzgerichtliche Eilverfahren entscheidungserheblich. Anders als die Sachverhaltsermittlungen werden Rechtsfragen im Eilverfahren nicht nur überschlägig geprüft.[402] Auch das Bundesverfassungsgericht musste diese Frage vollumfänglich beantworten, um überhaupt den Rahmen der verfassungsrechtlich gewährleisteten richterlichen Tätigkeit abstecken zu können. Dessen unbenommen referiert das Bundesverfassungsgericht nur das Ergebnis seiner Rechtsauffassung, ohne diese zu begründen. Es führt an, dass von dem durch das EU-Beitreibungsgesetz vorgesehenen Grundsatz eine Ausnahme in Form des ordre public Vorbehalts bestünde und zitiert sodann für die Definition dieses Vorbehalts die Entscheidung des Bundesfinanzhofs vom 03.11.2010.[403]

Damit lässt sich dem Beschluss des Bundesverfassungsgerichts lediglich die Erkenntnis entnehmen, dass es offenbar dem von Bundesfinanzhof und Europäischem Gerichtshof geäußerten Verständnis eines ungeschriebenen ordre public Vorbehalts zustimmt.[404] Weil das Bundesverfassungsgericht dies allerdings selbst ausdrücklich als Abweichung vom gesetzlich normierten Grundsatz bezeichnet, hätte es sich aufgedrängt, hierfür eine dogmatische Herleitung anzubieten. Eine solche fehlt dem Beschluss. Das Bundesverfassungsgericht erwähnt lediglich an einer Stelle, dass dem Anwendungsvorrang des Unionsrechts durch die in Art. 23 Abs. 1 Satz 3 i.V.m. Art. 79 Abs. 3 GG für integrationsfest erklärten Grundsätze der Verfassung eine Grenze gezogen ist, die vorliegend erkennbar nicht überschritten sei. Diese Erwähnung erfolgt allerdings außerhalb des Kontextes des ordre public Vorbehalts und überdies im Rahmen der Frage, ob das Finanzgericht griechisches Recht hätte überprüfen müssen.[405] Inwieweit die

402 Vgl. für das Verwaltungsgerichtsverfahren *Schoch*, in Schoch/Schneider, VwGO, § 80 Rz. 399 f. (40. Lfg. Februar 2021).

403 S. hierzu soeben bei 1.

404 Noch pauschaler hatte das Bundesverfassungsgericht bereits im Beschluss v. 22.03.1983 – 2 BvR 457/78, BVerfGE 63, 343 (366) beiläufig und ohne jede Begründung festgestellt: „Indessen gibt es verfassungsrechtliche Grenzen für die Einführung der generellen Vollstreckungsmöglichkeit ausländischer Vollstreckungstitel:
Aus dem Rechtsstaatsgrundsatz des Grundgesetzes folgen Mindestanforderungen für die Gewährung von Rechtshilfe durch die Bundesrepublik Deutschland. Sie ist von Verfassungs wegen nur zulässig, wenn
- das materielle ausländische Abgabenrecht nicht der verfassungsrechtlichen öffentlichen Ordnung (ordre public) der Bundesrepublik Deutschland zuwiderläuft, und
- das ausländische Verfahrensrecht, in dem Abgabenverpflichtungen tituliert werden, einem rechtsstaatlichen Mindeststandard an Verfahrensgerechtigkeit genügt."

405 BVerfG, Beschluss v. 23.05.2019 – 1 BvR 1724/18, IStR 2019, 666, juris Rz. 33.

griechische Rechtslage allerdings dem Anwendungsvorrang von Unionsrecht unterfallen sollte, erschließt sich nicht.

4. *Beschluss des Bundesfinanzhofs vom 30.07.2020*[406]

Im Beschluss des Bundesfinanzhofs vom 30.07.2020 ging es um die Aussetzung der Vollziehung einer Pfändungs- und Einziehungsverfügung, die aufgrund eines Beitreibungsersuchens aus dem Ausland ergangen war. Die Schuldnerin hat hiergegen verschiedene Einwände erhoben. Unter anderem machte sie geltend, die Besteuerung im Ursprungsstaat verletze das Leistungsfähigkeitsprinzip, weil sie auf Bruttoverkaufserlösen ohne Abzug der Anschaffungskosten beruhe. Für einen Teil der Forderungen habe sie im ersuchenden Staat keinen Bescheid erhalten. Die Verzinsung der Forderungen mit 7 % p.a. sei in der Höhe verfassungswidrig, im ersuchenden Staat bestehe überdies keine Möglichkeit vorläufigen Rechtsschutzes. Außerdem trug sie vor, die Vollstreckung sei aufgrund des zwischenzeitlich erlassenen BMF-Schreibens zu steuerlichen Maßnahmen zur Berücksichtigung der Auswirkungen des Coronavirus[407] bis zum 31.12.2020 zu unterlassen, da ihr ansonsten die Insolvenz drohe.

Der Bundesfinanzhof hob den Beschluss des Finanzgerichts Hessen[408], das der Schuldnerin teilweise Recht gegeben und die Vollziehung teilweise ausgesetzt hatte, auf und wies damit sämtliche Einwendungen der Schuldnerin zurück.

Dabei stellte der Senat jedoch zunächst fest, dass ein Verstoß „gegen den ordre public (Art. 6 EGBGB)“ zur Unbilligkeit der Vollstreckung gemäß § 14 Abs. 1 Satz 1 EUBeitrG führe.[409] Im Folgenden gab der Bundesfinanzhof gängige Teildefinitionen des Art. 6 EGBGB wieder, etwa dass ein solcher gegeben sei, wenn der Vollstreckungstitel aus einem Verfahren hervorgegangen ist, das von den Grundsätzen des deutschen Verfahrensrechts in einem solchen Maß abweicht, dass er nicht als in einem rechtsstaatlichen Verfahren ergangen angesehen werden könne.[410] Die einzelnen Einwendungen der Schuldnerin wurden sodann vom Bundesfinanzhof unter Art. 6 EGBGB subsumiert und sämtlich

406 BFH, Beschluss v. 30.07.2020 – VII B 73/20 (AdV), BStBl. II 2021, 127.

407 BMF-Schreiben v. 19.03.2020, IV A 3-S 0336/19/10007:002, 2020/0265898 – BStBl. I 2020, 262.

408 Hessisches Finanzgericht, Beschluss v. 19.05.2020 – 4 V 540/20, juris.

409 BFH, Beschluss v. 30.07.2020 – VII B 73/20 (AdV), BStBl. II 2021, 127, juris Rz. 77.

410 Mit Berufung auf BFH, Urteil v. 03.11.2010 – VII R 21/10, BStBl. II, 2011, 401; BGH, Beschluss v. 26.08.2009 – XII ZB 169/07, BGHZ 182, 188.

abgelehnt.[411] Die Wiedergabe der jeweiligen Begründungen unterbleibt an dieser Stelle, weil sie zu fallspezifisch sind, um generelle Aussagen zu ermöglichen.[412]

Diskutabel ist hingegen die Heranziehung des Art. 6 EGBGB durch den Senat. Sie erfolgt ohne Begründung und auch ohne Hinweis auf eine angenommene Analogie. Stattdessen scheint der Bundesfinanzhof Art. 6 EGBGB als eine allgemeingültige Grunddefinition des ordre public zu verstehen und fasst diesen – ebenfalls ohne jede rechtsmethodische Herleitung – unter das Billigkeitskriterium des § 14 EUBeitrG. Art. 6 EGBGB stammt jedoch aus dem internationalen Privatrecht und ist dort für relativ spezifisch umrissene zivilrechtliche Anwendungsfälle entworfen und auch nur für solche durch Rechtsprechung und Literatur in seinem Bedeutungsgehalt geprägt worden.[413] Das bedeutet, dass die Anwendung dieser Norm auf öffentlich-rechtliche – oder genauer: steuervollstreckungsrechtliche – Sachverhalte nicht nur grundsätzlich begründungsbedürftig gewesen wäre. Der Bundesfinanzhof hätte für eine Anwendung auch die entsprechenden Fallgruppen der etablierten Rechtsprechung und Literatur zu der Vorschrift analysieren müssen, um zu bestimmen, welche Aspekte des zivilrechtlichen ordre public auf seinen Sachverhalt übertragbar sind und warum.

Der Beschluss ist in dieser Hinsicht rechtsdogmatisch zweifelhaft und bis auf den pauschalen Hinweis auf Art. 6 EGBGB nicht erhellend.

III. Zwischenfazit: Keine argumentative Grundlage für einen ordre public Vorbehalt

Die Analyse der bisherigen Rechtsprechung zeigt, dass deutsche Gerichte seit der Kyrian-Entscheidung die dortige Auffassung, dass ein ordre public Vorbehalt bei der Beitreibungshilfe auf Grundlage der EG-/EU-Beitreibungsrichtlinie bestehe, schlicht übernommen haben. Dabei fehlte schon dem Urteil des Europäischen Gerichtshofs eine tragfähige Begründung hierfür, die über die Feststellung hinausgeht, dass etwas anderes „kaum denkbar" sei. Schließlich haben sowohl der Europäische Gerichtshof für die Richtlinien als auch die ihm folgenden deutschen Gerichte für das EU-Beitreibungsgesetz deutlich herausgearbeitet, dass die gesetzliche Grundlage eine solche Ausnahme gerade nicht vorsieht. Soweit sie

411 BFH, Beschluss v. 30.07.2020 – VII B 73/20 (AdV), BStBl. II 2021, 127, juris Rz. 80 ff.

412 Kritikwürdig ist allerdings die pauschale Aussage des BFH, die Schuldnerin habe nicht ausreichend glaubhaft gemacht, dass ihr für Teile der beizutreibenden Forderung kein Bescheid im ersuchenden Staat zugegangen sei. Wie ihr dies bei einer Negativtatsache hätte gelingen sollen, ist den Beschlussgründen nicht zu entnehmen.

413 Siehe Näheres sogleich bei C.III.

vereinzelt dem Unbilligkeitskriterium des § 14 EUBeitrG zugeordnet wird, fehlt zum einen eine dies stützende saubere Subsumtion, zum anderen jede Auseinandersetzung mit der Diskrepanz, die dadurch zwischen EU-Beitreibungsrichtlinie und EU-Beitreibungsgesetz entstünde. Schließlich ist auch – bei aller Kritik an der Entscheidung – das vom Finanzgericht Köln vorgebrachte Argument nicht von der Hand zu weisen, dass für die Zustellungshilfe ein ausdrücklicher ordre public Vorbehalt besteht, für die Vollstreckungshilfe allerdings nicht. Überdies wird nicht nur die Existenz eines universellen ordre public Vorbehalts, sondern auch sein Bedeutungsinhalt von allen Gerichten als selbstverständlich vorausgesetzt. Das erscheint schon prima facie problematisch, wenn man sich die vielfältig bestehenden Ausprägungen des Prinzips des ordre public und sein weltweit und in allen Rechtsgebieten denkbaren Anwendungsbereich vergegenwärtigt. Denn gerade ein vermeintlich allgemein gültiges Prinzip müsste zum Zwecke der Reproduzierbarkeit seines Anwendungsergebnisses zunächst nachvollziehbar in Zusammenhang mit der zu beantwortenden Rechtsfrage gebracht, also methodengerecht abgeleitet werden.

Die vorgefundene Pauschalität der Annahme und Anwendung eines ordre public Vorbehalts wäre allenfalls dann zulässig, wenn es sich bei „ordre public“ tatsächlich um ein eindeutig definiertes, allgemeingültiges Prinzip handelte. Ob dies der Fall ist, soll im Folgenden untersucht werden.

C. Grundzüge eines ordre public Prinzips

I. Allgemeingültige Charakteristik eines ordre public Prinzips?

Aus der erfolgten Darstellung der Rechtsprechung ist bereits deutlich geworden, welche grundlegende Funktion einem etwaigen ordre public Vorbehalt zugewiesen wird: Er soll immer dort, wo aufgrund internationaler Übereinkünfte fremdes Recht zur Geltung kommen soll, diese Geltung begrenzen und zwar zugunsten der wesentlichen Grundsätze der innerstaatlichen Rechtsordnung.[414] In dieser Pauschalität kann der Begriff ordre public aber nicht sinnvoll dogmatisch hergeleitet und auch nur schwer rechtspraktisch eingegrenzt werden. Fraglich ist daher, ob es allgemeingültige, operable Merkmale eines ordre public Prinzips gibt, die auf die Beitreibungshilfe in Steuersachen übertragbar wären. Dabei besteht allerdings die Schwierigkeit, dass von „ordre public“ im soeben genannten Sinn in allen Rechtsgebieten und in ganz unterschiedlichem Kontext

---

414 Vgl. die Definition bei *Weyeneth,* Der nationale und internationale ordre public im Rahmen der grenzüberschreitenden Amtshilfe in Steuersachen, S. 114.

gesprochen wird.[415] Wie im Folgenden gezeigt werden wird, sind dabei selbst im Internationalen Privatrecht, wo das Prinzip überhaupt erst entwickelt[416] und soweit ersichtlich am umfangreichsten definitorisch geprägt wurde, die Anwendungsbereiche und Rechtsfolgen von ordre public Vorbehalten äußerst vielseitig. Dabei kommt es in der wissenschaftlichen Diskussion, wie *Völker* feststellt zu einer „bemerkenswerten Begriffsaufsplitterung", die „bis ins feinsinnigste Detail ziselierte Differenzierungen terminologischer Art" vornimmt.[417] Es soll daher hier nur eine überblicksartige kategorische Darstellung der verschiedenen Ausgestaltungen eines ordre public Prinzips erfolgen, um zu zeigen, dass ein einheitlich zu verstehendes Prinzip „ordre public" nur in äußersten Grenzen besteht.

II. Positive und negative Funktionsweise des ordre public Prinzips

Als eine erste grobe Eingrenzung des ordre public, die bereits in der Anfangszeit des Internationalen Privatrechts vorgenommen wurde, wird zunächst zwischen seiner positiven und negativen Funktion unterschieden.[418]

Nach dem auch als „romanische Schule" bezeichneten positiven Prinzip umschreibt ordre public in seinem Wortsinne eine „öffentliche Ordnung", also höchstrangige Rechtsnormen des Völkerrechts (ordre public internationale) oder des jeweiligen innerstaatlichen Rechts (ordre public interne). Diese Normen sollen im Kollisionsfall die eigentlich anzuwendende ausländische Rechtsnorm verdrängen und statt ihrer zur Anwendung kommen. Die Bezeichnung als „positiver" ordre public liegt also darin begründet, dass für die Anwendung des Prinzips aus der öffentlichen Ordnung Normen im positiven Sinne abzuleiten sind, die sodann direkt zur Anwendung gelangen.[419]

---

415 Siehe für einen Überblick etwa *Müller-Graff,* ZVglRWiss 111 (2012), 72 ff.

416 Vgl. *Weyeneth,* Der nationale und internationale ordre public im Rahmen der grenzüberschreitenden Amtshilfe in Steuersachen, S. 101 f.; siehe zur Historie auch allgemein *Völker,* Zur Dogmatik des ordre public, S. 29 ff., 58 ff; *Thoma,* Die Europäisierung und Vergemeinschaftung des nationalen ordre public, S. 4 ff.; *Schemmer,* Der ordre public-Vorbehalt unter der Geltung des Grundgesetzes, S. 7 ff.

417 *Völker,* Zur Dogmatik des ordre public, S. 252.

418 S. hierzu sowie zum Folgenden m.w.N. *v. Hein,* in MüKo BGB, Art. 6 EGBGB Rz. 4.; *Voltz,* in Staudinger, BGB, Art, 6 EGBGB Rz. 5 ff.; *Thoma,* Die Europäisierung und Vergemeinschaftung des nationalen ordre public, S. 4 ff.; *Kahn,* Abhandlungen aus dem Internationalen Privatrecht, S. 4 ff.; *Savigny,* System des heutigen Römischen Rechts, Band 8, S. 32 ff.

419 Fundierte Kritik zu diesem Verständnis bei *Völker,* Zur Dogmatik des ordre public, S. 58 ff.

Nach dem negativen Verständnis des Prinzips – auch als „deutsche Schule" bezeichnet[420] – findet dagegen zunächst lediglich eine Verdrängung der ausländischen Rechtsnorm statt. Ordre public Klauseln sind hiernach *Vorbehaltsklauseln*[421], die die Anwendung einer Norm versagen, ohne bereits festzulegen, was stattdessen zu gelten habe. Allerdings folgt auch die Verwerfung der ausländischen Norm aus einem Abgleich ihres Anwendungsergebnisses mit höherrangigen Rechtsprinzipien, weshalb sich positive und negative Funktion des ordre public praktisch nicht eindeutig trennen lassen. Sie stellen vielmehr „zwei Seiten derselben Medaille" dar.[422]

Für die vorliegende Arbeit ist der vorgenannte Streit nur von geringer Bedeutung. Denn die Frage, welches Recht anstelle des verworfenen zur Anwendung gelangen soll, stellt sich im Falle einer verweigerten Amtshilfe nicht. Ein etwaiger ordre public Vorbehalt bei der Vollstreckungshilfe in Steuersachen kann insoweit nur im Sinne eines „Alles-oder-Nichts-Prinzips" wirken. Schließlich wird die erbetene Amtshilfe im Falle eines Verstoßes gegen den ordre public nicht durch etwas anderes ersetzt, festgestellte Mängel der beizutreibenden Forderung werden im ersuchten Staat nicht geheilt. Stattdessen unterbleibt die Amtshilfe schlicht ganz. Da positive und negative Funktion sich aber wie gesehen bei der tatbestandlichen Feststellung eines ordre public Verstoßes nicht wesentlich voneinander unterscheiden, muss an dieser Stelle kein weiterer Beitrag zur Diskussion erfolgen.

III. Anerkennungs- und kollisionsrechtlicher ordre public

Eine weitere grundsätzliche Unterscheidung des ordre public Prinzips existiert mit Bezug auf seinen jeweiligen Anwendungsbereich.[423] Der kollisionsrechtliche ordre public betrifft den Bereich des Kollisionsrechts, also die Frage, nach wessen Staates Recht ein bestimmter Sachverhalt zu beurteilen ist. Dabei kann es insbesondere im Internationalen Privatrecht zu dem Ergebnis kommen, dass der inländische Richter in seiner Entscheidung ausländisches Recht auf den zu

420 *Schemmer,* Der ordre public-Vorbehalt unter der Geltung des Grundgesetzes, S. 11.

421 Der Begriff geht laut *Marx,* Der verfahrensrechtliche ordre public bei der Anerkennung und Vollstreckung ausländischer Schiedssprüche in Deutschland, S. 3, sowie *Schemmer,* Der ordre public-Vorbehalt unter der Geltung des Grundgesetzes, S. 11 zurück auf *Ernst Zitelmann,* Internationales Privatrecht, Erster Band, 1898, S. 317.

422 M.w.N. *Voltz,* in Staudinger, BGB, Art, 6 EGBGB Rz. 14; skeptisch *v. Hein,* in MüKo BGB, Art. 6 EGBGB Rz. 4.

423 S. hierzu *Völker,* zur Dogmatik des ordre public, S. 44 ff.

entscheidenden Fall anzuwenden hat.[424] In diesem Fall versagt der ordre public Vorbehalt sodann eben jene Anwendung fremder Rechtsnormen, wenn diese zu einem untragbaren Ergebnis im Inland führen würde. Der kollisionsrechtliche ordre public Vorbehalt zielt damit auf ausländische Legislativakte. Art. 6 EGBGB stellt den wichtigsten geschriebenen ordre public Vorbehalt in diesem Sinne dar. Diese vom Bundesfinanzhof ohne weitere Begründung im Steuerverfahren angewendete Vorschrift[425] besagt, dass eine Rechtsnorm eines anderen Staates nicht anzuwenden ist, wenn ihre Anwendung zu einem Ergebnis führt, das mit wesentlichen Grundsätzen des deutschen Rechts offensichtlich unvereinbar ist. Nach Satz 2 der Vorschrift ist eine Rechtsnorm insbesondere nicht anzuwenden, wenn die Anwendung mit den Grundrechten unvereinbar ist.

Demgegenüber wirkt der anerkennungsrechtliche ordre public Vorbehalt gegen Entscheidungen einer fremden Judikative oder Exekutive. Er betrifft also die innerstaatliche Anerkennung fremder Hoheitsentscheidungen in einem konkreten Einzelfall, namentlich gerichtliche und behördliche Entscheidungen. Anerkennung in diesem Sinne bedeutet die Erstreckung der einem ausländischen Urteil nach dem Recht des Erststaates zukommenden Wirkungen und die darauf basierende Beachtlichkeit der ausländischen Entscheidung.[426] Dabei beurteilen sich die zu erstreckenden Wirkungen nicht etwa nach denjenigen, die einem gleichen oder vergleichbaren inländischen Urteil zukommen würden. Vielmehr müssen die vom fremden Recht intendierten Wirkungen ermittelt werden (sog. Wirkungserstreckung).[427] Die zentrale Vorschrift für die Anerkennung im Zivilprozess außerhalb des harmonisierten Privatrechts[428] ist § 328 ZPO. Allerdings regelt die Vorschrift ausdrücklich nur Gründe dafür, ausländischen Urteilen die inländische Wirkung zu versagen. Hieraus ergibt sich aber im Umkehrschluss der Grundsatz einer automatischen Anerkennung ausländischer Entscheidungen.[429] Dabei enthält § 328 Abs.1 Nr. 4 ZPO den eigentlichen odre public Vorbehalt, der in wörtlicher Übereinstimmung mit Art. 6 EGBGB ausländischen Urteilen die Anerkennung versagt, wenn diese zu einem Ergebnis führt, das mit

424 *V. Hein,* in MüKo BGB, Art. 3 EGBGB Rz. 6.

425 Siehe bei B.II.4.

426 *Geimer,* in Zöller, ZPO, § 328 Rz. 20; *ders.,* in Geimer, Internationales Zivilprozessrecht, Rz. 2776; *Gottwald,* in MüKo ZPO, § 328 Rz. 3 ff.; *Stadler,* in Musielak/Voit, ZPO, § 328 Rz. 2.

427 S. die Belege aus Fn. 426.

428 Siehe dazu die Übersicht bei *Gottwald,* MüKo ZPO, § 328 Rz. 20 ff.

429 *Bach,* in BeckOK ZPO, § 328 Rz. 10; *Dörner,* in Saenger, ZPO, § 328 Rz. 1, 5.

wesentlichen Grundsätzen des deutschen Rechts offensichtlich unvereinbar ist, insbesondere wenn die Anerkennung mit den Grundrechten unvereinbar ist.

Ausgenommen von der Wirkung des § 328 ZPO ist jedoch die Vollstreckbarkeitswirkung ausländischer Entscheidungen.[430] Hierfür bedarf es gemäß § 722 ZPO einer gerichtlichen Vollstreckbarkeitserklärung in Form eines Gestaltungsurteils. Grundlage der Vollstreckung ist sodann das Vollstreckungsurteil (sog. Exequatur), nicht hingegen der ausländische Vollstreckungstitel.[431] Für etliche Gerichtsentscheidungen innerhalb der EU ist ein eigenständiges Exequaturverfahren mittlerweile abgeschafft.[432] Beachtlich ist dabei, dass nach Art. 46 der Verordnung über die gerichtliche Zuständigkeit und die Anerkennung und Vollstreckung von Entscheidungen in Zivil- und Handelssachen (EUGVVO)[433], nach der grundsätzlich alle Entscheidungen eines EU-Mitgliedsstaates in Zivil- und Handelssachen in den anderen Mitgliedstaaten ohne Exequatur vollstreckbar sind, die Anerkennung auf Antrag des Schuldners versagt werden kann, wenn sie gegen die öffentliche Ordnung verstößt (Art. 46 i.V.m. Art. 45 Abs. 1 lit. b] EUGVVO). Für die Exequatur nach § 722 ZPO gilt hingegen gemäß § 723 Abs. 2 S. 2 ZPO, dass das zu vollstreckende Urteil den Anforderungen des § 328 ZPO genügen muss. Der dort normierte ordre public Vorbehalt gilt daher ebenso für die Vollstreckbarkeitserklärung.

Das Erfordernis einer Exequatur für die Vollstreckungswirkung ausländischer Urteile liegt in der technischen Ausgestaltung des Zivilprozesses begründet[434] und ist für die vorliegende Arbeit nicht weiter von Bedeutung.

Marginal sind auch die inhaltlichen Unterschiede zwischen kollisions- und anerkennungsrechtlichem ordre public. Für den Zivilprozess stützen sie sich auf gleichlautende Vorschriften und haben übereinstimmende Zielrichtungen. Unterschiede bestehen insoweit, als es für den kollisionsrechtlichen ordre public allein auf den Inhalt und die daraus resultierende Wirkung der betreffenden Vorschrift ankommt, während ihre Entstehung im Ursprungsstaat – insbesondere die Übereinstimmung mit den dortigen formellen Verfassungsanforderungen – im Forumstaat gänzlich irrelevant ist, solange sie nur nach dem Recht

---

430 *Geimer*, in Zöller, ZPO, § 328 Rz. 32; *Gottwald*, in MüKo ZPO, § 328 Rz. 187; *Stadler*, in Musielak/Voit, ZPO, § 328 Rz. 40.

431 M.w.N. *Gottwald*, in MüKo ZPO, § 722 Rz. 1 ff.

432 Übersicht bei *Gottwald*, in MüKo ZPO, § 722 Rz. 4 ff.

433 VO (EU) 1215/2012 v. 12.12.2012 (ABl. 2012 L 351 S. 1), zuletzt geändert durch Art. 1 ÄndVO (EU) 2015/281 vom 26.11.2014 (ABl. 2015 L 54 S. 1).

434 Siehe nur *Geimer*, in ders., Internationales Zivilprozessrecht, Rz. 3100 ff.

des Ursprungsstaates in Kraft ist.[435] Beim anerkennungsrechtlichen ordre public steht hingegen die Entstehung der zu berücksichtigenden Entscheidung oftmals im Fokus. So enthält bereits § 328 Abs. 1 Nr. 2 ZPO einen speziellen Anerkennungsvorbehalt für Urteile, die unter Verletzung des Rechts auf richterliches Gehör und effektiven Rechtsschutz zustande gekommen sind. Der eigentliche ordre public Vorbehalt der Nr. 4 ist demgegenüber subsidiär.[436] Doch auch im Rahmen allgemeiner ordre public Vorbehalte nehmen verfahrensrechtliche Probleme immer wieder eine bedeutende Rolle ein, wobei der Verletzung der jeweiligen Prozessgrundrechte nach Rechtsprechung des Bundesgerichtshofs jedoch ein gewisses Gewicht zukommen muss.[437]

Demgegenüber durchaus gewichtig erscheint die Unterscheidung, die der Bundesgerichtshof mit Blick auf den anzulegenden Prüfungsmaßstab zwischen kollisionsrechtlichem und anerkennungsrechtlichem ordre public vornimmt. So sei der anerkennungsrechtliche ordre public großzügiger als der kollisionsrechtliche ordre public, den die Gerichte bei der eigenen Anwendung ausländischen Rechts anzuwenden hätten.[438] Begründet wird dies damit, dass deutsche Gerichte bei der Frage, ob sie ausländische Rechtsnormen anwenden oder nicht eine eigene rechtsgültige Entscheidung träfen, während anzuerkennende fremde Entscheidungen bereits getroffen worden seien und sich deren Anerkennung lediglich auf deren Vollstreckung beschränke.[439] Aus Sicht der Betroffenen besteht in beiden Fällen aber kein Unterschied. Ein ausländisches Schadensersatzurteil hat bei Wirkungserstreckung ins Inland dieselben rechtlichen Konsequenzen wie die Anwendung der zugrunde liegenden Schadensersatznorm durch deutsche Gerichte. Auch besteht aus staatsrechtlicher Sicht kein Grund,

---

435 *V.Hein*, in MüKo BGB, Art. 6 EGBGB Rz. 126.

436 *Bach*, in BeckOK ZPO, § 328 Rz. 43.

437 Jeweils m.w.N. *Bach*, in BeckOK ZPO, § 328 Rz. 39; *Stadler*, in Musielak/Voit, ZPO, § 328 Rz. 25a f.; *Gottwald*, in MüKo ZPO, § 328 Rz. 130 ff.; *Geimer*, in Zöller, ZPO, § 328 Rz. 215 ff.

438 BGH, Urteile v. 18.10.1967 – VIII ZR 145/66, BGHZ 48, 327, juris Rz. 12; v. 15. 05. 1986 - III ZR 192/8, BGHZ 98, 70, juris Rz. 14; v. 21.04.1998 – XI ZR 377/97, BGHZ 138, 331, juris Rz. 16; Beschluss vom 10.12.2014 – XII ZB 463/13, BGHZ 203, 350, juris Rz. 28; Beschluss v. 05.09.2018 – XII ZB 224/17, NJW-RR 2018, 1473, juris Rz. 15; s.a. m.w.N. *v. Hein*, in MüKo BGB, Art. 6 EGBGB Rz. 8, sowie *Hau*, in Prütting/Helms, FamFG, § 109 Rz. 45; *Völzmann-Stickelbrock*, in Prütting/Gehrlein, ZPO, § 328 Rz. 23.

439 BGH, Urteil v. 15.05.1986 – III ZR 192/84 - BGHZ 98, 70, juris Rz. 14; *Hau*, in Prütting/Helms, FamFG, § 109 Rz. 45.

einem ausländischen Judikativakt ein anderes Vertrauen entgegenzubringen als einem Legislativakt. Die Grenzen zwischen beiden sind schließlich Sache des jeweiligen fremden Staates und können mehr oder weniger streng ausgestaltet sein. Aus Sicht des deutschen Staates handelt es sich in beiden Fällen schlicht um fremde Hoheitsakte, denen in Deutschland grundsätzlich keinerlei Hoheitlichkeit zukommt.

Noch weniger verständlich ist die Unterscheidung bei Vollstreckungsurteilen nach § 722 ZPO. Hier fällen deutsche Gerichte originäre Urteile nach einem deutschen Gerichtsprozess. Grundlage dieser Urteile ist sogar allein deutsches Recht, lediglich ihr Gegenstand besteht in einem im Ausland ergangenen Urteil. Warum einem solchen Urteil in diesem Fall mit Blick auf die wesentlichen Grundsätze der deutschen Rechtsordnung ein höheres oder überhaupt nur ein anderes Vertrauen als einer ausländischen Rechtsnorm entgegengebracht werden sollte, erschließt sich nicht.

Tatsächlich fällt überdies auf, dass dem kollisionsrechtlichen ordre public zwar in den zitierten Urteilen und in der Literatur ein strengerer Prüfungsmaßstab attestiert wird, dieser sich aber in der Urteilspraxis inhaltlich nicht ausmachen lässt. So lautet die gängige Wendung für das Verständnis des Art. 6 EGBGB, es sei darauf abzustellen, „ob das Ergebnis der Anwendung des ausländischen Rechts zu den Grundgedanken der deutschen Regelung und der in ihnen liegenden Gerechtigkeitsvorstellungen in so starkem Widerspruch steht, daß es von uns für untragbar gehalten wird“.[440] Im Rahmen des § 328 ZPO und ihm vergleichbaren Normen heißt es meist nahezu wortgleich, ein Verstoß sei anzunehmen, wenn „das Ergebnis der Anwendung ausländischen Rechts zu den Grundgedanken der deutschen Regelung und der in ihnen liegenden Gerechtigkeitsvorstellungen in so starkem Widerspruch steht, dass es nach inländischen Vorstellungen untragbar erscheint.“[441]

Auch *Kornblum* kommt nach eingehender Analyse von Teilen der oben zitierten Rechtsprechung des Bundesgerichtshofs[442] zu dem Ergebnis, dass die vom Bundesgerichtshof vorgenommene Unterscheidung auf einer „gedanklichen Unschärfe“ beruhe, unter anderem weil Begrifflichkeiten aus dem Internationalen Privatrecht sowohl im allgemeinen Zivilprozessrecht als auch im hierzu

440 M.w.N. *v.Hein,* in MüKo BGB, Art. 6 EGBGB Rz. 142.

441 M.w.N. *Bach,* in BeckOK ZPO, § 328 Rz. 10; *Dörner,* in Saenger, ZPO, § 328 Rz. 47.

442 Nachweise bei Fn. 438.

spezielleren Schiedsverfahrensrechts in undifferenzierter Weise verwendet werden.[443]

Diese Diffusität mag erklären, dass der Bundesfinanzhof den Art. 6 EGBGB auf die Beitreibungshilfe in Steuersachen angewendet hat, obwohl der Sache nach § 723 ZPO oder jedenfalls § 328 ZPO wesentlich näher gelegen hätten. Denn die Vollstreckung einer ausländischen Steuerforderung beruht auf einem ausländischen Vollstreckungstitel, der jedenfalls in Gestalt eines Urteils oder eines mit dem deutschen Verwaltungsakt vergleichbaren Exekutivinstrument ergeht. Dies entspricht also der Situation des Prozessrechts viel eher als der der Anwendung einer ausländischen materiellen Rechtsnorm, wie Art. 6 EGBGB sie voraussetzt.

Damit bleibt festzuhalten, dass in der Terminologie des Internationalen Privat- bzw. Zivilprozessrechts die zwischenstaatliche Vollstreckungshilfe in Steuersachen einen Unterfall des Anerkennungs- und nicht des Kollisionsrechts darstellt. Wollte man also Normen aus diesen Rechtsregimen analog auf die Steuerbeitreibungshilfe anwenden[444], so kämen augenscheinlich die Vorschriften der ZPO bzw. ihnen verwandte Regelungen des Internationalen Zivilprozessrechts zur Geltung. Darüber hinaus kommt es aber auf die Unterscheidung nicht an.

IV. Ordre public interne und ordre public international

Die Unterscheidung zwischen ordre public interne und international taucht häufig im Zusammenhang mit der Unterscheidung zwischen anerkennungsrechtlichem und kollisionsrechtlichem ordre public auf.[445] Sie stammt aus dem französischen Recht und bezeichnet ihrem Ursprung nach die Unterscheidung zwischen „zwingendem", im Sinne von indisponiblem Privatrecht ohne notwendigen Auslandsbezug (ordre public interne) auf der einen Seite sowie auf der anderen Seite solche, im Sinne eines positiven ordre public „zwingenden" inländischen Rechtsvorschriften, die sich auch im Rahmen des internationalen Privat- bzw. Zivilprozessrechts gegen ausländische Bestimmungen durchsetzen

---

443 *Kornblum,* NJW 1987, 1105 f.; *v. Winterfeld,* NJW 1987, 3059 (3060) stellt hieran anschließend fest, sowohl beim § 328 ZPO als auch beim Art. 6 EGBGB werde jedenfalls in gleicher Weise lediglich der großzügigere „ordre public international" angewendet. Für eine auch inhaltliche Unterscheidung aber *Jüngst*, Der europäische verfahrensrechtliche ordre public, S. 13.

444 Dazu sogleich bei D.III.

445 Siehe nur BGH, Urteil v. 18.10.1967 – VIII ZR 145/66, BGHZ 48, 327, juris Rz. 12; *Jüngst*, Der europäische verfahrensrechtliche ordre public, S. 12 f.

(ordre public international). Im deutschsprachigen Raum, in dem „ordre public" ohnehin nur im letztgenannten Sinne verwendet wird, macht diese Unterscheidung grundsätzlich keinen Sinn und führt zu Missverständnissen.[446] So sollte diese Terminologie etwa keineswegs dahingehend verstanden werden, dass zwischen inländischen oder völkerrechtlichen Normen unterschieden würde, die sich gegenüber dem ausländischen Recht durchsetzen.[447] Stattdessen handelt es sich, wenn man das Begriffspaar denn überhaupt verwenden möchte, bei einem ordre public Vorbehalt in allen grenzüberschreitenden Sachverhalten stets um einen ordre public international.[448] Auch im Rahmen der internationalen Beitreibungshilfe geht es ausschließlich und in jeder damit zusammenhängenden Konstellation um einen ordre public international. Eine weitere explizite Abgrenzung zum ordre public interne findet daher auch in dieser Arbeit nicht statt.

V. Weitere (terminologische) Erscheinungsformen des ordre public

Ordre public Vorbehalte finden sich heute neben dem Internationalen Privat- und Zivilprozessrecht in allen Rechtsbereichen. Für die internationale Rechtshilfe in Strafsachen etwa existiert ein ordre public Vorbehalt in § 73 IRG.[449] Daher werden weitere terminologische Unterscheidungen danach vorgenommen, aus welcher Rechtsquelle sich ein ordre public Vorbehalt ergibt, bzw. welchen Rechtsquellen durch einen Vorbehalt der Vorrang gegenüber anderen eingeräumt wird. So differenziert *Ohler* zwischen völkerrechtlichem, europäischem

---

446 Siehe etwa *Kornblum*, NJW 1987, 1105 f.; Vgl. auch *Stürner*, in BeckOGK EGBGB, Art. 6 Rz. 171 ff. (November 2020); zur allenfalls im Rahmen der Schiedsgerichtbarkeit relevanten Unterscheidung siehe *Marx*, Der verfahrensrechtliche ordre public bei der Anerkennung und Vollstreckung ausländischer Schiedssprüche in Deutschland, S. 21 ff.

447 Siehe hierzu *Ohler*, in Kirchhof/Isensee (Hrsg.), HStR, § 238 Rz. 30: „Einen ordre public im funktionalen Sinne einer Vorbehaltsklausel gibt es im Völkergewohnheitsrecht nicht, auch wenn insoweit von einem ‚internationalen ordre public' die Rede ist," mit Verweis auf *Kokott*, Grund- und Menschenrechte als Inhalt eines internationalen ordre public, S. 73.

448 Siehe *v. Winterfeld*, NJW 1987, 3059 (3060); *v.Hein*, in MüKo BGB, Art. 6 EGBGB Rz. 8 f.; *Stürner*, in BeckOGK EGBGB, Art. 6 Rz. 171 ff. (November 2020).

449 Gesetz über die internationale Rechtshilfe in Strafsachen in der Fassung der Bekanntmachung vom 27.06.1994 (BGBl. I S. 1537), zuletzt geändert durch Art. 1 des G. v. 23.11.2020 (BGBl. I S. 2474); Siehe hierzu *Schumann*, Anerkennung und ordre public, passim.

und verfassungsrechtlichem ordre public. Auch hierbei werden allerdings weitere Unterkategorien gebildet, je nach Anwendungsfall und intendierter Wirkrichtung des Vorbehalts. Im Rahmen eines „europäischen ordre public" lässt sich etwa unterscheiden zwischen dem primärrechtlichen Kernbestand der Unionsrechtsordnung, über den die Organe der Union nicht verfügen dürfen und den nationalen Kernbeständen der mitgliedstaatlichen Rechtsordnungen, die sich gegen das Unionsrecht durchsetzen.[450]

Schließlich werden ordre public Vorbehalte kontextspezifisch definiert, etwa wenn zwischen „materiell-rechtlichem" und „verfahrensrechtlichem" ordre public in dem Sinne unterschieden wird, als dass ersterer die Anerkennung von Entscheidungen versagt, weil sie inhaltlich zur inländischen Rechtsordnung im Widerspruch stehen, während der „verfahrensrechtliche" ordre public solchen Entscheidungen die Anerkennung versagt, die in einem rechtsstaatswidrigen Verfahren zustande gekommen sind.[451] Dabei kann „verfahrensrechtlicher ordre public" jedoch ebenso als Oberbegriff für ordre public Vorbehalte dienen, die lediglich in rechtlichen Verfahren zum Einsatz kommen, also die anerkennungs- und vollstreckungsrechtlichen Vorbehalte.[452] Bei dieser Lesart wären auch materiell-rechtliche Einwände gegen etwa die Anerkennung eines Urteils denkbar, die terminologische Klassifizierung würde sich also nur auf den Anwendungsbereich des Vorbehalts, nicht aber auf seinen Inhalt beziehen.

VI. Kein einheitliches Verständnis von „ordre public"

Der vorangegangene Überblick über die Spielarten und Anwendungsfelder von ordre public Vorbehalten zeigt, dass eine rechtsgebietsübergreifende, allgemeingültige Rechtsfigur eines ordre public Vorbehaltes nicht existiert. Als juristischer Begriff verhält sich „ordre public" weniger wie ein Substantiv als vielmehr wie ein Adjektiv, das ohne konkreten Bezug nur in abstrakten Grundzügen verständlich ist. In solch abstrakten Grundzügen beschreibt „ordre public" eine Gruppe von geschriebenen oder ungeschriebenen Rechtsnormen, die gegenüber allen anderen Normen absoluten Vorrang genießen. Da „ordre public" hierbei nahezu ausschließlich im internationalen Kontext verwendet wird, lässt sich zum allgemeinen Begriffsverständnis hinzufügen, dass es sich bei den so qualifizierten

450 S. *Ohler*, in Isensee/Kirchhof, HStR, Bd. XI, § 238 Rz. 33 ff.

451 Siehe *Hau*, in Prütting/Helms, FamFG, § 109 Rz. 48 ff.; *Rauscher* Internationales Privatrecht, Rz. 603; *Seer*, IWB 2017, 595 (605 f.).

452 *Jüngst*, Der europäische verfahrensrechtliche ordre public, S. 9 f.

Normen um inländische – oder inkorporierte – handelt, die sich gegenüber ausländischen Rechtsakten durchsetzen.[453]

Darüber hinaus ist der Begriff „ordre public" unbestimmt und daher auch dort, wo er ausdrücklich durch das Gesetz verwendet wird, in hohem Maße auslegungsbedürftig.

Für die hier zu untersuchende Fragestellung bedeutet das Zweierlei: Zum einen kann nicht ohne weiteres von einem allgemeinen „Prinzip ordre public" ausgegangen werden, das auch ohne ausdrückliche gesetzliche Anordnung in jedem Falle zur Anwendung käme. Zum anderen können aber auch dann, wenn man von einem (ungeschriebenen) ordre public Vorbehalt ausgeht, nicht ohne Weiteres Definitions- und Auslegungsansätze aus anderen Rechtsbereichen, insbesondere nicht aus gänzlich anderen Rechtsgebieten übertragen werden. Denn diese sind idealiter speziell für ihren jeweiligen Kontext und dort mit Blick auf eine konkrete Funktion entwickelt worden, sodass es für eine Übernahme solcher Ansätze zumindest einer vergleichenden Darstellung der rechtlichen Situationen bedarf. Vor diesem Hintergrund ist etwa die Vorgehensweise des Bundesfinanzhofs abzulehnen, wenn er ohne einen solchen Vergleich, ja sogar ohne die Erwähnung des Instrumentes der Analogie nicht nur den Gesetzestext des Art. 6 EGBGB, sondern auch die hierzu ergangene Rechtsprechung der ordentlichen Gerichte ohne weitere Transferleistung auf steuerrechtliche Sachverhalte anwendet.[454] Dies gilt umso mehr, als dass gerade im Privatrecht die Grundzüge eines ordre public über Jahrzehnte für die dort benötigten Funktionen entwickelt und daran angepasst worden sind, insoweit dort also ein gegenüber anderen Rechtsgebieten besonders hoher Grad an Spezialisierung und Differenzierung vorliegt.[455]

Stattdessen müssen die tatbestandlichen Anforderungen und Rechtsfolgen eines ordre public Vorbehalts kontextbezogen entwickelt werden. Fehlt es darüber hinaus wie vorliegend schon überhaupt an einem geschriebenen ordre public Vorbehalt, muss ein solcher zunächst anhand eines rechtsmethodisch

---

453 In einem technischeren Verständnis ließe sich inhaltsgleich formulieren, dass das zum „ordre public" gehörende Recht Vorrang vor der – ebenfalls inländischen – Transformationsanordnung, also etwa dem Anerkennungsbefehl, genießt. Diese Umschreibung wäre insoweit zutreffender, als dass fremdes Recht aus sich heraus ohnehin niemals Wirkung im Inland erlangen, also auch nicht „verdrängt" werden kann, sondern ihm vielmehr schlicht die faktische Berücksichtigung durch inländische Staatsorgane versagt wird.

454 Siehe oben bei B.III.

455 Vgl. *Völker*, Zur Dogmatik des ordre public, S. 252.

begründeten Anknüpfungspunktes nutzbar gemacht werden. Ansonsten handelt es sich etwa bei der Aussage, eine Vollstreckungshilfe dürfe nicht gegen die öffentliche Ordnung verstoßen um eine aus der Luft gegriffene Behauptung.

D. Anknüpfungspunkte eines ordre public Vorbehalts im Rahmen der gegenseitigen Vollstreckungshilfe

I. Ungeschriebener Grundsatz

1. Nationaler ungeschriebener Grundsatz

Nach den soeben getroffenen Feststellungen bleibt im Grunde bereits kein Raum mehr für die Überlegung, dass ein ordre public Vorbehalt als ein ungeschriebener Grundsatz zur Geltung gelangen könnte, denn dies würde ja voraussetzen, dass ein solcher Grundsatz durch Rechtswissenschaft und -praxis hinreichend präzisiert worden wäre, um ihn etwa als gewohnheitsrechtlich[456] fundiert zu bezeichnen. Gerade an einer derartigen Präzisierung fehlt es aber. Gleichwohl findet sich die Annahme eines ungeschriebenen ordre public Grundsatzes vereinzelt in der Literatur wieder[457] und wird auch von der Rechtsprechung offenbar dort implizit angenommen, wo diese einen ordre public Vorbehalt ohne gesetzliche Anknüpfung einfach voraussetzt.

Neben dem apodiktischen und damit rechtswissenschaftlich nicht haltbaren Charakter dieser Praxis, fehlt aber auch eine gewohnheitsrechtliche Übung, die es unter Umständen erlauben könnte, ohne weiteren Begründungsaufwand von einem ungeschriebenen Grundsatz auszugehen. Denn tatsächlich existieren auch potentielle Anwendungsfälle für einen ordre public Vorbehalt, bei dem

---

456 Gewohnheitsrecht, also solches, „das nicht durch förmliche Setzung, sondern durch längere tatsächliche Übung entstanden ist, die eine dauernde und ständige, gleichmäßige und allgemeine sein muß und von den beteiligten Rechtsgenossen als verbindliche Rechtsnorm anerkannt wird", wird vom BVerfG ohnehin nur in engen Grenzen anerkannt, als Eingriffsgrundlage sogar nur für vorkonstitutionelles Gewohnheitsrecht, s. BVerfG, Beschluss v. 28.06.1967 - 2 BvR 143/61, BVerfGE 22, 114 (121); vgl. zu den strengen Anforderungen und den damit einhergehenden Problemen auch *Maurer,* Allgemeines Verwaltungsrecht, § 4 Rz. 29 ff.

457 *Sandberg,* Internationale Vollstreckungshilfe im Besteuerungsverfahren, S. 227 f.; *Weyeneth,* Der nationale und internationale ordre public im Rahmen der grenzüberschreitenden Amtshilfe in Steuersachen, S. 105 f.; *V. Coelln* in Isensee/Kirchhof, HStR Band XI, § 239 Rz. 56: „[Die] Vollstreckbarkeit ausländischer Titel [setzt] daher regelmäßig einen Vorbehalt der öffentlichen Ordnung voraus.".

die Rechtsprechung einen solchen gerade ablehnt. So hat bspw. der Bundesfinanzhof[458] selbst auf eine Entscheidung des Bundesgerichtshofs[459] rekurriert, in der dieser die Annahme eines ordre public Vorbehalts bei der Anwendung der EuVTVO[460] ausschließt. Zwar hat der Bundesgerichtshof in jenem Urteil durchaus aufwändig argumentiert, warum gerade kein ungeschriebener Vorbehalt angenommen werden sollte; dies ließe den Umkehrschluss zu, dass ein solcher ansonsten gerade üblich sei. Allerdings betraf das Urteil mit der EuVTVO einen Sachverhalt, der vor Erlass jener Richtlinie noch unter die VO (EG) Nr. 44/2001[461] gefallen wäre, die wiederum einen ordre public Vorbehalt ausdrücklich vorsieht. Der Bundesgerichtshof musste sich daher mit der Frage beschäftigen, ob der Gesetzgeber durch die Auslagerung bestimmter Sachverhalte auf eine speziellere Richtlinie ohne ausdrücklichen ordre public Vorbehalt tatsächlich auch einen solchen bewusst für diese Fälle ausschließen wollte. Anderenfalls hätte sich hier eine analoge oder auch direkte Anwendung der allgemeineren Richtlinie geradezu aufgedrängt. Ein ungeschriebener ordre public Vorbehalt hätte also auch dann nicht fruchtbar gemacht werden müssen, wenn man einen Vorbehalt hätte annehmen wollen.

In einem strukturell ähnlich gelagerten Fall entschied der Bundesgerichtshof sich dagegen für die Annahme eines ordre public Vorbehalts ohne, dass ein solcher in der Kollisionsnorm vorgesehen war.[462] Die Entscheidung betraf die Wirksamkeit eines in der DDR ergangenen Statusurteils, das nach dem Wortlaut des Art. 234 § 7 EGBGB nach der Wiedervereinigung grundsätzlich in der BRD als wirksam anzuerkennen gewesen wäre. Der Bundesgerichtshof verneinte die Wirksamkeit gleichwohl und argumentierte unter anderem, dass dem Urteil, soweit es den rechtsstaatlichen Grundsätzen der BRD widersprach, vor der Wiedervereinigung die Anerkennung nach § 328 Abs. 1 Nr. 4 ZPO versagt worden wäre. Es sei nicht ersichtlich, dass der Gesetzgeber mit der Anordnung der Wirkungserstreckung von DDR-Urteilen nach der Wiedervereinigung solchen rechtsstaatswidrigen Urteilen nunmehr doch die Anerkennung ermöglichen

---

458 BFH, Beschluss v. 30.07.2020 - VII B 73/20 (AdV), NJW 2020, 3196, juris Rz. 78.

459 BGH, Urteil v. 24.04.2014 - VII ZB 28/13, BGHZ 201, 22.

460 Verordnung (EG) Nr. 805/2004 des Europäischen Parlaments und des Rats vom 21.04.2004 zur Einführung eines Europäischen Vollstreckungstitels für unbestrittene Forderungen, ABl. 2004 L 143, S. 15.

461 Verordnung (EG) Nr. 44/2001 des Rates vom 22.12.2000 über die gerichtliche Zuständigkeit und die Anerkennung und Vollstreckung von Entscheidungen in Zivil- und Handelssachen, ABl. 2000 L 12.

462 BGH, Urteil v. 22.01.1997 – XII ZR 207/95, MDR 1997, 574.

wolle. Überdies nahm er Bezug auf den Einigungsvertrag, in dessen Umsetzung Art. 234 § 7 EGBGB ergangen war und in dem das Erfordernis der Vereinbarkeit mit rechtsstaatlichen Grundsätzen ausdrücklich formuliert war. Auch in diesem Urteil setzt der Bundesgerichtshof einen ordre public Vorbehalt also nicht als einen allgemeinen Grundsatz voraus, sondern filtriert ihn sorgsam aus Systematik und Historie der zugrundeliegenden Gesetzesmaterie und knüpft ihn rechtsmethodisch an eine konkrete Norm, in die er sich hineininterpretieren lässt.

Die beiden Beispiele verdeutlichen, dass selbst im Internationalen Zivilrecht, in dem ordre public Vorbehalte allgegenwärtig sind, keine Rede von einem generell gültigen Prinzip sein kann, sondern dass ein Vorbehalt stets streng kontextbezogen abgeleitet werden muss.

2. Internationales Gewohnheitsrecht

Während es im nationalen Kontext ohnehin dogmatisch höchst fragwürdig ist, ohne normative Anknüpfung ungeschriebene Grundsätze schlicht vorauszusetzen[463], ist das Gewohnheitsrecht im internationalen Rechtskreis eine anerkannte Rechtsquelle. Dies ist im Falle des allgemeinen Völkerrechts dem Umstand geschuldet, dass dort eine sehr viel geringere Dichte klar gestalteter geschriebener Regeln vorliegt als im nationalen Bereich, sich aber aus der allgemeinen Staatenpraxis sehr wohl ableiten lässt, dass manche Regelungen gemeinhin als verbindlich anerkannt werden. Im Binnenkreis des Unionsrechts ist die Bildung von Gewohnheitsrecht – wenn auch bislang von untergeordneter praktischer Bedeutung – im Grundsatz anerkannt, wobei an die Dogmatik des Völkerrechts angeknüpft wird.[464]

Als Teil des allgemeinen Völkerrechts gilt Völkergewohnheitsrecht über Art. 25 Abs. 1 GG unmittelbar als deutsches Recht innerhalb der Bundesrepublik.[465] Für Zwecke der vorliegenden Untersuchung kann diese Geltungserstreckung auch im Bereich des Unionsrechts angenommen werden. Es entspricht zunächst ganz herrschender Meinung, dass die EU als Völkerrechtssubjekt gem.

---

463 Siehe zur grundlegenden Kritik an zu weitgehender richterlicher Rechtsfortbildung nur *Rüthers*, NJW 2011, 1856.

464 *Ruffert*, in Callies/Ruffert, EUV/AEUV, Art. 1 AEUV Rz. 11; *Gaitanides*, in v.der Groeben/Schwarze/Hatje, Europäisches Unionsrecht, Art. 19 EUV Rz. 33.

465 BVerfG, Urteil v. 26.03.1957 – 2 BvG 1/55, BVerfGE 6, 309 (362 f.), Beschluss v. 03.12.1969 – 1 BvR 624/56, BVerfGE 27, 253 (274).

Art. 47 EUV[466] an das Völkerrecht gebunden ist.[467] Zudem gilt aber auch im Binnenbereich des Unionsrechts selbiges als spezieller Teil des Völkerrechts[468], sodass die allgemeinen Regelungen des Völkerrechts zwar von spezielleren Normen des Unionsrechts verdrängt werden[469], gleichwohl aber dort wieder aufleben, wo das Unionsrecht schweigt.[470] Darüber hinaus können die allgemeinen Regeln des Völkerrechts zur Auslegung des Sekundärrechts herangezogen werden.[471]

Aus dieser Systematik ist zu folgern, dass ein ungeschriebener ordre public Vorbehalt aus EU- oder Völkergewohnheitsrecht im Anwendungsbereich der EUBeitrRL berücksichtigt werden könnte. So berufen sich auch einige Autoren für die Existenz eines ungeschriebenen ordre public Vorbehaltes bei der Vollstreckungshilfe mehr oder weniger ausdrücklich auf das Völkerrecht.[472]

Bei der Herausbildung gewohnheitsrechtlicher Normen ist allerdings größte Sorgfalt geboten. Dies gilt zum einen, weil die Statuierung einer verbindlichen Regel durch die Rechtsanwender, in der Praxis namentlich die Gerichte, in einem natürlichen Konflikt zum Demokratieprinzip steht. Zum anderen hat die Annahme von Völkergewohnheitsrecht aber auch weitreichende praktische Auswirkungen. Denn es entfaltet auch gegenüber solchen Völkerrechtssubjekten

---

466 S. *Meng,* in v.der Groeben/Schwarze/Hatje, Europäisches Unionsrecht, Art. 47 EUV Rz. 5 ff.; *Dörr,* in Grabitz/Hilf/Nettesheim, Das Recht der EU, Art. 47 EUV Rz. 23 ff. (70. Lfg. Mai 2020); *Kokott,* in Streinz, EUV/AEUV, Art. 47 EUV Rz. 1.

467 *Kokott,* in Streinz, EUV/AEUV, Art. 47 EUV Rz. 11.

468 Jeweils m.w.N. *Dörr,* in Grabitz/Hilf/Nettesheim, Das Recht der EU, Art. 47 EUV Rz. 78 (70. Lfg. Mai 2020); *Kokott,* in Streinz, EUV/AEUV, Art. 47 EUV Rz. 12; *Vitzthum/Proelß,* Völkerrecht, 4. Abschnitt Rz. 117.

469 *Ruffert,* in Callies/Ruffert, EUV/AEUV, Art. 1 AEUV Rz. 12.

470 *Dörr,* in Grabitz/Hilf/Nettesheim, Das Recht der EU, Art. 47 EUV Rz. 105 (70. Lfg. Mai 2020); *Kokott,* in Streinz, EUV/AEUV, Art. 47 EUV Rz. 23.

471 St. Rspr. siehe Nachweise bei *Dörr,* in Grabitz/Hilf/Nettesheim, Das Recht der EU, Art. 47 EUV Rz. 101 (70. Lfg. Mai 2020).

472 *Weyeneth,* Der nationale und internationale ordre public im Rahmen der grenzüberschreitenden Amtshilfe in Steuersachen, S. 106; *Seer,* in Gosch/Kroppen/Grotherr/Kraft, DBA, Art. 27 Rz. 119 (41. Lfg April 2020). Im Zusammenhang mit dem Informationsaustausch nach Art. 26 OECD-MA formuliert *Engelschalk,* in Vogel/Lehner, DBA, Art. 26 Rz. 111, „jede völkerrechtliche Norm" stehe unter dem Vorbehalt der Vereinbarkeit mit dem ordre public; *Walker,* Internationales Privatrecht, S. 248, zitiert nach *König,* Die Anerkennung ausländischer Verwaltungsakte, S. 90. Auch letzterer hält a.a.O. einen ordre public Vorbehalt ohne ausdrückliche Gesetzesvorschrift für „gewohnheitsrechtlich gesichert".

Bindung, die der allgemeinen Übung, aus der es abgeleitet wird, bislang gar nicht gefolgt waren.[473]

Aus diesem Grund sollte die Bestimmung einem nachvollziehbaren und einheitlichen methodischen Instrumentarium folgen. Ein solches hat sich in der völkerrechtlichen Praxis etabliert und folgt dem sogenannten two-element approach, wie er etwa in Art. 38 Abs. 1 lit. b) IGH-Statut[474] zum Ausdruck kommt. Dort wird das internationale Gewohnheitsrecht beschrieben als „Ausdruck einer allgemeinen, als Recht anerkannten Übung". Hierin sind das objektive Element der „Übung", sowie das subjektive Element der Rechtsüberzeugung formuliert.[475]

Eine staatenpraktische Übung kann dabei von allen Staatsorganen begründet werden, soweit sie international verbreitet ist.[476] Daher könnte es also für einen ungeschriebenen ordre public Vorbehalt sprechen, wenn eine Vielzahl der Gerichte einen solchen auch ohne gesetzliche Niederschlagung in einer Weise annimmt, wie es etwa die hier bereits behandelten deutschen Gerichte und der Europäische Gerichtshof getan haben. Ohne eine Analyse der weltweiten Gerichtspraxis, die den Umfang dieser Arbeit bei Weitem übersteigen würde, können einer solchen Annahme aber schon grundlegend gewichtige Bedenken entgegengehalten werden. Denn die hier bereits untersuchten Gerichte haben für die Annahme einer ungeschriebenen Vorbehaltsklausel wie gezeigt selbst keine dogmatische Begründung geliefert, sich insoweit also allenfalls selbst auf Gewohnheitsrecht berufen. Würde gerade hierdurch erst jenes Gewohnheitsrecht begründet, entstünde ein demokratietheoretisch nicht hinnehmbarer „Zirkelschluss".

Überdies wird zur Formulierung eines völkergewohnheitsrechtlichen Grundsatzes gemeinhin gefordert, dass die vorgefundene Praxis eine gewisse Einheitlichkeit aufweist.[477] Vorliegend könnte aber als Gewohnheitsregel nur formuliert werden, dass wesentliche Grundsätze des innerstaatlichen Rechts die Beachtung völkerrechtlicher Verträge hindern können. Aufgrund der immensen Vielseitigkeit dessen, was global als wesentliche innerstaatliche Grundsätze verstanden

---

473 Es gilt das sog. „Opting-Out"-Prinzip, bei dem die „Abweichler" sich aktiv – etwa durch Anpassung ihrer bilateralen Verträge, von der Bindung lossagen müssen, siehe *Dörr*, in Ipsen, Völkerrecht, § 19 Rz. 3.

474 Statut des Internationalen Gerichtshofs vom 26.06.1945, BGBl. II 1973 S. 505.

475 Vgl. zum Ganzen auch *Dörr*, in Ipsen, Völkerrecht, § 19.

476 Einzelheiten bei *Dörr*, in Ipsen, Völkerrecht, § 19 Rz. 6 ff.

477 *Dörr*, in Ipsen, Völkerrecht, § 19 Rz. 12.

werden kann und der ausufernden Vielgestaltigkeit völkerrechtlicher Verträge erscheint es unmöglich, hierin eine verallgemeinerungsfähige staatliche Praxis zu erblicken.[478] Eine detailreichere Regelung – also etwa die explizite Annahme einer ordre public Klausel bei der gegenseitigen Beitreibungshilfe – scheitert dagegen schon daran, dass eine solche in Art. 27 Abs. 8 lit.c OECD-MA und damit in der ganz überwiegenden Anzahl international geschlossener Doppelbesteuerungsabkommen gerade explizit vorgesehen ist.[479] Die Annahme einer ungeschriebenen Regel dürfte also gerade keine internationale Praxis darstellen.

Letztgenannter Umstand spricht auch aus einem anderen Grund gegen die Annahme einer völkerrechtlichen Gewohnheitsregel. Denn die in subjektiver Hinsicht geforderte Rechtsüberzeugung eines *ungeschriebenen* ordre public Vorbehaltes kann gerade nicht angenommen werden, wenn eine Vielzahl an bilateralen Verträgen sie explizit enthält.[480]

Schließlich spricht auch das geschriebene Völkerrecht selbst gegen die Annahme eines ungeschriebenen ordre public Vorbehalts. So statuiert Art. 27 WVK[481], dass innerstaatliches Recht grundsätzlich nicht als Rechtfertigung für Staaten geeignet sein soll, völkervertraglich zugesicherte Verpflichtungen zu verweigern. Zwar misst das Bundesverfassungsgericht dieser Vorschrift insoweit nur eine begrenzte Bedeutung bei, als dass sie den Gesetzgeber nicht hindere, durch einfaches Gesetz gegen völkerrechtliche Verträge zu verstoßen.[482] Gleichwohl lässt sich als *Völkergewohnheitsrecht* nicht das schlichte Gegenteil geschriebener völkerrechtlicher Regeln formulieren.

Diese Überlegungen sind auf eventuell anzunehmendes EU-Gewohnheitsrecht entsprechend übertragbar. Hier könnte zunächst auf die Rechtsprechung des Europäischen Gerichtshofs, der offensichtlich von einem ungeschriebenen Grundsatz ausgeht[483], rekurriert werden. Allerdings ist augenscheinlich, dass es

---

478 Zur Veranschaulichung: Die Missachtung eines Auslieferungsabkommen, weil dem Auszuliefernden im Zielstaat die Todesstrafe droht, ist von der Missachtung der Beitreibungsrichtlinie, weil im ersuchenden Staat die Rechtsbehelfsfrist zu kurz bemessen war, so wesensverschieden, dass von einer „einheitlichen gerichtlichen Praxis" nicht die Rede sein könnte.

479 Für den wesensverwandten steuerlichen Informationsaustausch siehe Art. 26 Abs. 3 lit. c OECD-MA.

480 Vgl. auch *Dörr,* in Ipsen, Völkerrecht, § 19 Rz. 34 ff.

481 Wiener Vertragsrechtskonvention, s. Gesetz zu dem Wiener Übereinkommen vom 23.05.1969 über das Recht der Verträge v. 03.08.1985, BGBl. 1985 II, 926.

482 Sog. *treaty override:* BVerfG, Beschluss v. 15.12.2015 – 2 BvL 1/12, BVerfGE 141, 1 Rz. 60 ff.

483 Siehe bei B.I.

sich hierbei lediglich um einzelne Entscheidungen handelt, die überdies pauschal und ohne Begründung nur implizit einen entsprechenden Grundsatz annehmen, ohne ihn eindeutig zu definieren. Eine ständige, gleichmäßige und allgemeine Übung ist hierin nicht erkennbar.

Anders zeigt sich die europäische Richtlinienpraxis, in der sich eine beachtliche Fülle an ordre public Vorbehalten finden lässt.[484] Allerdings kann hier prinzipiell nichts anderes gelten als das soeben zur Vertragspraxis Dargelegte: Gerade wenn der europäische Gesetzgeber ordre public Klauseln ausdrücklich in seinen Rechtsakten aufnimmt, kann daraus nicht auf die Rechtsüberzeugung geschlossen werden, derartige Klauseln würden auch ohne Normierung als allgemeine Grundsätze gelten. Gegen diese Annahme spricht auch die bereits angesprochene EuVTVO, in die eine ordre public Klausel bewusst nicht aufgenommen wurde, weil ein entsprechender Vorbehalt gerade nicht gelten sollte. Würde der europäische Gesetzgeber davon ausgehen, dass ein ordre public Vorbehalt als ungeschriebenes Prinzip grundsätzlich immer gelten sollte, so hätte er diesen in dieser Richtlinie expressiv verbis ausschließen müssen.

Aus alledem folgt, dass es für die Annahme von Gewohnheitsrecht sowohl auf unionale als auch auf der weiteren völkerrechtlichen[485] Ebene an einer zu beobachtenden Praxis und an einer erkennbaren Rechtsüberzeugung fehlt, um einen universell gültigen ordre public Vorbehalt anzunehmen.[486]

Damit ist die Frage nach einem gesetzlichen Anknüpfungspunkt aufgeworfen.

II. Billigkeit als Anknüpfungspunkt für einen ordre public Vorbehalt

1. Unbilligkeit als Ablehnungsgrund nach § 14 Abs. 1 Nr. 1 EUBeitrG

Es liegt nahe, sich bei der Suche nach einem Anknüpfungspunkt für einen möglichen Vorbehalt zunächst an den gesetzlich normierten Ablehnungsmöglichkeiten zu orientieren. Neben den formellen Ablehnungsgründen wie der

---

484 Siehe für das europäische Privat- und Zivilverfahrensrecht etwa die Übersicht bei *Hess/Pfeiffer*, Auslegung des in EU-Instrumenten des internationalen Privatrechts und Verfahrensrechts enthaltenen ordre public Vorbehalts, S. 16 f. Im Bereich des steuerlichen Informationsaustausches enthält die Richtlinie 2011/16/EU des Rates vom 15.02.2011 (EU-AmtshilfeRL) in Art. 17 Abs. 4 einen ordre public Vorbehalt.

485 Dazu im Ergebnis gleiche Ansicht *Hendricks*, in Wassermeyer, DBA, Art. 26 Rz. 74 (122. Lfg. März 2013).

486 Einen völkerrechtlichen allgemeinen ordre public Vorbehalt im Ergebnis ablehnend auch *Ohler*, in Isensee/Kirchhof, HStR Bd. XI, § 238 Rz. 30.

Betagtheit von Ansprüchen in § 14 Abs. 2 EUBeitrG oder der Bagatellgrenze in § 14 Abs. 1 Alt. 2 EUBeitrG, enthält den einzigen geschriebenen materiellen Ablehnungsgrund § 14 Abs. 1 Alt. 1 EUBeitrG. Dieser bestimmt zurückhaltend, dass die Amtshilfe unterbleibt, wenn die Vollstreckung oder die Anordnung von Sicherungsmaßnahmen unbillig wäre.

Eine derartige Formulierung enthält die EUBeitrRL nicht. In dessen in Art. 18 Abs. 1 heißt es stattdessen, die ersuchte Behörde sei nicht verpflichtet, die Amtshilfe zu leisten, „falls die Beitreibung der Forderung aus Gründen, die auf die Verhältnisse des Schuldners zurückzuführen sind, erhebliche wirtschaftliche oder soziale Schwierigkeiten in dem ersuchten Mitgliedstaat bewirken könnte, sofern die in diesem Mitgliedstaat geltenden Rechts- und Verwaltungsvorschriften sowie die dort übliche Verwaltungspraxis eine solche Ausnahme für nationale Forderungen zulassen." Der so formulierte Ablehnungsgrund umfasst offenbar ordnungspolitische Gesichtspunkte[487], also beispielsweise die drohende Insolvenz eines von der Beitreibung betroffenen Unternehmens und den damit verbundenen Wegfall von Arbeitsplätzen oder zukünftige Steuerausfälle. Die Bedingungen, unter denen die Amtshilfe abgelehnt werden kann, sind also sehr streng und auf eher seltene Einzelfälle beschränkt.

Dagegen führt die Gesetzesbegründung zum EUBeitrG aus, durch das Kriterium der Unbilligkeit werde ein „weiter Spielraum" für die Möglichkeit der Ablehnung eines Ersuchens geschaffen.[488] Im Satz darauf wird allerdings wiederum der Text der Beitreibungshilfe als Definition der Unbilligkeit aufgeführt.[489] Diese Definition in den Begleitmaterialien des Gesetzes ist schon deswegen erstaunlich, weil für nationale Steuerverfahren ein Steuererlass oder ein Vollstreckungsaufschub wegen Unbilligkeit aus ordnungspolitischen Gründen überhaupt nicht in Betracht kommt.[490]

Davon abgesehen erscheint es auch widersprüchlich, den Wortlaut der Richtlinie im Umsetzungsgesetz durch den Billigkeitsbegriff zu ersetzen, wenn

487 *Seer,* in Gosch/Kroppen/Grotherr/Kraft, DBA, Art. 27 OECD-MA Rz. 117 (41. Lfg. April 2020).

488 BT-Drucks. 17/6263, S. 44.

489 „Entsprechend der Beitreibungsrichtlinie liegt Unbilligkeit vor, wenn die Beitreibung der Forderung aus Gründen, die auf die Verhältnisse des Schuldners zurückzuführen sind, erhebliche wirtschaftliche oder soziale Schwierigkeiten in dem ersuchten Mitgliedstaat bewirken können.".

490 S. *Seer,* in Gosch/Kroppen/Grotherr/Kraft, DBA, Art. 27 OECD-MA Rz. 117 (41. Lfg. April 2020) mit Verweis auf *Loose,* in Tipke/Kruse, AO/FGO, § 227 AO Rz. 81 f. (160. Lfg. April 2020).

hierdurch – wie es die Gesetzesbegründung suggeriert – gleichwohl nur der Ablehnungsgrund der Richtline gemeint wäre. Das wörtliche Zitat des Richtlinientextes in der Gesetzesbegründung kann daher nur als ein *Beispiel* für eine vorliegende Unbilligkeit verstanden wären.

Für letzteres spricht auch der Grundsatz der Einheit der Rechtsordnung. Darin, dass § 14 Abs. 1 Nr. 1 EUBeitrG nach seinem Wortlaut nicht auf eine Unbilligkeit *der Amtshilfe* rekurriert, sondern voraussetzt, dass die Vollstreckung oder Sicherungsmaßnahme unbillig wäre, kann ein direkter Bezug zu § 258 AO erblickt werden. Der Begriff der Unbilligkeit im EUBeitrG ist daher als deckungsgleich mit demjenigen der Abgabenordnung zu verstehen.[491]

Dies vorausgeschickt stellt sich die Frage, ob das Billigkeitskriterium Raum für einen ordre public Vorbehalt gibt und wenn ja, welcher Art ein solcher Vorbehalt wäre. Zur Beantwortung dieser Frage soll der Unbilligkeitsbegriff zunächst kurz skizziert werden. Dabei sei vorweggenommen, dass der Begriff sowohl durch die Rechtsprechung als auch die Wissenschaft ausufernd behandelt worden ist. Die Skizzierung erfolgt hier daher überschlägig, zumal es – wie zu zeigen sein wird – auf die zahlreichen Detailfragen des Billigkeitsbegriffes überhaupt nicht ankommt.

2. *Rechtsnatur und wesentlicher Inhalt des Billigkeitskriteriums*

§ 227 und § 258 AO sind Korrekturvorschriften im steuerlichen Massenverfahren. Da es praktisch unmöglich ist, jeden einzelnen Steuerfall ausschöpfend zu untersuchen und jede Steuer den wirklich gegebenen Tatsachen entsprechend festzusetzen, ist das Steuerverfahren darauf angelegt, die Steuern so genau festzusetzen, wie es mit zumutbarem Aufwand möglich ist. Es handelt sich um eine Effizienzfrage: Ihre Finanzierungsfunktion können Steuern nur erfüllen, wenn die Kosten ihrer Erhebung in einem angemessenen Verhältnis zu ihrem Ertrag stehen. Das Steuerrecht arbeitet daher in materieller Hinsicht mit Typisierungen

---

491 Wegen § 9 Abs. 2 S. 1 EUBeitrG, wonach die Amtshilfe nach den für nationale Vollstreckungsfälle vorgesehenen Vorschriften erfolgen soll, wäre § 258 AO ohnehin anwendbar. Hieraus ist nicht zwingend zu folgern, dass in § 14 EUBeitrG etwas anderes gemeint wäre, als in § 258 AO. Das Unbilligkeitskriterium könnte im EUBeitrG auch aus deklaratorischen Gründen aufgenommen worden sein. Außerdem ist auch die Rechtsfolge in § 258 AO eine andere als in § 14 EUBeitrG. Erstere sieht die einstweilige Einstellung der Vollstreckung vor, während nach letzterer „die Amtshilfe" endgültig unterbleibt. § 14 Abs. 1 Nr. 1 AO ähnelt in seiner Wirkung daher sogar eher dem Erlass aus Billigkeitsgründen gem. § 227 AO.

und Pauschalierungen, mit Freigrenzen, Freibeträgen oder Näherungswerten. In formeller Hinsicht ist das Verfahrensrecht auf Risikomanagement ausgerichtet.[492]

In diesem System kommt es zwangsläufig zu materieller Ungleichbehandlung, die bis zu einem gewissen Grad hinzunehmen ist. Wo dieser Grad überschritten ist, übernehmen die Billigkeitsvorschriften eine Korrekturfunktion. Sie sollen in Härtefällen für Einzelfallgerechtigkeit sorgen.[493] Dabei darf der – ohnehin wenig brauchbare – Begriff der „Gerechtigkeit" jedoch nicht überspannt werden. Billigkeitsvorschriften verdrängen soweit sie einschlägig sind verfassungskonforme Normen, nämlich solche, die im oben genannten Sinne bereits einen verhältnismäßigen Ausgleich zwischen Gleichbehandlungsgebot und dem Erfordernis eines effizienten Steuervollzuges gefunden, mithin „Gerechtigkeit" hergestellt haben. Billigkeitsvorschriften sind daher nicht dazu geeignet und auch nicht dazu gedacht, verfassungswidrige Gesetze zu „retten".[494] Ist bereits bei Erlass eines pauschalierenden Gesetzes erkennbar, dass es zu nicht hinnehmbaren Ergebnissen in bestimmten Fällen kommen kann, so muss der Gesetzgeber hierauf durch eine entsprechende Anpassung des Gesetzes – etwa einen Ausnahmetatbestand – reagieren und kann für solche Fälle nicht einfach auf die Möglichkeit von Billigkeitserlassen hinweisen. Dies gebietet weniger der Gleichbehandlungsgrundsatz als vielmehr der Grundsatz der Gewaltenteilung und der darauf beruhende Vorbehalt des Gesetzes. Billigkeitsentscheidungen sind daher solchen Sachverhalten vorbehalten, die einer allgemeinen Regelung nicht zugänglich sind, sprich nicht vorhersehbare, atypische, dem Gesetzeszweck zuwiderlaufende Einzelfälle. Durch die damit geforderte Unregulierbarkeit und Einzigartigkeit des Anwendungsfalles unterscheiden sich Billigkeitsentscheidungen von dem ähnlich wirkenden Instrument der teleologischen Reduktion.[495] Letzteres setzt voraus, dass ein Fall, wäre er vom Gesetzgeber antizipiert worden, von der Regelung ausgenommen worden wäre. Das meint abstrahierbare Fall*gruppen*, denn konkrete Einzelfälle lassen sich nicht von einer Regelung ausnehmen, ansonsten läge ein verfassungswidriges Einzelfallgesetz vor.[496]

---

492 M.w.N. *Seer*, StuW 2015, 315; *ders.*, DStJG 31 (2008), 7 ff.

493 M.w.N. *Loose*, Tipke/Kruse, AO/FGO, § 227 AO Rz. 20 ff. (160. Lfg April 2020).

494 Vgl. *Oellerich*, in Gosch, AO/FGO, § 227 AO Rz. 3 (156. Lfg. Oktober 2020); *v.Groll*, in Hübschmann/Hepp/Spitaler, AO/FGO, § 163 AO Rz. 81 (251. Lfg. Februar 2019) u. § 227 Rz. 128 (236. Lfg. Januar 2016).

495 Eine strukturelle Verschiedenartigkeit von Billigkeitserlass und teleologischer Reduktion voraussetzend auch *Seer*, in Tipke/Lang, Steuerrecht, Rz. 21.330.

496 Zulässig sind aber Gruppenregelungen in dem Sinne, dass über eine Gruppe gleichgelagerter Fälle einheitlich entschieden wird, sofern – was der Prüfung bedarf – bei

Teleologische Reduktionen bilden das Gesetz fort, indem sie den Regelfall in einschränkender Weise konkretisieren. Billigkeitsvorbehalte erlauben der Administrative dagegen die ausnahmsweise, also der Regel gerade zuwiderlaufende, Missachtung des Gesetzes.

Wenngleich die damit gebotene Trennung von Rechtsfortbildung und Billigkeitserlass durch die Rechtsprechung nicht immer sauber durchgehalten wird[497], wird die hier umrissene Systematik von ihr doch im Wesentlichen geteilt.[498] Insbesondere wird eine über die Unterscheidung von sachlicher und persönlicher Unbilligkeit[499] hinausgehende Konkretisierung der unter den Vorbehalt fallenden Sachverhalte auch dort nicht vorgenommen.

Seer kategorisiert die aus der Rechtsprechung entnommenen Fälle sachlicher Unbilligkeit weiter nach Zweckverfehlung, Grundrechtseigriffen und Vertrauensschutz.[500] Diese Unterscheidung ist indes nicht zwingend. So lassen sich die aufgeführten Beispiele für Grundrechtseingriffe und Vertrauensschutz ebenso gut als Fälle der Zweckverfehlung beschreiben.[501]

---

jedem einzelnen Gruppenmitglied die Erlassvoraussetzungen gegeben sein, vgl. BFH, Urteile v. 09.07.1970 – IV R 34/69, BStBl II 1970, 696, juris Rz. 27; v. 25.11.1980 – VII R 17/78, BStBl II 1981, 204, juris Rz. 18.

497 So geht der BFH etwa bei Säumniszuschlägen von teilweiser sachlicher Unbilligkeit aus, wenn dem Steuerpflichtigen die rechtzeitige Zahlung der Steuer wegen Überschuldung und Zahlungsunfähigkeit unmöglich war und deshalb die mit Zuschlägen (unter anderem) bezweckte Ausübung von Druck zur Zahlung ihren Sinn verliert, Urteil v. 27.09.2001 – X R 134/98, BStBl II 2002, 176, juris Rz. 27 m.w.N.; aus der Literatur m.w.N. zustimmend *Seer,* in Tipke/Lang, Steuerrecht, Rz. 21.335. Dabei handelt es sich dabei eigentlich um einen Paradefall teleologischer Reduktion, insbesondere weil es sich bei zahlungsunfähigen Steuerschuldnern nicht um „atypische Einzelfälle" handelt und es dem Gesetzgeber auch ein Leichtes wäre, einen entsprechenden Ausnahmetatbestand in § 240 AO aufzunehmen.

498 S. m.w.N. BFH GrS, Beschluss v. 28.11.2016 – GrS 1/15, BStBl II 2017, 393, juris Rz. 109 ff.

499 Die Unterscheidung ist für Zwecke der vorliegenden Untersuchung nicht weiter relevant und wird hier daher nicht ausgeführt, siehe für einen Überblick m.w.N. *Seer,* in Tipke/Lang, Steuerrecht, Rz. 21.333 ff.

500 *Seer,* in Tipke/Lang, Steuerrecht, Rz. 21.334 ff.

501 So etwa beim Erlass von Einkommensteuer, wenn die Besteuerung von Kapitalerträgen nach Nominalwerten eine Person trifft, die allein von Zinsen leben muss: In diesem Fall führt die Nichtberücksichtigung des Geldwertverlustes der Kapitalanlage zu einer überschießenden Abschöpfung von Leistungsfähigkeit, die mit der Kapitalertragsteuer nicht bezweckt war, s. BVerfG, Urteil v. 19.12.1978 – 1 BvR 335/76, BVerfGE 50, 57, juris Rz. 81. Gleiches gilt für Vertrauensschutzfälle. Gesetzes- oder

3. *Ableitung eines ordre public Vorbehalts aus dem Billigkeitskriterium*

a) *Unterschiedliche Funktionen von Billigkeit und ordre public*

Da es gerade Zweck der vorliegenden Untersuchung ist, den ordre public Begriff durch gesetzliche Anknüpfung mit Leben zu füllen, könnte er durch eine Anknüpfung an das Billigkeitskriterium lediglich denjenigen Gehalt erlangen, der dem Begriff in anderem Zusammenhang zukommt. Insbesondere kann also der auf atypische Ausnahmefälle begrenzte Billigkeitsbegriff nicht durch einen hineininterpretierten ordre public Vorbehalt erweitert werden. Letzteres würde einen klassischen Zirkelschluss darstellen. Der dem Billigkeitsbegriff zukommende Inhalt passt allerdings nicht zum gängigen Verständnis eines ordre public Vorbehaltes.

Zum einen handelt es sich beim Billigkeitsvorbehalt genau besehen um keinen Fall eines Rangkonfliktes. Die durch die Billigkeit zu realisierende Einzelfallgerechtigkeit ist kein gegenüber den mit der verdrängten Norm verfolgten Zwecken höherrangiges Prinzip. Vielmehr ist ja gerade Grund der Billigkeitsentscheidung, dass der mit der Norm verfolgte Zweck wegen der Atypik des Einzelfalls verfehlt wird. Weil die Billigkeitsentscheidung den konkreten Einzelfall über die Subsumtion unter den Ausgangstatbestand hinaus in den Blick nehmen muss, handelt es sich im Grunde um einen Fall der Spezialität. Der durch die Billigkeitsentscheidung herbeigeführte Zustand („Einzelfallgerechtigkeit") ist idealiter nicht „gerechter" als diejenigen Zustände, die sich typischerweise aus der Anwendung der verdrängten Norm ergeben. Denn sofern kein atypischer Fall vorliegt, ist durch die Angemessenheit der entsprechenden Norm „Gerechtigkeit" gewährleistet.

Mit anderen Worten führt eine Billigkeitsentscheidung nicht zu einer Besserstellung des Betroffenen, sondern bezweckt den Ausgleich der durch die außergewöhnlichen Umstände ansonsten eintretenden Schlechterstellung. Anders verhält es sich etwa dort, wo eine einfachrechtliche Norm den Wertungen des Grundgesetzes zuwiderläuft. Die Verwerfung einer solchen Norm folgt unmittelbar aus dem angeordneten Vorrang der Verfassung, ungeachtet dessen, ob

---

Rechtsprechungsänderungen, die gerade *nicht* bezwecken, bereits getroffene Dispositionen des Steuerpflichtigen zu entwerten (wenn sie dies bezwecken, scheidet ein Billigkeitserlass – jedenfalls aus Gründen des Vertrauensschutzes – von vornherein aus), verfehlen offensichtlich ihren Zweck, soweit sie dies tun.

man die dortige Wertung – etwa die Kompetenzzuweisung zum Bund – als „gerecht" empfinden mag oder nicht.

Ordre public Vorbehalte erfüllen eine kollisionsauflösende Funktion im letztgenannten Sinne und zwar zugunsten des innerstaatlichen Rechts, das im Falle eines unlösbaren Widerspruchs Vorrang vor dem fremden Recht haben soll. Damit erfüllen ordre public Vorbehalte im Wortsinne eine ordnungserhaltende Schutzfunktion gegenüber der inländischen Rechtsordnung. Demgegenüber dienen Billigkeitsvorbehalte dem Schutz von Individualinteressen. Die funktionalen Unterschiede zwischen Billigkeit und ordre public sprechen somit deutlich gegen eine normative Gleichsetzung beider Prinzipien.

b) Gleichlaufender Mangel an Abstraktionsfähigkeit von Billigkeit und ordre public

Darüber hinaus hat sich gezeigt, dass der Billigkeitsbegriff nur mit Blick auf den spezifischen Sachverhalt und eine konkrete zu dispensierende Vorschrift operabel gemacht werden kann. Gleiches gilt aber gerade auch für ordre public Vorbehalte. Mit der Verknüpfung von Billigkeitskriterium und ordre public Vorbehalt wäre also für das Verständnis des letzteren nichts gewonnen.

4. Zusammenfassung

Zusammenfassend lässt sich damit festhalten, dass das Billigkeitskriterium in § 14 Abs. 1 Nr. 1 EUBeitrG keinen brauchbaren Anknüpfungspunkt für einen ordre public Vorbehalt darstellt. Das schließt nicht zwingend aus, dass mit Berufung auf diese Norm letztlich auch Beitreibungsersuchen abgelehnt werden könnten, weil sie gegen höherrangige Prinzipien der Bundesrepublik Deutschland verstoßen, der Billigkeitsbegriff also in Einzelfällen eine einem ordre public Vorbehalt im Ergebnis entsprechende Funktion erfüllen könnte. Aus diesem Umstand lässt sich aber nicht folgern, dass durch das Billigkeitskriterium ein genereller ordre public Vorbehalt eröffnet wäre.

III. Analoge Anwendung von ordre public Vorbehalten aus anderen sekundärrechtlichen Bestimmungen

Wie bereits aufgezeigt finden sich ordre public Vorbehalte in einer Vielzahl europäischer Richtlinien, die die Anerkennung oder Anwendung fremder Rechtsakte zum Gegenstand haben.[502] Die EUBeitrRL selbst enthält einen

---

502 Siehe Fn. 484.

ausdrücklichen ordre public Vorbehalt für den eine Vollstreckung vorbereitenden Informationsaustausch in ihrem Art. 5 Abs. 2 c). Ebenso enthält Art. 17 Abs. 4 EU-AmtshilfeRL[503] einen ordre public Vorbehalt für den sonstigen Informationsaustausch in Steuersachen. Damit stellt sich die Frage nach einer Übertragung dieser Vorbehalte auf die Vollstreckungshilfe im Wege der Analogie. Diese setzt nach gebräuchlicher Terminologie eine planwidrige Regelungslücke sowie die Vergleichbarkeit der Interessenlage voraus.[504]

Dabei sind für den Rechtsanwender an das Vorliegen einer entsprechenden Regelungslücke hohe Anforderungen zu stellen, um nicht in verfassungswidriger Weise die Grenze von zulässiger Rechtsfortbildung und unzulässiger Gesetzeskorrektur zu überschreiten.[505] Dabei stellt ein zu laxer Umgang mit vermeintlichen Regelungslücken nicht nur ein demokratietheoretisches Problem dar, sondern kann – weil richterliche Rechtsprechung naturgegeben viel unbeständiger und unvorhersehbarer ist als gesetztes Recht – zu erheblichen praktischen Problemen führen.[506] Insoweit kann es für die Annahme einer planwidrigen Lücke nicht ausreichen, dass die vorgefundene Rechtslage unbefriedigend wirkt, für optimierungsfähig oder gar verfehlt befunden wird.[507] Vielmehr muss sich bei Analyse der Rechtslage gerade aufdrängen, dass ihr ein wesentliches Element fehlt, welches der Gesetzgeber vernünftigerweise nicht bewusst bei der Rechtsgestaltung ausgelassen haben kann.[508]

Diese strengen Voraussetzungen sind vorliegend bereits nicht erfüllt. Beitreibungsrichtlinie und Beitreibungsgesetz sind ohne einen geschriebenen ordre public Vorbehalt nicht schlichtweg unvollständig.[509] Einem ordre public

---

503 Richtlinie 2011/16/EU des Rates vom 15.02.2011, ABl. 2011 L 64, S. 1 ff.

504 *Wank*, Juristische Methodenlehre, S. 372; *Engisch*, Einführung in das juristische Denken, S. 193 ff.

505 S. *Wank*, Juristische Methodenlehre, S. 365.

506 Siehe hierzu sowie allgemein zu den Gefahren der Lückenschließung die eindrücklichen Beispiele bei *Rüthers/Fischer/Birk*, Rechtstheorie, S. 538 ff.

507 Vgl. *Engisch*, Einführung in das juristische Denken, S. 198 f.

508 Dies gilt jedenfalls für die anfängliche Regelungslücke. Eine Norm kann sich auch im Nachhinein, durch nicht antizipierte faktische Umstände als lückenhaft erweisen. Für die Annahme einer solchen nachträglichen Regelungslücke ist eine andere Herangehensweise geboten, s. *Rüthers/Fischer/Birk*, Rechtstheorie, S. 531 ff.

509 Dies gilt auch dann, wenn man zu dem Ergebnis käme, eine vorbehaltslose Pflicht zur Vollstreckungshilfe wäre unionsrechts- oder verfassungswidrig. Könnte diese Feststellung zur Annahme einer Regelungslücke führen, würde durch den Rechtsanwender gerade die nicht gewollte Gesetzeskorrektur vorgenommen werden, die – im Zweifel

Vorbehalt kommt keine so elementare Funktion für die Amtshilfe zu, dass sie ohne ihn undurchführbar oder sinnlos würde.

Überdies ist auch nicht erkennbar, dass der ordre public Vorbehalt hier durch den Gesetzgeber schlicht vergessen worden wäre.[510] Hierfür sprechen gleich mehrere Gründe: Zum einen enthält die EUBeitrRL einen ordre public Vorbehalt für den Informationsaustausch. Dem Richtliniengeber war das Institut eines Vorbehaltes also offenbar gegenwärtig und er hat sich Gedanken darüber gemacht, ob und wo es einzufügen ist. Dabei hat er nicht nur den ordre public Vorbehalt auf den Informationsaustausch beschränkt, sondern für die Vollstreckungshilfe einen davon abweichend, gänzlich anders lautenden und doch wesensverwandten Vorbehalt in Art. 18 Abs. 1 EUBeitrRL aufgenommen. Schließlich hat nicht nur der Richtliniengeber, sondern auch der deutsche Gesetzgeber beim Erlass des Umsetzungsgesetzes von einer ordre public Klausel abgesehen. Letzterer hat sogar den Vorbehalt des Art. 18 Abs. 1 EUBeitrRL durch die Aufnahme des Billigkeitskriteriums bewusst variiert.

All dies verrät zwar nichts über die Motivlage der Gesetzgeber mit Blick auf die fehlende Vorbehaltsklausel. Es zeigt aber, dass die Annahme abwegig erscheint, die Gesetzgeber hätten diese nur versehentlich nicht in die Normtexte aufgenommen. Von einer planwidrigen Regelungslücke kann daher vorliegend nicht ausgegangen werden.

Nur der Vollständigkeit halber sei darauf hingewiesen, dass auch das hypothetische Vorliegen einer Regelungslücke eine analoge Anwendung der ordre public Klauseln anderer Richtlinien nicht so einfach ermöglichen würde, wie es auf den ersten Blick erscheinen mag. Denn unter dem Schlagwort der „Vergleichbarkeit der Interessenlage“ ist es notwendig, aus der zu übertragenden Regelung zunächst eine allgemeinere Wertung aufzuleiten (Induktion), unter die sodann die vermeintlich lückenhafte Regelung in gleicher Weise subsumierbar ist (Deduktion).[511] Hier tritt erneut die Problematik zutage, dass ordre public Vorbehalte ihrer Natur nach ein erhebliches Ausmaß an Auslegungsbedürftigkeit aufweisen. Die Frage wäre also, welches allgemeine Prinzip man etwa dem ordre public Vorbehalt beim Informationsaustausch entnehmen könnte, welches sich auf die Beitreibungshilfe übertragen ließe. Wie bereits festgestellt, ist die

---

nach Ausübung der Verwerfungskompetenz des Bundesverfassungsgerichts – dem Gesetzgeber vorbehalten bleiben soll.

510 So auch *Sandberg*, Internationale Vollstreckungshilfe im Besteuerungsverfahren, S. 227; *Blaesing*, ZfZ 2011, 117 (118 f.).

511 *Engisch*, Einführung in das juristische Denken, S. 203 ff.

einzige verallgemeinerungsfähige Funktion eines ordre public Vorbehaltes diejenige, dass höherrangige Prinzipien oder Normen das anzuwendende oder anzuerkennende fremde Recht verdrängen. Die Tatsache aber, dass Normen – hier also etwa die Verpflichtung zur Vollstreckungshilfe –, die gegen höherrangiges Recht verstoßen, nicht zur Anwendung kommen können, ist universell gültig. Mit einer „Übertragung" dieser Wertung wäre also überhaupt nichts gewonnen. Welche darüber hinausgehenden Wertungen und Überlegungen geeignet sein sollen, das fremde Recht zugunsten einer „öffentlichen Ordnung" zu verdrängen, muss gerade im normativen Kontext stets aufs Neue sorgfältig ermittelt werden und kann daher nicht als „allgemeines Prinzip" schlicht von einer auf eine andere Norm übertragen werden.

Bei genauerer Betrachtung zeigt sich auch, dass die Interessenlagen nur in Ansätzen Schnittmengen aufweisen. Der Informationsaustausch etwa betrifft in erster Linie die Persönlichkeitsrechte, sowie Betriebs- und Berufsgeheimnisse des Betroffenen. Die Weitergabe von Informationen kann aber auch aus staatspolitischen Gründen die öffentliche Ordnung gefährden, etwa wenn interne Behördenvorgänge offengelegt werden müssten oder die verfrühte Weitergabe von Informationen strafrechtliche Ermittlungen gefährden würde. Bei Vollstreckungshandlungen ist dagegen zumeist in erster Linie die Eigentumsfreiheit des Schuldners betroffen. Wiederum handelt es sich bei dem für die Vollstreckungshilfe normierten Vorbehalt der wirtschaftlichen oder sozialen Schwierigkeiten um allgemein politische Interessen, die zwar wohl problemlos unter den Begriff öffentliche Ordnung subsumiert werden können, aber zwingend die Rechte der Betroffenen in den Blick nehmen, noch überhaupt entfernt etwas mit der Interessenlage bei der Informationsweitergabe zu tun haben.

Im Ergebnis scheitert eine analoge Übertragung etwaiger ordre public Vorbehalte auf die Beitreibungshilfe damit an allen dafür erforderlichen Voraussetzungen.

IV. Ableitung eines europäischen ordre public Vorbehaltes aus europäischem Primärrecht

Gemäß Art. 4 Abs. 2 EUV achtet die Union die nationale Identität der Mitgliedstaaten, die in ihren grundlegenden politischen und verfassungsmäßigen Strukturen einschließlich der regionalen und lokalen Selbstverwaltung zum Ausdruck kommt, sowie die grundlegenden Funktionen des Staates, insbesondere die Wahrung der territorialen Unversehrtheit, die Aufrechterhaltung der öffentlichen Ordnung und den Schutz der nationalen Sicherheit.

Nach *Schill/Krenn* ist die Vorschrift geeignet, die punktuelle Nichtbefolgung von Sekundärrecht durch Mitgliedstaaten zu rechtfertigen, also etwa Ausnahmen bei der Umsetzung von Richtlinien zu erlauben, selbst wenn diese nicht ausdrücklich sekundärrechtlich vorgesehen seien.[512] Als Beleg berufen sich die Autoren auf zwei Entscheidungen des Europäischen Gerichtshofs. In der ersten führte der Gerichtshof aus, dass es dem Gemeinschaftsrecht nicht entgegenstünde, wenn bei der Umsetzung einer Richtlinie zur Vergabe öffentlicher Bauaufträge ein Mitgliedstaat nationale Regeln erlässt, die potentielle Auftragnehmer vom Vergabeverfahren aus Gründen ausschließen, die in der Richtlinie nicht vorgesehen sind, wobei die dort aufgeführten Ausschlussgründe als abschließend qualifiziert wurden.[513] Der Europäische Gerichtshof befand, dass die in Rede stehenden speziellen Ausschlussgründe mit den Zielen der Richtlinie übereinstimmen würden und daher gemeinschaftsrechtlich zulässig seien, soweit sie dem Grundsatz der Verhältnismäßigkeit genügen würden.[514] Im zweiten Fall ging es um eine polnische Einfuhrbeschränkung für genetisch verändertes Saatgut.[515] Die Kommission sah hierin eine Verletzung zweier Richtlinien, die den freien Verkehr mit Saatgut ermöglichen sollten. Polen berief sich zur Rechtfertigung auf sittliche und religiöse Gründe, aus denen die Nutzung genetisch veränderten Saatgutes abgelehnt werde. Der Europäische Gerichtshof ließ ausdrücklich offen, ob die Republik Polen sich für einen Verstoß gegen Richtlinien auf derartige Gründen berufen könne, weil im vorliegenden Fall schon nicht nachgewiesen worden sei, dass die vorgetragenen sittlichen und religiösen Gründe tatsächlich handlungsleitend für das Einfuhrverbot gewesen seien.[516]

---

512 *Schill/Krenn*, in Grabitz/Hilf/Nettesheim, Das Recht der EU, Art. 4 EUV Rz. 47 (65. Lfg. August 2018).

513 Im entsprechenden Fall ging es um eine griechische Regelung, nach der im Medienbereich tätige Unternehmer nicht – auch nicht indirekt – im Bereich der Bauwirtschaft für den Staat tätig sein sollten. Hintergrund war die Bekämpfung von Korruption und Gewährleistung von Transparenz, etwa weil sich der Staat über die Vergabe lukrativer Aufträge Einfluss auf die Berichterstattung der entsprechenden Unternehmen verschaffen könnte.

514 EuGH, Urteil 16.12.2008 - C-213/07 – Michaniki, EuZW 2009, 87. Im Ergebnis hielt der EuGH die Regelung jedoch für unverhältnismäßig, weil sie Medienschaffende pauschal ausschloss, ohne ihnen eine ausnahmsweise Teilnahme am Vergabeverfahren zu gewähren, etwa wenn sie nachweisen könnten, im konkreten Fall unabhängig und transparent zu handeln.

515 EuGH, Urteil vom 16.7.2009 – C-165/08 – Kommission/Polen, EuZW 2009, 696.

516 EuGH, Urteil vom 16.7.2009 – C-165/08 – Kommission/Polen, EuZW 2009, 696 Rz. 52.

Wenngleich in den übrigen Urteilsgründen durchaus anklingt, dass derartige Gründe bei ordnungsgemäßer Beweisführung geeignet gewesen seien könnten, eine Abweichung von Sekundärrecht zu rechtfertigen, wird jedoch im Urteil nicht deutlich, worauf der Europäische Gerichtshof diese Ausnahmemöglichkeit stützen würde. Denn im entsprechenden Fall berief sich die Republik Polen vornehmlich auf Art. 30 EG[517], der u.a. aus Gründen der öffentlichen Sittlichkeit sowie der öffentlichen Ordnung und Sicherheit Einfuhrverbote entgegen dem Grundsatz des Art. 28 EG[518] erlaubte. Der Europäische Gerichtshof geht auf diesen Umstand zwar, ein, springt aber zwischen Sekundär- und Primärrecht hin und her und bejaht schlussendlich einen Verstoß gegen die Richtlinie, ohne sich zu deren Verhältnis zu Art. 28 EG oder der Rolle des Art. 30 EG verständlich zu äußern.

In ihrer Generalität ist die These von *Schill/Krenn* in den zitierten Entscheidungen nicht erkennbar.[519] Jedenfalls unmittelbar lässt sich unter Berufung auf bisherige Europäische Gerichtshof-Rechtsprechung dem Art. 4 Abs. 2 EUV kein Grundsatz entnehmen, nach dem Mitgliedstaaten ihre sekundärrechtlichen Verpflichtungen vernachlässigen könnten, soweit sie gegen ihre nationale Identität verstießen.

Streinz formuliert entsprechend zurückhaltender und gewinnt aus der Entscheidung des Europäischen Gerichtshofs „Michaniki“[520] lediglich, dass der Europäische Gerichtshof den Mitgliedstaaten einen gewissen Spielraum bei der Umsetzung von Richtlinien zugestehe.[521] Auch *Herdegen* kommt zu dem nüchternen Ergebnis, dass die Nichtbeachtung von Unionsrecht auch mit Blick auf den Identitätsvorbehalt des Art. 4 Abs. 2 EUV aus europarechtlicher Sicht schlicht eine Vertragsverletzung darstelle.[522]

Einen solch restriktiven Umgang mit der Vorschrift legt auch ihre systematische Stellung nahe. Art. 4 EUV bringt als Zentralnorm des unionalen Verfassungsrechts die föderative Grundstruktur der Union zum Ausdruck.[523] In dieser

---

517 Jetzt Art. 36 AEUV.

518 Jetzt Art. 34 AEUV.

519 Eine ähnliche Lesart vertreten jedoch *v.Bogdandy/Schill,* ZaöRV 70 (2010), 701 (727 f.).

520 EuGH, Urteil v. 16.12.2008 – C-213/07 – Michaniki, EuZW 2009, 87.

521 *Streinz,* in ders. EUV/AEUV, Art. 4 Rz. 19.

522 *Herdegen,* Europarecht, § 10 Rz. 27.

523 *Schill/Krenn,* in Grabitz/Hilf/Nettesheim, Das Recht der EU, Art. 4 EUV Rz. 1 (65. Lfg. August 2018); *Streinz,* in ders. EUV/AEUV, Art. 4 Rz. 3: „[…]‘Geschäftsgrundlage‘ des gesamten Integrationsprojekts […]“.

Struktur nimmt die Kompetenzübertragung auf die Union eine überragende Stellung ein, mit der ein gewisser Souveränitätsverlust der Mitgliedstaaten einhergeht. Gleichzeitig sollen die Mitgliedstaaten im Verhältnis untereinander als auch zu den Organen der Union eine loyale Zusammenarbeit ausüben. Art. 4 Abs. 2 EUV versichert in diesem Umfeld zu einem weiten Teil in deklaratorischer Weise, dass die EU in ihrem Selbstverständnis trotz ihrer zunehmenden Kompetenzen und der engen, auf gegenseitiger Verpflichtung der Mitgliedstaaten beruhenden Zusammenarbeit keinen Bundesstaat darstellt, sondern die Souveränität der Einzelstaaten gewahrt bleibt und von ihr respektiert wird.

Art. 4 Abs. 2 EUV fungiert dabei zunächst als eine Art „Notfallmechanismus", der in Extremsituationen[524] die Mitgliedstaaten vor einer ausufernden Kompetenzausübung durch die Union schützen soll.[525] Schutzobjekte sollen dabei in erster Linie die politischen und verfassungsmäßigen Strukturfragen eines Staates sein.[526] Den Vorrang des Unionsrechts soll die Identitätsklausel dagegen nicht unmittelbar einschränken.[527]

Art. 4 EUV kommt damit eher ein staatsfunktionaler Charakter zu, der nicht dazu taugt, aus ihm spezifische Rechtsinstitute für ganz konkrete Anwendungsfälle abzuleiten. Das bedeutet nicht, dass Art. 4 Abs. 2 EUV für die Frage nach der Wirkungsweise und Zulässigkeit einer ungeschriebenen ordre public Klausel im Rahmen der gegenseitigen Beitreibungshilfe in Steuersachen keine Bedeutung zukäme. Aus ihm kann unter Umständen sogar erst die unionsrechtliche Zulässigkeit einer solchen Klausel folgen. Diese Zulässigkeit ist aber eine sekundäre Frage, die derjenigen, ob ein entsprechender Vorbehalt überhaupt existiert, erst nachfolgt.

Gerade für diese Existenzfrage kann aber Art. 4 Abs. 2 EUV bereits deshalb nicht sinnstiftend nutzbar gemacht werden, weil die Vorschrift die Frage, was als absolut schützenswerte „nationale Identität" dem Kompetenzzugriff der Union verschlossen bleibt, auf die Ebene der Mitgliedstaaten auslagert. Diese haben zwar – wie der Europäische Gerichtshof in der Rechtssache Kommission/Polen

524 *V.Bogdandy/Schill*, ZaöRV 70 (2010), 701 (713).

525 *Callies/Kahl/Puttler*, in Callies/Ruffert, EUV/AEUV, Art. 4 Rz. 22 mit Verweis auf *Gerhardt*, ZRP 2010, 161 (165), der als den „Notfallmechanismus" allerdings nicht direkt Art. 4 Abs. 2 EUV bezeichnet, sondern die damit in sachlichem Zusammenhang stehende ultra vires Rechtsprechung des Bundesverfassungsgerichts.

526 M.w.N. *v.Bogdandy/Schill*, ZaöRV 70 (2010), 701 (713 ff.); *Callies/Kahl/Puttler*, in Callies/Ruffert, EUV/AEUV, Art. 4 Rz. 14.

527 *Obwexer*, in v.der Groeben/Schwarze/Hatje, Europäisches Unionsrecht, Art. 4 EUV Rz. 37.

eindrücklich zu verstehen gegeben hat – keine Alleinentscheidungsbefugnis über die Definition des Identitätsvorbehaltes. Was allerdings von der Vorschrift geschützt ist, muss sich aus dem nationalen Recht selbst ergeben. Der Natur der Sache nach ist es also unmöglich, in abstrakt-genereller Weise zu definieren, wann und unter welchen Umständen die Mitgliedstaaten in welchem Umfang vom Unionsrecht abweichen dürfen.

Schließlich ist zu beachten, dass es bei der vorliegenden Fragestellung im Rahmen der Beitreibungshilfe nur partiell um die Umsetzung von Unionsrecht geht. Denn zwar steht gerade die durch die EUBeitrRL angeordnete Verpflichtung in Rede, anderen Mitgliedstaaten Amtshilfe zu leisten. Indes sind es die spezifischen Fiskalschulden des ersuchenden Mitgliedstaates und sind es die dortigen Umstände – insbesondere die dortige nationale Rechtslage – an denen sich der Streit um eine Befolgung im Einzelfall entzündet. Es handelt sich also vielmehr um einen Konflikt zwischen zwei Mitgliedstaaten als zwischen Union und Mitgliedstaat. Das Miteinander der Staaten regelt aber vornehmlich Art. 4 Abs. 3 EUV mit der Kodifizierung der loyalen Zusammenarbeit.

All diese Erwägungen sprechen dafür, Art. 4 Abs. 2 EUV als Rechtsquelle eines ordre public Vorbehaltes auszuschließen und ihn gegebenenfalls erst im Rahmen der Rechtfertigung eines solchen – soweit er aus anderer Quelle folgt – wieder funktionabel zu machen.

V. Das Grundgesetz – insbesondere die Grundrechte – als Quelle eines ordre public Vorbehaltes

1. Die Kollisionsfrage zwischen EU-Recht und Grundgesetz

Es erscheint naheliegend, die Gewährung der Beitreibungshilfe dort für unzulässig zu halten, wo sie gegen die Grundrechtsgarantien verstößt. Dies erscheint auch dort denkbar, wo die ausländische Forderung mit wesentlichen Vorstellungen der deutschen Verfassung unvereinbar ist. Wären deutsche Behörden durch das Grundgesetz gehindert, in derartigen Fällen die entsprechenden Forderungen zu vollstrecken, so ließe sich insoweit von einem ordre public Vorbehalt sprechen. Dies hätte jedoch im Ergebnis zur Folge, dass deutsches Verfassungsrecht gegen Unionsrecht in Stellung gebracht wird. Ob dies zulässig ist, betrifft die – insbesondere zwischen Europäische Gerichtshof und Bundesverfassungsgericht – äußerst umstrittene Frage nach dem Rangverhältnis zwischen Unions- und Verfassungsrecht.

2. *Der absolute Vorrang des Unionsrechts nach dem Europäischen Gerichtshof*

Der Europäische Gerichtshof geht bereits seit den 1960er Jahren von einem absoluten Vorrang[528] des Europarechts aus, das sich auch gegen nationales Verfassungsrecht durchsetzen soll. In der Rechtssache *Costa / E.N.E.L.* postuliert er eindeutig:

Aus alledem folgt, daß dem vom Vertrag geschaffenen, somit aus einer autonomen Rechtsquelle fließenden Recht wegen dieser seiner Eigenständigkeit keine wie immer gearteten innerstaatlichen Rechtsvorschriften vorgehen können, wenn ihm nicht sein Charakter als Gemeinschaftsrecht aberkannt und wenn nicht die Rechtsgrundlage der Gemeinschaft selbst in Frage gestellt werden soll.[529]

In der Rechtssache *Internationale Handelsgesellschaft* hat der Europäische Gerichtshof explizit klargestellt, dass er unter „wie immer gearteten innerstaatlichen Rechtsvorschriften" auch die nationalen Grundrechte sowie die Strukturprinzipien der nationalen Verfassung versteht.[530] In der Rechtssache *Simmenthal* hat er schließlich festgestellt, dass die mitgliedstaatlichen Richter jede dem Gemeinschaftsrecht entgegenstehende nationale Regelung unangewendet lassen müssen, gleich, ob sie vor oder nach dem entsprechenden Gemeinschaftsrecht ergangen ist und ohne dass es für die Nichtanwendung noch eines weiteren nationalen Verwerfungsverfahrens gleich welcher Art bedürfte.[531] Der Europäische Gerichtshof folgt der in diesen Entscheidungen entwickelten Auffassung bis heute und setzt sie in ständiger Rechtsprechung fort.[532] Er richtet seine Rechtsprechung erkennbar an dem Ziel aus, die Funktionsfähigkeit der EU zu sichern, weil in dem Falle, in dem Mitgliedstaaten die Anwendung von Unionsrecht mit

---

528 Hierbei handelt es sich nach heute unstreitiger Auffassung um einen „Anwendungsvorrang", bei dem die nationale Vorschrift im Kollisionsfall nicht angewendet wird, anders als bei einem „Geltungsvorrang" aber ihre grundsätzliche Gültigkeit behält, siehe m.w.N. *Ludwigs/Sikora,* EWS 2016, 121.

529 EuGH, Urteil v. 15.07.1964, C-6/64, ECLI:EU:C:1964:66 - Costa. /. E.N.E.L., Slg. 1964 I-1259 (1270).

530 EuGH, Urteil v. 17.12.1970, C-11/70, ECLI:EU:C:1970:114 - Internationale Handelsgesellschaft, Rz. 3.

531 EuGH, Urteil v. 09.03.1978, C-106/77, ECLI:EU:C:1978:49 - Simmenthal, Rn. 24.

532 Siehe etwa EuGH, Urteil v. 08.092010, C-409/06, ECLI:EU:C:2010:503, - Winner Wetten GmbH, Rn. 61; Siehe außerdem die Nachweise bei *Skouris,* EuR 2021, 3 (5 f.) sowie *Nettesheim,* in Oppermann/Classen/Nettesheim, Europarecht, S. 155 ff.

Blick auf ihre nationalen Verfassungen verweigern, eine Rechtszersplitterung droht, die den Zielen der Union entgegensteht.[533] So berechtigt diese Sorge sein mag, bietet der Gerichtshof für einen unbedingten Vorrang des Unionsrechts keine tragfähige Begründung an. Dieser findet in den Europäischen Verträgen auch keine Stütze.[534] Im Gegenteil wurde eine ausdrückliche Vorrangklausel, die noch im Verfassungsvertrag[535] vorgesehen war[536], gerade nicht in den Vertrag von Lissabon aufgenommen.[537] Selbst diese Klausel sprach außerdem nur von einem „Vorrang vor dem Recht der Mitgliedstaaten", womit nicht zwingend *jedes* Recht der Mitgliedstaaten gemeint sein muss.[538]

Von Teilen der Literatur wird der unbedingte Vorrang allerdings mit der Natur des Unionsrechts selbst begründet. Nach dem insbesondere von *Pernice*[539] und *Callies*[540] entwickelten sog. „genuin europarechtlichen" Verständnis handelt es sich bei der Errichtung der Europäischen Union durch die Verträge um eine sich „schrittweise materialisierende Verfassungsgebung".[541] Damit entfalte das unionale Primärrecht gleich einer staatlichen Verfassung Geltung aus sich heraus.[542]

533 So ausdrücklich EuGH, Urteil v. 15.07.1964, C-6/64, ECLI:EU:C:1964:66 - Costa. /. E.N.E.L., Slg. 1964 I-1259 (1269); Siehe hierzu auch *Proelß*, Bundesverfassungsgericht und überstaatliche Gerichtsbarkeit, S. 82 f.; *F. Kirchhof*, NVwZ 2014, 1537.

534 Vgl. *Nettesheim*, in Oppermann/Classen/Nettesheim, Europarecht, S. 154.

535 Siehe zur Entstehung und zum letztlichen Scheitern des Verfassungsvertrages *Streinz/Ohler/Herrmann*, Der Vertrag von Lissabon zur Reform der EU, § 1.

536 Art. I-6 des Verfassungsvertrages vom 16.12.2004, Abl. 2004 C 310, S. 1 ff. lautete: „Die Verfassung und das von den Organen der Union in Ausübung der der Union übertragenen Zuständigkeiten gesetzte Recht haben Vorrang vor dem Recht der Mitgliedstaaten.".

537 *Skouris*, EuR 2021, 3 ff; *Herdegen*, Europarecht, S. 251.

538 Dies verkennt *Skouris*, EuR 2021, 3 ff., der meint, der Vorrang habe mit der der Schlussakte zum Vertrag von Lissabon beigefügten Erklärung Nr. 17 Eingang in das Primärrecht gefunden. Selbst wenn man dies annehmen wollte, wäre auch der in dieser Erklärung genannte „Vorrang" nicht zwingend als absoluter Vorrang zu verstehen. So auch ausdrücklich BVerfG, Urteil v. 30.6.2009 – 2 BvE 2/08 u.a., BVerfGE 123, 267 (396 ff.).

539 Statt vieler *Pernice*, Theorie und Praxis des Europäischen Verfassungsverbundes, S. 61 ff.; *ders.* Die Normativität der Europäischen Verfassung, S. 165 ff.

540 *Callies*, Staatsrecht III, S. 178 ff.

541 *Nettesheim*, in Oppermann/Classen/Nettesheim, Europarecht, S. 155 ff.

542 *Nettesheim*, in Oppermann/Classen/Nettesheim, Europarecht, S. 154.

Ist das Unionsrecht in dieser Weise vom Verfassungsrecht der Mitgliedstaaten entbunden, ließe sich sein Geltungsvorrang widerspruchsfrei deklarieren.[543]

Allerdings ist die Union eben kein Verfassungsstaat, die Verträge bilden keine vom europäischen Volk konstituierte Verfassung und zwar weder in der Theorie noch in der Praxis.[544] *Pernices* Argument, in den Zustimmungsgesetzen käme der Wille der Bevölkerung zum Ausdruck, sich eine europäische Verfassung zu geben[545], ist eine zu weit gehende Behauptung.[546] Die europäischen Verträge sind von der Bundesregierung geschlossene und vom Parlament ins nationale Recht aufgenommene Völkerrechtsverträge.[547] Auch wenn diesen eine

---

543 Ob der EuGH seiner Rechtsprechung ebenfalls ein solches genuin europarechtliches Verständnis zugrunde legt ist nicht eindeutig. Dafür spricht etwa die folgende Formulierung „[Der EGW-Vertrag hat] eine eigene Rechtsordnung geschaffen, die bei seinem Inkrafttreten in die Rechtsordnungen der Mitgliedstaaten aufgenommen worden und von ihren Gerichten anzuwenden ist" (EuGH, Urteil v. 15.07.1964, C-6/64, ECLI:EU:C:1964:66 - Costa. /. E.N.E.L., Slg. 1964 I-1259 (1270)) oder auch die Bezeichnung des Europarechts als „[...] unmittelbare Quelle von Rechten und Pflichten [....]" (EuGH, Urteil v. 09.031978, C-106/77, ECLI:EU:C:1978:49 - Simmenthal, Rn. 14 u. 16). Auch der ehemalige Generalanwalt am EuGH *Maduro*, EuR 2007, 3 (5 f.) sieht die *Autonomie* des Europarechts als Grundlage der EuGH-Rechtsprechung. Ebenso offenbar der Präsident des EuGH *Lennaerts,* EuR 2015, 3 (12 ff.). Dagegen erwähnt der ehemalige Richter am EuGH *Skouris,* EuR 2021, 3 bei der Verteidigung des Vorrangs das Konzept nicht. *Hufeld,* in Isensee/Kirchhof, HStR, Bd. X, § 215 bezeichnet den genuin europarechtlichen Ansatz hingegen als einen „Mythos", der zu Unrecht in die Rechtsprechung des EuGH hineininterpretiert werde. Allerdings besteht – anders als *Hufeld* dort offenbar meint – kein Widerspruch zwischen einer Annahme eines autonomen Europarechts und der Ableitung seines Geltungsvorrangs aus den Verträgen. *Nettesheim,* in Oppermann/Classen/Nettesheim, Europarecht, S. 156, formuliert zurückhaltend, die „europarechtliche Lösung" ließe sich jedenfalls ohne die EuGH-Rechtsprechung nicht denken.

544 Siehe zur Entstehungsgeschichte der Union in Gestalt des Vertrages von Lissabon ausführlich *Streinz/Ohler/Herrmann*, Der Vertrag von Lissabon zur Reform der EU, § 2.

545 *Pernice,* VVDStRL 60 (2001), 148 (165 ff.); Siehe auch die Zusammenfassung seiner weiteren Argumentation m.w.N. bei *Callies,* in Callies/Ruffert, EUV/AEUV, Art. 1 EUV Rz. 33 sowie *ders.*, Staatsrecht III, S. 182 ff.

546 *Pernice* vertritt allerdings auch einen neuartigen, aus der Genese der Europäischen Union als ein einmaliges juristisches Gebilde abgeleiteten Verfassungsbegriff, siehe dazu umfassend *Pernice,* Der Europäische Verfassungsverbund.

547 *Nettesheim,* in Grabitz/Hilf/Nettesheim, Das Recht der Europäischen Union, Art. 1 EUV Rz. 75 ff. (48. Lfg. August 2012); *Kruis,* Der Anwendungsvorrang des EU-Rechts in Theorie und Praxis, S. 15 ff., 69 m.w.N.

herausragende Bedeutung zukommt, zeigt schon die formale Konstruktion, dass die Verträge Produkte der nationalen Verfassung sind, die aber die Errichtung einer europäischen Verfassung nicht vorsehen.[548] Selbst wenn die Unterzeichner der Verträge eine solche Verfassung ins Werk hätten setzen wollen, wofür nichts ersichtlich ist, hätten sie hierzu keine Kompetenz gehabt.[549] Es gibt somit keinen juristischen Anknüpfungspunkt für die Annahme einer Rechtsgeltung des Unionsrechts aus sich heraus. Es ist im Gefüge des Grundgesetzes zu verorten und unterliegt mithin auch den von ihm gesetzten Grenzen.[550]

3. *Das grundgesetzliche Verständnis des Bundesverfassungsgerichts*

a) *Art. 79 Abs. 3 GG als absolute Schranke der Hoheitsübertragung (ultra vires und Identitätskontrolle)*

Das Bundesverfassungsgericht verfolgt vor diesem Hintergrund konsequent eine von der Verfassung der Bundesrepublik Deutschland ausgehende Lesart. Danach speist sich das Unionsrecht, wie überhaupt die gesamte Existenz der Union, aus der verfassungsmäßigen Souveränität der Mitgliedstaaten, die sie im Wege der Hoheitsübertragung auf die Unionsorgane erstrecken.[551] Das entspricht dem allgemeinen Verständnis vom Charakter der Union als ein Staatenverbund[552], der seine Kompetenzen im Wege der begrenzten Einzelermächtigung (Art. 5 EUV) von den Mitgliedstaaten ableitet.[553]

548 Vgl. nur BVerfG, Urteil v. 30.06.2009 - 2 BvE 2, 5/08 u.a., BVerfGE 123, 267 (349) und weiter *Grimm,* JZ 1995, 581 (586).

549 Ein solcher verfassungsgebender Akte dürfte zu einem „Kurzschluss" führen, wie ihn *Nettesheim,* JZ 2014, 585, beschrieben hat, über den sich ein Hoheitsträger „selbst unmittelbar Legitimation verschaffen könnte"; Vgl. auch *Schorkopf,* Staatsrecht der internationalen Beziehungen, Rz. 215 zur sog. *Blankettrüge.*

550 Vgl. mit eingehender Analyse *Kruis,* Der Anwendungsvorrang des EU-Rechts in Theorie und Praxis, S. 69 ff.

551 BVerfG, Urteil v. 30.06.2009 – 2 BvE 2, 5/08 u.a., BVerfGE 123, 267 (349).

552 Zum Begriff *Callies,* in Callies/Ruffert, EUV/AEUV, Art. 1 EUV Rz. 27 ff., sowie Erster Teil A.II.2.b)(2).

553 Vgl. *Kadelbach,* in v.der Groeben/Schwarze/Hatje, Europäisches Unionsrecht, Art. 5 EUV Rz. 4; *Schaumburg* in Schaumburg/Englisch, Europäisches Steuerrecht, Rz. 11.1; BVerfG, Beschluss v. 06.07.2010 – 2 BvR 2661/06, BVerfGE 126, 286 (307).

Ausgangspunkt für die Frage nach der Geltungsweite des Unionsrechts bleibt damit die deutsche Verfassung[554], insbesondere Art. 23 Abs. 1 S. 2 GG, der die Kompetenzübertragung auf die Europäische Union vorsieht.[555]

Art. 23 Abs. 1 GG enthält dabei in der überzeugenden Terminologie von *Rüdiger Breuer*[556] in Satz 1 eine *Struktursicherungsklausel*, die die Mindestanforderungen an die Struktur der Europäischen Union stellt. Nur soweit diese Mindestanforderungen gewahrt sind, darf die Bundesrepublik Deutschland an der europäischen Integration mitwirken.[557] Bedeutsam ist dabei insbesondere das Erfordernis, dass die Union eine „diesem Grundgesetz im wesentlichen vergleichbaren Grundrechtsschutz" gewährleisten soll. Hiermit ist die „Solange-Rechtsprechung" des Bundesverfassungsgerichts[558] bereits in der Sicherungsklausel kodifiziert.[559] Daneben setzt die sog. *Verfassungsbestandsklausel*[560] des Art. 23 Abs. 1 S. 3 GG der Kompetenzübertragung explizite Grenzen, indem sie die Geltung von Art. 79 Abs. 2 u. 3 GG auf Integrationsakte erstreckt. Wenngleich hierdurch ausdrücklich nur solche Handlungen umfasst sind, die das Grundgesetz ändern oder Grundgesetzänderungen ermöglichen, so wird die Vorschrift doch allgemein so verstanden, dass sämtlichen Integrationsakten des deutschen Staates durch die Ewigkeitsklausel Grenzen gesetzt sind.[561] In diesem Sinne kommt Art. 23 Abs. 1 S. 3 GG lediglich deklaratorische Bedeutung zu.[562] Denn bereits denklogisch können über die Art. 23 und 24 GG nur solche Hoheitsrechte übertragen werden, die der Bundesrepublik nach dem Grundgesetz auch zustehen. Die hoheitlichen Befugnisse des deutschen Staates sind durch die Ewigkeitsklausel aber a priori beschränkt. Somit kann der Union

---

554 So ausdrücklich BVerfG, Beschluss v. 06.07.2010 – 2 BvR 2661/06, BVerfGE 126, 286 (302).

555 Siehe zu seiner Bedeutung instruktiv *Schorkopf*, Staatsrecht der internationalen Beziehungen, Rz. 171 ff.

556 *Breuer*, NVwZ 1994, 417 (421 f.).

557 *Breuer*, NVwZ 1994, 417 (421); *Jarass/Pieroth*, GG, Art. 23 Rz. 30; *Heintschell v. Heinegg/Frau*, in BeckOK GG, Art. 23 Rz. 28; Einzelheiten zu den dort normierten Grundsätzen bei *Wollenschläger*, in Dreier, GG, Art. 23 Rz. 62 ff.

558 Siehe sogleich bei b).

559 *Breuer*, NVwZ 1994, 417 (423); *Wollenschläger*, in Dreier, GG, Art. 23 Rz. 81.

560 *Breuer*, NVwZ 1994, 417 (422 f.).

561 *Streinz*, in Sachs, GG, Art. 23 Rz. 15.; vgl. BVerfG, Beschluss v. 15.12.2015 – 2 BvR 2735/14, BverfGE 140, 317 (336 f.).

562 Vgl. m.w.N. *Breuer*, NVwZ 1994, 417 (422).

auch nicht die Befugnis übertragen worden sein, den von Art. 79 Abs. 2 u. 3 GG erfassten Kern zu beeinträchtigen.[563]

Aufgrund dieser verfassungsdogmatisch stringenten Ableitung behält sich das Bundesverfassungsgericht die sog. ultra vires Kontrolle von Unionsrecht vor.[564] Gemeint ist hiermit die Überprüfung von Unionsrecht dahingehend, ob das rechtsetzende EU-Organ sich an die ihm übertragenen Kompetenzen gehalten hat. Wird die Europäische Union in Sachbereichen tätig, für die ihr nach den Verträgen keine Zuständigkeit zukommt, so leitet das Bundesverfassungsgericht hieraus die Verfassungswidrigkeit des entsprechenden Rechtsaktes her. In seinem *Honeywell*-Beschluss[565] hat das Bundesverfassungsgericht die Systematik umfassend beschrieben. Demnach muss der Vorbehalt europarechtsfreundlich ausgeübt werden, um dem Anwendungsvorrang des Unionsrechts hinreichende Anerkennung zu gewähren. Das Bundesverfassungsgericht ruft darum vor einer ultra vires Entscheidung im Sinne eines engen Kooperationsverhältnisses den Europäischen Gerichtshof im Wege des Vorabentscheidungsverfahrens (Art. 267 AEUV) an, um ihm Gelegenheit zur Vertragsauslegung sowie zur Entscheidung über die Gültigkeit und die Auslegung der fraglichen Rechtsakte zu geben.[566] Kommt der Europäische Gerichtshof zur Rechtmäßigkeit der streitigen Maßnahme, behält sich das Bundesverfassungsgericht die Nachprüfung dieser Entscheidung vor. Dabei gesteht es dem Gerichtshof auch grundsätzlich die Instrumente der Rechtsfortbildung nach den gesetzlich oder völkervertraglich festgesetzten Vorgaben zu, erkennt im Prinzip der begrenzen Einzelermächtigung aber auch eine wesentliche Grenze richterlicher Rechtsfortbildung.[567] Der Kompetenzverstoß muss außerdem offensichtlich[568] und der angegriffene Akt muss im Kompetenzgefüge zwischen Mitgliedstaaten und Union erheblich

563 BVerfG, Urteil v. 30.06.2009 – 2 BvE 2, 5/08 u.a., BVerfGE 123, 267 (348 ff.); Beschlüsse v. 14.01.2014 – 2 BvR 2728/13 u.a., BVerfGE 134, 366 (384 ff.); v. 15.12.2015 – 2 BvR 2735/14, BverfGE 140, 317 (336 f.).

564 Im *Maastricht-Urteil* v. 12.10.1993 – 2 BvR 2134/92, BVerfGE 89, 155 (188) spricht es von einem „ausbrechenden Rechtsakt", seit seinem Urteil zum Vertrag von *Lissabon* v. 30.06.2009 – 2 BvE 2/08 u.a., BVerfGE 123, 267 (354 f.) verwendet es einheitlich den Begriff *ultra vires Kontrolle,* zuletzt in der Rechtssache *PSPP,* BVerfG, Urteil v. 05.05.2020 – 2 BvR 859/15 u. a., BVerfGE 154, 17.

565 BVerfG, Beschluss v. 06.062010 – 2 BvR 2661/06, BVerfGE 126, 286.

566 BVerfG, Beschluss v. 06.06.2010 – 2 BvR 2661/06, BVerfGE 126, 286 (303).

567 BVerfG, ebd., S. 306 f.

568 Das BVerfG spricht synonym von „ersichtlichen" bzw. „hinreichend qualifizierten" Verstößen, BVerfG, ebd., S. 304.

ins Gewicht fallen.[569] Schließlich legt sich das Bundesverfassungsgericht selbst Zurückhaltung auf und gesteht dem Europäischen Gerichtshof einen Anspruch auf Fehlertoleranz zu. Lediglich dann, wenn die Auffassung des Gerichtshofes den bei methodischer Auslegung üblichen rechtswissenschaftlichen Diskussionsrahmen verlässt, kann das Bundesverfassungsgericht seine Auslegung an die Stelle derjenigen des Gerichtshofes setzen.[570]

Mit der ultra vires Kontrolle beruft sich das Bundesverfassungsgericht grundsätzlich auf die in den Verträgen ausdrücklich geregelten Kompetenzbereiche im Sinne der begrenzten Einzelermächtigung der Europäischen Union.[571] Demgegenüber bezeichnet es die oben beschriebene Prüfung, ob Unionsrecht gegen den Schutzbestand der Ewigkeitsklausel verstößt, als sog. Identitätskontrolle.[572] Dies betreffe die Wahrung des Menschenwürdekerns der Grundrechte ebenso wie die Wahrung der Grundsätze, die das Demokratie-, Rechts-, Sozial- und Bundesstaatsprinzip im Sinne des Art. 20 GG prägen.[573] Trotz dieser formalen Unterscheidung handelt es sich inhaltlich um die gleiche rechtliche Behandlung von Unionsrecht, denn in beiden Fällen geht es letztlich darum, ob die Europäische Union außerhalb der ihr übertragenen Hoheitsbefugnisse tätig wird.[574] Mit anderen Worten wäre auch ein Verstoß der Europäischen Union gegen das von Art. 79 Abs. 3 GG geschützte Material „ultra vires", denn auch insofern sind ihr entsprechende Rechtsetzungsbefugnisse nicht übertragen worden. Der Unterschied zwischen beiden Rechtsinstituten besteht letztlich lediglich darin, dass im Falle der ultra vires Kontrolle das in Rede stehende Unionsrecht bereits wegen des bloßen Sachbereichs, den es regelt, verworfen wird, während es bei

---

569 BVerfG, ebd.

570 BVerfG, ebd. S. 307.

571 BVerfG, ebd., S. 302 m.w.N.

572 BVerfG, Urteil v. 30.06.2009 – 2 BvE 2, 5/08 u.a., BVerfGE 123, 267 (344, 353 f.); Beschluss v. 14.01.2014 – 2 BvR 2728/13 u.a., BVerfGE 134, 366 382 ff.); Beschluss v. 15.12.2015 – 2 BvR 2735/14, BVerfGE 140, 317 (336 f.).

573 BVerfG, Beschluss v. 21.06.2016 – 2 BvR 2728 u.a., BVerfGE 142, 123 (195).

574 BVerfG, Beschluss v. 06.06.2010 – 2 BvR 2661/06, BVerfGE 126, 286 (302) nennt Identitätskontrolle und ultra vires Kontrolle im gleichen Satz und stellt sie als gleichrangig dar; Im OMT-Beschluss v. 21.06.2016 – 2 BvR 2728 u.a., BVerfGE 142, 123 (188) führt das Gericht aus: „Identitäts- und ultra vires Kontrolle leiten sich aus Art. 79 Abs. 3 GG ab, sind aber eigenständige Kontrollverfahren, die unterschiedliche Maßstäbe anwenden"; Wie hier für eine strukturelle Vergleichbarkeit der Vorbehalte *Nettesheim,* in Oppermann/Classen/Nettesheim, Europarecht, § 10 Rz. 14.

der Identitätskontrolle auf die genaue inhaltliche Ausgestaltung des Rechtsaktes[575] ankommt.[576]

Die Auffassung des Bundesverfassungsgerichts hat, wie *Herdegen* treffend formuliert, die „staatsrechtliche Logik" für sich.[577] Soweit hieran etwa von *Sauer* kritisiert wird, der Verweis auf die bereits fehlende Übertragungskompetenz sei „etwas zu schlicht", weil auch ein nichtiger Übertragungsakt völkerrechtliche Rechtsfolgen haben könne[578], überzeugt der Einwand nicht. Denn auch wenn der völkerrechtliche Einwand richtig sein mag, kann eine nach außen von der Bundesrepublik eingegangene völkerrechtliche Verpflichtung nicht ihre *nach innen bestehende Verpflichtung*, die Vorgaben der Verfassung zu achten, überlagern. Ebenso wenig verfängt die Kritik des ehemaligen Präsidenten des Europäischen Gerichtshofs *Vassilios Skouris*, der in der vom Bundesverfassungsgericht vertretenen Auffassung zwar eine „gewisse" Logik erkennt[579], diese aber gleichwohl ablehnt. Er begründet dies zum einen politisch, weil die Auffassung des Bundesverfassungsgerichts nicht „neutral" sei.[580] Zum anderen könne eine nationale Verfassung nicht zugleich einen Vorrang des Unionsrechts anordnen, zum anderen aber diesen Vorrang wiederum zugunsten einzelner eigener Prinzipien einschränken.[581] Das erschließt sich nicht. Selbstverständlich kann eine Verfassung den in ihr geregelten Prinzipien eine „Binnen-Priorisierung" in der Weise zuschreiben, dass sie den einen den Vorrang vor den anderen einräumt. Nichts anderes bedeutet die Erkenntnis, dass die Verfassung dem Europarecht zwar eine außerordentliche, aber eben keine sich selbst negierende Bedeutung einräumt. Schließlich hält *Bast* jedenfalls die ultra vires Kontrolle für

---

575 In seinem Beschluss v. 15.12.2015 – 2 BvR 2735/14, BVerfGE 140, 317 (336 f.), hat das BVerfG entsprechend die Auslieferung des Beschwerdeführers auf der Grundlage eines europäischen Haftbefehls für verfassungswidrig gehalten, weil das zugrunde liegende italienische Strafurteil in seiner Abwesenheit ergangen war. Hierin erblickte das Gericht einen Verstoß gegen den aus der Menschenwürdegarantie abgeleiteten Schuldgrundsatz des deutschen Strafrechts.

576 Für eine pointiertere Unterscheidung aber *Schwerdtfeger*, EuR 2015, 290 (294 ff.).

577 Vgl. *Herdegen*, Europarecht, § 10 Rz. 24; ähnlich *Proelß*, Bundesverfassungsgericht und überstaatliche Gerichtsbarkeit, S. 90.

578 *Sauer*, NJW 2016, 1134 (1136). Die Kritik wendet sich zwar gegen die sog. „Solange III – Entscheidung" des Bundesverfassungsgerichts, richtet sich inhaltlich aber gegen diese bereits im Lissabon-Urteil entwickelte Dogmatik.

579 *Skouris*, EuR 2021, 3 (9).

580 *Skouris*, EuR 2021, 3 (8).

581 *Skouris*, EuR 2021, 3 (9).

unionsrechtswidrig, weil sich das Bundesverfassungsgericht damit an die Stelle des zur letztverbindlichen Auslegung der EU-Verträge zuständigen Gerichtshofes setze.[582] Dies sei unnötig, weil Art. 23 Abs. 1 S. 2 GG und Art. 24 Abs. 1 GG die Öffnung des Grundgesetzes auch mit Blick auf ein supranationales gerichtliches Verwerfungsmonopol zulasse.[583] Diese Argumentation ist allerdings axiomatisch und überzeugt in ihrer Knappheit auch nicht. Denn wenn die Übertragung von Kompetenzen an Unionsorgane sachlich begrenzt ist, was *Bast* nicht bestreitet, so muss davon auch die Kompetenz des Europäischen Gerichtshofs zur Überprüfung jener Kompetenzen umfasst sein. Denn woher sonst sollte der Europäische Gerichtshof seine Befugnis herleiten, einen Unionsrechtsakt der Bundesrepublik gegenüber verbindlich zu legitimieren, wenn nicht von der Hoheitsübertragung durch das deutsche Grundgesetz?

b) Die grundrechtliche Überprüfung von Unionsrecht (Solange I und II)

Zu einem tendenziell anderen Ergebnis gelangt das Bundesverfassungsgericht bei der Frage, ob es das Unionsrecht auch am Maßstab der deutschen Grundrechte prüfen kann. Hierzu hat es in seinen Solange-Entscheidungen[584] die Ansicht entwickelt, dass sich die Bundesrepublik Deutschland zwar durch eine Übertragung von Hoheitsrechten auf intra- und supranationale Organisationen nicht ihrer Grundrechtsbindung begeben könne.[585] Gleichwohl geht es aber ohne rechtsdogmatische Begründung davon aus, dass durch die Hoheitsübertragung der nach Maßgabe des Grundgesetzes bestehende Rechtsschutz „entfallen soll“. Dies sei zulässig, wenn stattdessen eine Grundrechtsgeltung gewährleistet wird, die nach Inhalt und Wirksamkeit dem Grundrechtsschutz, wie er nach dem Grundgesetz unabdingbar ist, im Wesentlichen gleichkommt.[586] In seinem Bananenmarktordnungsbeschluss[587] hat das Gericht seinen *Solange*-Ansatz zusätzlich auf den zwischenzeitlich neu eingefügten Art. 23 GG gestützt. Hierbei hat es pauschal auf die Grundaussage des Integrationsartikels verwiesen, wonach Deutschland bei der Errichtung der Europäischen Union mitwirkt. Zur

---

582 *Bast,* in Grabitz/Hilf/Nettesheim, Das Recht der EU, Art. 5 EUV Rz. 33a (65. Lfg. August 2018).

583 *Bast,* ebd.

584 BVerfG, Beschlüsse v. 29.05.1974 – BvL 52/71, BVerfGE 37, 271 (Solange I); v. 22.10.1986 –2 BvR 197/83, BVerfGE 73, 339 (Solange II).

585 BVerfG, Beschlüsse v. 29.05.1974 – BvL 52/71, BVerfGE 37, 271 (279 f.); v. 22.10.1986 – 2 BvR 197/83, BVerfGE 73, 339 (375 f.).

586 BVerfG, ebd.

587 BVerfG, Beschluss v. 07.06.2000 – 2 BvL 1/97, BVerfGE 102, 147.

Begründung dafür, dass der deutsche Grundrechtsschutz entfallen soll, begnügt es sich offenbar mit der Feststellung, dass das Grundgesetz zur Europarechtsfreundlichkeit verpflichtet.[588]

Die in rechtsmethodischer Hinsicht nicht vorhandene Begründungstiefe der Solange-Rechtsprechung überrascht. Denn vergegenwärtigt man sich, dass Unionsrechtsakte regelmäßig durch innerstaatliche Gesetze umgesetzt und von innerstaatlichen Behörden und Gerichten angewendet werden, so ist bereits fraglich, auf welcher Grundlage in dieser Konstellation überhaupt der durch das Grundgesetz gewährleistete Grundrechtsschutz „entfallen" könnte. So wird die durch Art. 1 Abs. 3 GG geforderte Grundrechtsbindung aller deutschen Staatsgewalt durch die Errichtung der Europäischen Union nicht berührt, was auch seinerseits wegen Art. 79 Abs. 3 GG wiederum ausgeschlossen wäre.[589] Wie *Ferdinand Kirchhof* ganz zutreffend feststellt, stehen die Grundrechte den Bürgern zu und unterliegen nicht, auch nicht über Art. 23 GG der Dispositionsbefugnis des Staates.[590]

Aufgelöst werden kann der Konflikt durch eine verständige Würdigung des Art. 23 Abs. 1 S. 1 GG und dem Gesamtgefüge der Europäischen Verträge. Dabei kann angenommen werden, dass mit der Errichtung der Europäischen Union aus Sicht der Bundesrepublik Deutschland eine Zuständigkeitsregelung zugunsten des Europäischen Gerichtshofs in der Weise getroffen wurde, als dass allein dieser zur Überprüfung des Unionsrechts befugt sein soll. Diese Zuständigkeitsregelung ist vergleichbar mit der in Art. 92 ff. GG geregelten Errichtung der Gerichte, insbesondere des Bundesverfassungsgerichts und dem in Art. 93 GG enthaltenen Katalog an zulässigen Verfahren und deren Voraussetzungen vor dem Bundesverfassungsgericht. Veränderungen dieser Artikel haben direkte Auswirkungen auf das grundrechtliche Schutzniveau, sind aber möglich, solange die Rechtsstaatlichkeit der Bundesrepublik hierdurch nicht ernsthaft gefährdet

588 BVerfG, ebd., S. 163 f. Offenbar zustimmend, allerdings ohne nähere Begründung *Schwerdtfeger*, EuR 2015, 290 (298).

589 Diesen Umstand betont auch das BVerfG, das insoweit ausführt, die Rechtsprinzipien des Grundrechtsteils seien ein „unverzichtbares, zum Grundgefüge der geltenden Verfassung gehörendes Essentiale[...]" (Beschluss v. 22.10.1986 – 2 BvR 197/83, BVerfGE 73, 339 (376)), wobei es also bereits der Argumentation der Identitäts- und ultra vires Kontrolle in gewisser Weise vorgreift.

590 *F. Kirchhof*, NVwZ 2014, 1537 (1539); *Nettesheim*, in Oppermann/Classen/Nettesheim, Europarecht, § 10 Rz. 24 spricht von einer „rechtspolitischen Befriedungsfunktion" der Entscheidung.

wird.[591] So lässt sich die Kernaussage der Solange-Rechtsprechung durchaus fruchtbar machen: Unionsrechtsakte werden eben nicht durch das Bundesverfassungsgericht, sondern durch den Europäischen Gerichtshof als ein gleichwertiges Gericht überprüft. Da dabei das Prüfungsniveau des Europäischen Gerichtshofs in Inhalt und Ausgestaltung demjenigen des Bundesverfassungsgerichts entspricht, ist der Kontrollentzug unter Gesichtspunkten der Rechtsstaatlichkeit für hinnehmbar.[592]

Entgegen den insoweit missverständlichen Formulierungen des Bundesverfassungsgerichts bleibt der Transformationsgesetzgeber damit formaljuristisch gesehen weiterhin auch bei der Umsetzung von Unionsrecht an die Grundrechte gebunden, unterliegt hierbei allerdings keiner Kontrolle durch das Bundesverfassungsgericht.[593] Eine derartige Konstellation ist für sich genommen nicht ungewöhnlich. Denn nichts anderes gilt etwa bei rein inländischen Sachverhalten auch für schwerste Grundrechtsverletzungen, soweit die Beschwerdefrist abgelaufen ist. Hier wie dort gilt der Grundsatz, dass Rechtssicherheit ab einem gewissen Punkt vor Rechtsrichtigkeit geht[594], wobei die Rechtssicherheit im Falle des Europarechts dadurch gewährleistet wird, dass in Form des Europäischen Gerichtshofs eine einheitliche Kontrollinstanz, sowie mit dem europäischen Primärrecht ein homogener Prüfungskanon unabhängig vom Recht der einzelnen Mitgliedstaaten existiert.[595]

Eine Ausnahme von diesem Ausschluss der Grundrechtsüberprüfung erkennt das Bundesverfassungsgericht aber richtiggehend dann, wenn den Mitgliedstaaten für die Umsetzung von Unionsrecht Gestaltungsspielräume bleiben. Soweit diese Gestaltungsspielräume eröffnet sind, trifft jeder Mitgliedstaat eigenständige Entscheidungen, für deren Überprüfung eine zentrale europäische Kontrollinstanz bereits nicht erforderlich ist.[596]

---

591 Vgl. m.w.N. *Zuck*, Das Recht der Verfassungsbeschwerde, Rz. 7; *Stern*, Staatsrecht III/2, S. 1124 f.

592 Das BVerfG hätte aber strenggenommen eine Überprüfung der so verstandenen Regelung am Maßstab des Art. 79 Abs. 3 GG vornehmen müssen.

593 In seinen „Recht auf Vergessen"-Entscheidungen (dazu im Einzelnen sogleich unter d]) spricht das BVerfG nunmehr etwas klarer davon, dass die Grundrechte hinter dem Anwendungsvorrang des Unionsrechts „ruhend" in Kraft blieben, s. BVerfG, Beschluss v. 06.11.2019 - 1 BvR 276/17, BVerfGE 152, 274, Rz. 47.

594 *Hömig*, in Maunz/Schmidt-Bleibtreu/Klein/Bethge, BVerfGG, § 93 Rz. 3 (60. Lfg. Juli 2020).

595 Vgl. nur BVerfG, Beschluss v. 22.10.1986 –2 BvR 197/83, BVerfGE 73, 339 (367 f., 378 ff.).

596 BVerfG, Beschluss v. 13.03.2007 – 1 BvF 1/05, BVerfGE 118, 79 (95).

c) *Übertragung der verfassungsrechtlichen Dogmatik auf Exekutive und Judikative*

(1) Grundrechtsbindung bei der Anwendung von Unionsrecht

Bisher war von der Überprüfung von Unionsrecht bzw. der gesetzesförmlichen Umsetzung durch die Bundesrepublik die Rede. Hiervon zu unterscheiden ist die Umsetzung von Unionsrecht im Sinne von Verwaltungs- oder Richtertätigkeiten.[597] Im Gegensatz zu europäischen Richtlinien oder Verordnungen unterliegen diese Tätigkeiten auch dann keiner direkten Kontrolle durch den Europäischen Gerichtshof, wenn sie allein europäisches Recht umsetzen.[598] Vielmehr sind hierbei weiterhin die Verwaltungsgerichte zuständig, wobei die letztinstanzlichen Hauptsachegerichte bei Zweifelsfragen über Gültigkeit oder Auslegung von Unionsrecht den Europäischen Gerichtshof im Wege des Vorabentscheidungsverfahrens gem. Art. 267 Abs. 3 AEUV anzurufen haben.[599] Außerhalb derartiger Geltungs- und Auslegungsfragen vertritt der Europäische Gerichtshof allerdings die Auffassung, dass die nationalen Gerichte den Vollzug von Unionsrecht am Maßstab ihrer nationalen Grundrechte prüfen können, soweit hierdurch nicht das Schutzniveau der Europäischen Grundrechte-Charta, noch der Vorrang, die Einheit und die Wirksamkeit des Unionsrechts beeinträchtigt werden.[600] Das ist aus verfassungsrechtlicher Perspektive unmittelbar einleuchtend. Denn wiederum stellt sich die Frage, aus welchen rechtlichen Grund für nationale Stellen wenn sie Unionsrecht anwenden und sich ihnen hierbei Spielräume eröffnen die in Art. 1 Abs. 3 GG verankerte Grundrechtsbindung entfallen sollte.[601]

597 Dies verkennt *Wettner*, Die Amtshilfe im Europäischen Verwaltungsrecht, S. 377 ff., wenn er mit Verweis auf die Solange-Rechtsprechung von einer Anwendungssperre der Grundrechte ausgeht.

598 *Streinz*, in Sachs, GG, Art. 23 Rz. 47; *Classen*, in v.Mangoldt/Klein/Starck, GG, Art. 23 Rz. 52.

599 EuGH, Urteil v. 22.10.1987, C-314/85, ECLI:EU:C:1987:452 – Foto-Frost; m.w.N. BVerfG, Kammerbeschluss v. 15.12.2015 – 2 BvR 221/11, Rz. 29 ff.

600 EuGH, Urteil v. 26.02.2013, C-399/11, ECLI:EU:C:2013:107 - Melloni, Rz. 60; Urteil v. 30.05.2013, C-168/13 PPU, ECLI:EU:C:2013:358 - Jeremy F, Rn. 48 ff.

601 Vgl. *Classen*, EUR 2016, 304 (308 f.).

(2) *Die Entscheidung „Europäischer Haftbefehl II" des Bundesverfassungsgerichts*

Vor diesem Hintergrund hat die Entscheidung des Bundesverfassungsgerichts[602] zur Vollziehung eines Europäischen Haftbefehls durch deutsche Behörden für Aufsehen gesorgt.[603] Der Verfassungsbeschwerde lag ein Urteil des OLG Düsseldorf zugrunde, mit dem dieses entschieden hatte, dass der Beschwerdeführer aufgrund eines Europäischen Haftbefehls nach Italien ausgeliefert werden sollte. Dem Haftbefehl vorausgegangen war die strafrechtliche Verurteilung des Beschwerdeführers in Abwesenheit in Italien. Das Bundesverfassungsgericht verwarf das Urteil des OLG mit der Begründung, dass die Abwesenheitsverurteilung ein Verstoß gegen den aus der Menschenwürdegarantie abgeleiteten Schuldgrundsatz darstelle, an dem sich deutsche Behörden nicht beteiligen dürften.

Hierbei ging es aber von keiner unmittelbaren Grundrechtsbindung durch die deutschen Behörden aus, sondern zog die Grundsätze der Identitätskontrolle heran.[604]

Dieser Rückgriff auf den Identitätsvorbehalt ist mit Blick auf die weitere Begründung des Senats kritisiert worden.[605] So kommt der Senat zu der Erkenntnis, dass die unionalen Rechtsgrundlagen des Europäischen Haftbefehls sowie die sonstigen unionsrechtlichen Grundsätze durchaus Raum gelassen hätten, die Auslieferung zu verweigern und daher insoweit der Rückgriff auf den Identitätsvorbehalt nicht notwendig sei.[606] Hingegen habe im zugrunde liegenden Fall das Oberlandesgericht, welches den Haftbefehl vollstrecken wollte, die Tragweite seiner Entscheidung mit Blick auf die Menschenwürdegarantie verkannt[607], weshalb seine Entscheidung aufzuheben gewesen sei.

Kritik erfährt diese Vorgehensweise des Bundesverfassungsgerichts vor allem, weil sich nicht unmittelbar erschließt, weshalb das Gericht überhaupt auf den Identitätsvorbehalt zurückgegriffen hat, wenn doch das Europarecht gerade nicht zur Auslieferung gezwungen habe. In diesen Fällen hätte, wie *Classen* meint, das Gericht sich auch unmittelbar auf die deutschen Grundrechte berufen können.[608]

---

602 Beschluss v. 15.12.2015 – 2 BvR 2735/14, BVerfGE 140, 317.

603 Siehe *Satzger*, NStZ 2016, 514 (516).

604 Beschluss v. 15.12.2015 – 2 BvR 2735/14, BVerfGE 140, 317 (334 ff.).

605 Siehe nur *Classen*, EUR 2016, 304 (308 ff.); *Sauer*, NJW 2016, 1134; *Satzger*, NStZ 2016, 514.

606 BVerfG, Beschluss v. 15.12.2015 – 2 BvR 2735/14, BVerfGE 140, 317 (355 ff.).

607 BVerfG, Beschluss v. 15.12.2015 – 2 BvR 2735/14, BverfGE 140, 317 (366 ff.).

608 *Classen*, EUR 2016, 304 (308 f.).

Sauer wiederum meint, das Bundesverfassungsgericht habe den Identitätsvorbehalt herangezogen, weil es gemeint hätte, das OLG wäre durch das Unionsrecht zur Auslieferung gezwungen gewesen.[609] Sodann habe das Bundesverfassungsgericht widersprüchlich festgestellt, dass das Unionsrecht sehr wohl Spielräume eröffne, um zu begründen, warum die Ablehnung der Auslieferung das Unionsrechts nicht beeinträchtige.[610] Beide Beobachtungen von *Sauer* sind allerdings so nicht zutreffend. Soweit das Bundesverfassungsgericht davon spricht, die Rechtsanwendung sei „unionsrechtlich determiniert", so meint es nicht, dass das Unionsrecht keine Spielräume ließe. Vielmehr bedeutet „unionsrechtlich determiniert" nichts anderes als „im Bereich des Unionsrechts".[611] Außerdem erfolgt auch die Feststellung, dass das Unionsrecht nicht zur Auslieferung zwinge, durch das Bundesverfassungsgericht nicht, um die Ablehnung der Auslieferung gegenüber dem Unionsrecht zu rechtfertigen. Vielmehr prüft das Bundesverfassungsgericht, ob es schon das Unionsrecht selbst hätte verwerfen müssen, oder ob lediglich die Anwendung des Unionsrechts durch die Fachgerichte verfassungswidrig gewesen ist. Dies entspricht der bei Verfassungsbeschwerden üblichen Unterscheidung zwischen der Verfassungsmäßigkeit der Eingriffsgrundlage und der verfassungsmäßigen Anwendung derselben im Einzelfall.

Die Entscheidung des Bundesverfassungsgerichts ist also nicht bereits in sich widersprüchlich. Aber auch die Kritik von *Classen* überzeugt im Ergebnis nicht. Ihm ist zunächst zuzugeben, dass das Bundesverfassungsgericht statt einer Parallele zu Fällen des Identitätsvorbehaltes hier auch eine Parallele zur Solange-Rechtsprechung hätte ziehen können. Dann hätte es, weil es Spielräume bei der Anwendung des Unionsrechts erkannte, diese Anwendung auch direkt am Maßstab der Grundrechte prüfen können, so wie es auch nicht zwingende Umsetzungsgesetze an diesem Maßstab prüft. Demgegenüber scheint das Bundesverfassungsgericht aber dem Identitätsvorbehalt den zumindest prüfungstechnischen Vorrang zu geben, was durchaus nachvollziehbar ist. Denn wenn bereits der durch Art. 79 Abs. 3 GG geschützte Kernbestand der Verfassung verletzt ist, ist die etwaige Verletzung von demgegenüber nachrangigen Grundrechten irrelevant. Dementsprechend ließe sich auch etwa die Solange-Rechtsprechung dahingehend interpretieren, dass gedanklich stets vorgeprüft

---

609 *Sauer*, NJW 2016, 1134 (1135).

610 *Sauer*, ebd.

611 Vgl. *Classen*, EUR 2016, 304 (309); anders machte auch etwa die Wendung des Bundesverfassungsgerichts, dass das gesamte Verfahren der Auslieferung aufgrund eines Europäischen Haftbefehls unionsrechtlich determiniert sei (S. 343), keinen Sinn.

wird, ob die Verfassungsidentität verletzt ist. Nur wenn das nicht der Fall ist, fragt sich, ob denn dann die Grundrechte dem Unionsrecht Schranken setzen können.[612]

Mit dieser Lesart lässt sich der Entscheidung zum Europäischen Haftbefehl auch nicht entnehmen, dass bei der Durchführung von Unionsrecht *lediglich* der Identitätsvorbehalt zu beachten wäre, ansonsten aber kein Raum für die Beachtung von Grundrechten bestünde.[613]

Darüber hinaus ist aber auch die Übertragung der Solange-II-Rechtsprechung auf die Anwendung von Unionsrecht nicht so selbstverständlich, wie es auf den ersten Blick erscheinen mag. Denn legislative Spielräume bei der Transformation von Unionsrecht sind nicht ohne weiteres vergleichbar mit Spielräumen bei der exekutiven Anwendung von Unionsrecht. So sollen erstere den rechtssystematischen Eigenheiten der Mitgliedstaaten Rechnung tragen. Außerdem können die Mitgliedstaaten, soweit etwa Richtlinien lediglich Zielvorgaben enthalten durch unterschiedliche Ansätze bei der Umsetzung in einen Gestaltungswettbewerb treten. Spielräume bei der Anwendung von Unionsrecht, etwa durch Ermessenvorschriften, dienen dagegen der behördlichen Berücksichtigung des konkreten Einzelfalles und dessen Besonderheiten. Eine unterschiedliche Handhabe gleichgelagerter Einzelfälle innerhalb des Unionsgebiets schadet der gleichmäßigen Durchsetzung des Unionsrechts.[614] Dies gilt insbesondere, wenn die unterschiedliche Behandlung daraus resultiert, dass die Mitgliedstaaten verschiedenes innerstaatliches (Verfassungs-)Recht bei der Durchsetzung beachten.

---

612 Ausdrücklich ist der Entscheidung dieses Verständnis an keiner Stelle zu entnehmen. Im Gegenteil spricht das Gericht an mehreren Stellen davon, dass die Verfassungsbeschwerde zulässig bzw. begründet wäre, *weil* die strengen Voraussetzungen des Identitätsvorbehaltes erfüllt seien. Das lässt sich aber sowohl als ein „nur weil", als auch ein „jedenfalls weil" begreifen. Hier wird letzteres Verständnis zugrunde gelegt.

613 So aber *Callies,* EuR 2016, 304 (309). Ebenso wenig ist der Entscheidung die gegenteilige Tendenz zu entnehmen, dass das BVerfG nunmehr seine in Solange-II begründete Zurückhaltung aufgeben und zukünftig über den Umweg der Menschenwürde wieder eine vollständige Grundrechtsprüfung von Unionsakten vornehmen werde, so aber apodiktisch *Sauer,* NJW 2016, 1134 (1136) und *Nettesheim,* JZ 2016, 424 (428), sowie dem zustimmend *Wernsmann,* in Hübschmann/Hepp/Spitaler, AO/FGO, § 4 AO Rz. 234. (260. Lfg. Oktober 2020).

614 So nun auch BVerfG, Beschluss v. 06.11.2019 – 1 BvR 276/17, BVerfGE 152, 216 (233 f.).

d) *Prüfung der Durchführung von Unionsrecht durch das Bundesverfassungsgericht am Maßstab der Europäischen Grundrechte-Charta („Recht auf Vergessen II")*

(1) *Die Grundrechte der Europäischen Grundrechte-Charta (GRCh) als Teil des verfassungsrechtlichen Grundrechtsschutzes*

Ein Teil der Kritik an der Entscheidung zum Europäischen Haftbefehl und die Uneindeutigkeit der aus ihnen zu ziehenden Schlüsse beruht darauf, dass das Bundesverfassungsgericht dort nicht strikt zwischen der Prüfung des Unionsrechts selbst und seiner Anwendung durch nationale Behörden unterschieden hat. In seiner Entscheidung „Recht auf Vergessen II"[615] hat das Bundesverfassungsgericht nunmehr insoweit für Klarheit gesorgt und eine praktikable, wenn auch ungewöhnliche Lösung entwickelt.

So erkennt das Bundesverfassungsgericht nunmehr ausdrücklich an, dass legislative Umsetzung und Durchführung von Unionsrecht nicht anhand der gleichen Kriterien betrachtet werden können[616], sieht aber auch die Gefahr einer uneinheitlichen Rechtsanwendung durch die Berücksichtigung der verschiedenen mitgliedstaatlichen Verfassungsgarantien.[617] Das Gericht entscheidet sich daher für einen ungewöhnlichen, aber pragmatischen Weg. Es stellt zunächst fest, dass es sich anders als bei der Überprüfung von Unionsrecht selbst nicht aus der Grundrechtsprüfung zurückziehen kann.[618] Allerdings prüft es die Anwendung von „voll vereinheitlichtem" Unionsrecht nicht am Maßstab der Grundrechte des Grundgesetzes, sondern der Europäischen Grundreche-Charta.[619] Hierbei handelt es in enger Kooperation mit dem Europäischen Gerichtshof, was durch die strikte Anwendung der Europäischen Grund- und Menschenrechte erst möglich wird. Denn bei der Frage, ob diese durch konkretes hoheitliches Handeln verletzt sind, spielt regelmäßig die Auslegung der entsprechenden primärrechtlichen Norm eine entscheidende Rolle, für die das Vorlageverfahren nach Art. 267 Abs. 3 AEUV vorgesehen ist.[620]

Zur Begründung der Anwendung der Unionsgrundrechte beruft sich das Bundesverfassungsgericht auf die Anerkennung des Anwendungsvorrangs des Unionsrechts und überträgt diesen auf den grundrechtlichen Bereich.[621]

---

615 BVerfG, Beschluss v. 06.11.2019 – 1 BvR 276/17, BVerfGE 152, 216.
616 BVerfG, ebd., S. 237.
617 BVerfG, ebd., S. 233 f.
618 BVerfG, ebd., S. 237.
619 BVerfG, ebd., S. 237 u. 246 ff.
620 BVerfG, ebd., S. 243 ff.
621 BVerfG, ebd., S. 238 ff.

Die europäischen Grundrechte seien nach Art. 51 Abs. 1 GRCh innerstaatlich anwendbar und bildeten zu den Grundrechten des Grundgesetzes ein „Funktionsäquivalent".[622] Dabei sollen, wie generell beim Anwendungsvorrang, die zurücktretenden deutschen Grundrechte nicht verdrängt werden[623], sondern blieben „dahinterliegend ruhend in Kraft".[624] Konsequent stellt es den Vorrang unter einen parallelen „Solange-Vorbehalt" und erklärt auch ausdrücklich, dass Ultra-vires-Kontrolle und Identitätsvorbehalt unberührt blieben.[625]

Die Lösung des Bundesverfassungsgerichts überzeugt.[626] Sie wird zum einen von einer pragmatischen Einsicht gestützt: Wenn das Bundesverfassungsgericht betont, die deutschen Grundrechte blieben weiterhin in Kraft, die europäischen würden aber vorrangig geprüft, so wäre ein echter Konfliktfall nur dort gegeben, wo die europäischen Grundrechte ein Handeln deutscher Staatsorgane erlaubten, die deutschen dagegen nicht. In diesem Fall müssten die „dahinterliegend ruhenden" Grundrechte wieder aufleben und sich gegen das Unionsrecht durchsetzen. Ein solcher Fall ist aber praktisch nicht denkbar, zumal sich europäische und deutsche Grundrechte ohnehin immer weiter einander annähern.

Zum anderen ist die Lösung des Bundesverfassungsgerichts aber auch rechtsmethodisch haltbar. Das Gericht bestätigt die besondere Funktion des Integrationsartikels, der die Verfassung in weitem Umfang für das Unionsrecht öffnet. Über diese Öffnung erkennt es in den Charta-Grundrechten gleichsam Grundgesetz-Grundrechte.[627] Es handelt sich genau besehen um keinen Vorrang, sondern einen Gleichrang, bei dem die Europäischen Grundrechte im unionsrechtlich geprägten Bereich lediglich spezieller sind. Entsprechend subsumiert das Gericht die Charta-Grundrechte unter den Art. 93 Abs. 1 Nr. 4a GG. Hierbei ist es sich bewusst, dass die dort genannten „Grundrechte" nach der Entstehungsgeschichte der Vorschrift (denklogisch) nur diejenigen des Grundgesetzes sein können, geht hierüber aber – möglicherweise sprachlich zu knapp – hinweg, indem es einer teleologisch europarechtlichen Auslegung den Vorrang einräumt. *Michl* hält dieses Ergebnis für methodisch „schwer haltbar".[628] Schon systematisch könnten mit „Grundrechten" nur die im gleichnamigen ersten

---

622 BVerfG, ebd., S. 240.

623 *Anwendungs*vorrang statt *Geltungs*vorrang.

624 BVerfG, ebd., S. 235.

625 BVerfG, ebd., S. 236.

626 I. Erg. *Kühling*, NJW 2020, 275 (277 ff.); *Karpenstein/Kottmann*, EuZW 2020, 185 (188); offenbar auch *Hoffmann*, NVwZ 2020, 33 (35).

627 BVerfG, Beschluss v. 06.11.2019 – 1 BvR 276/17, BVerfGE 152, 216 (239 f.).

628 *Michl*, JURA 2020, 479 (483 ff.); zustimmend *Streinz*, DuD 2020, 353 (357).

Abschnitt der Verfassung enthaltenen Rechte gemeint sein, weil ansonsten die Aufzählung der „grundrechtsgleichen Rechte" in Art. 93 Abs. 1 Nr. 4a GG nicht nachvollziehbar sei.[629] Sodann verweist er ebenfalls ausführlich auf die Entstehungsgeschichte der Vorschrift. Schließlich stellt er noch die Verwendung des Begriffes „Integrationsverantwortung" durch das Gericht in Frage und attestiert diesem schließlich, der teleologischen Auslegung ein „Übergewicht" gegenüber anderen Auslegungsmethoden einzuräumen. Dabei verkennt er bereits, dass die Systematik nicht ausschließlich für sein Verständnis streitet. Immerhin gehört zur Systematik des Grundgesetzes auch die Öffnungsklausel des Art. 23 GG. Setzt der dort durch die Verfassung ermächtigte Unionsgesetzgeber „Grundrechte" ins Werk, spricht eine *ganzheitliche* Betrachtung der Verfassungssystematik eigentlich deutlich dafür, diese auch als Grundrechte im Sinne des Grundgesetzes zu begreifen. Auch sein Argument des „Übergewichts" erscheint widersprüchlich. Schon deshalb, weil sich methodisch nicht erschließt, dass eine lediglich andere Gewichtung der Auslegungskriterien zu einem methodisch „schwer haltbaren" Ergebnis führen sollte. Außerdem sind es gerade historische Argumente, die nach dem modernen Verständnis einer *lebendigen* Verfassung[630] nur begrenzten Erkenntniswert haben. Insoweit sollte gerade *diesen* kein Übergewicht beigemessen werden.

(2) Die Europäische Beitreibungshilfe als „voll vereinheitlichter" Rechtsbereich

Völlig unstreitig handelt es sich bei der Gewährung von Beitreibungshilfe nach dem EUBeitrG um die Anwendung von Unionsrecht. Damit wären nach der Rechtsprechung des Bundesverfassungsgerichts in ihrem Rahmen also die Grundrechte der Charta anzuwenden, wenn es sich um einen „voll vereinheitlichten" Rechtsbereich handelte. Wann ein solcher gegeben sein soll, hat das Bundesverfassungsgericht in seiner Entscheidung „Recht-auf-Vergessen II" ausführlich dargelegt. Als Demarkationslinie erkennt es dabei die „Gestaltungsoffenheit"

---

629 Dieses Argument überzeugt schon für sich genommen nicht. Die Aufzählung der „grundrechtsgleichen Rechte" macht deutlich, dass diese keine „Grundrechte" im Sinne der Vorschrift sind, lässt aber darüber hinaus keinen logischen Schluss auf die weitere Bedeutung des Begriffes „Grundrechte" zu. Die Grundrechte der Charta sind überdies – im Gegensatz zu den grundrechtsgleichen Rechten – ausdrücklich als solche bezeichnet.

630 Siehe statt vieler nur *T. v.Danwitz,* JÖR 2019, 249 (254 f.); *Depenheuer,* in Isensee/Kirchhof, HStR Bd, XII, § 269 Rz. 8 ff.

des zugrunde liegenden europäischen Rechts. Soll das Unionsrecht den von ihm betroffenen Fachbereich vollumfänglich in dem Sinne regeln, dass auf seiner Grundlage eine im Unionsgebiet gleichartige Rechtslage geschaffen wird, so liegt voll vereinheitlichtes Recht vor. Eröffnet das Unionsrecht dagegen gewichtige Umsetzungsspielräume für die Mitgliedstaaten, so liegt „gestaltungsoffenes" Unionsrecht vor, bei dessen Umsetzung primär die Grundrechte des Grundgesetzes beachtet werden müssen.[631] Dabei reichen vereinzelte Umsetzungsspielräume nicht aus, um von insgesamt „gestaltungsoffenem" Unionsrecht auszugehen. Vielmehr soll es darauf ankommen, ob die jeweilige Norm des Unionsrechts „auf die Ermöglichung von Vielfalt und die Geltendmachung verschiedener Wertungen angelegt ist, oder ob sie nur dazu dienen soll, besonderen Sachgebieten hinreichend flexibel Rechnung zu tragen, dabei aber von dem Ziel der gleichförmigen Rechtsanwendung getragen ist."[632]

Unter diesen Vorzeichen handelt es sich bei der EUBeitrRL und dem darauf beruhenden EUBeitrG eindeutig um voll vereinheitlichtes Recht. Es ist gerade der primäre Zweck der Richtlinie, ein einheitliches Amtshilfesystem in Europa zu etablieren, dass auf gemeinsame Prinzipien, insbesondere Gegenseitigkeit, Subsidiarität und gegenseitiges Vertrauen gestützt ist. Materielle Voraussetzungen der Beitreibungshilfe wie die Fälligkeit und Unanfechtbarkeit der Forderung, Mindestsummen und Verjährungsfragen sind vereinheitlicht. Das elektronische Kommunikationssystem, der einheitliche Vollstreckungstitel und die klar definierten Zuständigkeiten harmonisieren in augenfälligem Maße die formellen Grundlagen und den administrativen Ablauf der Beitreibungshilfe. Da wo auf das nationale Recht verwiesen wird, insbesondere bei der Durchführung nach nationalen Vorschriften, soll dies erkennbar nur der Effektivität der Beitreibungshilfe dienen, ohne im oben genannten Sinne dem Ziel der gleichförmigen Rechtsanwendung zuwider zu laufen.

Im Rahmen der Beitreibungshilfe sind daher die Europäischen Grundrechte der Charta beachtlich, die insoweit Vorrang vor den Grundrechten des Grundgesetzes haben.[633]

---

631 BVerfG, Beschluss v. 06.11.2019 – 1 BvR 276/17, BVerfGE 152, 216 (247 f.)

632 BVerfG, ebd., S. 248.

633 Der EuGH hat in seinem Urteil v. 26.2.2013 – C-617/10, ECLI:EU:C:2013:105 – Åkerberg Fransson ebenfalls Kriterien dafür entwickelt, unter welchen Umständen nationale Behörden wegen der Durchführung von Unionsrecht an die Europäischen Grundrechte gebunden sein sollen. Seine dort entwickelten Kriterien sind weiter als diejenigen des Bundesverfassungsgerichts, er kommt also regelmäßig „noch eher" zur Anwendbarkeit der GRCh. Da hier schon die strengeren Anforderungen des BVerfG

4. *Zusammenfassung*

In diesem Abschnitt konnte gezeigt werden, dass das Grundgesetz der Anwendung von Unionsrecht klar definierte Grenzen setzt. Es verbietet schon die bloße Beachtung von Unionsrecht, das von den Kompetenzen der Unionsorgane nicht gedeckt ist (ultra vires Kontrolle) oder in den von Art. 79 Abs. 3 GG geschützten Kernbestand der Verfassung eingreift (Identitätsvorbehalt). Darüberhinausgehend sind Unionsrechtsakte allerdings nicht am Maßstab der Grundrechte zu messen (Solange II).

Bei der Anwendung von Unionsrecht bzw. unionsrechtlich determiniertem nationalen Recht gilt der Identitätsvorbehalt auch für Gerichte und Behörden, d.h. eine Anwendung von Unionsrecht, die zu einem Ergebnis führt, das mit dem Schutzbestand des Art. 79 Abs. 3 GG unvereinbar ist, ist unzulässig. Darüber hinaus sind Gerichte und Behörden bei der Anwendung von Unionsrecht aber auch vollumfänglich an die Grundrechte gebunden. Im Falle der Beitreibungshilfe haben dabei – weil es sich um „voll vereinheitlichtes" Unionsrecht handelt – die Grundrechte der Europäischen Grundrechte-Charta Vorrang vor den deutschen Grundrechten.

Es sind diese verfassungsrechtlichen Grenzen, die den eigentlichen Inhalt eines ordre public Vorbehaltes bilden. Denn andere, davon zu unterscheidende Grenzen, etwa ein völkerrechtlicher, ein europäischer oder ein originärer „Vorbehalt der öffentlichen Ordnung" existieren nicht in einer juristisch handhabbaren Form, die sich auf einen jeden Fall von internationaler Kooperation übertragen ließe.

E. Normative Verortung des ordre public Vorbehaltes innerhalb des Rechtsregimes der Beitreibungshilfe

I. Auswahlermessen nach Art. 13 Abs. 1 EUBeitrRL als normative Grundlage des ordre public Vorbehaltes

Damit ist zunächst die wichtige Erkenntnis gewonnen, dass ein ordre public Vorbehalt in der oben beschriebenen Form existiert.[634] Fraglich ist aber, *ob und wie* er im Rahmen der Beitreibungshilfe wirkt. Wiederum ist also problematisch,

offensichtlich erfüllt sind, wird auf eine eigene Darstellung und Prüfung der EuGH-Grundsätze an dieser Stelle verzichtet.

634 Im Ergebnis auch *Sandberg*, Internationale Vollstreckungshilfe im Besteuerungsverfahren, S. 111 f.

dass EUBeitrRL und EUBeitrG scheinbar zur Gewährung der Beitreibungshilfe zwingen, weil ein materieller Ablehnungsgrund gerade nicht vorgesehen ist.

Hier zeigt sich ein gewisses Dilemma: Ließe sich ein normativer Anknüpfungspunkt nicht finden, der es den Behörden gestattet, bei der Durchführung der Beitreibungshilfe auf die Grundrechte der Betroffenen Rücksicht zu nehmen, sondern müsste vielmehr von einer unabhängig hiervon zu treffenden „gebundenen Entscheidung" ausgegangen werden, so wäre nach deutschen Rechtsprechungsgrundsätzen das Gesetz selbst zu verwerfen.[635] Im Falle des Identitätsvorbehaltes müsste das Bundesverfassungsgericht das rechtliche Beitreibungsregime in Gänze für unanwendbar erklären, im Falle einer „einfachen" Grundrechtsverletzung müsste wiederum der Europäische Gerichtshof die Richtlinie verwerfen. Beides wäre drastisch und könnte auch – entgegen dem Vorgehen von Europäische Gerichtshof und Bundesfinanzhof und Bundesverfassungsgericht – nicht durch die schlichte Annahme eines „ungeschriebenen" Vorbehalts vermieden werden. Denn hätte der Gesetzgeber einen ordre public Vorbehalt nicht gewollt, müsste die Judikative ihn an dieser Entscheidung festhalten und ihm die rechtliche Unzulässigkeit einer derartigen Klausel vor Augen führen. Dagegen führte die Annahme eines ungeschriebenen Vorbehalts – zumal ohne jede dogmatische Begründung – dazu, dass durch die Judikative im Ergebnis ein Beitreibungshilfesystem ins Werk gesetzt wird, dass so vom Gesetzgeber nicht vorgesehen war. Dies würde einen Verstoß gegen den Grundsatz der Gewaltenteilung darstellen.

Zu prüfen ist daher, inwieweit sich die Annahme eines ordre public Vorbehalts in methodisch vertretbarer Weise dem Rechtsregime der Beitreibungshilfe entnehmen lässt.

Denkbar erscheint zunächst, nunmehr doch an den Begriff der Billigkeit anzuknüpfen und in grundrechts- oder identitätswidrigen Fällen die Vollziehung eines Beitreibungshilfeersuchens für unbillig zu halten. Ein Widerspruch zu den oben getroffenen Feststellungen, dass der Billigkeitsbegriff für die Konkretisierung eines ordre public Vorbehaltes nicht taugt, läge hierin nicht. Denn letztlich würden die Kriterien und Tatbestandsmerkmale eines ordre public Vorbehaltes nicht aus dem Billigkeitsbegriff selbst entnommen werden, sondern vielmehr, nachdem sie eigens verfassungs- und primärrechtlich hergeleitet wurden, in diesen hineingelegt.[636]

---

635 Ähnlich *Sandberg*, a.a.O., S. 118 ff.

636 In vergleichbarer Weise gibt das ermessenseröffnende Wort „Kann" im deutschen Verwaltungsrecht inhaltlich für sich genommen nichts vor, dient aber als Einfallstor

Diese Vorgehensweise hätte aber den Nachteil, dass die Fruchtbarmachung des Grundrechtsschutzes letztlich von der Einzelentscheidung des deutschen Umsetzungsgesetzgebers abhinge, wenngleich es sich um tragende europa- und verfassungsrechtliche Prinzipien handelt, die hierdurch zur Geltung gelangen sollen. Insbesondere dem Integrationsgedanken, wonach eine unionsweit homogene Handhabung des Europarechts gewährleistet werden soll, würde dies entgegenstehen.[637]

Zielführender erscheint es daher, an die Richtlinie selbst anzuknüpfen. Dabei könnte Art. 13 Abs. 1 EUBeitrRL die Inkorporierung des Vorbehaltes ermöglichen.[638] Danach haben die ersuchten Behörden für die Durchführung der Beitreibungshilfe ihr innerstaatliches Verfahren anzuwenden. Insbesondere bei der Auswahl der konkreten Vollstreckungsmaßnahmen werden ihnen hierbei von der Richtlinie keine Vorgaben gemacht, und auch der ersuchende Staat hat insoweit weder ein Bestimmungsrecht, noch sieht die Richtlinie vor, dass dieser um bestimmte Maßnahmen bitten könnte.

Die ersuchte Behörde muss daher wie im nationalen Verfahren auch nach pflichtgemäßem Ermessen entscheiden, welche der in Betracht kommenden Vollstreckungsmaßnahmen sie anwendet, um die Forderung zu verwirklichen. Dabei gelten die Grundsätze der Verhältnismäßigkeit und des geringstmöglichen Eingriffs.[639] Von mehreren in Betracht kommenden Maßnahmen muss sie die schonendste wählen, diejenige, die unter bestmöglicher Wahrung der Rechte des Betroffenen das Maßnahmenziel in möglichst effektiver Weise verwirklichen kann.[640] Es bleibt der Behörde etwa im Rahmen der Pfändung unbenommen, ob und in welchen Gegenstand, gegebenenfalls auch in welchem Umfang, gepfändet werden soll.[641] Vollstreckungsmaßnahmen, deren Wirkungen über

---

für die Fruchtbarmachung anderweitig abgeleiteter, insbesondere verfassungsrechtlicher Prinzipien.

637 Demgegenüber will *Sandberg*, Internationale Vollstreckungshilfe im Besteuerungsverfahren, S. 120 einen ordre public Vorbehalt unter das Unbilligkeitskriterium subsumieren.

638 Im Ergebnis offenbar auch *Vandenberghe*, EU & Int. Tax Col. News 2020, 31 (68 f.).

639 M.w.N. *Drüen*, in Tipke/Kruse, AO/FGO, § 249 AO Rz. 13 (156. Lfg. April 2019); *Hummel*, in Hübschmann/Hepp/Spitaler, AO/FGO, Vor §§ 249 ff. AO Rz. 140 ff. (237. Lfg. März 2016).

640 Siehe etwa BFH, Urteile v. 18.07.2000 – VII R 101/98, BStBl. II 2001, 5, juris Rz. 24; v. 24.09.1991 – VII R 34/90, BStBl. II 1992, 57, juris Rz. 15; Beschluss v. 11.12.1990 – VII B 94/90, juris Rz. 24.

641 BFH, Urteil v. 14.02.1979 – VII R 54/78, BStBl. II 1979, 427, juris Rz. 19.

das öffentliche Interesse an der Vollstreckung erheblich hinausgehen, haben zu unterbleiben.[642]

Dabei ist es durchaus denkbar, dass in einem Fall *nur* unverhältnismäßige Mittel zur Verfügung stehen. So entschied etwa der Bundesgerichtshof, dass es gegen den Grundsatz der Verhältnismäßigkeit verstieße, wenn wegen einer Forderung von 500 DM ein Grundstück im Wert von 60.000 DM zwangsversteigert würde.[643] Obwohl die Finanzbehörde im zugrundeliegenden Fall pflichtgemäß ermittelt hatte, dass andere Vollstreckungsmaßnahmen nicht in Betracht kamen, hätte sie sich nach Ansicht des Bundesgerichtshofs gleichwohl mit der Frage auseinandersetzen müssen, ob die Vollstreckung nicht in diesem Fall wegen unbilliger Härte gestundet oder die Abgabenschuld sogar gänzlich zu erlassen gewesen wäre.[644]

Die Ermessensausübung unter Beachtung der Verhältnismäßigkeitsprüfung bei der Auswahl der Vollstreckungsmittel eröffnet damit die grundsätzliche Möglichkeit, die Vollstreckung auch gänzlich zu unterlassen.[645] Es erscheint daher durchaus möglich, den ordre public Vorbehalt über den Verhältnismäßigkeitsgrundsatz zu aktivieren.

II. Rechtsdogmatische Verschränkung von Übermaßverbot und ordre public Vorbehalt

Eine solche Verknüpfung von ordre public Vorbehalt und Übermaßverbot ist keine rein pragmatische Konstruktion zur normativen Rechtfertigung der Anwendung des Vorbehaltes. Beide Prinzipien sind vielmehr rechtsmethodisch und rechtstheoretisch eng miteinander verstrickt. Um dies zu verdeutlichen seien in gebotener Kürze die Grundsätze des Verhältnismäßigkeitsprinzips rezipiert.

Das Übermaßverbot wird gemeinhin an das Rechtsstaatsprinzip gekoppelt, das in Art. 20 Abs. 3 GG als Fundamentalprinzip der Bundesrepublik Deutschland niedergelegt ist.[646] Dabei ergibt es sich bereits ohne diese Verankerung denklogisch aus der Funktion des Staates und der Funktion der Grundrechte. So sind die Grundrechte der Verfassung zwar als unveräußerliche Menschenrechte

---

642 *Fritsch*, in Koenig, AO, § 249 Rz. 9; *Drüen*, in Tipke/Kruse, AO/FGO, § 249 AO Rz. 14 (156 Lfg. April 2019).

643 BGH, Urteil v. 26.03.1973 – III ZR 43/71 (KG), NJW 1973, 894.

644 Ebd.

645 A.A. *Sandberg*, Internationale Vollstreckungshilfe im Besteuerungsverfahren, S. 223 f.

646 Siehe vertiefend m.w.N. zum Verhältnismäßigkeitsgrundsatz *Schulze-Fielitz*, in Dreier, GG, Art. 20 Rz. 179 ff., dort auch zu den folgenden Ausführungen.

konzipiert, setzen aber, soweit sie als „Abwehrrechte“ fungieren, die Eingriffsbefugnis des Staates in die Freiheiten der Bürger bereits voraus. Sie sind nicht vorbehaltlos, nicht schrankenlos gewährleistet. Im Gegenteil ist der Staat gerade berufen, die Grundrechte der Bürger teilweise einzuschränken, um seine staatliche Ordnungsfunktion wahrnehmen zu können. Damit ist das Verhältnis von staatlichem Handeln und bürgerlichen Freiheiten im Grunde bereits abschließend umrissen: Während letztere grundsätzlich sollen tun und lassen können, was sie wollen, soll der Staat allein im Rahmen seiner ihm vom Volke anvertrauten Aufgaben tätig werden. Er ist insoweit rechtfertigungsbedürftig: Jedes staatliche Handeln muss daraufhin überprüfbar sein, ob es in der pflichtgemäßen Aufgabenerfüllung begründet ist. Der Staat muss daher stets ein ihm im Rahmen seiner Kompetenzen zur Erfüllung auferlegtes Ziel verfolgen. Pflichtgemäß handelt er dabei aber nur, wenn sein Handeln auch wirklich geeignet und erforderlich zur Erfüllung dieses Ziels ist. Dies ist die Kernaussage des Verhältnismäßigkeitsgrundsatzes, aus denen sich die klassischen Prüfungspunkte der Geeignetheit und der Erforderlichkeit staatlichen Handelns zur Erreichung eines legitimen Ziels ergeben.[647] Die sich hieran anschließende Prüfung der Angemessenheit – auch als Verhältnismäßigkeit im engeren Sinne bezeichnet – bildet demgegenüber ein letztes Korrektiv und bringt den eigentlichen Kerngehalt des Übermaßverbotes zum Ausdruck. Dabei wird die Prüfungsperspektive quasi umgekehrt. Während es bisher die staatliche Stelle war, die den Grundrechtseingriff begründen musste, so muss nun aus der Warte des Grundrechtsträgers dargelegt werden, warum der Eingriff unrechtmäßig sein sollte, obwohl er doch *geeignet und erforderlich* ist. Dieser Ausnahmecharakter der Angemessenheitsprüfung bedingt die strengen Anforderungen, die an die Annahme einer Unverhältnismäßigkeit zu stellen sind. Zwar ist im Rahmen der Angemessenheit häufig von einer Güterabwägung die Rede, was suggeriert, dass die widerstreitenden Interessen von eingreifendem Staat und beeinträchtigtem Bürger in ein ausgeglichenes Verhältnis gebracht werden müssen. Tatsächlich ist die Abwägung aber vorgeprägt von der politischen Gestaltungsfreiheit des Staates. Er darf in diesem Sinne auch seine jeweiligen Ziele höher gewichten als die Grundrechte des Einzelnen. Nur wenn angestrebtes Ziel und ergriffenes Mittel in keinerlei angemessenem Verhältnis zueinander stehen, wenn der Eingriff unter keinem denkbaren Gesichtspunkt mehr vertretbar erscheint, ist der Eingriff verfassungswidrig.[648]

---

647 Vgl. *Hillgruber* in Isensee/Kirchhof, HStR, Bd. IX, § 201 Rz. 78 ff.

648 Etwas anderes gilt für die sog. vorbehaltlos gewährleisteten Grundrechte. Weil die geschriebene Verfassung nicht vorsieht, dass in diese Grundrechte eingegriffen wird, bedarf es einer besonderen Begründung des Staates, wenn er dies – im Sinne einer

Dieses Verständnis der Angemessenheitsprüfung im Sinne eines Übermaßverbotes entspricht nicht nur dem in der Verfassung angelegten Regel-Ausnahme-Prinzip bei den Grundrechtseingriffen, sondern sichert zugleich das Prinzip der repräsentativen Demokratie, indem es die Gestaltungsfreiheit beim parlamentarischen Gesetzgeber belässt und die Judikative insoweit auf ihre Kontrollfunktion verweist.

Der ordre public Vorbehalt hat im Umfeld der Beitreibungshilfe eine ganz ähnliche Stoßrichtung. Ihm liegt die grundsätzliche Annahme zugrunde, dass im ersuchenden Staat eine ähnliche Rechtsschutzdichte wie im ersuchten Staat vorherrscht, die beizutreibende Forderung also regelmäßig auch nach deutschen Rechtsmaßstäben einen gerechtfertigten Grundrechtseingriff darstellt. Dieses Vertrauen beruht zunächst auf vernünftigen Erwägungen und rechtfertigt daher die prinzipielle Anerkennung und Vollstreckung der fremden Forderung. Damit stehen aber Vertrauen und Anerkennung in einer wechselseitigen Beziehung, die gestört ist, soweit jenes Vertrauen erschüttert wird. Ist ein entsprechendes Rechtsschutzniveau im ersuchenden Staat offensichtlich nicht gegeben, kann ein Grundrechtseingriff nicht mehr mit dem schlichten Hinweis auf wechselseitiges Vertrauen gerechtfertigt werden. Dies zeigt, dass ordre public Vorbehalt und Verhältnismäßigkeitsgrundsatz im öffentlichen Eingriffsrecht nicht nur teleologische Schnittmengen aufweisen, sondern auch dogmatisch miteinander verschränkt sind: Eine Vollstreckungsmaßnahme, die zu dem mit ihr verfolgten Zweck außer jedem Verhältnis steht, ist nicht mehr von der demokratischen Legitimation des Grundgesetzes gedeckt und verstößt damit gegen die öffentliche Ordnung.

Diese Verzahnung bedeutet, dass die Verhältnismäßigkeitsprüfung den Rahmen eröffnet, in welchem der oben herausgearbeitete Inhalt des Vorbehaltes – namentlich der Identitätsvorbehalt und die Europäischen Grundrechte – operabel gemacht werden kann.

---

verfassungsimmanenten Schranke – zum Wohle anderer Verfassungsgüter dennoch tut. Die Rechtfertigungsbedürftigkeit des Staates ist in diesem Falle höher. Er muss sich im Sinne praktischer Konkordanz um einen schonenden Ausgleich der Schutzgüter bemühen und darf nicht einem Verfassungsgut prinzipiell den Vorrang vor einem anderen einräumen. Die schrankenlosen Grundrechte, insbesondere die Religions- und Kunstfreiheit, spielen für die vorliegende Untersuchung allerdings eine so untergeordnete Rolle, dass der Sonderfall der praktischen Konkordanz an dieser Stelle keine nähere Beachtung findet.

F. Rechtstechnische Umsetzung: Inhalt und Ausgestaltung des ordre public Vorbehaltes bei der Beitreibungshilfe

I. Prüfungsgegenstand

1. Ausgangspunkt: Die Verhältnismäßigkeit der Vollstreckungsmaßnahme

Bis hierher wurde herausgearbeitet, dass die grundrechtlichen Schranken des Identitäts- und des Grundrechtsvorbehaltes den generellen Inhalt des ordre public Vorbehaltes bilden und dass die Verhältnismäßigkeitsprüfung den Rahmen vorgibt. Damit ist nun zu klären, an welcher Stelle innerhalb der Beitreibungshilfe der Vorbehalt zum Tragen kommt, und welche Maßnahme eigentlich auf ihre Vereinbarkeit mit ihm zu prüfen ist.

Hierbei sind zwei Ebenen zu unterscheiden: Auf der *ersten Ebene* geht es um die Frage, ob eine Vollstreckungsmaßnahme gegen den Vollstreckungsschuldner grundsätzlich zulässig ist. Da diese Maßnahmen im oben genannten Sinne die eigentliche Anwendung von EU-Beitreibungsrichtlinie und EU-Beitreibungsgesetz darstellen, sind es vornehmlich diese Maßnahmen, die mit Blick auf die Europäischen Grundrechte verhältnismäßig sein müssen. Derartige Maßnahmen stellen, egal in welcher Form sie vorkommen, immer einen Eingriff in allgemeine Handlungsfreiheit und nahezu immer einen Eingriff in die Eigentumsfreiheit dar.[649] Allerdings sind es nicht diese unmittelbar freiheitsbeschränkenden Wirkungen *per se,* die die Frage nach einem ordre public Vorbehalt aufwerfen, denn insoweit unterscheiden sie sich nicht wesentlich von rein nationalen Vollstreckungsmaßnahmen.

Typischerweise finden diejenigen Sachverhalte, die Anlass zur Geltendmachung des ordre public Vorbehaltes geben, im ersuchenden Staat, mithin auf einer *zweiten Ebene* statt. Sie sind dort aber üblicherweise Teil des nationalen Steuerverfahrens und stellen damit regelmäßig keine Anwendung von Unionsrecht dar. Rechtsmethodisch wäre es daher zu kurz gegriffen, die Geschehnisse im ersuchenden Staat als Grundrechtsverletzungen zu qualifizieren und aus diesem Grund die Amtshilfe zu verweigern.

649 Dazu, ob und wie diese Freiheiten innerhalb der jeweils anzuwendenden Grundrechtsordnungen zu verorten sind, im Näheren sogleich.

2. *Rechtsverletzungen im ersuchenden Staat als zu berücksichtigende Umstände innerhalb der Verhältnismäßigkeit der Vollstreckungsmaßnahme*

Lösen lässt sich dieses Problem, indem die fremden Vorkommnisse nicht direkt auf ihre Grundrechtskonformität hin geprüft werden, sondern als Tatsachen Eingang in die Verhältnismäßigkeitsprüfung der Vollstreckungsmaßnahme finden. Anders gewendet: Haben bei der Entstehung der beizutreibenden Forderung aus Sicht des ersuchten Staates Grundrechtsverletzungen stattgefunden, so hat die Vollstreckung dieser Forderung durch deutsche Behörden eine faktisch schwerwiegendere Wirkung. Dies ist im Rahmen der Angemessenheitsprüfung beachtlich. Vergleichbar ist diese Konstellation mit Fällen der sog. „mittelbaren Drittwirkung“[650], bei denen Grundrechtsbeeinträchtigungen durch Private, die keine Grundrechtsadressaten sind, gleichwohl bei der juristischen Würdigung zivilrechtlicher Streitigkeiten beachtlich sind. Dementsprechend ist auch nicht erforderlich, dass es im Ausland zu einer Grundrechts*verletzung* im technischen Sinne gekommen ist. Es genügt vielmehr, wenn sich das Geschehen als eine Beeinträchtigung geschützter Freiheiten darstellt, für die nach Lage des Einzelfalls keine Rechtfertigung ersichtlich ist, vielmehr offensichtlich ein behördlicher oder justizieller *grundrechtsrelevanter Fehler* aufgetreten ist. In diesem untechnischen Sinne wird im Folgenden von Rechtsverletzungen im ersuchenden Staat gesprochen.

II. Prüfungsrahmen: Abstrakte Vorgaben für die Verhältnismäßigkeitsprüfung

1. *Der Verhältnismäßigkeitsgrundsatz im Rahmen der Europäischen Grundrechte-Charta*

Da der ordre public Vorbehalt vornehmlich durch mögliche Verletzungen der Charta-Grundrechte ausgelöst wird und die Anwendung dieser Grundrechte der unionalen Rechtsvereinheitlichung dienen, erscheint es naheliegend, auf ein – soweit vorhanden – europarechtliches Verständnis des Verhältnismäßigkeitsgrundsatzes abzustellen. Dieser ist in Art. 52 Abs. 1 Satz GRCh ausdrücklich normiert. Dort heißt es:

> „Unter Wahrung des Grundsatzes der Verhältnismäßigkeit dürfen Einschränkungen nur vorgenommen werden, wenn sie erforderlich sind und den von der Union anerkannten

---

650 S. hierzu *Jarass/Pieroth*, GG, Art. 1 Rz. 52 ff.

dem Gemeinwohl dienenden Zielsetzungen oder den Erfordernissen des Schutzes der Rechte und Freiheiten anderer tatsächlich entsprechen."

Dies entspricht schon dem Wortlaut nach dem deutschen Verständnis des Verhältnismäßigkeitsgrundsatzes. Aber auch im Übrigen entspricht die durch den Europäischen Gerichtshof zunehmend konturierte Prüfung derjenigen, die das Bundesverfassungsgericht für Grundrechtsverstöße entwickelt hat.[651]. In seiner Entscheidung zur Vorratsdatenspeicherung[652] hat der Europäische Gerichtshof sein Verständnis einer Güterabwägung im Rahmen der Verhältnismäßigkeit umfassend dargelegt. So werde nach dem Grundsatz der Verhältnismäßigkeit nach ständiger Rechtsprechung des Europäischen Gerichtshofs verlangt, dass die Handlungen der Unionsorgane geeignet sind, die mit der fraglichen Regelung zulässigerweise verfolgten Ziele zu erreichen, und nicht die Grenzen dessen überschreiten, was zur Erreichung dieser Ziele geeignet und erforderlich ist.[653] Sodann führt er aus, dass die gerichtliche Überprüfung dieser Voraussetzungen von einer Reihe von Gesichtspunkten stattfindet, wozu u.a. gehörten: der betroffene Bereich, das Wesen des fraglichen durch die Charta gewährleisteten Rechts, Art und Schwere des Eingriffs sowie dessen Zweck.[654] Gleichwohl befindet sich eine kohärente Methodik des Europäischen Gerichtshofs noch im Werden. Er wendet den Verhältnismäßigkeitsgrundsatz in unterschiedlichem Ausmaß an und diskutiert seine Elemente in teils verschiedener Reihenfolge oder unter verschiedenen Oberbegriffen.[655]

Die Vergleichbarkeit der methodischen Herangehensweisen von Europäische Gerichtshof und deutscher Grundrechtslehre bei gleichzeitig noch bestehender Grobschlächtigkeit des Europäischen Gerichtshofs lassen es daher zu, durch die deutsche Rechtsprechung und -wissenschaft entwickelte feste Strukturen der

651 S. hierzu nur *Hufen*, Staatsrecht II, S. 113 ff.

652 EuGH, Urteil v. 08.04.2014 – Rs. C-293/12 u.a., ECLI:EU:C:2014:238 - Digital Rights Ireland und Seitlinger u. a.

653 Zum Beleg der ständigen Rechtsprechung zitiert der EuGH die folgenden Entscheidungen: EuGH, Urteile v. 08.07.2010 – C-343/09, ECLI:EU:C:2021:367 - Afton Chemical, Rn. 45; v. 09.11.2010, Rs. C-92/09, ECLI:EU:C:2010:662 – Volker und Markus Schecke ua; v. 23.10.2012., C-581/10 und C-629/10, EU:C:2012:657 – Nelson ua, Rn. 71; v. 22.01.2013, Rs. C-283/11, ECLI:EU:C:2013:28 – Sky Österreich, Rn. 50; v. 07.10.2013 – C-101/12, ECLI:EU:C:2013:661 – Schaible, Rn. 29.

654 EuGH, Urteil v. 08.04.2014, Rs. C-293/12 u.a., ECLI:EU:C:2014:238 – Digital Rights Ireland und Seitlinger u. a, Rz. 47.

655 S. m.w.N. *Kingreen*, in Calliess/Ruffert, EUV/AEUV, Art. 52 GRCh Rz. 65 ff.; *Jarass*, GRCh, Art. 52 Rz. 36.

Verhältnismäßigkeitsprüfung auch auf Art. 52 Abs. 1 Satz 1 GRCh zu übertragen und also auch bei der Verletzung Europäischer Grundrechte anzuwenden. Dabei ist die Grundstruktur (Legitimer Zweck – Geeignetheit – Erforderlichkeit – Angemessenheit) bereits oben dargelegt worden.[656]

2. *Gewichtung der widerstreitenden Rechtsgüter im Rahmen der Angemessenheitsprüfung*

Den Punkten der Geeignetheit und der Erforderlichkeit kommt im Rahmen dieser Untersuchung allerdings keine besondere Bedeutung bei. Die zu ergreifenden Vollstreckungsmaßnahmen sind immer geeignet und erforderlich, um die mit der Beitreibungshilfe verfolgten Zwecke zu verwirklichen. Die eigentliche Güterabwägung, in deren Rahmen sodann auch Rechtsverletzungen im Ausland im hier entwickelten Sinne Berücksichtigung finden, erfolgt regelmäßig im Rahmen der Angemessenheit als eigentliche Ausprägung des Übermaßverbotes. Die Herangehensweise an eine solche Güterabwägung bereitet in wissenschaftsmethodischer Sicht Probleme, etwa mit Blick auf die Vergleichbarkeit der entsprechenden Rechtsgüter oder der „Gewichtung" von juristischen Argumenten.[657] In dieser Hinsicht haben *Michael/Morlok* einen überzeugenden Weg aufgezeigt, die Abwägung in objektivierter Weise operabel zu machen.[658] Sie gewichten die widerstreitenden Rechtsgüter zunächst abstrakt, indem sie fragen, welchen Stellenwert diese grundsätzlich im betreffenden Rechtssystem einnehmen. Sodann erfolgt im Rahmen einer konkreten Gewichtung die jeweils getrennte Betrachtung von der *Schwere der Grundrechtsbeeinträchtigung* auf der einen und dem *Grad der Zweckerreichung* auf der anderen Seite. Nach dieser getrennten Beurteilung von Mittel und Zweck können diese sodann eine Gesamtabwägung zugeführt worden. Im Sinne dieser Vorgehensweise sollen im Folgenden Überlegungen angestellt werden, die die in der Praxis anhand konkreter Einzelfälle vorzunehmende Abwägung bereits allgemein vorprägen können.

3. *Effizienz von Beitreibungshandlungen (Grad der Zweckerreichung)*

Mit Zweckerreichung ist in diesem Zusammenhang gemeint, welche Rechtsgüter in welchem Umfang durch die Gewährung zwischenstaatlicher Beitreibungshilfe

---

656 Siehe bei E.II.

657 Siehe ausführlich *Poscher*, in Herdegen/Masing/Poscher/Gärditz, Handbuch des Verfassungsrechts, § 3 Rz. 68 ff.

658 *Michael/Morlok*, Grundrechte, Rz. 623.

geschützt werden. Hier kann auf die obige Darstellung des eigentlichen Sinns und Zwecks der Beitreibungshilfe verwiesen werden.[659] Dort hat sich gezeigt, dass der wesentliche Zweck der Beitreibungshilfe in ihrer Gegenseitigkeit begründet liegt, die Mitgliedstaaten sich also Amtshilfe leisten, um im Gegenzug die Möglichkeit der Inanspruchnahme derselben zu erhalten. Mit Blick auf die Beitreibung von Steuerforderungen ist dies wie gezeigt wegen seiner Auswirkungen auf den gleichmäßigen Vollzug der Besteuerung ein rechtspolitisches Ziel mit Verfassungsrang und dient mittelbar auch dem Schutz der Grundrechte Dritter, nämlich soweit diese ein aus dem allgemeinen Gleichbehandlungsgebot abgeleitetes Interesse an einem lückenlosen Steuervollzug haben. Die Durchführung von Beitreibungshilfe ist also mit den Grundrechten der Betroffenen generell gleichrangig.

Gleichwohl ist beachtlich, dass dieses Ziel nur mittelbar erreicht wird. Die Beitreibung fremder Steuerforderungen ist für sich genommen kein Teil eines gleichmäßigen Steuervollzuges in diesem Sinne, weil jener nur gebietet, die vom gleichen Hoheitsträger auferlegten Steuern in gleichmäßiger Weise zu erheben und beizutreiben.[660] Durch den Verzicht auf Beitreibungshilfe tritt also keine unmittelbare Ungleichbehandlung ein. Bei der Bewertung der Verhältnismäßigkeit der Vollstreckungsmaßnahme ist dies zu berücksichtigen.

Darüber hinaus ist aber auch die mittelbare Schutzwirkung durch eine einzelne Ablehnung der Amtshilfe noch nicht gefährdet. Amtshilfeleistungen müssen in keinem quantitativen Verhältnis zueinander stehen. Das bedeutet, im redlichen Amtshilfeverkehr wird ein Staat, für den Deutschland die Amtshilfe aus nachvollziehbaren Gründen verweigert, deswegen keine zukünftige Amtshilfe in umgekehrter Richtung verweigern. Überdies wird bei der europäischen Amtshilfe nicht nur deswegen Hilfe geleistet, um den ersuchenden Staat in Anspruch nehmen zu können, sondern um mithilfe des gesamteuropäischen Instruments von allen Mitgliedstaaten Amtshilfe verlangen zu können. Durch eine einzelne Amtshilfeverweigerung würde also das Vollstreckungsziel noch nicht wesentlich gefährdet.

Allerdings ist zu berücksichtigen, dass eine einmal getroffene Abwägungsentscheidung im Sinne des Grundsatzes der Selbstbindung der Verwaltung[661] in zukünftigen Fällen in ähnlicher Weise getroffen werden müsste. Würden zu niedrige Anforderung an eine Versagung geknüpft, bestünde daher die Gefahr,

659 Erster Teil A.II.

660 Siehe Erster Teil bei A.II.2.a)(1).

661 Hierzu m.w.N. *Drüen*, in Tipke/Kruse, AO/FGO, § 5 Rz. 50 (154. Lfg. Oktober 2018).

dass derartige Fälle in der Zukunft so gehäuft auftreten, dass die wiederholte Ablehnung die Gegenseitigkeit der Beitreibungshilfe ernstlich gefährden könnte. Entscheidend wird es daher auf eine Prognose ankommen, die sowohl die Schwere als auch die zu erwartende Häufigkeit der Rechtsverletzung in den Blick nimmt. Dabei kann selbstredend eine schwere Verfehlung nicht allein deswegen hingenommen werden, weil sie im ersuchenden Staat gehäuft vorkommt. Vielmehr ist eine sorgfältige Gesamtwürdigung geboten.

4. *Eingriffsintensität von Beitreibungshandlungen*

Ausgangspunkt für die Bewertung der Eingriffsintensität sind die unmittelbaren Folgen der in Rede stehenden Vollstreckungsmaßnahme.[662] Diese können nur in absoluten Ausnahmenfällen allein wegen ihrer unmittelbaren Schwere zur Unverhältnismäßigkeit der Beitreibung führen. Die Größenordnungen, bei denen sich eine Vollstreckung bereits wegen der bloßen Höhe der finanziellen Folgen als unverhältnismäßig darstellt, unterscheiden sich nicht wesentlich von rein nationalen Sachverhalten. Beachtlich ist insoweit allerdings, dass die Vollstreckung im Falle der Beitreibungshilfe auf anderen Erwägungen beruht als bei rein nationalen Sachverhalten. Bei Letzteren ist das Vollstreckungsziel – die Sicherung des Haushaltsaufkommens – höherwertiger als die Verwirklichung europäischer Kooperation, weshalb die Angemessenheitsschwelle bei der Beitreibungshilfe etwas niedriger angesetzt werden könnte. Gleichwohl hat aber, die Rechtsstaatlichkeit der fremden Forderung vorausgesetzt, der Schuldner ebenso wie im nationalen Verfahren selbst die Voraussetzungen für seine Inanspruchnahme geschaffen, weswegen seine Schutzbedürftigkeit entsprechend niedrig zu beurteilen ist. Überdies hat er im ersuchenden Staat die Möglichkeit, die Unverhältnismäßigkeit von Steuerforderung und persönlicher Vollstreckungsfolge geltend zu machen. Kommen die Organe des ersuchenden Staates daraufhin auf rechtsstaatlichem Wege zu der Entscheidung, dass die Vollstreckung angemessen ist, so kann Deutschland als ersuchter Staat dem keine andere Wertung entgegenhalten, nur weil es selbst kein finanzielles Interesse an der Vollstreckung hat.

Etwas anderes gilt für die Berücksichtigung der Rechtsverletzungen bei Entstehung der Forderung. Auch diese wirken sich auf die Eingriffsintensität aus. Denn je schwerer die entsprechenden Rechtsverletzungen sind, desto weniger ist der Schuldner regelmäßig dafür verantwortlich, dass er sich mit der Vollstreckung konfrontiert sieht.

---

662 Vgl. *Michael/Morlok*, Grundrechte, Rz. 625.

Das gilt insbesondere bei Beeinträchtigungen des effektiven Rechtsschutzes. Hatte der Betroffene etwa keine Möglichkeit, gegen die beizutreibende Forderung behördlich oder gerichtlich vorzugehen, trifft ihn die Vollstreckung mit besonderer Härte.

Jedoch wirkt die Tatsache, dass die nämliche Rechtsverletzung im Ausland stattgefunden hat auch zuungunsten des Schuldners. Denn immerhin wird er sich – zumindest im Regelfall – freiwillig in den fremden Rechtskreis begeben haben. Insoweit muss er sich auch für gegen ihn erhobene Forderungen in erster Linie im ersuchenden Staat zur Wehr setzen und kann nicht nur deswegen, weil das Rechtsschutzniveau dort im Einzelnen niedriger sein mag als in Deutschland, darauf vertrauen, durch deutsche Behörden vor der Vollstreckung geschützt zu werden. Das dürfte insbesondere für Fragen der Beweislast gelten.[663] Diese Wirkung zu seinen Lasten dürfte aber in den seltensten Fällen ins Gewicht fallen. Denn aus dem bis hierher gesagten ergibt sich bereits, dass der im Ausland festgestellte Rechtsverstoß eine gewisse Schwere erreicht haben muss. Dass der Betroffene sich insoweit einer fremden Risikosphäre ausgesetzt hat, wird dann aber nicht zur Rechtfertigung dafür genügen können, diese Risikosphäre gerade auch auf deutsches Hoheitsgebiet auszudehnen.

Eine gewisse Wechselwirkung zwischen dem Rechtsverstoß im Ausland und der unmittelbaren Wirkung der Vollstreckungsmaßnahme besteht schließlich insoweit, als dass ausländische Rechtsverstöße umso beachtlicher sein dürften, je härter den Betroffenen die in Rede stehende Vollstreckungsmaßnahme trifft. Bei etwa existenzbedrohender Vollstreckung ist daher eine besonders strenge Überprüfung der rechtsstaatlichen Grundsätze im ersuchenden Staat geboten. Auf der anderen Seite wird der ersuchende Staat gerade an hohen, also eingriffsintensiveren Forderungen ein gesteigertes Interesse haben, sodass auch der Grad der Zweckerreichung entsprechend erhöht wird.

Zusammengefasst zeigt sich beim Blick auf die Eingriffsintensität, dass einige Besonderheiten der Beitreibungshilfe schon grundsätzliche Beachtung verdienen, die konkrete Bewertung im Einzelfall aber keineswegs vorgezeichnet ist. Vielmehr wird es auch unter den soeben dargelegten Vorzeichen stets auf eine kritische und differenzierte Gesamtwürdigung der konkreten Umstände ankommen.

663 Dazu noch im Einzelnen unter IV.

5. *Gesamtwürdigung – Prüfungsdichte*

Nach Bestimmung des Grades der Zweckerreichung auf der einen und der Eingriffsintensität für den Betroffenen auf der anderen Seite stellt sich dann die Kernfrage, ob die widerstreitenden Rechtsgüter noch in einem dem Übermaßverbot genügenden, angemessenen Verhältnis zueinander stehen. Hier ist also die eigentliche Prüfungsdichte entscheidend.[664] Erneut muss berücksichtigt werden, dass der maßgebliche Rechtsverstoß im Ausland stattfindet und sich in der Vollstreckung durch deutsche Behörden lediglich zu einem gewissen Grad manifestiert. Die mit der Feststellung der Verfassungswidrigkeit üblicherweise einhergehende Wertung, dass das in Rede stehende Verhalten durch die Behörde nicht hätte erfolgen dürfen, würde sich also in dieser Konstellation genau besehen gegen die ausländische Behörde richten. Diese ist aber weder an deutsche Grundrechte gebunden, noch stünde es deutschen Gerichten zu, über die Europarechtskonformität ihres Handelns zu urteilen. Überdies hat der Gesetzgeber durch den Erlass des EUBeitrG ohne ausdrücklichen Anwendungsvorbehalt bereits die Wertung zum Ausdruck gebracht, die ausländische Entscheidung grundsätzlich zu akzeptieren. All dies spricht für eine eher grobmaschige Prüfungsdichte in dem Sinne, dass lediglich schwere, *evidente* Rechtsverstöße im Ausland zur Unverhältnismäßigkeit der Vollstreckung in Deutschland führen[665], wobei an die Überprüfung allerdings umso höhere Maßstäbe anzulegen sind, je schwerer die Vollstreckungshandlung gegen den Betroffenen wirkt.

---

664 Vgl. *Michael/Morlok*, Grundrechte, S. 626.

665 I. Erg. ähnlich *Sandberg*, Internationale Vollstreckungshilfe im Besteuerungsverfahren, S. 114 f.; *De Troyer*, European Taxation 2020, 158 (160) geht von einem möglichen ordre public Verstoß aus, wenn im ersuchenden Staat keine aufschiebende Wirkung von Rechtsbehelfen gegeben ist, im ersuchten Staat dagegen schon und das Amtshilfeinstrument in diesen Fällen gleichwohl die Vollstreckung zulässt. Vorliegend ist die Frage von geringer Bedeutung, denn die EUBeirRL sieht eine Vollstreckungshilfe in diesen Fällen nicht vor. Gem. Art. 14 Abs. 4 UAbs 3 kann die ersuchende Behörde die Vollstreckung einer angefochtenen Forderung nur erbeten, wenn der ersuchte Staat derartige Vollstreckungen nach seinem Recht ebenfalls zulässt.

III. Prüfungsmaßstab – Auswahl besonders gefährdeter Rechtsgüter

1. *Begrenzte Vorhersehbarkeit von Rechtsverstößen*

An dieser Stelle sollen Rechtsgüter dargestellt werden, deren Verletzung den ordre public Vorbehalt auslösen und die Ablehnung der Beitreibungshilfe erforderlich machen können. Dabei ist allerdings eingangs klarzustellen, dass insbesondere mit Blick auf Auslandssachverhalte längst nicht alle möglichen Rechtsverstöße antizipierbar sind. Hier soll daher nur ein Überblick über naheliegende Verstöße und solche, die bereits in der gerichtlichen Praxis relevant wurden, gegeben werden. Dabei ist wiederum zwischen den unmittelbaren Vollstreckungshandlungen und den nur mittelbar relevanten Rechtsverletzungen im Ausland zu unterscheiden. Bei ersteren sind die hilfeleistenden Behörden zwar umfänglich und an zahlreiche Grundrechte gebunden. Originäre Grundrechts*verletzungen* unmittelbar durch die Vollstreckungsbehörde sind für Zwecke dieser Arbeit aber für sich genommen nicht von Bedeutung. Dazu gehört etwa die Verletzung des Datenschutzrechtes (Art. 8 GRCh) durch deutsche Behörden im Vollstreckungsverfahren. Solche Verletzungen bilden für sich genommen keinen Anwendungsfall für einen ordre public Vorbehalt. Bedeutsam sind für diesen vielmehr die aus deutscher Sich zunächst unkritischen Grundrechts*eingriffe*, für deren Verfassungswidrigkeit gerade die im Ausland stattfindende Rechtsverletzung über deren Berücksichtigung im Rahmen der Verhältnismäßigkeitsprüfung bedeutsam werden. Diese Grundrechtseingriffe können also *Auslöser* eines ordre public Vorbehaltes sein.

2. *Unmittelbare Grundrechtseingriffe als Auslöser eines ordre public Vorbehalts*

a) *Kein Verstoß gegen den Identitätsvorbehalt* durch *die Vollstreckungsmaßnahme*

Ausgeschlossen ist zunächst eine Verletzung des durch Art. 79 Abs. 3 GG geschützten Verfassungskerns *unmittelbar durch* die Vollstreckung. Eine solche Verletzung wäre eine gegen die Menschenwürde verstoßende Vollstreckungshandlung. Solche Handlungen sind aber schlicht im nationalen Verfahrensrecht nicht vorgesehen. Wenngleich sie also zwar denkbar wären, könnten sie jedenfalls vom ersuchenden Staat ohnehin nicht verlangt werden. Die *Ablehnung* von Amtshilfe ist aus diesem Grund denklogisch ausgeschlossen.

b) Allgemeine Handlungsfreiheit

Jede Vollstreckungsmaßnahme stellt einen Eingriff in die Allgemeine Handlungsfreiheit des Art. 2 Abs. 1 GG dar, denn diese schützt nach einhelliger Auffassung schlicht jedes menschliche Verhalten. Allerdings ist Art. 2 Abs. 1 GG im hiesigen Kontext unbeachtlich. In der Europäischen Grundrechte-Charta existiert demgegenüber kein Grundrecht auf allgemeine Handlungsfreiheit. Art. 6 Abs. 1 GRCh, der seinem Wortlaut nach naheliegend erscheint, schützt nach herrschender Meinung die *Bewegungsfreiheit*, nicht aber die persönliche Freiheit.[666] Allerdings geht der Europäische Gerichtshof von einem generellen Schutz der Unionsbürger vor willkürlichen oder unverhältnismäßigen Eingriffen in ihren privaten Bereich aus, was als Parallele zur allgemeinen Handlungsfreiheit nach deutschem Verständnis zu sehen ist.[667] Diese durch den Europäischen Gerichtshof entwickelte Rechtsprechung ist wegen Art. 6 Abs. 3 EUV ebenso beachtlich wie die Charta-Grundrechte.

Somit sind letztlich alle Vollstreckungshandlungen, insbesondere auch Vorbereitungshandlungen geeignet, den ordre public Vorbehalt auszulösen.

c) Eigentumsfreiheit – Art. 17 GRCh und Art. 1 EMRK-ZP

Der Eigentumsfreiheit kommt bei Vollstreckungshandlungen eine besondere Bedeutung zu, weil sie regelmäßig in das bewegliche oder unbewegliche Vermögen des Schuldners eingreifen.[668] Die zugrunde liegenden Forderungen unterfallen zwar nach h.M. nicht dem Schutzbereich der durch Art. 17 GRCh u. Art. 1 EMRK-ZP geschützten Eigentumsfreiheit.[669] Hiervon zu unterscheiden sind aber die konkreten Vollstreckungshandlungen, soweit sie etwa bei der Pfändung (§ 281 AO) konkrete Vermögenspositionen beeinträchtigen. Diese können im Bereich des Art. 17 GRCh u. Art. 1 EMRK-ZP eine Eigentumsentziehung darstellen[670] oder jedenfalls eine sog. Nutzungsregelung, die nicht nur normativ,

---

666 M.w.N. *Streinz,* in ders. EUV/AEUV, Art. 6 GRCh Rz. 3.

667 M.w.N. *Streinz,* in ders. EUV/AEUV, Art. 6 GRCh Rz. 5 ff.

668 Vgl. *Hummel,* in Hübschmann/Hepp/Spitaler, AO/FGO, Vor. §§ 249 ff. Rz. 122 ff. (237. Lfg. März 2016).

669 M.w.N. *Wollenschläger,* in v.der Groeben/Schwarze/Hatje, Europäisches Unionsrecht, Art. 17 Rz. 13 u. *Engler,* Steuerverfassungsrecht im Mehrebenensystem, S. 246. Der Schutz durch Art. 14 GG ist umstritten, wird mittlerweile aber zunehmend bejaht, s. dazu *Papier/Shirvani,* in Dürig/Herzog/Scholz, GG, Art. 14 Rz. 282 ff. (93. Lfg. Oktober 2020).

670 Dazu *Callies,* in Callies/Ruffert, EUV/AEUV, Art. 17 GRCh Rz. 15. Nach dem deutschen Grundgesetz kommt eine Enteignung dagegen nicht infrage, weil eine solche

sondern auch im Einzelfall möglich ist.[671] Dabei hat das EuG die Einfrierung eines Bankkontos nicht als Entziehung, sondern als eine solche Nutzungsbeschränkung qualifiziert.[672] Im Einzelnen kommt es hier auf die Unterscheidung nicht an. Denn in beiden Fällen liegt jedenfalls ein rechtfertigungsbedürftiger Grundrechtseingriff vor. Dieser eröffnet damit in Form der obligatorischen Verhältnismäßigkeitsprüfung die Möglichkeit eines ordre public Vorbehaltes in der oben beschriebenen Weise.

3. *Mögliche Rechtsverstöße im Ausland als Grund für die Ablehnung der Amtshilfe*

a) *Identitätsvorbehalt (Art. 79 Abs. 3 GG)*

Ausländische Sachverhalte, die so gravierend von deutschen Rechtsvorstellungen abweichen, dass ihre administrative Unterstützung den unantastbaren Kernbestand der deutschen Verfassung berühren würde, sind zwar im Rahmen der Beitreibungshilfe bislang nicht vorgekommen und würden sich auch als absolute Ausnahmen darstellen. Sie sind gleichwohl denkbar, wie schon die Entscheidung des Bundesverfassungsgerichts zum Europäischen Haftbefehl zeigt.[673]

Seer[674] verweist als Beispiel für mögliche Menschenwürdeverstöße bei der Besteuerung im Ausland auf die Möglichkeit von Sippenhaft und schikanösen Steuern zum Zwecke der politischen Verfolgung.[675] Daneben sind auch Menschenwürdeverstöße im Verfahren vorstellbar, etwa der Einsatz von Folter bei Befragungen.

Hingegen dürfte es für die Geltendmachung des Identitätsvorbehaltes mit Blick auf Art. 20 Abs. 3 GG nicht genügen, wenn im Einzelfall gegen rechtsstaatliche Prinzipien verstoßen wird. Letztlich ist jeder Grundrechtsverstoß,

---

schon per Definition einem spezifischen Gemeinwohlbelang dienen muss, die Vollstreckung demgegenüber allein der Durchsetzung einer bestehenden Pflicht dient, s. *Depenheuer/Froese,* in v.Mangoldt/Klein/Starck, GG, Art. 14 Rz. 474.

671 *Wollenschläger*, in v.der Groeben/Schwarze/Hatje, Europäisches Unionsrecht, Art. 17 Rz. 20; Für Art. 14 GG siehe entsprechend *Axer,* in BeckOK GG, Art. 14 Rz. 69.

672 EuG, Urteil v. 21.09.2005 – T-306/01, ECLI:EU:T:2005:331 – Yusuf, Slg.2005, II-3533 Rn. 299.

673 Siehe dazu oben D.V.3.c)(2).

674 *Seer,* in Gosch/Kroppen/Grotherr/Kraft/Kraft, DBA, Art. 27 Rz. 90 (41. Lfg. April 2020).

675 Siehe dazu auch BVerfG, Beschluss v. 23.02.1983 - 1 BvR 1019/82, BVerfGE 63, 215.

ungeachtet seiner Schwere im Einzelfall, per se rechtsstaatswidrig, weshalb derartige Erwägungen den Vorbehalt überspannen würden.

Aufgrund anhaltender Rechtsstaatserosionen in einigen Mitgliedstaaten der EU, insbesondere Polen und Ungarn, könnte aber folgende Überlegung relevant werden: Sollte in einem ersuchenden Mitgliedstaat die Rechtsstaatlichkeit in einem Maße nicht mehr garantiert sein, dass schon grundsätzliche Zweifel an jeder dortigen hoheitlichen Handlung angezeigt sind, etwa weil keine unabhängige Justiz mehr existiert, der deutsche Behörden noch Vertrauen entgegenbringen könnten, so könnte schon allein dies es rechtfertigen, Forderungen aus diesen Mitgliedstaaten nicht mehr zu vollstrecken. Das gilt jedenfalls, sofern der Betroffene geltend macht, dass es zu nicht unerheblichen Rechtsverstößen gekommen ist. Denn eine Kontrolle derartig geltend gemachter Verstöße wäre unter solchen Umständen kaum mehr sinnvoll möglich.[676]

b) Justizgrundrechte – Art. 47 GRCh, Art. 6 und 13 EMRK

(1) Europäischer Mindeststandard als Grenze der Angemessenheit

Überragende Bedeutung kommt im Rahmen des ordre public Vorbehalts den Justizgrundrechten zu. Art. 47 Abs.1 GRCh und Art. 13 EMRK statuieren das Recht auf einen wirksamen Rechtsbehelf. Art. 47 Absatz 2 Satz 1 enthält das Recht einer jeden Person, dass ihre Sache von einem unabhängigen, unparteiischen und zuvor durch Gesetz errichteten Gericht in einem fairen Verfahren, öffentlich und innerhalb angemessener Frist verhandelt wird. Gemäß Art. 47 Absatz 2 Satz 2 soll sich jede Person beraten, verteidigen und vertreten lassen können. Die Rechte des Art. 47 GRCh sind elementar.[677] Sie bilden, ebenso wie die gleichgelagerte Garantie auf effektiven Rechtsschutz nach Art. 19 Abs. 4 GG und die weiteren Justizgrundrechte des Grundgesetzes, eine unantastbare Grundlage des rechtsstaatlichen Prinzips.[678] Sie wurzeln in den Grundrechten selbst, weil diese wertlos sind, wenn ihre Verletzung nicht gerügt werden kann. Effektiver Rechtsschutz wurzelt aber auch in der Menschenwürdegarantie,

---

676 Daher ließe sich das gleiche Ergebnis auch über ein entsprechend geringeres Beweismaß zugunsten des Betroffenen in der Weise erreichen, als dass seinen Einlassungen mehr, denjenigen der ausländischen Behörde dagegen weniger Glaubhaftigkeit beschieden wird.

677 Gleiche Ansicht *De Troyer*, European Taxation 2020, 158.

678 *Schulze-Fielitz*, in Dreier, GG, Art. 19 IV Rz. 35; *Schmidt-Aßmann*, in Maunz-Dürig, GG, Art. 19 IV Rz. 15 (93. Lfg. Oktober 2020); *De Troyer*, EC Tax Review 2019, 18 (25).

weil ein rechtsschutzloser Bürger ein Objekt staatlicher Willkür ist. Mängel im Rechtsschutzsystem des ersuchenden Staates wirken sich daher grundlegend schwer aus.

Der Gewährleistungsgehalt des Art. 47 GRCh ist zugleich vielgestaltig und wirkt in alle Rechtsbereiche hinein. Trotz der Tragweite der Rechtsschutzgarantien ist daher bei der Berücksichtigung von Verstößen im Ausland eine gewisse Zurückhaltung geboten. Denn auch die Verwaltungs- und Gerichtsverfahren in den Mitgliedsstaaten sind vielgestaltig. Es kann nicht verlangt werden, dass mitgliedstaatliche Rechtsschutzsysteme in jeder Einzelheit einem gesamteuropäischen Verständnis entsprechen. Vielmehr kann aber über Art. 47 GRCh ein *europäischer Mindeststandard* etabliert werden, der bei der gegenseitigen Amtshilfe Beachtung finden muss. Dabei muss als Grundvoraussetzung eines wirksamen Rechtsschutzes die Unabhängigkeit der Justiz gewährleistet sein.[679] Darüber hinaus lässt sich Art 47 GRCh in Verbindung mit Art. 6 und Art. 13 EMRK eine Vielzahl von generellen Garantien entnehmen.[680] Eine positive, allgemeingültige Definition eines Mindeststandards kann mit Blick auf diese Fülle und die Mannigfaltigkeit denkbarer Verstöße nicht formuliert werden.[681] Vielmehr muss im jeweiligen Einzelfall *vom Eingriff her* geprüft werden, ob das von Art. 47 GRCh vorausgesetzte Rechtsschutzniveau in dem Verfahren, das der beizutreibenden Forderung zugrunde liegt, derart unterschritten wurde, dass das Ergebnis dieses Verfahrens schlechterdings nicht mehr als rechtsstaatlich bezeichnet werden kann. Ist dies der Fall, ist die Beitreibungshilfe unangemessen.

(2) Insbesondere: Das Recht auf wirksame Verfahrensbeteiligung

Effektiver Rechtsschutz beginnt nicht erst vor Gericht. Schon das Verwaltungsverfahren muss den Betroffenen einbinden, ihm Anhörungs- und Rügerechte gewähren und ihn insbesondere über ihn betreffende Maßnahmen in Kenntnis setzen. Ohne Kenntnis der zugrunde liegenden Verwaltungshandlungen kann der Betroffene keine Rechtsbehelfsfristen wahren, er kann sich keinen Überblick über die Gründe der Verwaltung verschaffen, keine sinnvollen Einwände

679 EuGH, Urteile v. 24.06.2019 – C-619/18 – Kommission/Polen, Rz. 58, 77; v. 19.11.2019 – C-585/18 – A. K., Rz. 120.

680 Siehe nur den Überblick bei *Jarass,* GRCh, Art 47 Rz. 22 ff.

681 *Sandberg,* Internationale Vollstreckungshilfe im Besteuerungsverfahren, S. 115 benennt beispielhaft etwa eine angemessene Fristenzumessung, verständliche Rechtsbehelfsbelehrungen oder auch Beistand eines Rechtsanwaltes unter Wahrung des Steuergeheimnisses.

einbringen oder eine effektive Verteidigung vorbereiten. In diesem Zusammenhang sind die Zustellung von behördlichen Entscheidungen, eine ordnungsgemäße Rechtsbehelfsbelehrung und das Recht auf Akteneinsicht elementare Bestandteile eines rechtsstaatlichen Verfahrens.[682] Das in Art. 41 GRCh statuierte Recht auf eine gute Verwaltung betrifft nur die Organe der Union, nicht hingegen die Mitgliedstaaten.[683] Wegen ihrer Bedeutung für den effektiven Rechtsschutz sind Mängel im Verwaltungsverfahren für Art. 47 GRCh aber gleichsam beachtlich.[684]

Die besondere Bedeutung von ordnungsgemäßer Bekanntgabe und Rechtsbehelfsbelehrung zeigt sich bereits in dem Umstand, dass sie Gegenstand aller bisherigen höchstrichterlichen Entscheidungen zum ordre public Vorbehalt bei der Beitreibungshilfe waren.[685] Dabei sind die Gerichte stets von schwerwiegenden Grundrechtsverstößen ausgegangen und haben den ordre public Vorbehalt grundsätzlich für einschlägig gehalten.[686] Dabei hat der Europäische Gerichtshof gefordert, dass eine Entscheidung nicht nur überhaupt gegenüber dem Betroffenen bekannt zu machen ist[687], sondern dies auch in einer für ihn verständlichen Sprache geschehen muss.[688]

Im Ergebnis ist diesen Entscheidungen zuzustimmen. Wenn sie auch rechtsdogmatisch schlecht begründet sind, zeigt sich in ihnen, dass ein faires Verfahren durch die ersuchende Behörde zu den Grundvoraussetzungen dafür gehört, ihr dabei Hilfe zu leisten.

c) Materielle Grundrechtsverstöße im ersuchenden Staat

Materiellrechtliche Erwägungen spielen bei der Beitreibungshilfe für sich genommen nur eine sehr untergeordnete Rolle. Dies liegt daran, dass sie ohne

---

682 Vgl. *Tiedemann*, in BeckOK VwVfG, § 41 Rz. 1 f.; *Stelkens*, in Stelkens/Bonk/Sachs, VwVfG, § 41 Rz. 2; *Schmidt-Aßmann*,Dürig/Herzog/Scholz, GG, Art. 19 Rz. 250 (93. Lfg. Oktober 2020).

683 *Jarass*, GRCh, Art. 41 Rz. 10; a.A. *Klatt*, in v.der Groeben/Schwarze/Hatje, Europäisches Unionsrecht, Art. 41 GRCh Rz. 6 f.

684 Vgl. *Jarass*, GRCh, Art. 47 Rz. 60 f.

685 Siehe die Analyse der Entscheidungen in diesem Teil unter B.

686 Vgl. nur BFH, Urteil v. 03.11.2010 – VII R 21/10, BStBl. II 2011, 401; BVerfG, Beschluss v. 23.05.2019 – 1 BvR 1724/18, IStR 2019, 666.

687 Dazu EuGH, Urteil v. 26.04.2018 – Rs. C-34/17, ECLI:EU:C:2018:282 – Donnellan.

688 EuGH, Urteil v. 14.01.2010 – C-233/08, ECLI:EU:C:2010:11 – Kyrian; s.a. *De Troyer*, European Taxation 2020, 158 f.; ablehnend offenbar *Baker/Czakert/van Eijsden/Ruiz/Kana*, BIT 2011, 281 (284).

Hinzutreten von Verfahrensverstößen im soeben behandelten Sinne problemlos im ersuchenden Staat geprüft werden können und insoweit der Grundsatz gilt, dass eine doppelte Kontrolle der beizutreibenden Forderung nicht stattfinden soll.[689] Da zudem nur die Handlung der ersuchten Behörde auf ihre Verhältnismäßigkeit geprüft wird, müsste der Verstoß gegen materielle Prinzipien eine Schwere erreichen, die auf die Angemessenheit der Amtshilfeleistung durchschlägt, was dann aber regelmäßig ohnehin den Identitätsvorbehalt auslösen wird. Denkbar sind unter dieser Schwelle nur offenbare Verletzungen des deutschen Verständnisses von Eigentumsfreiheit im ersuchenden Staat, also insbesondere dann, wenn die beizutreibende Steuer erdrosselnde Wirkung hat.[690] Hierbei ist allerdings beachtlich, dass Steuerforderungen selbst nach herrschender Meinung nicht dem Schutzbereich des Art. 17 GRCh unterfallen,[691] und somit nach den Grundsätzen der Rechtsprechung des Europäischen Gerichtshofs eine Ablehnung der Amtshilfe allein aus diesem Grund wohl nicht Betracht käme. Nur, wenn die Besteuerung im ersuchenden Staat ein so erdrückendes Maß annähme, dass hiervon auch die Unternehmerfreiheit (Art. 16 GRCh) in einem unerträglichen Maße beeinträchtigt wäre, ist eine Aktivierung des ordre public Vorbehaltes denkbar. *Vandenberghe* verweist jedoch zurecht darauf, dass eine Steuerforderung oder die ihr zugrundeliegende materielle Steuernorm des ersuchenden Staates nicht isoliert betrachtet werden darf.[692] So könne etwa eine Erbschaftsteuer in Höhe von 80 % für den ersuchten Staat für sich genommen unzumutbar erscheinen. Möglicherweise stellt sich die Steuer aber mit Blick auf das gesamte Steuersystem des ersuchenden Staates, etwa die Einkommensteuerstruktur, die Anrechenbarkeit der Erbschaftsteuer usw. als angemessen dar.

---

689 Siehe Erster Teil B.III.2.b).

690 S. dazu *Hey*, in Tipke/Lang, Steuerrecht, Rz. 3.189 ff.

691 m.w.N. *Wollenschläger*, in v.der Groeben/Schwarze/Hatje, Europäisches Unionsrecht, Art. 17 Rz. 13 u. *Engler*, Steuerverfassungsrecht im Mehrebenensystem, S. 246; Der Schutz durch Art. 14 GG ist umstritten, wird mittlerweile aber zunehmend bejaht, s. dazu *Papier/Shirvani*, in Dürig/Herzog/Scholz, GG, Art. 14 Rz. 282 ff. (93. Lfg. Oktober 2020).

692 *Vandenberghe*, EU & Int. Tax Col. News 2021, 20 (23 f.).

IV. Tatbestandliche Grundlagen der ordre public Kontrolle – Die Pflicht zur Sachaufklärung

1. Der Grundsatz gegenseitigen Vertrauens als Ausgangssituation

Nach den bis hierher gefundenen Ergebnissen können Umstände im ersuchenden Staat Auswirkungen auf die Zulässigkeit der Beitreibungshilfe durch den ersuchten Staat zeitigen. Überschreiten dortige Rechtsverstöße bei Art, Entstehung oder Anfechtung der Forderung ein Maß, bei dem die Vollstreckung der Forderung in Deutschland durch die mit der gegenseitigen Beitreibungshilfe verfolgten Ziele nicht mehr zu rechtfertigen ist, ist die Beitreibungshilfe mit Verweis auf den Grundsatz des ordre public nach dem hier dargelegten Verständnis zu versagen. Dies könnte bedeuten, dass bereits das Verbindungsbüro bei Eingang eines Ersuchens oder jedenfalls die Vollstreckungsbehörde vor Einleitung des Vollstreckungsersuchens wegen des Untersuchungsgrundsatzes (§ 88 Abs. 1 AO) zu prüfen hätte, ob die beizutreibende Forderung insoweit den rechtsstaatlichen Anforderungen genügt. An dieser Stelle des Verfahrens findet allerdings zunächst der Grundsatz gegenseitigen Vertrauens[693] Anwendung, nachdem die ersuchende Behörde grundsätzlich darauf vertrauen darf, dass die zu vollstreckende Forderung unter Wahrung des Unionsrechts und auch im Übrigen rechtsstaatlichen Anforderungen zustande gekommen ist.[694] In EUBeitrRL und EUBeitrG kommt dieser Grundsatz bereits in der Zuständigkeitsverteilung für Einwendungen des Vollstreckungsschuldners zum Ausdruck.[695] Können demnach im ersuchten Staat schon keinerlei Einwendungen gegen die Forderung oder den Vollstreckungstitel erhoben werden, so wird die gesetzgeberische Intention deutlich, dass die ersuchte Behörde erst recht nicht von sich aus in eine solche Richtung ermittelnd tätig werden muss.

2. Ermittlungs- und Feststellungspflichten der Vollstreckungsbehörde auf Initiative des Betroffenen

Anders liegt die Sache aber, wenn der Betroffene entsprechende Rechtsverstöße im Ausland geltend macht. Derartige konkrete Hinweise aktivieren die Ermittlungs- und Feststellungspflichten des § 88 AO. Nach der Vorschrift haben die Finanzbehörden so alle für den Einzelfall bedeutsamen, auch die für die

---

693 Instruktiv *L. v. Danwitz,* EuR 2020, 61.

694 EuGH, Urteil v. 26.04.2018 – Rs. C-34/17, ECLI:EU:C:2018:282 – Donnellan Rz. 39 ff.; BFH, Beschluss v. 30.07.2020 – VII B 73/20 (AdV), BStBl. II 2021, 127, Rz. 59

695 Art. 14 Abs. 1 EUBeitrRL, § 13 Abs. 2 EUBeitrG.

Beteiligten günstigen Umstände zu berücksichtigen und zu ermitteln. Erfasst vom Untersuchungsgrundsatz sind nur Tatsachen-, hingegen keine Rechtsfragen.[696] Zu prüfen ist daher nicht die ausländische *Rechtslage,* insbesondere ist es irrelevant, ob sich vom Betroffenen behauptete Rechtsverstöße nach dem Recht des ersuchenden Staates tatsächlich als rechtswidrig erweisen. Vielmehr sind es die faktischen Umstände, die sich aus deutscher Sicht auf die Verhältnismäßigkeit möglicher Vollstreckungsmaßnahmen auswirken.[697] Die entsprechenden Ermittlungspflichten treffen daher auch vornehmlich die Vollstreckungsbehörde, weil sie auf die zu gewinnenden Erkenntnisse bei der Frage angewiesen ist, ob sie konkrete Vollstreckungsmaßnahmen ergreifen wird.

Bei der sich daraus ergebenden Aufklärungspflicht sind Ermittlungsmöglichkeiten der deutschen Finanzbehörde wegen des Grundsatzes der formellen Territorialität[698] naturgemäß begrenzt. Gebrauch machen kann sie aber als ein erstes Mittel von den umfangreichen Kommunikationsmöglichkeiten mit der ersuchenden Behörde.[699] Sie kann diese – ggf. vermittelt durch die Verbindungsbüros – auf die Anschuldigungen des Betroffenen aufmerksam machen und um eine Stellungnahme oder Richtigstellung bitten.[700] Daraufhin erfolgende Äußerungen der ausländischen Behörde entfalten gegenüber der heimischen Behörde allerdings keine Bindungswirkung.[701] Ihnen kommt im Rahmen der Beweiswürdigung lediglich eine Indizwirkung zu. Diese Indizwirkung ist, weil es sich bei der ausländischen Behörde um eine staatliche Stelle eines EU-Mitgliedstaates handelt, zwar regelmäßig hoch. Wenn allerdings der Betroffene die Einlassungen der ersuchenden Behörde wiederum bestreitet, werden weitere Ermittlungen der heimischen Behörde nicht obsolet.[702]

Für den Betroffenen gelten innerhalb eines solchen Sachaufklärungsverfahrens die erhöhten Mitwirkungspflichten des § 90 Abs. 2 AO für

---

696 *Seer,* in Tipke/Kruse, AO/FGO, § 88 AO Rz. 20 (147. Lfg. Januar 2017).

697 Vgl. zur vermeintlichen „Verfassungswidrigkeit" eines ausländischen Gesetzes BFH, Beschluss v. 30.07.2020 – VII B 73/20 (AdV), BStBl. II 2021, 127, Rz. 82.

698 Siehe Erster Teil A.I.4.

699 Siehe Erster Teil B.III.

700 Vgl. *De Troyer,* EC Tax Review 2019, 18 (27).

701 BFH, Beschluss v. 08.04.2013 – V B 122/11, juris Rz. 7.

702 *Seer,* in Tipke/Kruse, AO/FGO, § 88 AO Rz. 21 (147. LFg. Januar 2017); instruktiv *Jansen,* Das Steuerverfahren im Spannungsfeld von Europa- und Verfassungsrecht, S. 157 ff.

Auslandssachverhalte.[703] Sofern es ihm möglich ist, muss er die behaupteten Rechtsverstöße daher etwa mithilfe behördlicher Urkunden belegen.[704] Regelmäßig wird es sich bei den erheblichen Umständen aber um negative Tatsachen – etwa unterbliebene Bekanntmachungen – handeln, die der Betroffene nicht beweisen kann.[705] In diesen Fällen kann eine Versicherung an Eides statt (§ 95 AO) in Betracht kommen.[706]

Als weiteres Sachaufklärungsmittel kommt für die Finanzbehörde die Zuziehung eines Sachverständigen (§ 96 AO) in Betracht.[707] Das kann Fälle betreffen, in denen etwa das ausländische Verfahrensrecht zwingende Anforderungen an ein faires Verfahren nach deutschem Verständnis – etwa eine ordnungsgemäße Rechtsbehelfsbelehrung, sachgerechte Fristen, Wiedereinsetzungsmöglichkeiten etc. – nicht vorsieht oder sogar ausdrücklich ablehnt. Hierbei handelt es sich zwar grundsätzlich um Rechtsfragen. Da ausländischem Recht aber keine unmittelbare Wirkung im Inland zukommt, stellen sie sich aus deutscher Sicht genau besehen gleichwohl als schlichte Tatsachenfragen dar, über die die Behörden gegebenenfalls Gutachten einholen können.[708] *Seer* verweist für die Vollstreckungshilfe aufgrund eines Doppelbesteuerungsabkommens zutreffend darauf, dass bei der Auswahl der Sachverständigen Vorsicht geboten ist. Das gilt

---

703 Vgl. *Krumm,* in Tipke/Kruse, AO/FGO, § 82 FGO Rz. 18 (158. Lfg. Oktober 2019); BFH, Beschluss v. 30.07.2020 – VII B 73/20 (AdV), BStBl. II 2021, 127, Rz. 59.

704 Vgl. BFH, Beschluss v. 30.07.2020 – VII B 73/20 (AdV), BStBl. II 2021, 127, Rz. 82 u. 85.

705 Zu streng daher BFH, Beschluss v. 30.07.2020 – VII B 73/20 (AdV), BStBl. II 2021, 127, Rz. 85, bei dem überhaupt nicht ersichtlich wird, wie Antragstellerin *substantiiert* hätte darlegen sollen, dass ihr *kein* Bescheid zugegangen ist; siehe außerdem *Jansen,* Das Steuerverfahren im Spannungsfeld von Europa- und Verfassungsrecht, S. 166.

706 Vgl. den Sachverhalt bei BVerfG, Beschluss v. 23.05.2019 – 1 BvR 1724/18, IStR 2019, 666.

707 Diese Möglichkeit scheint *De Troyer,* EC Tax Review 2019, 18 (28 f.) ohne nähere Begründung abzulehnen.

708 Vgl. *Schuster,* in Hübschmann/Hepp/Spitaler, AO/FGO, § 96 AO Rz. 58 (254. Lfg. August 2019); a.A. *De Troyer,* EC Tax Review 2019, 18 (29), die offenbar meint, die Behörden und Gerichte des ersuchten Staates könnten die Rechtsschutzmöglichkeiten im ersuchenden Staat nicht sinnvoll überprüfen und müssten daher auf rechtsstaatliche Verhältnisse im ersuchenden Staat vertrauen. Das widerspricht aber zum einen explizit der Rechtsprechung des EuGH, der auch *De Troyer* grundsätzlich zustimmt. Zum anderen verkennt diese Ansicht, dass es aus Sicht des ersuchten Staates nicht um eine echte Rechtsprüfung, sondern um Tatsachenfragen geht, die sich auf die Angemessenheit der Vollstreckungshilfe auswirken.

insbesondere, wenn erhebliche Rechtsstaatsverstöße im ersuchenden Staat geltend gemacht werden. Dann muss darauf geachtet werden, dass die begutachtende Stelle im Ausland selbst unabhängig ist.[709]

3. *Gerichtliche Geltendmachung eines ordre public Verstoßes*

a) *Statthafte Rechtsbehelfe*

Nach hier vertretener Ansicht[710] handelt es sich bei der obligatorischen Zahlungsaufforderung, die die Vollstreckungsbehörde dem Schuldner übermitteln muss, bevor sie Vollstreckungsmaßnahmen einleitet, um einen Verwaltungsakt. Mithin können die oben beschriebenen Einwendungen im Einspruchsverfahren nach §§ 347 ff. AO geltend gemacht werden. Folgt man hingegen der Ansicht des Bundesfinanzhofs[711], könnte der Betroffene außergerichtlich allenfalls informell mit der Behörde in Austausch treten.

Weicht die Behörde von ihrem Vollstreckungsvorhaben nicht ab, ist nach hier vertretener Ansicht die Anfechtungsklage (§ 40 FGO) gegen die Zahlungsaufforderung statthaft. Nach Ansicht des Bundesfinanzhofs, wonach es sich dabei nicht um einen Verwaltungsakt handelt, ist dementsprechend die Feststellungsklage statthaft. Hiermit kann die Feststellung begehrt werden, dass die in Aussicht gestellte Beitreibungshilfe unrechtmäßig ist, weil sie gegen den ordre public Vorbehalt verstieße.[712] Allerdings hat der Bundesfinanzhof ein entsprechendes Feststellungsinteresse abgelehnt, solange die Vollstreckungsbehörde wegen unklarer Rechtslage im ersuchenden Staat einstweilen von der Vollstreckung absieht.[713] Das ist nicht nachvollziehbar. In der im Fall bereits erfolgten Ankündigung von Vollstreckungsmaßnahmen ist eindeutig erkennbar, dass die Behörde vollstrecken wird, sobald die Rechtsunsicherheiten im ersuchenden Staat ausgeräumt sind (oder die ersuchende Behörde mitteilt, sie seien ausgeräumt). Der Schuldner muss damit jederzeit mit der Vollstreckung rechnen und wird redlicher Weise entsprechende Dispositionen treffen müssen, die ihn finanziell erheblich belasten können, wenn er etwa Gelder zurückhalten muss, die er

709 *Seer*, in Gosch/Kroppen/Grotherr/Kraft, DBA, Art. 27 OECD-MA Rz. 92 (41. Lfg. April 2020).

710 Siehe Erster Teil B.III.5.b).

711 Siehe Erster Teil B.III.5.b).

712 Vgl. BFH, Urteil v. 28.11.2017 – VII R 30/15, juris; FG München, Urteil v. 30.01.2020 – 10 K 1105/17, EFG 2020, 972, juris Rz. 37 ff.

713 BFH, Urteil v. 28.11.2017 – VII R 30/15, juris Rz. 15.

sonst anderweitig verwenden könnte.[714] Demgegenüber waren die im Verfahren geltend gemachten Rechtsverstöße im ersuchenden Staat endgültig eingetreten, der Bundesfinanzhof hätte also über die Zulässigkeit der Beitreibungshilfe problemlos entscheiden können. Dies hätte auch für die ersuchende Behörde Vorteile gehabt. Diese hätte bereits gewusst, dass sie jedenfalls auf der Grundlage des nämlichen Amtshilfeverfahrens nicht mehr mit der Vollstreckung ihrer Forderung rechnen konnte. Möglicherweise hätte sie die Verfahrensmängel sodann ausräumen und ein weiteres Ersuchen stellen können.

Daneben kommt eine vorbeugende Unterlassungsklage in Betracht, wenn substantiiert dargelegt werden kann, dass das Abwarten konkreter Vollstreckungsmaßnahmen und die erst darauf hin erfolgende Einlegung von Rechtsbehelfen unzumutbar ist, weil die mit der bloßen Androhung von Maßnahmen einhergehende Rechtsverletzung nicht oder nur schwer wieder gut zu machen ist.[715]

Eine insoweit grundsätzlich ebenfalls statthafte Verpflichtungsklage auf einstweilige Einstellung der Vollstreckung (§ 258 AO) führt dagegen im Falle der Beitreibungshilfe regelmäßig nicht zum Ziel, wenn wegen der ausländischen Rechtsverstöße die Vollstreckung endgültig zu unterbleiben hätte.[716]

Für die Abwendung konkreter Vollstreckungsmaßnahmen gelten im Beitreibungshilfeverfahren keine Besonderheiten. Soweit sie in Form von Verwaltungsakten ergehen, etwa im Fall von Pfändungs- und Einziehungsverfügungen (§ 309 AO), sind hiergegen Einspruch und Anfechtungsklage, sowie gegebenenfalls korrespondierend Anträge auf Aussetzung der Vollziehung (§ 361 AO, § 69 FGO) statthaft.[717]

b) *Die richterliche Kontrolle des Beitreibungsersuchens*

Für die Sachaufklärung im finanzgerichtlichen Prozess gelten gegenüber dem Verwaltungsverfahren[718] keine besonderen Unterschiede (§§ 76, 81 FGO). Neben den Einlassungen der Beteiligten und der ausländischen Behörde, der Berücksichtigung von Urkunden und der Einholung evtl. Rechtsgutachten über die ausländische Rechtslage kann sich das Gericht gemäß §§ 363, 364 ZPO i.V.m. § 82 FGO um eine Beweisaufnahme im Ausland bemühen.[719]

---

714 Kritisch auch *Seer,* in Tipke/Kruse, AO/FGO, § 250 AO Rz. 40a (156. Lfg. April 2019).
715 FG München, Urteil v. 30.01.2020 – 10 K 1105/17, EFG 2020, 972, juris Rz. 36.
716 FG München, Urteil v. 30.01.2020 – 10 K 1105/17, EFG 2020, 972, juris Rz. 33.
717 S. nur Hessisches FG, Beschluss v. 19.05.2020 – 4 V 540/20, EFG 2021, 178.
718 Oben 2.
719 Instruktiv *Krumm,* in Tipke/Kruse, AO/FGO, § 82 Rz. 13 ff. (158. Lfg. Oktober 2019).

Seine Entscheidung trifft das Gericht gemäß § 96 FGO nach seiner freien, aus dem Gesamtergebnis des Verfahrens gewonnenen Überzeugung. Bedenklich erscheint vor diesem Hintergrund die Entscheidung des Bundesverfassungsgerichts vom 23.05.2019.[720] Dort hat es gemeint, das Finanzgericht könne einer Aussage der ausländischen Behörde grundsätzlich auch dann Glauben schenken, wenn der Betroffene in einer eidesstaatlichen Versicherung die entsprechenden Aussagen ausdrücklich bestreitet. Zwar handelte es sich dort um ein AdV-Verfahren, in dem nur eine summarische Prüfung stattfindet. Gleichsam waren die beurteilten Aussagen der Behörde äußerst vage, wenn nicht widersprüchlich.[721] Zudem ging es für den Betroffenen um eine negative Tatsache, nämlich die unterbliebene Bekanntgabe der beizutreibenden Forderungen. Es hätte sich aufgedrängt, dass *gerade bei summarischer Prüfung* hier eine erhebliche Verletzung üblicher Verfahrensstandards jedenfalls nicht ausgeschlossen werden konnte und die Vollstreckung daher einstweilen hätte unterbleiben müssen.[722].

Auch im Übrigen sollte der Entscheidung des Bundesverfassungsgerichts nicht der Eindruck entnommen werden, dass den Einlassungen ausländischer Behörden grundsätzlich mehr Glauben geschenkt werden könnte als eidesstattlichen Versicherungen der Betroffenen. Insbesondere haben ausländische Behörden sehr viel weitreichendere Möglichkeiten und auch viel größeren Anlass, die Rechtmäßigkeit ihres Handelns zu dokumentieren und unter Beweis zu stellen. Dies gilt insbesondere für die hier immer wieder problematisierten Bekanntgaben von Verwaltungsentscheidungen. Wenn sie diese nicht *förmlich zustellen,* was ihnen problemlos möglich wäre, ist nicht verständlich, wieso die materielle Beweislast bei einem non-liquet beim Betroffenen liegen sollte.

Gewichtig ist jedoch das vom Bundesverfassungsgericht in der Entscheidung „Recht auf Vergessen II" betonte Kooperationsverhältnis zwischen nationalen Gerichten und Europäischem Gerichtshof. Bei der Auslegung der EU-Grundrechte können die Finanzgerichte den Europäischen Gerichtshof im Wege des Vorabentscheidungsverfahrens nach Art. 267 Abs. 2 AEUV anrufen.

---

720 BVerfG, Beschluss v. 23.05.2019 – 1 BvR 1724/18, IStR 2019, 666.

721 Gegen den Einwand des Betroffenen, ihm sei die Forderung nicht bekannt gemacht worden, hat sie unter anderem vorgetragen, als Geschäftsführer eines Unternehmens dürfte ihm ohnehin bekannt sein, dass er in Haftung genommen werden könnte.

722 Kritisch zu den zugrundeliegenden FG-Beschlüssen auch *Seer,* in Tipke/Kruse, AO/FGO, § 250 AO Rz. 40a (156. Lfg. April 2019).

Bundesfinanzhof und Bundesverfassungsgericht sind darüber hinaus als letztinstanzliche Gerichte gemäß Art. 267 Abs. 3 AEUV zur Vorlage verpflichtet.

c) *Europarechtskonformität der gerichtlichen Überprüfung des ausländischen Verfahrens*

Die hier erfolgte Ableitung des ordre public Vorbehalts auch aus den EU-Grundrechten und unter Berücksichtigung der hier bereits unter B.I. behandelten Rechtsprechung des Europäischen Gerichtshofs dürfte eigentlich wenig Zweifel daran begründen, dass die Überprüfung im hier dargelegten Rahmen auch mit den Wertungen des Unionsrechts, seinem grundsätzlichen Vorrang und auch mit der Systematik der EU-Beitreibungsrichtlinie konform geht. Gleichwohl hat *Kohler* mit Blick auf die „Donnellan"-Entscheidung des Europäischen Gerischtshofes gemeint, dass eine Kontrolle ähnlich der hier vorgeschlagenen einen Verstoß gegen das aus dem Grundsatz des gegenseitigen Vertrauens abgeleitete *Nachprüfungsverbot* darstelle.[723] Dem soll daher hier entgegnet werden.

Zunächst ist zu betonen, dass eine gerichtliche Kontrolle in der hier vorgeschlagenen Weise in Einklang mit der Zuständigkeitsverteilung des Art. 14 EUBeitrRL bzw. § 13 EGBeitrG steht. Denn es werden nicht, wie dort geregelt die zu vollstreckende Forderung, der ursprüngliche oder einheitliche Vollstreckungstitel auf ihre Rechtmäßigkeit geprüft. Vielmehr ist Gegenstand der Prüfung die in Rede stehende Vollstreckungshandlung im ersuchten Staat.[724] Wird sie etwa für rechtswidrig erklärt, hat dies auf die ausländische Entscheidung keinerlei Einfluss. Es steht dem ersuchenden Staat frei, innerhalb seiner Möglichkeiten die Beitreibung fortzusetzen.

Weiterhin findet aber auch indirekt keine dem Nachprüfungsverbot widersprechende inzidente Kontrolle der ausländischen Maßnahmen auf ihre Unionsrechtskonformität statt. Vielmehr prüfen deutsche Gerichte, ob die Unterstützung solcher Maßnahmen durch deutsche Behörde gegen deutsche *Strukturprinzipien* verstoßen würde, zu dem ein Teil des Unionsrechts, namentlich die europäischen Grundrechte, eben gehören. Es handelt sich dabei um einen graduellen, aber systematisch relevanten Unterschied.[725] Entsprechend nimmt auch der

723 *Kohler,* IPrax 2020, 405 (408).

724 Diese Wertung liegt im Übrigen auch dem von *Kohler* selbst herangezogenen *Spanier-Beschluss* des Bundesverfassungsgerichts zugrunde, BverfG, Beschluss v. 04.05.1971 – 1 BvR 636/68, BVerfGE 31, 58 (74 f. u. 82).

725 Der Unterschied wird etwa deutlich anhand der EuGH-Entscheidung *Heavyinstall,* Urteil v. 20.01.2021, Rs. C-420/19, ECLI:EU:C:2021:33 (Besprechung bei *De Troyer,* European Taxation 2021, 258). Dort hat der EuGH geurteilt, dass die Gerichte des

Europäische Gerichtshof keine explizite Überprüfung von Unionsgrundrechten vor,[726] sondern erachtet die Ablehnung der Amtshilfe durch einen Mitgliedstaat jedenfalls für zulässig, wenn ihr eine mit dem Europäischen Grundrechtsschutz vergleichbare Wertung zugrunde liegt.

Damit bestehen keine weiteren europarechtlichen Bedenken gegen die hier vorgeschlagene Lösung.

ersuchten Staates die tatbestandlichen Voraussetzungen für Sicherungsmaßnahmen nicht erneut prüfen dürfen, wenn diese von der ersuchenden Behörde bereits festgestellt und im Ersuchen mitgeteilt wurden. Es ging also um einfachrechtliche Vorgaben für das Ergreifen von Sicherungsmaßnahmen ohne konkreten ordre public Bezug.

726 So aber offenbar das Verständnis von *Kohler*, IPrax 2020, 405 (408).

Dritter Teil: Zusammenfassung der Ergebnisse

Das deutsche Steuerrecht basiert auf dem Prinzip der materiellen Universalität. Das bedeutet, dass Steueransprüche gegenüber dem deutschen Fiskus unabhängig davon bestehen können, ob der steuerbegründende Tatbestand im deutschen Staatsgebiet verwirklicht wurde. Es ist außerdem für das Entstehen oder Fortbestehen eines Steueranspruches irrelevant, ob sich der Steuerschuldner im deutschen Staatsgebiet aufhält.

Gegen diese Form von materieller Universalität bestehen keine rechtstheoretischen Bedenken. Juristisch kann eine Norm aus Sicht der sie setzenden Autorität überall gelten. Auch völkerrechtlich ist die materielle Universalität anerkannt.

Demgegenüber setzt die deutsche Verfassung der materiellen Universalität Grenzen. Als Eingriff in die Freiheitsrechte muss der Steuerzugriff wegen des Grundsatzes der Verhältnismäßigkeit einen legitimen Zweck verfolgen. Dieser Zweck kann nicht lediglich die Beschaffung von Einnahmen sein, denn bei einem so verstandenen alleinigen Zweck der Besteuerung läuft die Prüfung der Verhältnismäßigkeit der Besteuerung regelmäßig ins Leere. Begreift man die Steuer dagegen als Finanzierung der Solidargemeinschaft *durch die Angehörigen* dieser Gemeinschaft, muss ein Bezug zum deutschen Staatswesen durch den Steuerschuldner vorliegen. Insoweit ist es nicht in jedem Falle irrelevant, wo der Steuerschuldner sich aufhält oder wo der steuerbegründende Tatbestand verwirklicht wird. Es muss ein gewisser Bezug zum steuererhebenden Staat im Sinne einer *Staatszugehörigkeit* bestehen. Dies kann der physische Aufenthalt im Staatsgebiet, aber auch die Teilnahme an der staatlichen Gemeinschaft, insbesondere am Wirtschaftsverkehr sein. Eine derartige Staatszugehörigkeit ist nach der derzeitigen Rechtslage bei nahezu allen steuerbegründenden Tatbeständen des deutschen Steuerrechts gegeben. Lediglich im Erbschaft- und Schenkungsteuerrecht bestehen für speziell gelagerte Fälle ernsthafte Bedenken.

Die auf diese Weise universell bestehenden Steueransprüche können allerdings nicht in entsprechender Weise weltweit *durchgesetzt* werden. Denn die Hoheitsbefugnisse der deutschen Finanzverwaltung sind wegen des Grundsatzes der *formellen Territorialität* auf das deutsche Staatsgebiet beschränkt. Gegen Schuldner oder in schuldnerzugehöriges Vermögen im Ausland können deutsche Behörden daher nicht unmittelbar vollstrecken.

Diese Lücke zwischen *Rechtsgeltung und Rechtsdurchsetzung* schließt die gegenseitige, grenzüberschreitende Beitreibungshilfe. Mit ihr leisten sich

Behörden unterschiedlicher Staaten auf der Grundlage freiwilliger bi- und multilateraler Übereinkünfte Amtshilfe bei der Beitreibung von Steuerschulden.

Die *Inanspruchnahme* derartiger Beitreibungshilfe durch deutsche Behörden ist Teil des inländischen Steuervollzugs und dient der im allgemeinen Gleichheitssatz des Art. 3 Abs. 1 GG verankerten Gleichmäßigkeit des Steuervollzugs.

Die *Inanspruchnahme* von grenzüberschreitender Beitreibungshilfe verfolgt damit ein Ziel von Verfassungsrang, ist aber nicht verfassungsrechtlich zwingend. Denn nach richtiger Ansicht des Bundesverfassungsgerichts begründet nicht jede ungleichmäßige Verwirklichung von Steueransprüchen eine Grundrechts*verletzung*. Vielmehr bedarf es für die Annahme einer solchen Verletzung eines in der Gesetzlage angelegten, *strukturellen Vollzugsdefizits*. Ein solches wäre aber nicht gegeben, wenn Steuerforderungen im Ausland überhaupt nicht – also auch nicht im Wege der Amtshilfe – vollstreckt würden, denn die materiell selben Forderungen würden in den ganz überwiegenden Fällen, in denen im Inland vollstreckt werden kann, verwirklicht werden, sind also nicht bereits ihrer Konzeption nach auf Nichtverwirklichung angelegt. Überdies bestünde wegen des Prinzips der formellen Territorialität ein hinreichender Grund zur Nichtverwirklichung von Steuerforderungen gegen Schuldner, die sich (dauerhaft) im Ausland aufhalten.

Während die *Inanspruchnahme* der Beitreibungshilfe damit im deutschen Steuersystem einen wichtigen Beitrag leistet, gilt dies für die *Gewährung* von Beitreibungshilfe nicht ohne Weiteres. Es ist aus gleichheitsrechtlichen Erwägungen nicht erforderlich, dass deutsche Behörden ausländische Steuerforderungen im Inland vollstrecken, denn diese sind von originär deutschen Steuerforderungen wesensverschieden. Was die gegenseitige Vollstreckungshilfe innerhalb der Europäischen Union betrifft, so bestehen mit Ausnahme der Umsatzsteuer auch keine maßgeblichen europarechtlichen Gründe für einen unionsweiten Steuervollzug. Ein solcher trägt nicht unmittelbar zur Stärkung des Binnenmarktes bei, weil die Mitgliedstaaten bei der Ausgestaltung ihres materiellen Steuerrechts ohnehin frei sind, insbesondere das materielle Ertragsteuerrecht nicht harmonisiert ist.

Vielmehr liegt der Zweck der Gewährung von grenzüberschreitender Beitreibungshilfe allein in ihrer *Gegenseitigkeit* begründet. Die Staaten leisten anderen Staaten Beitreibungshilfe, weil sich diese nur deswegen im Gegenzug ebenfalls zur Gewährung verpflichten. Die Bereitschaft zur Gewährung von Beitreibungshilfe ist daher eine notwendige Bedingung dafür, diese selbst in Anspruch nehmen zu können.

Die Beitreibungshilfe innerhalb der Europäischen Union basiert auf der EU-Beitreibungsrichtlinie 2010/24/EU des Rates vom 16.03.2010. Die Richtlinie enthält ein dichtes Netz an gegenseitigen Amtshilfemaßnahmen auf dem Gebiet der Steuervollstreckung. Dieses umfasst die Zustellungshilfe, den Austausch vollstreckungsrelevanter Informationen, Sicherungsmaßnahmen und als Herzstück die Vollstreckung von Steuerforderungen aller Art. Die Mitgliedstaaten kommunizieren dabei über ein elektronisches Netzwerk, das weitestgehend auf vorgefertigten Formblättern beruht. Hierdurch wird die Effizienz der Beitreibungshilfe gewährleistet. Sie leisten sich Amtshilfe auf der Grundlage eines sogenannten „einheitlichen Vollstreckungstitels", der durch die ersuchende Behörde erstellt wird, alle für die Vollstreckung relevanten Informationen enthält und im ersuchten Staat weder anerkannt noch in anderer Weise transformiert werden muss.

Auf der Grundlage dieses einheitlichen Vollstreckungstitels soll die ersuchte Behörde unmittelbar die Vollstreckung nach den für ihre eigenen entsprechenden Forderungen geltenden Vorschriften betreiben. Rechtsbehelfe gegen den einheitlichen Vollstreckungstitel oder die zugrundeliegende Steuerforderung im ersuchten Staat sollen nur dort erhoben werden können.

Außer einer Bagatellgrenze, einer Verjährungsregelung sowie einer aus deutscher Sicht wenig relevanten Ablehnungsmöglichkeit aus allgemeinwirtschaftlichen Gründen (Art. 14 EUBeitrRL) sieht die EU-Beitreibungsrichtlinie keine Ablehnung der Beitreibungshilfe vor, soweit die formellen Voraussetzungen hierfür erfüllt sind. Insbesondere enthält die Richtlinie für die Vollstreckungshilfe keinen ordre public Vorbehalt, der es der ersuchten Behörde gestatten würde, die Amtshilfe aus Gründen, die die öffentliche Ordnung des ersuchten Staates betreffen, abzulehnen. Das deutsche Umsetzungsgesetz, das EU-Beitreibungsgesetz enthält zwar demgegenüber einen in der Richtlinie nicht vorgesehenen Billigkeitsvorbehalt. Aus diesem lässt sich wegen der besonderen Funktion der Rechtsfigur der Billigkeit im Steuerrecht aber kein ordre public Vorbehalt im herkömmlich verstandenen Sinne abgewinnen.

Ein solcher Vorbehalt existiert auch nicht als allgemeiner europäischer oder völkerrechtlicher Grundsatz. Vielmehr existieren auf dem Gebiet grenzüberschreitender Kooperation in allen Rechtsgebieten in den verschiedensten Zusammenhängen als „ordre public" bezeichnete Vorbehaltsklauseln. Diese werden aber in einer unüberschaubaren Vielfalt in jeweils ganz spezifischer, auf die jeweilige Rechtsmaterie abgestimmten Weise mit ganz unterschiedlichen Rechtsfolgen angewandt. Aus dieser Vielgestaltigkeit lässt sich nicht auf ein allgemeines oder gar gewohnheitsrechtliches ordre public Prinzip schließen, das ohne Weiteres auf das Steuervollstreckungsrecht rückgekoppelt werden könnte.

Aus dem gleichen Grund kommt auch eine Übertragung von ordre public Klauseln aus anderen Amtshilferichtlinien im Wege der Analogie nicht in Betracht. Denn wegen der Spezifität von ordre public Vorbehalten kann schon keine vergleichbare Interessenlage angenommen werden. Darüber hinaus dürfte auch eine planwidrige Gesetzeslücke nicht gegeben sein. Denn es ist unwahrscheinlich, dass der Europäische Rat die Aufnahme einer ordre public Klausel schlicht vergessen hätte. Dies gilt umso mehr, als dass die EU-Beitreibungsrichtlinie für den vollstreckungsbegleitenden Informationsaustausch einen expliziten ordre public Vorbehalt enthält, für die eigentliche Vollstreckungshilfe dagegen nicht.

Der Europäische Gerichtshof, das Bundesverfassungsgericht sowie der Bundesfinanzhof und einige Finanzgerichte gehen gleichwohl von einem ungeschriebenen ordre public Vorbehalt auch für die Vollstreckungshilfe aus. Dies wird von den Gerichten jedoch dogmatisch nicht begründet und inhaltlich nicht konkretisiert. Vielmehr berufen sich die entsprechenden Entscheidungen auf Allgemeinplätze im Sinne von „wesentlichen“ oder „elementaren“ Grundsätzen, die es erlauben sollen, die Amtshilfe zu verweigern.

Dabei geben sowohl die Verfassung als auch das Europarecht klare Grenzen der Gewährung von Amtshilfe auf. Beizutreibende Forderungen, deren Inhalt, Entstehung oder sonst verfahrensrechtliche Umstände den von der Ewigkeitsgarantie in Art. 79 Abs. 3 GG gewährleisteten Kernbestand der Verfassung berühren, können in Deutschland nicht vollstreckt werden. Denn aus der absoluten Sperrwirkung dieser Klausel folgt, dass der deutsche Gesetzgeber nicht befugt ist, eine Rechtsgrundlage zu schaffen, die dies ermöglichen würde. Gleiches gilt für den europäischen Gesetzgeber. Denn eine Befugnis, die selbst dem deutschen Verfassungsgesetzgeber nicht zusteht, kann auch nicht im Wege der begrenzten Einzelermächtigung über Art. 23 Abs. 1 S. 2 GG auf die Europäische Union übertragen werden. Insoweit greift im Verhältnis von Unions- und nationalem Verfassungsrecht der sogenannte Identitätsvorbehalt. Für Eingriffe in die verfassungsrechtliche Identität Deutschlands besitzt die Europäische Union keine Kompetenz. Solche Eingriffe sind nach der Terminologie der Rechtsprechung des Bundesverfassungsgerichts „ultra vires“ und damit nichtig. Sowohl die EU-Beitreibungsrichtlinie als auch das EU-Beitreibungsgesetz sind daher naturgemäß auf die Vollstreckung von Forderungen beschränkt, die den Schutzgehalt der Ewigkeitsklausel nicht berühren.

Von diesem Schutzgehalt sind mit Blick auf die steuerliche Beitreibungshilfe insbesondere die Menschenwürde und das Rechtsstaatsprinzip umfasst. Forderungen, die selbst, oder deren Entstehung gegen die Menschenwürde verstoßen, können daher nicht vollstreckt werden. Mit Blick auf Rechtsstaatsprinzip ist dagegen eine gewisse Zurückhaltung geboten. Nicht jeder aus deutscher Sicht rechtsstaatliche Mangel begründet die Ablehnung der Vollstreckungshilfe. Sind dagegen rechtsstaatliche Grundsätze wie etwa die Unabhängigkeit der Justiz oder die Gewaltenteilung im ersuchenden Staat bereits strukturell nicht mehr gegeben, kann es gegen den Identitätsvorbehalt verstoßen, solchen Staaten bei der Beitreibung hoheitlicher Forderungen Unterstützung zu leisten.

Neben dem nur in Ausnahmefällen in Betracht kommenden Identitätsvorbehalt setzt der Grundsatz der Verhältnismäßigkeit der Amtshilfe Grenzen. Jede durch deutsche Behörden durchgeführte Vollstreckungsmaßnahme bedeutet für den Schuldner einen Grundrechtseingriff. Grundrechtseingriffe müssen jedoch nach dem Grundsatz der Verhältnismäßigkeit einen legitimen Zweck verfolgen und zu diesem Zweck in einem angemessenen Verhältnis stehen. Ist die beizutreibende Forderung mit materiellen oder formellen Mängeln behaftet, so wirkt der Grundrechtseingriff für den Betroffenen umso intensiver. Daraus folgt, dass die Umstände der beizutreibenden Forderung von der ersuchten Behörde nicht ignoriert werden können, sondern für die Angemessenheitsprüfung beachtlich sind.

Normativ ist die durchzuführende Angemessenheitsprüfung an die Auswahl der zu ergreifenden Vollstreckungsmaßnahmen geknüpft. Die ersuchte Behörde vollstreckt die Forderung nach dem für eigene Forderungen geltenden Recht. Für deutsche Behörden bedeutet dies, dass sie die nach §§ 249 AO in Betracht kommenden Vollstreckungsmaßnahmen ergreifen können. Hierbei müssen sie in ermessensgerechter Weise zwischen allen in Betracht kommenden Maßnahmen die am wenigsten belastende wählen. Stellen sich bei dieser Prüfung alle in Betracht kommenden Maßnahmen als unverhältnismäßig dar, muss die Beitreibungshilfe unterbleiben.

Im Rahmen der Angemessenheitsprüfung sind als Prüfungsmaßstab allein die Grundrechte der Europäischen Grundrechtecharta anzulegen. Dies folgt aus zweierlei Erwägungen. Zum einen hat das Bundesverfassungsgericht in seinen „Recht auf Vergessen“ Entscheidungen aus dem Integrationsauftrag des Grundgesetzes und dem Bedürfnis eines einheitlichen Vollzugs von Unionsrecht geschlussfolgert, dass bei der Umsetzung von vollständig unionsrechtlich determiniertem Recht für deutsche Organe allein die EU-Grundrechte maßgeblich seien, da nur hierdurch eine unionsweit einheitliche Beurteilung der Anwendung von Unionsrecht ermöglicht werde. Zum anderen hat der Europäische Gerichtshof in seiner Entscheidung „Donnellan“ ausgeführt, dass er sich für den Fall, dass ein Mitgliedstaat die Beitreibungshilfe gegenüber einem anderen Mitgliedstaat mit Berufung auf die öffentliche Ordnung verweigert, eine Letztkontrolle daraufhin vorbehalte, ob diese Verweigerung europarechtlich zulässig ist. Das sei sie jedenfalls dann, wenn der ersuchte Staat sich bei der Ablehnung auf Umstände im ersuchenden Staat beruft, die einer Verletzung von EU-Grundrechten gleichkommen. In solchen Fällen könne die Ablehnung durch den ersuchten Staat jedenfalls nicht ihrerseits gegen EU-Recht verstoßen.

Die Berücksichtigung der EU-Grundrechte bei der Bewertung der beizutreibenden Forderung führt nicht dazu, dass letztere im ersuchten Staat eine Rechtmäßigkeits- oder Geltungskontrolle unterzogen wird. Insoweit wird hierdurch auch der europäische Grundsatz gegenseitigen Vertrauens nicht beeinträchtigt. Denn geprüft wird unabhängig von der Rechtmäßigkeit oder Geltung der Forderung im ersuchenden Staat lediglich, ob die Vollstreckung der Forderung wegen Umständen im ersuchenden Staat für den Betroffenen einen so intensiven Grundrechtseingriff bedeuten würde, dass dieser durch die mit der der gegenseitigen Vollstreckungsamtshilfe verfolgten Ziele nicht mehr gerechtfertigt wäre.

Gerade wegen dieser Mehrdimensionalität des rechtlich relevanten Geschehens muss die Angemessenheitsprüfung in spezifisch hierauf abgestimmter Weise erfolgen. Hierbei ist etwa zu berücksichtigen, dass sich der Schuldner regelmäßig bereits im ersuchten Staat gegen dortige Rechtsverletzungen hätte wenden können und dass ein dort eventuell geringeres Rechtschutzniveau insoweit zu seinen Lasten geht, als er sich freiwillig in steuerlich relevanter Weise in diesem Staat betätigt hat. Auf der anderen Seite muss aber etwa berücksichtigt werden, dass die übergeordneten Ziele der Beitreibungshilfegewährung durch einzelne Amtshilfeverweigerungen nicht wesentlich gefährdet werden. Denn aus deutscher Sicht erfolgt die Gewährung von Amtshilfe lediglich aus Gründen der Gegenseitigkeit. Es steht nicht zu erwarten, dass andere Staaten aufgrund begründeter und vereinzelter Ablehnungen von Beitreibungshilfe ihrerseits dem deutschen Staat in Gänze die Unterstützung verweigern würden.

Die an diesen spezifischen Maßstäben orientierte Angemessenheitsprüfung muss erfolgen, wenn der Schuldner in substantiierte Weise auf entsprechende Umstände im ersuchenden Staat hinweist. Es unterfällt dann dem Amtsermittlungsgrundsatz, derartigen Hinweisen nachzugehen. Dabei kann die ersuchte Behörde sich dem dichten europäischen Kommunikationsnetzwerk bedienen und insbesondere Stellungnahmen oder sachdienliche Dokumente von der ersuchten Behörde anfordern. Daraufhin erfolgende Äußerungen der ersuchenden Behörde haben dabei per se keinen höheren Beweiswert als gegebenenfalls eidesstattlich versicherte Aussagen des Betroffenen.

Werden rechtsstaatliche Mängel – etwa fehlende Rechtsschutzmöglichkeiten – schon des Rechtssystems im ersuchenden Staat selbst geltend gemacht, können sich deutsche Behörden und gegebenenfalls Gerichte hierüber Sachverständigengutachten einholen.

Lehnt die ersuchte Behörde die Amtshilfe nicht ab, kann der Betroffene entsprechende Einwände mithilfe der üblichen Rechtsbehelfe auch gerichtlich vor den Finanzgerichten geltend machen. Hierzu stehen ihm je nach Sachverhalt Anfechtungsklage, Feststellungsklage, (vorbeugende) Unterlassungsklage oder gegebenenfalls einstweiliger Rechtsschutz zur Verfügung. Bei Auslegungsfragen, die die europäischen Grundrechte betreffen, können die Finanzgerichte den Europäischen Gerichtshof im Vorabentscheidungsverfahren anrufen. Bundesfinanzhof und Bundesverfassungsgericht sind als letztinstanzliche Gerichte hierzu verpflichtet.

Literaturverzeichnis

Alter, Karen/Meunier-Aitsahalia, Sophie, European Integration and the Pathbreaking Cassis de Dijon Decision, in Comparative Political Studies 1994, S. 535 – 561, zit.: *Alter/Meunier-Aitsahalia,* CPS 1994, 535.

App, Michael, Die Vollstreckungshilfe deutscher Finanzbehörden gegenüber den Mitgliedstaaten der EU – Zur Rechtslage nach dem EG-BeitrG, in Recht der internationalen Wirtschaft 1996, S. 235 – 237, zit.: *App,* RIW 1996, 235.

Auby, Jean Bernard, Die Transformation des Verwaltungsrechts, in von Bogdandy, Armin/Cassese, Sabino/Huber, Peter Miachel (Hg.), Handbuch Ius Publicum Europaeum, Bd. III: Verwaltungsrecht in Europa: Grundlagen, Heidelberg 2010, § 56 Rz. 51 ff., zit.: *Auby,* in v.Bogdandy/Cassese/Huber, Handbuch Ius Publicum Europaeum, Bd. III, § 56.

Baker, Philip/Czakert, Ernst/van Eijsden, Arie/Ruiz, Maria Amparo Grau/Kana, Liselot, International Assistance in the Collection of Taxes, in Bulletin for International Taxation (BIT) 2011, S. 281 – 287, zit.: *Baker/Czakert/van Eijsden/Ruiz/Kana, BIT 2011, 281.*

Bal, Aleksandra, Extraterritorial Enforcement of Tax Claims, in Bulletin for International Taxation 2011, S. 598 – 602; zit.: *Bal,* BIT 2011, 598.

Beck'scher Online-Kommentar zur VwGO, hrsgg. v. Posser, Herbert/Wolff, Heinrich Amadeus, 57. Edition April 2021, München, zit.: *Bearbeiter,* in BeckOK VwGO.

Beck'scher Online-Kommentar zum VwVfG, hrsgg. v. Bader, Johann/Ronellenfitsch, Michael, 40. Edition Juli 2018, München, zit.: *Bearbeiter,* in BeckOK VwVfG.

Beck'scher Online-Kommentar zur ZPO, hrsgg. v. *Vorwerk, Volkert/Wolf, Christian,* 40. Edition 2021, München, zit.: *Bearbeiter,* in BeckOK ZPO.

Beck-Online Grosskommentar zum EGBGB, hrsgg. v. Budzikiewicz, Christine/Harke, Jan Dirk/Weller, Marc-Philippe/Wurmnest,Wolfgang, München 2021, zit.: *Bearbeiter,* in BeckOGK EGBGB.

Birk, Dieter Das Leistungsfähigkeitsprinzip als Maßstab der Steuernormen, Köln 1983, zugl. Habil. München 1981.

Birk, Dieter, Das Gebot des gleichmäßigen Steuervollzugs und dessen Sanktionierung – Zum Urteil des Bundesverfassungsgerichts vom 9. März 2002 - 2 BvL 17/02, FR 2004, 470, in Steuer und Wirtschaft 2004, 277 – 282, zit.: *Birk,* StuW 2004, 277.

Birnbaum, Mathias, Leistungsfähigkeitsprinzip und ErbStG, Berlin 2007, zugl. Diss. Münster 2005/2006.

Blaesing, Martin, Grenzen der Vollstreckungshilfe für andere Mitgliedstaaten – Anmerkung zum BFH-Urteil vom 3.11.2010, VII R 21/10 sowie zum EuGH-Urteil vom 14.1.2010, C-233/08, in Zeitschrift für Zölle und Verbrauchsteuer 2011, S. 117 – 120, zit.: *Blaesing,* ZfZ 2011, 117.

Braun, Johann, Einführung in die Rechtsphilosophie, 2. Aufl. Tübingen 2011.

Breuer, Rüdiger, Die Sackgasse des neuen Europaartikels (Art. 23 GG), in Neue Zeitschrift für Verwaltungsrecht 1994, S. 417 – 429, zit.: *Breuer,* NVwZ 1994, 417.

Brunn, Gerhard, Die Europäische Einigung von 1945 bis heute, 5. Aufl. Ditzingen 2020.

Bryde, Brun-Otto, Die Effektivität von Recht als Rechtsproblem, Berlin, New York.1993.

Burmester, Gabriele, Zur Jurisdiktionshoheit der Staaten im Steuerrecht, in Juristenzeitung 1993, S. 698 – 703, zit.: *Burmester,* JZ 1993, 698.

Callies, Christian, Bausteine einer erneuerten Europäischen Union – Auf der Suche nach dem europäischen Weg: Überlegungen im Lichte des Weißbuchs der Europäischen Kommission zur Zukunft Europas, in Neue Zeitschrift für Verwaltungsrecht 2018, S. 1 – 9, zit.: *Callies,* NVwZ 2018, 1.

Callies, Christian, Staatsrecht III: Bezüge zum Völker- und Europarecht, 3. Aufl. München 2020.

Callies, Christian/Ruffert, Matthias (Hrsg.), EUV/AEUV – Das Verfassungsrecht der Europäischen Union mit Europäischer Grundrechtecharta, Kommentar, 5. Aufl. München 2016, zit.: *Bearbeiter,* in Callies/Ruffert, EUV/AEUV.

Classen, Claus Dieter, Zu wenig, zu fundamentalistisch – Zur grundrechtlichen Kontrolle unionsrechtlich determinierter nationaler Hoheitsakte – Anmerkung zum Beschluss des BVerfG vom 15.12.2015, 2 BvR 2735/14, in Europarecht 2016, S. 304 – 313, zit.: *Classen,* EuR 2016, 304.

Czakert, Seminar I: Der internationale Informationsaustausch bei der Festsetzung und Beitreibung von Steuern, in Internationales Steuerrecht 2010, S. 567 – 570, zit.: *Czakert,* IStR 2010, 567.

Dahm, Georg, Völkerrecht, Band I, Stuttgart 1958.

Dahm, Georg/Delbrück, Jost/Wolfrum, Rüdiger, Völkerrecht, Band I/1, 2. Aufl. Berlin, New York 1988.

De Troyer, Ilse, Implementation of Agreements on International Assistance in Tax Collection: Avoiding the Complexity of a "Mirror" Approach, in Bulletin for International Taxation 2017, S. 424 – 429, zit.: *De Troyer,* BIT 2017, 424.

De Troyer, Ilse, The Tax Debtor's Right of Defence in Case of Cross-Border Collection of Taxes, in EC Tax Review 2019, S. 18 – 31, zit.: *De Troyer,* EC Tax Review 2019, 18.

De Troyer, Ilse, Cross-Border Tax Recovery Assistance and the Fundamental Rights of the Tax Debtor, in European Taxation 2020, S. 158 – 161, zit.: *De Troyer,* European Taxation 2020, 158.

De Troyer, Ilse, Legal Protection of Tax Debtors in Respect of Cross-Border Use of Precautionary Measures to Guarantee Tax Recovery, in European Taxation 2021, S. 258 – 263, zit.: *De Troyer,* European Taxation 2021, 258.

Debatin, Helmut, Konzeptionen zur Steuerpflicht, in Finanz-Rundschau 1969, S. 277 ff., zit.: *Debatin,* FR 1969, 277.

Docclo, Caroline European Union/OECD - The European Union's Ambition to Harmonize Rules to Counter the Abuse of Member States' Disparate Tax Legislations, in Bulletin for International Taxation 2017, S. 367 – 378, zit.: *Docclo,* BIT 2017, 367.

Dreier, Horst, Hans Kelsen, in Kilian, Michael/Wolff, Heinrich Amadeus/Häberle, Peter (Hrsg.), Staatsrechtslehrer des 20. Jahrhunderts, 2. Aufl. Berlin 2018, S. 281 – 304, zit.: *Dreier,* Hans Kelsen.

Dreier, Horst (Hrsg.) Grundgesetz Kommentar, Bd. I: 3. Aufl. 2013, Bd. II: 3. Aufl. 2015, Bd. III: 3. Aufl. 2018, jeweils München, zit.: *Bearbeiter,* in Dreier, GG.

Drüen, Klaus-Dieter, Ausländische Buchführungspflichten und innerstaatliche Wirkung, in Internationale Steuer-Rundschau 2014, S. 265 – 273, zit.: *Drüen,* ISR 2014, 265.

Dürig/Herzog/Scholz, Grundgesetz – Kommentar (Loseblatt), 94. Lfg. Januar 2021, München, zit.: *Bearbeiter,* in Dürig/Herzog/Scholz, GG.

Eckhoff, Rolf, Rechtsanwendungsgleichheit im Steuerrecht: Die Verantwortung des Gesetzgebers für einen gleichmäßigen Vollzug des Einkommensteuerrechts, Köln 1999, zugl. Habil. Münster 1999.

Engelhart/App/Schlatmann, Verwaltungsvollstreckungsgesetz, Verwaltungszustellungsgesetz, Kommentar hrsgg. v. *Schlatmann, Arne,* 12. Aufl. München 2021, zit.: *Bearbeiter,* in Engelhart/App/Schlatmann, VwVG/VwZG.

Engisch, Karl Einführung in das juristische Denken, 12. Aufl. Stuttgart 2018.

Engler, Friederike, Steuerverfassungsrecht im Mehrebenensystem, Baden-Baden 2014, zugl. Diss. Bonn 2013.

Frankfurter Kommentar EUV/GRC/AEUV, hrsgg. v. Pechstein, Matthias/Nowa, Carsten/Häde, Ulrich, Tübingen 2017, zit.: *Bearbeiter,* in Frankfurter Kommentar EUV/GRC/AEUV.

Gabert, Isabel, Deutsche Beitreibungsamtshilfe nach dem EU-Beitreibungsgesetz (EU-BeitrG): Überblick und Bezüge zum Ertragssteuerrecht, in Finanz-Rundschau 2012, S. 707 – 715, zit.: *Gabert,* FR 2012, 707.

Geimer, Reinhold, Internationales Zivilprozessrecht, 8. Aufl. Köln 2020, zit.: *Bearbeiter,* in Geimer, Internationales Zivilprozessrecht.

Gerhardt, Michael, Europa als Rechtsgemeinschaft: Der Beitrag des Bundesverfassungsgerichts, in Zeitschrift für Rechtspolitik 2010, S. 161 – 165, zit.: *Gerhardt,* ZRP 2010, 161.

Gierke, Otto, Johannes Althusius und die Entwicklung der naturrechtlichen Staatstheorien – Zugleich ein Beitrag zur Geschichte der Rechtssystematik, Breslau 1880.

Gimble, John Byrnes' Stuttgarter Rede und die amerikanische Nachkriegspolitik in Deutschland, in Vierteljahrshefte für Zeitgeschichte 1972, S. 39 - 62, zit.: Gimble, VfZ 1972, 39.

Gosch, Dietmar/Hoyer, Andreas (Hrsg.), Abgabenordnung – Finanzgerichtsordnung – Kommentar (Loseblatt), 160. Lfg. Mai 2021, Bonn, zit.: *Bearbeiter,* in Gosch, AO/FGO.

Gosch, Dietmar/Kroppen, Heinz-Klaus/Grotherr, Siegfried/ Kraft, Gerhard (Hrsg.), DBA-Kommentar (Loseblatt), 44. Lfg. Februar 2021, Herne, zit.: *Bearbeiter,* in Gosch/Kroppen/Grotherr/Kraft, DBA.

Grabitz/Hilf/Nettesheim, Das Recht der EU (Loseblatt), hrsgg. v. Nettesheim, Martin, 72. Lfg. Februar 2021, München, zit.: *Bearbeiter,* in Grabitz/Hilf/Nettesheim, Das Recht der EU.

Grimm, Dieter, Braucht Europa eine Verfassung?, in Juristenzeitung 1995, S. 581 – 591, zit.: *Grimm,* JZ 1995, 581.

Guggenheim, Paul, Lehrbuch des Völkerrechts, Bd. I, Basel 1948.

Haller, Heinz, Die Steuern, 2. Aufl. Tübingen 1971.

Hartmann, Timo, Das Beitreibungsersuchen an ausländische Behörden und dessen Rechtsnatur, in Die öffentliche Verwaltung 2011, S. 142 – 150, zit.: *Hartmann,* DÖV 2011, 142.

Hassemer, Winfried/Neumann, Ulfrid/Saliger, Frank, Einführung in die Rechtsphilosophie und Rechtssoziologie der Gegenwart, 9. Aufl. Heidelberg 2016.

Heckmann, Dirk, Geltungskraft und Geltungsverlust von Rechtsnormen, Tübingen 1997, zugl. Habil. Freiburg (Breisgau) 1995/96.

Hegel, Georg Wilhelm Friedrich, Werke, Band 3, Frankfurt a. M. 1979.

Hendricks, Michael, Durchsetzung deutscher Steueransprüche im Ausland – Zugleich Anmerkung zum BFH-Urteil vom 21.7.2009, VII R 52/08, in Internationales Steuerrecht 2009, S. 846 – 852, zit.: *Hendricks,* IStR 2009, 846.

Hensel, Albert, Die Abänderung des Steuertatbestandes durch freies Ermessen und der Grundsatz der Gleichheit vor dem Gesetz, in: Vierteljahresschrift für Steuer- und Finanzrecht 1927, S. 39 – 131; zit.: *Hensel,* VJSchrStFR 1927, 39.

Herdegen, Matthias, Europarecht, 22. Auflage München 2020.

Herdegen, Matthias/Masing, Johannes/Poscher, Ralf/Gärditz, Klaus (Hrsg.), Handbuch des Verfassungsrechts, München 2021, zit.: *Bearbeiter,* in Herdegen/Masing/Poscher/Gärditz, Handbuch des Verfassungsrechts.

Herrmann/Heuer/Raupach, Einkommensteuer- und Körperschaftsteuergesetz: EStG – KStG – Kommentar (Loseblatt), 304. Lfg. Juli 2021, Köln, zit.: *Bearbeiter,* in Herrmann/Heuer/Raupach, EStG/KStG.

Herzfeld, Edgar, Probleme des internationalen Steuerrechts unter besonderer Berücksichtigung des Territorialitätsproblems und des Qualifikationsproblems, in: Vierteljahresschrift für Steuer und Finanzrecht, 1932, S. 422 – 495, zit.: *Herzfeld,* VJSchrStFR 1932, 422.

Hess, Burkhard/Pfeiffer, Thomas, Auslegung des in EU-Instrumenten des internationalen Privatrechts und Verfahrensrechts enthaltenen Ordre public-Vorbehalts, Studie für den Rechtsausschuss des Europäischen Parlaments, Brüssel 2011, zit.: *Hess/Pfeiffer,* Auslegung des in EU-Instrumenten des internationalen Privatrechts und Verfahrensrechts enthaltenen Ordre public-Vorbehalts.

Hey, Johanna, Die beschränkte Steuerpflicht im Licht von Territorialitätsprinzip, Isolationstheorie und Objektsteuercharakter, in Gassner, Michael/Lang, Joachim/Lechner, Eduard/Schuch, Josepf/Staringer, Claus (Hrsg.), Die beschränkte Steuerpflicht im Einkommen- und Körperschaftsteuerrecht, München 2004 S. 15 – 35, zit.: *Hey,* in Gassner/Lang/Lechner/Schuch/Staringer, Die beschränkte Steuerpflicht im Einkommen- und Körperschaftsteuerrecht, S. 15 ff.

Hey, Johanna, Vollzugsdefizit bei Kapitaleinkommen: Rechtschutzkonsequenzen und Reformoptionen - Zugleich Anmerkung zum BVerfG-Urteil vom 9.3.2004 2 BvL 17/02 zur Besteuerung von Spekulationsgewinnen, in Der Betrieb 2004, S. 724 – 730, zit.: *Hey,* DB 2004, 724.

Hobbes, Thomas, Leviathan, or, The Matter, Form, and Power of a Common-Wealth Ecclesiastical and civil, London 1651.

Hobe, Stephan/Fremuth, Michael Lysander, Europarecht, 10. Aufl. München 2020.

Hoffmann, Jan Martin, Unionsgrundrechte als verfassungsrechtlicher Prüfungsmaßstab, in Neue Zeitschrift für Verwaltungsrecht 2020, S. 33 – 37, zit.: *Hoffmann,* NVwZ 2020, 33.

Höninger, Internationale Doppelbesteuerung im Erbschaft- und Schenkungsteuerrecht - Kollisionsbegründende und -auflösende Normen des ErbStG, Frankfurt a.M. 2003, zugl. Diss. Bochum 2003.

Hübschmann/Hepp/Spitaler, Abgabenordnung – Finanzgerichtsordnung – Kommentar (Loseblatt), 263. Lfg. Juli 2021, Köln, zit.: *Bearbeiter,* in Hübschmann/Hepp/Spitaler, AO/FGO.

Hufen, Friedhelm, Staatsrecht II - Grundrechte, 8. Aufl. München 2020.

Ipsen, Knut, Völkerrecht, hrsgg. v. Epping, Volker/Heintschel v. Heinegg, Wolff, 7. Aufl. München 2018, zit.: *Bearbeiter,* in Ipsen, Völkerrecht.

Isensee, Josef, Kooperatives Verwaltungshandeln im Besteuerungsverfahren, in Referate und Diskussionsbeiträge zum 4. Münsteraner Symposium am 08.11.1996 hrsgg. v. Institut für Steuerrecht der Westfälischen Wilhelms-Universität Münster, Münster 1997, S. 19 – 26, zit.: *Isensee,* Kooperatives Verwaltungshandeln im Besteuerungsverfahren.

Isensee, Josef/Kirchhof, Paul (Hrsg.), Handbuch des Staatsrechts der Bundesrepublik Deutschland:

Bd. II: Verfassungsstaat, 3. Aufl. München 2004

Bd. V: Rechtsquellen, Organisation, Finanzen, 3. Aufl. München 2007

Bd. VII: Freiheitsrechte, 3. Aufl. München 2009

Bd. VIII: Grundrechte: Wirtschaft, Verfahren, Gleichheit, 3. Aufl. München 2010

Bd. IX: Allgemeine Grundrechtslehren, 3. Aufl. München 2011

Bd. X: Deutschland in der Staatengemeinschaft, 3. Aufl. 2012

Bd. XI: Internationale Bezüge, 3. Aufl. München 2013

Bd. XII: Normativität und Schutz der Verfassung, 3. Aufl. 2014

zit.: *Bearbeiter,* in Isensee/Kirchhof, HStR.

Ismer, Roland/Sailer, Norbert, Der neue Art. 27 OECD-MA: Amtshilfe bei der Beitreibung und Sicherung von Steueransprüchen, in Internationales Steuerrecht 2003, S- 622 – 632, zit.: *Ismer/Sailer,* IStR 2003, 622.

Jacobs, Otto, Internationale Unternehmensbesteuerung, 8. Aufl. München 2016.

Jansen, Lothar, Das Steuerverfahren im Spannungsfeld von Europa- und Verfassungsrecht, Baden-Baden 2012, zugl. Diss. Köln 2012.

Jarass, Hans, EU-Grundrechte, 2. Aufl. München 2020.

Jarass Hans, GRCh – Charta der Grundrechte der EU - Kommentar, 4. Aufl. München 2021, zit.: *Jarass,* GRCh.

Jarass, Hans/Pieroth, Bodo (Hrsg.), GG – Grundgesetz – Kommentar, 16. Aufl. München 2020, zit.: *Bearbeiter,* in Jarass/Pieroth, GG.

Jogarajan, Sunita, Prelude to the international Tax Treaty Network, Oxford Journal of Legal Studies, 2011, S. 679 – 707, zit.: *Jogarajan,* Oxf. J. Leg. Stud. 2011, 679.

Jogarajan, Sunita, The Conclusion and Termination of the „First" Double Taxation Treaty, British Tax Review, 2012, S. 283 – 306, zit.: *Jogarajan,* BTR 2012, 283.

Jüngst, Felicitas, Der europäische verfahrensrechtliche ordre public – Inhalt und Begrenzung, Frankfurt 2013, zugl. Diss. Köln 2011.

Kahn, Franz, Abhandlungen aus dem Internationalen Privatrecht, in Jherings Jahrbücher für die Dogmatik des Bürgerlichen Rechts, Bd. 39 (1898), S. 1 – 112, zit: *Kahn,* Abhandlungen aus dem Internationalen Privatrecht.

Kapp/Ebeling, Erbschaft- und Schenkungsteuergesetz – Kommentar (Loseblatt), 87. Lfg. März 2021, Köln, zit.: *Bearbeiter,* in Kapp/Ebeling, ErbStG.

Karpenstein, Ulrich/Kottmann, Matthias, Vom Gegen- zum Mitspieler – Das BVerfG und die Unionsgrundrechte, in Europäische Zeitschrift für Wirtschaftsrecht 2020, S. 185 – 189, zit.: *Karpenstein/Kottmann,* EuZW 2020, 185.

Kelsen, Hans Reine Rechtslehre, 2. Aufl. Wien 1960.

Kingreen, Thorsten/Poscher, Ralf, Grundrechte – Staatsrecht II, 36. Aufl. Heidelberg 2020.

Kirchhof, Ferdinand, Nationale Grundrechte und Unionsgrundrechte – Die Wiederkehr der Frage eines Anwendungsvorrangs unter anderer Perspektive, in Neue Zeitschrift für Verwaltungsrecht 2014, S. 1537 – 1541, zit.: *F. Kirchhof,* NVwZ 2014, 1537.

Kirchhof, Paul/Seer, Roman, Einkommensteuergesetz (EStG) - Kommentar, 20. Aufl. Köln 2020, zit.: *Bearbeiter,* in Kirchhof/Seer, EStG.

Klecatsky, Hans/Maric, René/Schambeck, Herbert (Hrsg.), Die Wiener Rechtstheoretische Schule – Schriften von Hans Kelsen, Adolf Merkl, Alfred Verdross, Wien 2010.

Klein, Alexander, Steuermoral und Steuerrecht – Akzeptanz als Element einer steuerlichen Rechtfertigungslehre, Frankfurt u.a.1997, zugl. Diss. Freiburg (Breisgau) 1996.

Kment, Martin, Grenzüberschreitendes Verwaltungshandeln, Tübingen 2010, zugl. Habil. Münster 2009.

Koenig, Ulrich, Abgabenordnung - Kommentar, 4. Aufl. München 2021, zit.: *Bearbeiter,* in Koenig, AO.

Kohler, Christian, Gegenseitiges Vertrauen und Verfahrensgrundrechte im Rahmen der Amtshilfe zwischen EU-Mitgliedstaaten und darüber hinaus, in

Praxis des Internationalen Privat- und Verfahrensrechts 2020, S. 405 – 405, zit.: *Kohler,* IPrax 2020, 405.

Kokott, Juliane, Grund- und Menschenrechte als Inhalt eines internationalen ordre public, in: Berichte der Deutschen Gesellschaft für Völkerrecht, Bd. 38, Heidelberg 1998, S. 71 – 114, zit.: *Kokott,* Grund- und Menschenrechte als Inhalt eines internationalen ordre public.

König, Klaus, Die Anerkennung ausländischer Verwaltungsakte, Köln u.a. 1965.

Kornblum, Udo, Das "Gebot überparteilicher Rechtspflege" und der deutsche schiedsrechtliche ordre public, in Neue Juristische Wochenschrift 1987, S. 1105 – 1108, zit.: *Kornblum,* NJW 1987, 1105.

Koselleck, Reinhart Preußen zwischen Reform und Revolution, Stuttgart 1967.

Kraft, Gerhard/Bäuml, Oliver, Verfassungswidrigkeit der Spekulationsgewinnbesteuerung bei Wertpapieren: eine Analyse der jüngsten Urteile des BVerfG und des BFH sowie ihrer Folgen für die Konzeption der Besteuerung privater Veräußerungsgeschäfte, in Der Betrieb 2004, S. 615 – 620, zit.: *Kraft/Bäuml,* DB 2004, 615.

Kruis, Tobias, Der Anwendungsvorrang des EU-Rechts in Theorie und Praxis, Tübingen 2013, zugl. Diss. München 2011/2012.

Krumm, Marcel, Steuervollzug und formelle Insolvenz, Frankfurt u.a. 2009, zugl. Diss. Bochum 2008.

Kühling, Jürgen, Das "Recht auf Vergessenwerden" vor dem BVerfG - November(r)evolution für die Grundrechtsarchitektur im Mehrebenensystem, in Neue Juristische Wochenschrift 2020, S. 275 – 280, zit.: *Kühling,* NJW 2020, 275.

Lampert, Steffen Doppelbesteuerungsrecht und Lastengleichheit, Baden-Baden 2010, zugl. Diss. Saarbrücken 2009.

Lang, Joachim, Das Anliegen der Kölner Schule: Prinzipientreue des Steuerrechts – Die Rechtsordnung von Klaus Tipke, in Steuer und Wirtschaft 2013, S. 53 – 60, zit.: *Lang,* StuW 2013, 53.

Larenz, Karl, Methodenlehre der Rechtswissenschaft, 6. Aufl. Berlin 1991.

Lehner, Moris, Die Anknüpfungsmerkmale der Steuerpflicht nach deutschem Recht, in Staatswissenschaften und Staatspraxis 1993, S. 702 – 727, zit.: *Lehner,* Staatswissenschaften und Staatspraxis 1993, 702.

Lehner, Moris, Das Territorialitätsprinzip im Licht des Europarechts in: Festschrift für Franz Wassermeyer zum 65. Geburtstag hrsgg. v. Gocke, Rudolf/ Gosch, Dietmar/Lang, Michael, München 2005, S. 241 – 262, zit.: *Lehner,* FS Wassermeyer.

Lehner, Moris/Reimer, Ekkehart, Generalthema I: Quelle versus Ansässigkeit - Wie sind die grundlegenden Verteilungsprinzipien des Internationalen

Steuerrechts austariert, in Internationales Steuerrecht 2005, S. 542 – 551, zit.: *Lehner/Reimer* IStR 2005, 542.

Leibholz/Rinck, Grundgesetz – Rechtsprechung des Bundesverfassungsgerichts – Kommentar (Loseblatt), Bearbeitet v. *Burkhart, Axel*, 83. Lfg. Juni 2021, Köln, zit.: *Leibholz/Rinck*, GG.

Lennaerts, Koen, Kooperation und Spannung im Verhältnis von EuGH und nationalen Verfassungsgerichten, in Europarecht 2015, S. 3 – 27, zit.: *Lennaerts*, EuR 2015, 3.

Ludwigs, Markus/Sikora, Patrick, Der Vorrang des Unionsrechts unter Kontrollvorbehalt des BVerfG, in Europäisches Wirtschafts- und Steuerrecht 2016, S. 121 – 131, zit.: *Ludwigs/Sikora*, EWS 2016, 121.

Mackscheidt, Klaus, Was wünscht sich die finanzwissenschaftliche Steuerlehre von der Finanzverwaltung? in: Vogelgesang, Horst (Hrsg.), Perspektiven der Finanzverwaltung, Köln 1992, S. 69 – 94, zit.: *Mackscheidt*, in Vogelsang, Perspektiven der Finanzverwaltung.

Maduro, Miguel Poiares, Der Kontrapunkt im Dienste eines europäischen Verfassungspluralismus, in Europarecht 2007, S. 3 – 31, zit.: *Maduro*, EuR 2007, 3.

Marx, Ludger Der verfahrensrechtliche ordre public bei der Anerkennung und Vollstreckung ausländischer Schiedssprüche in Deutschland, Frankfurt u.a. 1994, zugl. Diss. Münster 1993.

Maunz/Schmidt-Bleibtreu/Klein/Bethge, Bundesverfassungsgerichtsgesetz – Kommentar (Loseblatt), 60. Lfg. Juli 2020, München, zit.: *Bearbeiter*, in Maunz/Schmidt-Bleibtreu/Klein/Bethge, BVerfGG.

Maurer, Hartmut, Allgemeines Verwaltungsrecht, 20. Aufl. München 2020.

Meincke, Jens Peter, Rechtfertigung der Erbschaft- und Schenkungsteuer, in Birk, Dieter (Hrsg.), Steuern auf Erbschaft und Vermögen, Veröffentlichungen der Deutschen Steuerjuristischen Gesellschaft e.V., Bd. 22, Köln 1999, S. 39 – 72, zit.: *Meincke*, DStJG 22, 39.

Meincke, Jens Peter, Erbschaftsteuer- und Schenkungsteuergesetz: ErbStG - Kommentar, 16. Aufl. München 2012.

Meisel, Franz, Moral und Technik bei der Veranlagung der preußischen Einkommensteuer, Leipzig 1911.

Menck, Thomas, Welteinkommen und Territorialität der Besteuerung nach deutschem Recht und in deutscher Sicht, in Engelschalk, Michael/Flick, Hans u.a., Steuern auf ausländische Einkünfte, München 1985, S. 28 ff., zit.: *Menck*, in Engelschalk/Flick, Steuern auf ausländische Einkünfte, 28.

Meyer, Stephan, Strukturelle Vollzugsdefizite als Gleichheitsverstoß – Defizite und aktuelle Änderungen der Rechtsprechung des Bundesverfassungsgerichts, in Die öffentliche Verwaltung 2005, S. 551 – 559; zit.: *Meyer,* DÖV 2005, 551.

Michael, Lothar/Morlok, Martin, Grundrechte, 7. Aufl. Baden-Baden 2020.

Michl, Walther, Die Neuausrichtung des Bundesverfassungsgerichts in der digitalisierten Grundrechtelandschaft, in Juristische Ausbildung 2020, S. 479 – 490, zit.: *Michl,* JURA 2020, 479.

Mössner, Jörg-Manfred u.a. (Hrsg.), Steuerrecht international tätiger Unternehmen, 5. Aufl. Köln 2018, zit.: *Bearbeiter,* in Mössner, Steuerrecht international tätiger Unternehmen.

Müller-Franken, Sebastian, Maßvolles Verwalten - effiziente Verwaltung im System exekutiver Handlungsmaßstäbe am Beispiel des maßvollen Gesetzesvollzugs im Steuerrecht, Tübingen 2004, zugl. Habil. Passau 2002/2003.

Müller-Graff, Peter-Christian, Gegenseitige Anerkennung im Europäischen Unionsrecht, in Zeitschrift für Vergleichende Rechtswissenschaft 2012, S- 72 – 87, zit.: *Müller-Graff,* ZVglRWiss 2012, 72.

Münchener Kommentar zum BGB, Band 12: Internationales Privatrecht, hrsgg. v. Säcker, Franz Jürgen/Rixecker, Roland/Oetker, Hartmut/Limperg, Bettina, 8. Aufl. München 2020, zit.: *Bearbeiter* in MüKo BGB.

Münchener Kommentar zur ZPO, hrsgg. v. Krüger, Wolfgang/Ruacher, Thomas, 6. Aufl. München 2020, zit.: *Bearbeiter,* in MüKo ZPO.

Musielak, Hans-Joachim/Voit, Wolfgang, Zivilprozessordnung: ZPO – Kommentar, 18. Aufl. München 2021, zit.: *Bearbeiter,* in Musielak/Voit, ZPO.

Nettesheim, Martin, Kompetenzdenken als Legitimationsdenken – Zur Ultra-vires-Kontrolle im rechtspluralistischen Umfeld, in Juristenzeitung 2014, S- 585 – 592, zit.: *Nettesheim,* JZ 2014, 585.

Nettesheim, Anmerkung zu der Entscheidung des BVerfG vom 15.12.2015 (2 BvR 2735/14) - Zur Stärkung des Anspruchs des BVerfG im europäischen Recht, in Juristenzeitung 2016, S. 424 – 428, zit.: *Nettesheim,* JZ 2016, 424.

O'Rourke, Kevin, A short History of Brexit, London 2019.

Oppermann, Thomas/Classen, Claus Dieter/Nettesheim, Martin, Europarecht, 9. Aufl. München 2021,

Papier, Hans-Jürgen, Die finanzrechtlichen Gesetzesvorbehalte und das grundgesetzliche Demokratieprinzip, Berlin 1973.

Papier, Hans-Jürgen, Besteuerung und Eigentum, in Deutsches Verwaltungsblatt 1980, S. 787 DVBl 1980, S. 787 – 797, zit.: *Papier,* DVBl. 1980, 787.

Papier, Hans-Jürgen, Rechtsstaatlichkeit und Grundrechtsschutz in der digitalen Gesellschaft, in Neue Juristische Wochenschrift 2017, S. 3025 – 3031, zit.: *Papier,* NJW 2017, 3025.

Pernice, Ingolf, Zweiter Beratungsgegenstand: Europäisches und nationales Verfassungsrecht, in Veröffentlichungen der Vereinigung der Deutschen Staatsrechtslehrer, Bd. 60, Berlin 2001, S. 148 – 415, zit.: *Pernice,* VVDStRL 60 (2001), 148.

Pernice, Ingolf, Theorie und Praxis des Europäischen Verfassungsverbundes, in *Calliess, Christian* (Hrsg.), Verfassungswandel im europäischen Staaten- und Verfassungsverbund, Tübingen 2007, S. 61 – 92, zit.: *Pernice,* Theorie und Praxis des Europäischen Verfassungsverbundes.

Pernice, Ingolf, Die Normativität der Europäischen Verfassung – Wunschdenken oder Wegweisung der Zukunft?, in: Krüper, Julian/Payandeh, Mehrdad/Sauer, Heiko (Hrsg.),Konrad Hesses normative Kraft der Verfassung, Tübingen 2019, S. 165-224, zit.: *Pernice,* Die Normativität der Europäischen Verfassung.

Pernice, Ingolf, Der Europäische Verfassungsverbund, Baden-Baden 2020.

Proelß, Alexander, Bundesverfassungsgericht und überstaatliche Gerichtsbarkeit, Tübingen 2014, zugl. Habil. Tübingen 2009.

Prütting, Hanns/Gehrlein, Markus, ZPO - Kommentar, 13. Aufl. München 2021.

Prütting, Hanns/Helms, Tobias, FamFG - Kommentar, 5. Aufl. Köln 2020, zit.: *Bearbeiter,* in Prütting/Helms, FamFG.

Radbruch, Gustav Rechtsphilosophie, 8. Aufl. Stuttgart 1973.

Radbruch, Gustav, Einführung in die Rechtswissenschaft, Leipzig 1910.

Rademacher, Tilman, Die „Verfassungsidentität“ als Grenze der Kompetenzübertragung auf die Europäische Union?, in Europarecht 2018, S. 140 – 158, zit.: *Rademacher,* EuR 2018, 140.

Rauscher, Thomas, Internationales Privatrecht, 5. Aufl. Heidelberg 2017.

Rodi, Michael, Verfassungskonforme Besteuerung von Kapitalerträgen, in Neue Juristische Wochenschrift 1991, S. 2865 – 2870, zit.: *Rodi,* NJW 1991, 2865.

Rodi, Michael, Umweltsteuern – Das Steuerrecht als Instrument der Umweltpolitik, Baden-Baden 1993.

Rodi, Michael, Die Rechtfertigung von Steuern als Verfassungsproblem – Dargestellt am Beispiel der Gewerbesteuer, München 1994, zugl. Diss. München 1992.

Röhl, Klaus/Röhl, Hans Christian, Allgemeine Rechtslehre, 3. Aufl. München 2008.

Rüthers, Bernd, Klartext zu den Grenzen des Richterrechts, in Neue Juristische Wochenschrift 2011, S. 1856 – 1858, zit.: *Rüthers,* NJW 2011, 1856.

Rüthers, Bernd/Fischer, Christian/Birk, Axel, Rechtstheorie mit Juristischer Methodenlehre, 11. Aufl. München 2019.

Sachs, Michael (Hrsg.), Grungesetz: GG - Kommentar, 9. Aufl. München 2021, zit.: *Bearbeiter,* in Sachs, GG.

Saenger, Ingo (Hrsg.), Zivilprozessordnung: ZPO – Handkommentar, 9. Aufl. Baden-Baden 2021, zit.: *Bearbeiter,* in Saenger, ZPO.

Sandberg, Marcel, Internationale Vollstreckungshilfe im Besteuerungsverfahren - Insbesondere zum EU-Beitreibungsgesetz und zu Doppelbesteuerungsabkommen nach Art des Artikels 27 OECD-Musterabkomme, Berlin 2019, zugl. Diss. Passau 2018.

Satzger, Helmut, Grund- und menschenrechtliche Grenzen für die Vollstreckung eines Europäischen Haftbefehls? - "Verfassungsgerichtliche Identitätskontrolle" durch das BVerfG vs. Vollstreckungsaufschub bei "außergewöhnlichen Umständen" nach dem EuGH, in Neue Zeitschrift für Strafrecht 2016, S. 514 – 522, zit.: *Satzger,* NStZ 2016, 514.

Sauer, Heiko, "Solange" geht in Altersteilzeit - Der unbedingte Vorrang der Menschenwürde vor dem Unionsrecht, in Neue Juristische Wochenschrift 2016, S. 1134 – 1138, zit.: *Sauer,* NJW 2016, 1134.

Savigny, Friedrich Carl von, System des heutigen Römischen Rechts, Band 8, Berlin 1849.

Schaumburg, Harald, Das Leistungsfähigkeitsprinzip im internationalen Steuerrecht, in Lang, Joachim (Hrsg.), Die Steuerrechtsordnung in der Diskussion – Festschrift für Klaus Tipke, Köln 1995, S. 125 – 152, zit.: *Schaumburg,* in FS Tipke.

Schaumburg, Harald, Internationales Steuerrecht, 4. Aufl. Köln 2017, zit.: *Bearbeiter,* in Schaumburg, Internationales Steuerrecht.

Schaumburg, Harald/Englisch, Joachim, Europäisches Steuerrecht, 2. Aufl. Köln 2020, zit.: *Bearbeiter,* in Schaumburg/Englisch, Europäisches Steuerrecht.

Schaumburg, Harald/Peters, Sebastian, Internationales Steuerstrafrecht, 2. Auf. 2021, zit.: *Bearbeiter,* in Schaumburg/Peters, Internationales Steuerstrafrecht.

Schemmer, Franz, Der ordre public-Vorbehalt unter der Geltung des Grundgesetzes, Frankfurt u.a. 1995, zugl. Diss. Köln 1994.

Schoch, Friedrich /Schneider, Jens-Peter (Hrsg.), Verwaltungsrecht – Verwaltungsgerichtsordnung – Kommentar (Loseblatt), 40. Lfg. Februar 2021, zit.: *Bearbeiter,* in Schoch/Schneider, VwGO.

Schönfeld, Jens/Ditz, Xaver (Hrsg.), Doppelbesteuerungsabkommen (DBA) - Kommentar, 2. Aufl. Köln 2019, zit.: *Bearbeiter,* in Schönfeld/Ditz, DBA.

Schorkopf, Frank, Staatsrecht der internationalen Beziehungen, München 2017.

Schumann, Stefan, Anerkennung und ordre public: am Beispiel der Vollstreckungshilfe bei freiheitsentziehenden Sanktionen im Raum der Freiheit, der Sicherheit und des Rechts, Berlin 2016, zugl Diss. Heidelberg 2013.

Schwerdtfeger, Angela, Europäisches Unionsrecht in der Rechtsprechung des Bundesverfassungsgerichts – Grundrechts-, ultra-vires- und Identitätskontrolle im gewaltenteiligen Mehrebenensystem, in Europarecht 2015, S. 290 – 310, zit.: *Schwerdtfeger,* EuR 2015, 290.

Seer, Roman, Der Vollzug von Steuern unter den Bedingungen der Massenverwaltung, in Widmann, Werner (Hrsg.), Steuervollzug im Rechtsstaat, Veröffentlichungen der Deutschen Steuerjuristischen Gesellschaft e.V., Bd. 31, Köln 2008, S. 7 – 36, zit.: *Seer,* DStJG 31, 7.

Seer, *Roman,* Steuerverfahrensrechtliche Bewältigung grenzüberschreitender Sachverhalte, in Spindler, Wolfgang, Steuerzentrierte Rechtsberatung – Festschrift für Harald Schaumburg, Köln 2009, S. 151 – 168, zit.: *Seer,* in FS Schaumburg, S. 151.

Seer, Roman, Modernisierung des Besteuerungsverfahrens – Gedanken zum Referentenentwurf zur Modernisierung des Besteuerungsverfahrens, in Steuer und Wirtschaft 2015, S. 315 – 330, zit.: *Seer,* StuW 2015, 315.

Seer, Roman, Europäisierung des Steuerverfahrensrechts – Wege zu einem Steuerverwaltungsraum, in Kube, Hanno/Reimer, Ekkehart, Europäisches Finanzrecht: Stand – Methoden – Perspektiven, Heidelberger Beiträge zum Finanz- und Steuerrecht Band 6, Berlin 2017, S. 191 – 219, zit.: *Seer,* HFSt (6) 2017, S. 191.

Seer, Roman, Internationale Beitreibungshilfe – Rechtsgrundlagen und Rechtsschutz, in Internationales Steuer- und Wirtschaftsrecht 2017, S. 595 – 607, zit.: *Seer,* IWB 2017, 595.

Seer, Roman/Gabert, Isabel, Der internationale Auskunftsverkehr in Steuersachen, in Steuer und Wirtschaft 2010, S. 3 – 23, zit.: *Seer/Gabert,* StuW 2010, 3.

Seer, Roman/Kargitta, Sascha, Exchange of information and cooperation in direct taxation, in Panayi, Christiana/Haslehner, Werner/Traversa, Edoardo (Hrsg.), Research Handbook on European Union Taxation Law, Cheltenham / Northampton 2020, S. 489 – 510, zit.: *Seer/Kargitta,* Exchange of information and cooperation in direct taxation.

Selling, Heinz-Jürgen, Zwischenstaatliche Amtshilfe bei der Steuererhebung, in Die Steuerliche Betriebsprüfung 1987, S. 252 ff., zit.: *Selling,* StBp 1987, 252.

Siebing, Theresa, Wohnsitz und gewöhnlicher Aufenthalt als nationale Anknüpfungsmerkmale der Besteuerung, in Internationale Steuer-Rundschau 2021, S. 104 – 113, zit.: *Siebing,* ISR 2021, 104.

Skouris, Vassilios, Der Vorrang des Europäischen Unionsrechts vor dem nationalen Recht. Unionsrecht bricht nationales Recht, in Europarecht 2021, S. 3 – 27, zit.: *Skouris,* EuR 2021, 3.

Smith, Adam, Wohlstand der Nationen, 5. Aufl. 1789, Neudruck München 1978.

Staringer, Claus, Steuervollzug bei grenzüberschreitenden Sachverhalten, in Widmann, Werner (Hrsg.), Steuervollzug im Rechtsstaat, Veröffentlichungen der Deutschen Steuerjuristischen Gesellschaft e.V., Bd. 31, Köln 2008, S. 135 – 166, zit.: *Staringer,* DStJG 31, 135.

Staudinger, Kommentar zum Bürgerlichen Gesetzbuch, EGBGB/Internationales Privatrecht, Art. 3 – 6 EGBGB (IPR – Allgemeiner Teil), Köln/Berlin 2013, zit.: *Bearbeiter,* in Staudinger, BGB.

Steichen, Alain, Die Markteinkommenstheorie. Ei des Kolumbus oder rechtswissenschaftlicher Rückschritt?, in Lang, Joachim (Hrsg.), Die Steuerrechtsordnung in der Diskussion – Festschrift für Klaus Tipke, Köln 1995, S. 365 – 390, zit.: *Steichen,* in FS Tipke, S. 365.

Stein, Torsten/v. Buttlar, Christian/Kotzur, Markus, Völkerrecht, 14. Aufl. München 2017.

Stelkens, Paul/Bonk, Heinz Joachim/Sachs, Michael, Verwaltungsverfahrensgesetz - Kommentar, 9. Auflage München 2018, zit.: *Bearbeiter,* in Stelkens/Bonk/Sachs, VwVfG.

Stern, Klaus Das Staatsrecht der Bundesrepublik Deutschland, Bd. III/2, München 1994.

Streinz, Rudolf, EUV/EGV - Kommentar, 2. Aufl. München 2003, zit.; *Bearbeiter,* in Streinz, EUV/EGV.

Streinz, Rudolf, EUV/AEUV – Kommentar, 3. Aufl. München 2018, zit.: *Bearbeiter,* in Streinz, EUV/AEUV.

Streinz, Rudolf, "Recht auf Vergessenwerden" zwischen Unionsrecht und Verfassungsrecht – Das Datenschutzrecht als Ansatz für Neuerungen des "Kooperationsverhältnisses" zwischen EuGH und BVerfG, in Datenschutz und Datensicherheit 2020, S. 353 – 360, zit.: *Streinz,* DuD 2020.

Streinz, Rudolf/Ohler/Herrmann, Der Vertrag von Lissabon zur Reform der EU, 3. Auflage München 2010.

Thoma, Ioanna Die Europäisierung und Vergemeinschaftung des nationalen ordre public, Tübingen 2007, zugl. Diss. Hamburg 2005.

Tipke, Klaus, Steuerliche Betriebsprüfung und Rechtsstaat, München 1968.

Tipke, Klaus, Die Steuerrechtsordnung, Bd. 1, 2. Aufl. Köln 2000.

Tipke, Klaus, Steuergerechtigkeit unter besonderer Berücksichtigung des Folgerichtigkeitsgebots, in Steuer und Wirtschaft 2007, S. 201 – 220, zit.: *Tipke,* StuW 2007, 201.

Tipke/Kruse, Abgabenordnung – Finanzgerichtsordnung – Kommentar (Loseblatt), 166. Lfg. Juni 2021, Köln, zit.: *Bearbeiter,* in Tipke/Kruse, AO/FGO.

Tipke/Lang, Steuerrecht, hrsgg. v. Wolffgang, Hans-Michael/Jatzke, Harald, 24. Aufl. Köln 2021, zit.: *Bearbeiter,* in Tipke/Lang, Steuerrecht.

Vandenberghe, Luk, Why international tax recovery assistance?, in EU and International Tax Collection News 2020, S. 28 – 30, zit.: *Vandenberghe,* EU & Int. Tax Col. News 2020, 28.

Vandenberghe, Luk, Commentary on the EU Tax Recovery Assistance Directive (Directive 2010/24/EU), in EU and International Tax Collection News 2020, S. 31 – 116, zit.: *Vandenberghe,* EU & Int. Tax Col. News 2020, 31.

Vandenberghe, Luk, The Donnellan judgement and the non-execution of a tax recovery assistance request for reasons of "public policy": the exception confirms the rule, in EU and International Tax Collection News 2021, S. 20 – 34, zit.: *Vandenberghe,* EU & Int. Tax Col. News 2021, 20.

Vesting, Thomas, Rechtstheorie, 2. Aufl. München 2015.

Vitzthum, Wolfgang/Proelß, Alexander, Völkerrecht, 8. Aufl. Berlin 2019.

Vogel, Klaus, Der räumliche Anwendungsbereich der Verwaltungsrechtsnorm - Eine Untersuchung über die Grundfragen des sog. Internationalen Verwaltungs- und Steuerrechts, Frankfurt 1965, zugl. Habil. Hamburg 1963.

Vogel, Klaus, Die Besonderheit des Steuerrechts, in Deutsche Steuerzeitung Ausgabe A 1977, S. 5 ff., zit.: *Vogel,* DStZ/A 1977, 5.

Vogel, Klaus, Perfektionismus im Steuerrecht, in Steuer und Wirtschaft 1980, S. 206 ff., zit.: *Vogel,* StuW, 206.

Vogel, Klaus, Die Besteuerung von Auslandseinkünften – Prinzipien und Praxis, in Ders., Grundfragen des Internationalen Steuerrechts, Veröffentlichungen der Deutschen Steuerjuristischen Gesellschaft e.V., Nd. 8, Köln 1985, S. 3 – 32, zit.: *Vogel,* DStJG 8, 3.

Vogel, Klaus/Lehner, Moris (Hrsg.), DBA – Doppelbesteuerungsabkommen – Kommentar, 7. Aufl. München 2021, zit.: *Bearbeiter,* in Vogel/Lehner, DBA.

Völker Christian, Zur Dogmatik des ordre public - Die Vorbehaltsklauseln bei der Anerkennung fremder gerichtlicher Entscheidungen und ihr Verhältnis zum ordre public des Kollisionsrechts, Berlin 1998, zugl. Diss. Tübingen 1995/96.

von Bogdandy, Armin/Schill, Stephan, Die Achtung der nationalen Identität unter dem reformierten Unionsvertrag – Zur unionsrechtlichen Rolle nationalen

Verfassungsrechts und zur Überwindung des absoluten Vorrangs, in Zeitschrift für ausländisches öffentliches Recht und Völkerrecht Band 70 (2010), S. 701 – 734, zit.: *v.Bogdandy/Schill,* ZaöRV 70 (2010), 701.

von Danwitz, Luc, Der Grundsatz des gegenseitigen Vertrauens zwischen den Mitgliedstaaten der EU. Eine wertebasierte Garantie der Einheit und Wirksamkeit des Unionsrechts, in Europarecht 2020, S. 61 – 88, zit.: *L. v.Danwitz,* EuR 2020, 61.

von Danwitz, Thomas, Zukunft des Grundgesetzes, in Jahrbuch des öffentlichen Rechts der Gegenwart – Neue Folge, Bd. 67 (2019), S. 249 – 263, zit.: *T. v.Danwitz,* JÖR 2019, 249.

von der Groeben, Hans/Schwarze, Jürgen/Hatje, Armin, Europäisches Unionsrecht – Kommentierung des EUV, AEUV und der GRCh, 7. Aufl. Baden-Baden 2015, zit.: *Bearbeiter,* in v.der Groeben/Schwarze/Jatje, Europäisches Unionsrecht.

von Mangoldt/Klein/Starck, Kommentar zum Grundgesetz, 7. Aufl. München 2018, zit.: *Bearbeiter,* in v.Mangoldt/Klein/Starck, GG.

von Münch/Kunig, Grundgesetz – Kommentar, hrsgg. v. Kämmerer, Jörn Axe/Kotzur, Markus, 7. Aufl. München 2021, zit.: *Bearbeiter,* in v.Münch/Kunig, GG.

von Roenne, Christian Freiherr, The Very Beginning – The First Tax Treaties in: Ecker, Thomas/Ressler, Gernot (Hrgs.) History of Tax Treaties – The Relevance of the OECD Documents for the Interpretation of Tax Treaties, Wien 2011, S. 19 – 39, zit.: *v.Roenne,* in Ecker/Ressler, History of Tax Treaties, S. 19.

von Schanz, Georg, Zur Frage der Steuerpflicht, in: Finanz-Archiv Bd. 9 (1892), S. 365 – 438, zit.: *v.Schanz,* FinArch 9 (1892), 365.

von Winterfeld, Achim, Noch einmal - Der deutsche ordre public in der internationalen Schiedsgerichtsbarkeit, in Neue Juristische Wochenschrift 1987, S. 3059 – 3061, zit.: *v.Winterfeld,* NJW 1987, 3059.

Wagner, Adolph, Finanzwissenschaft, Zweiter Teil: Theorie der Besteuerung, Gebührenlehre und allgemeine Steuerlehre, Leipzig 1880.

Waldhoff,Christian, Verfassungsrechtlich relevante Vollzugsdefizite bei Steuerfällen mit Auslandsbezug am Beispiel von §§ 7ff. AStG - Zugleich ein Beitrag zum räumlichen Anwendungsbereich des Leistungsfähigkeitsprinzips, in Steuer und Wirtschaft 2013, S. 121 – 142, zit.: *Waldhoff,* StuW 2013, 121.

Walker, Gustav, Internationales Privatrecht, 5. Aufl. Wien 1934.

Walter, Robert, Hans Kelsens Rechtslehre, Baden-Baden 1999.

Wank, Rolf, Juristische Methodenlehre, München 2020.

Wanke, Matthias, Die Besteuerung deutsch-luxemburgischer Erb- und Schenkungsfälle, Köln 2001, zugl Diss. Osnabrück 2001.

Wassermeyer, Doppelbesteuerungsabkommen – Kommentar (Loseblatt), hrsgg. Wassermeyer, Franz/Kaeser, Christian/Schwenke, Michael/Drüen, Klaus-Dieter, 145. Lfg. März 2019, München, zit.: *Bearbeiter,* in Wassermeyer, DBA.

Weber, Max, Wirtschaft und Gesellschaft: Grundriß der verstehenden Soziologie, 5. Aufl. Tübingen 1980.

Wehling, Hans-Georg/Große Hüttemann, Martin, Das Europalexikon, 2. Aufl. Bonn 2013.

Werth, Franceska, Verfassungsrechtliche Rechtsprechung zum strukturellen Vollzugsdefizit im Lichte der jüngeren Kammerrechtsprechung, in: Rensen, Hartmut/Brink, Stefan, Linien der Rechtsprechung des Bundesverfassungsgerichts, Berlin 2009, S. 411 – 430, zit.: *Werth,* Verfassungsrechtliche Rechtsprechung zum strukturellen Vollzugsdefizit im Lichte der jüngeren Kammerrechtsprechung.

Wettner, Florian, Die Amtshilfe im Europäischen Verwaltungsrecht, Tübingen 2005, zugl. Diss. Heidelberg 2004.

Weyeneth, Robert, Der nationale und internationale ordre public im Rahmen der grenzüberschreitenden Amtshilfe in Steuersachen, Basel 2017, zugl. Diss. Basel 2013.

Winterhoff, Christian, Steuerverfahrensrecht und tatsächliche Belastungsgleichheit - Zur Verfassungswidrigkeit der Spekulationsgewinnbesteuerung, Baden-Baden 2004, zugl. Diss. Göttingen 2004.

Wirsching, Andreas, Die Transformation Europas seit dem 20. Jahrhundert, in Atkinson, Anthony B./Huber, Peter M./James, Harold/Scharpf, Fritz W. (Hrsg.), Nationalstaat und Europäische Union - Eine Bestandsaufnahme – liber amicorum für Joachim Jens Hesse, Baden-Baden 2016, S. 65 – 78, zit.: *Wirsching,* Die Transformation Europas seit dem 20. Jahrhundert.

Woyke, Wichard, Weltpolitik im Wandel - Revolutionen, Kriege, Ereignisse... und was man daraus lernen kann, Wiesbaden 2016.

Zippelius, Reinhold, Rechtsphilosophie, 5. Aufl. München 2007.

Zöller, Richard, ZPO – Zivilprozessordnung – Kommentar, 33. Aufl. Köln 2020, zit.: *Bearbeiter,* in Zöller, ZPO.

Zuck, Rüdiger, Das Recht der Verfassungsbeschwerde, 5. Aufl. München 2017.